AN UNCERTAIN GLORY

India and Its Contradictions

現代インドの貧困・格差・社会的分断

開発なき成長の限界

アマルティア・セン
ジャン・ドレーズ
湊 一樹＝訳

明石書店

AN UNCERTAIN GLORY
India and Its Contradictions
by Jean Drèze and Amartya Sen

First published in Great Britain in the English language
by Penguin Books Ltd.

Japanese translation published by arrangement with
Penguin Books Ltd through The English Agency
(Japan) Ltd.

開発なき成長の限界◉目次

はじめに　13

第1章　新しいインド?——23

これまでの成功とこれからの可能性　26
残された課題　31
電力とインフラストラクチャー　34
民主主義の実践　37

第2章　成長と開発をつなげる——47

インド経済の急成長についての略史　49
過去と現在　52
独立以降の経済成長　55
何の成長なのか　64
開発、制度、人間の潜在能力　71
互いに支え合う成長と開発　75
持続可能な発展　81

第3章　比較から見えるインドの現状――87
アフリカ諸国以外の貧困層との比較　89
南アジア地域内でのインドの低迷　97
バングラデシュの躍進と女性の役割　102
ＢＲＩＣのなかのインド　110
古いブラジル、新しいブラジル　115
インドの州間比較とその教訓　120

第4章　説明責任と汚職――133
インフラと電力不足　138
政治的影響力のある人たちが補助金の恩恵を受ける政治システム　142
エネルギーの費用、外部性、不確実性　147
汚職と制度変化　152
説明責任をめぐる変化の兆し　159
行動と社会規範　165

第5章　なぜ教育は重要なのか　171
開発と教育　176
取り残されるインド　178
高等教育の課題　180
成果と課題　186
教育水準　190
光り輝く特権層、分断される社会　196
学校運営と教職　200
代替的手段としての私立学校　208
学力評価の問題　211
質の伴った教育の普遍化　213

第6章　保健医療の危機　219
保健医療の現状を診断する　224
民間保険の罠　228
劣悪な栄養状態　238

社会的責任としての保育　243
タミル・ナードゥ州の公共サービスから何を学べるのか　252
保健医療の危機を乗り越えるために　262

第7章　貧困と社会的支援　269

公共サービスの提供と社会的責任　270
貧困線について　279
ターゲティングをとるか、社会的連帯をとるか　282
給付とインセンティブ　288
雇用とエンパワーメント　295
公的配給制度——新しい視点？　303

第8章　不平等の呪縛　313

所得不平等と経済的分断　318
終わりなきカーストの呪縛　321
ジェンダー間の不平等——変わる側面、変わらない側面　326

レイプ、暴力、抗議　330
協力的対立と女性のエージェンシー　334
性選択的中絶、社会、啓発　337
権力の不均衡――古い形、新しい形　347
特権階級とその他の人々　351

第9章　民主主義、不平等、公共的推論――353

踏みにじられる民主主義の実践　355
民主的制度とその機能　361
不平等と民主主義への取り組み　369
公共的推論と民主主義　373
推論、議論、異議申し立て　376
インドのメディアの強みと弱み　380
不平等とメディア　383
特権階級による支配　386
深刻な亀裂と重要な問題から関心をそらす政治　389
公共政策と支出をめぐる優先順位　391

民主主義の影響範囲を広げる　396

第10章　忍耐はもういらない　401

インドの不平等の特質　406
公共サービスと社会的分断　409
忍耐を捨て去り、民主主義を活かす　413

訳者あとがき　419

原注　462

参考文献　501

人名索引　504　事項索引　511

統計付録　513

凡例

一　著者による注は、脚注と巻末注の二種類ある。原著で脚注となっている場合は、章ごとの通し番号を＊とともに該当箇所に付し、注本文を左ページの左端に掲げている。原著で巻末注となっている場合は、章ごとの通し番号を（　）に収めて該当箇所に付し、注本文を巻末にまとめて「原注」として掲げている。

一　人物や事項などについての訳注（訳者による補足説明）は、章ごとの通し番号を「訳」という文字とともに（訳1、訳2などのように）該当箇所に付したうえで、左ページの左端に掲げている。

一　傍点は原文中のイタリック体（強調）に対応する。

一　引用されている文献に邦訳書がある場合は、出典を明記したうえで訳文を借用している。その際、本書の文脈に即して訳文に変更を加えている場合がある。

一　原著に含まれている事実関係の誤りや誤記などについては、著者に確認を取ったうえで修正を加えている。

一　インドでは、暦年と区別するために、会計年度を「二〇一〇-一一年」のようにハイフンで区切って表記する。会計年度は四月に始まり、翌年三月で終わるため、例えば「二〇一〇-一一年」は、二〇一〇年四月から二〇一一年三月までの期間を指す。

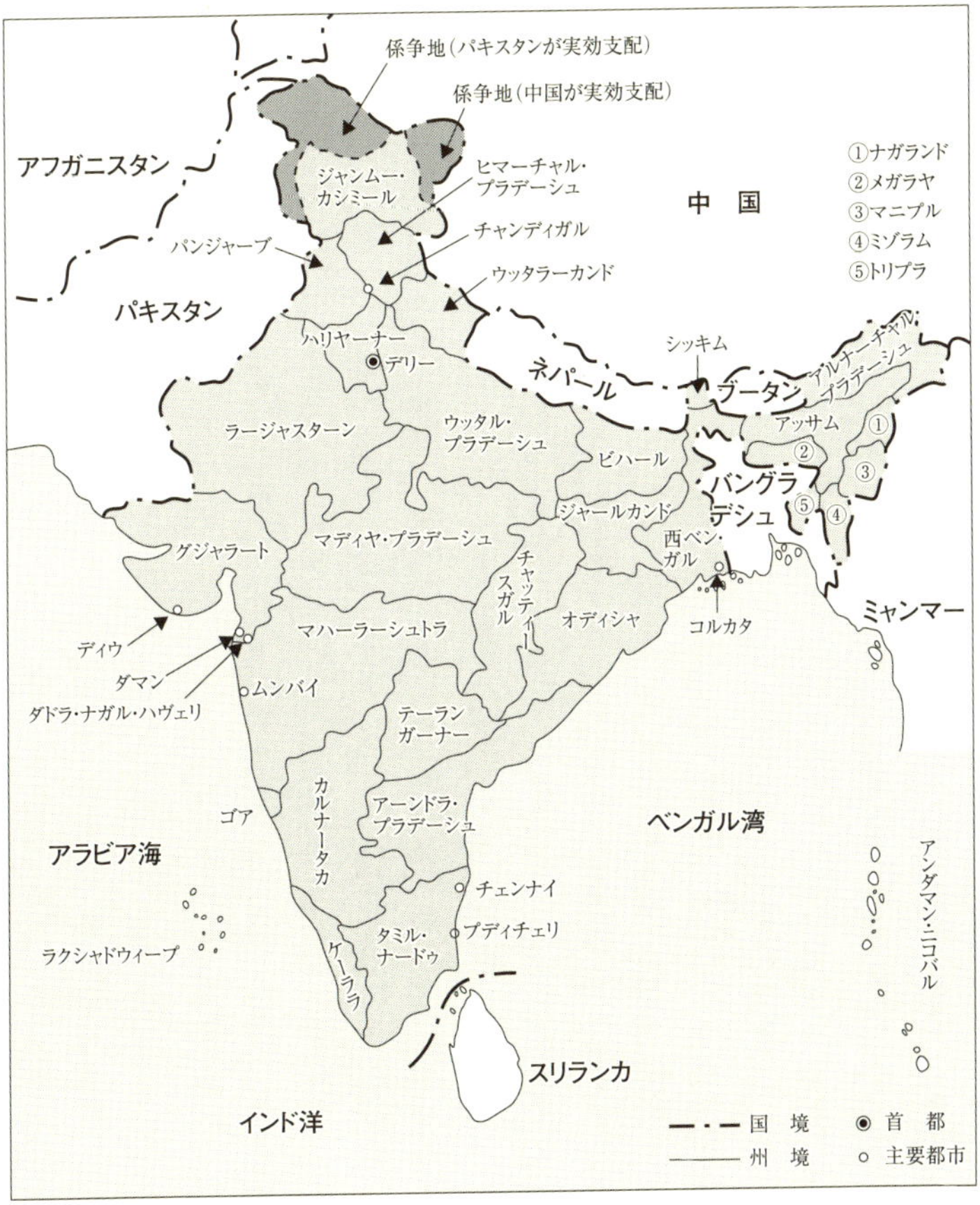

インドの州と主要都市

《注》2014年6月2日に、アーンドラ・プラデーシュ州の北部地域を分割する形で、テーランガーナー州が新たに誕生した。本書に収められているアーンドラ・プラデーシュ州に関するデータは、同州が分割される以前のものであり、現在のアーンドラ・プラデーシュ州とテーランガーナー州を合わせた地域に対応する。

はじめに

本書が刊行されるのは、インドの社会と政治が異様な興奮に包まれているまさにそんな時期にあたる。多種多様な論者とものの見方が入り乱れながら、インドがどのような政策により重点を置くべきかをめぐって、数多くの議論が繰り広げられている。汚職、行政の機能不全、死刑制度、女性に対する暴力、民主主義制度の改革といった、これまで長い間無視され続けてきた様々な問題についても、意見のやり取りや世論に訴える活動が活発に行われるようになってきている。さらに、インドの経済面での成功と失敗に関しても、熱く激しい議論が戦わされている。

活力あふれるメディアと強固な民主主義制度に支えられながら、このようなおびただしい疑問と議論が交わされていることは、インドという国にとって大きな強みになりうる。ところが、インドの公共的議論には、比較的恵まれている人たち（つまり、一部の特権階級はもちろんのこと、社会の頂点に立っているわけではないが、富、教育、健康、芸術文化に触れる機会、社会的地位といった点で大部分のインド人よりもはるかに恵まれた立場にいる人たち）の暮らしや関心事にばかり目が向けられるという大きな歪みがあるため、このような強みが損なわれてしまっている。その結果、完全に取り残されている恵まれない人たちに関しては、その暮らし向きどころか生死にかかわるような問題であっても、ほとんど顧みられることがない。

二〇一二年一二月にデリーで起こったおぞましい集団強姦事件に人々が怒りを爆発させたことが発端となり、ようやくインドでも女性に対する暴力が重要な政治的争点となったのは大きな前進である。一連の論争のおかげで、それまで長い間完全に黙殺されていた女性差別の様々な側面（性暴力の被害に遭ったという女性の訴えに対して、警察が冷淡な態度をとってきたことなどは、ほんの一例にすぎない）にも注目が集まるようになった。ただし、インドの中間層にとって容易につながりを実感できる医学生が被害者だったからこそ、遅きに失したとはいえ、節度を保ちつつ強い姿勢で声を上げた抗議活動に一気に火が付いたという可能性があることにも注意しなければならない。というのも、経済的にも社会的にも虐げられてきたダリト（不可触民）の女性たちは、同じような性暴力の被害に長年遭い続けてきたにもかかわらず、有力メディアに取り上げられることもあまりなければ、人々が表立って抗議の声を上げることもなかったからである。

インドの公共的議論の歪みを示すもう一つの具体例として、二〇一二年七月三〇日・三一日に国土の半分が突然の大停電に見舞われ、六億人が電力の供給を断たれたという一件を考えてみることにしよう（この問題については、後ほどさらに詳しく論じる）。当然のことながら、電力部門の管理体制がまともに機能していないことにインド全体が怒りをあらわにした。確かに、責任感と説明責任に欠ける電力部門の現状はまったく目を覆うばかりであり、この問題を一刻も早く克服するためにはどうしたらよいのかと問うのは自然なことである。ところが、その一方で、まったく大きな議論にならなかった事柄もある。それは、大停電の被害地域に住む六億人のうち経済的に豊かではない二億人が暮らす世帯は、大停電の発生時に（そして、それ以前にも）電力網につながっていなかったので、電力の供給を受けたことが一切なかったという事実である。

インドの経済発展という問題は、民主主義と社会正義を実現するためには何が求められるのかというより大きな文脈のなかでとらえなければならない。国内総生産（Gross Domestic Product: GDP）の伸びに関しては、インド経済は過去二〇年間にわたって目覚ましい成果を上げてきた。実質GDPの年平均成長率は、一九九〇年代には約六%を記録し、ここ一〇年では七%以上にまで上昇している。そして、最近二〇年間の経済成長率では、インドが主要国のなかで中国に次いで二番手につけるまでになったのである。何世紀にも及んだ植民地時代には経済成長がほとんど見られないほどの苦境に陥り、独立後の数十年間についても緩慢な成長しか実現できなかったインドのような低所得国にとってみれば、近年の経済成長が大変な偉業であることは疑いようがない。さらに、本書でも論じるように、急成長に伴う環境破壊には一刻も早くもっと目を向けなければならないものの、インドの新たな経済的活力をもってすれば、それなりに高い成長率を保ちながらより賢明な環境政策を行うことは可能である。

ただし、著しい経済成長によって何が成し遂げられたのかという問題は、たとえそれが高い水準の持続可能な成長であったとしても、結局のところは、人々の暮らしと自由にどのような影響を及ぼしたのかという観点から判断されなければならない。インド経済が急成長を遂げている間、特権階級をはじめとする一部の人たちは大いにその恩恵に浴してきたが、その一方で、はるかに多くの人たちは極端なまでに貧しく不安定な生活から抜け出せずにいる。とはいっても、貧しい人たちの暮らしが一向によくなっていないというわけではない。しかし、貧困層の大部分にとってみれば、経済状況はあまりにもゆっくりとしか改善しておらず、なかには驚くほどわずかな変化しか起きていないという人たちもいるくらいなのである。さらに、インドは経済成長率の階段をすたすたと駆け上がってきたのとは対照的に、生活水準を表す社会指標の改善という点では、経済成長率でインドを下回る多くの国々にも後れを取るようになっている。例えば、過去二〇年の間に、インドはバングラデシュに対して平均所得ではさらに大きな差をつけている（現在、インドの一人あたり所得はバングラデシュの約二倍に達している）ものの、生活水準を測るためによく用いられる（一人あたり所得以外の）多くの指標については、バングラデシュはインドを上回っているだけでなく、大きく引き離すようになっている。ところが、二〇年前の状況はまるで正反対であり、これらの指標でインドはバングラデシュのはるか先を行っていたのである。世界の経済発展の歴史を眺めてみても、これほど長期間にわたって急速な経済成長が続いているのに、人間性が奪われている状態があまり改善されない事例というのは、たとえあったとしても非常にまれであろう。

インドのメディアが伝える現状への不満の大部分は、ここ二、三年でインドのGDP成長率が下がってきているという景気のよくないニュースに関するものである。確かに、たとえ同じ時期に中国をはじめブラジルや韓国など世界中で同様の事態が起こり、年率五～六％というインドの直近のGDP成長率が依然として世界で最も高い水準にあるとはいっても、これまでの高い成長率から落ち込みが見られるという事実には真剣に向き合わなければならない。では、なぜこうした懸念が重要な意味を持つのだろうか。それは、経済成長が一人あたり所得を高めるだけでなく、人々を取り巻く社会的状況を改善するために用いられる政府の歳入を増やすことによっても、人々の暮らしを確実によい方向へと導くからである。そしてさらに、経済成長と社会的状況の改善との間にある関連性をより詳細に分析することが、インドには大いに求められているからでもある。したがって、ここで注目すべきは、インドのメディアが経済成長率の落ち込みに関心を寄せているという点ではない。むしろ、経済成長が大きな偏りを伴いながら進行するあまり、インドという国がサハラ以南アフリカの大海にカリフォルニアの島々が浮かんでいるかのような様相をますます呈するようになっているのに、その事実をメディアがほとんど報じようとしないという点なのである。

これまでの研究で私たちは、開発というものを人間の基本的自由――別ないい方をすれば、人間の潜在能力――の拡大としてとらえるのが最も適切であると主張してきた。このような考え方のもとでは、経済成長と人間の潜在能力の拡大との間にある双方向的な関係が重要であることをしっかりと認識しておく必要がある。それと同時に、人間の自由と潜在能力の拡大が最終的な目的であり、GDPの成長はこの目的を達成するための重要な手段の一つであるという基本的な点をよく理解しておかなければならない。つまり、経済成長が財源や資金を生み出し、それによって政府や民間の取り組みが組織的にまとめ上げられるようになり、教育、保健医療、栄養、公共設備、より満たされた自由な生活を送るために不可欠なその他の要素といったものが、社会全体へと行き渡っていく。そして、人間の潜在能力が高まることで、今度は、さらなる経済成長にとって決定的に重要な資源と生産能力がより急速に拡大していくのである。

経済成長と人間の潜在能力の拡大との間に見られる双方向的な関係こそ、いわゆる「アジア型経済発展」の最も重要な特徴である。この発展形態は、明治維新の直後に日本で始まって以降、韓国、台湾、タイなどへと徐々に広まっていき、最終的には、経済成長と人間の潜在能力の拡大の両面で中国を世界のリーダーへと押し上げる原動力となった。その一方で、インドでは、栄養不良の子供の割合が非常に高く、しっかりとした保健医療の仕組みがなく、学校教育は欠陥だらけであり、さらには、半数の世帯にはトイレがない（そのため、インド人の半分は日常的に屋外で排便しなければならない）というのに、インドが経済的な超大国になることを夢見る人たちがいる。こういう人たちには、経済成長と開発の間の双方向的な関係を自分がどれだけ理解しているかという点に加えて、人間の自由の拡大とは切っても切れない関係にある社会正義を実現するための条件を自分が正しく認識しているかという点についても、もう一度考え直してもらいたい。

本書では、生活水準と福祉の増進、さらには、経済成長をも左右する、このような相互依存関係についての理解をいかに有効に活用するかという点に大きな焦点が当てられている。そして、経済成長と開発の間の関連性を実証的に示すことが、私たちによる分析の目的の一つであるとするならば、その関連性がインドの社会正義とどのようにつながっているのかを示すことが、本書の最大の目的になるのである。いうまでもなく、インドを貧困と不公正がより少ない国にしていくためには、経済成長だけではいかにも不十分である。そこで本書では、様々な「社会的な側面との関係」について、より経済的な側面との関係とともにある程度詳しく論じていく。例えば、バングラデシュで見られる急速な生活水準の向上には、女性のエージェンシー（行為主体性）が大きく貢献しているという証拠が多数そろっている。そのなかでも、女児への教育が急速に拡大し、（インドとは比べものにならないほど）女性が産業部門の労働力としてより大きな役割を担うとともに、基礎教育、保健医療、家族計画やその他の公共サービスの普及にも幅広くかかわっているという点が特筆される。さらに、他の国々の経験に加えて、インド国内の特定地域の経験からも同様の教訓を得ることができる。インドで見られるジェンダー間の格差の大きさと在り方を考えれば、女性たちのために何ができるかということだけでなく（実際にこの点は重要であるが）、インドがまったく違う国に生まれ変わるために、女性たちに何ができるかということにも一刻も早く目を向けなければならない。

また、経済成長が人々の生活条件の急速な改善に結びつくようにするとともに、すべての人に恩恵をもたらすような経済成長を後押しするためには、特に教育や保健といった分野で公共サービスが十分に機能していることもきわめて重要である（ただし、教育と保健だけが重要なのではない）。インドでは、独自の取り組みが実を結び、公共サービスの分野でそれなりに成果を上げている州（ケーララ、ヒマーチャル・プラデーシュ、タミル・ナードゥなど）が一部にあり、最近ではその他の州でも、（部分的にではあるが）積極的な取り組みが行われている。しかし、インドの公共サービスは全般的に惨憺たる状況のままであり、特に保健と教育の分野は深刻な機能不全に陥っている。その結果、恵まれた人たちは、多額の費用がかかることが多いとはいえ、民間部門が提供するサービスに逃げ場を求めることができる一方、それ以外の人たちは、当然の権利としてすべての人が享受すべき基本的な公共サービスを奪われてしまっている。インドの保健と教育の仕組みは、民間部門への依存が大きいうえに分断の度合いが高く、どの社会集団に属しているかによって受けられるサービスがまったく異なるものになる。そのため、すべての人に恩恵をもたらす成長と広範囲に及ぶ開発の可能性が狭められるだけでなく、社会的格差が緩和されずに生き長らえてしまっているのである。このように、その他の公的支援の枠組みとともに、保健と教育の仕組みが社会的格差を緩和する傾向にある世界各国の経験に照らしてみると、インドの保健と教育の在り方はまるで正反対になっている。さらに、保健と教育という特定の（そして、非常に重要な）領域を超えて、説明責任の欠如という公的部門全般に及ぶより大きな問題がインドの前に立ちはだかっている。このような重大な課題に対して、民主主義に基づく取り組みをより効果的に行っていけるかどうかが、インドという国の将来を大きく左右するのである。

本書で私たちが一貫して主張しているのは、公共的議論と政策立案、さらには民主政治において、恵まれない人たちの暮らし、ニーズ、権利、要求といった事柄にもっと大きな関心が向けられなければならないということである。インドの民主主義は社会的不平等の大きさと在り方のためにひどく損なわれており、その理由として特に重要なのが、民主主義というのは単に選挙による政治や市民的自由を意味するだけでなく、政治権力の公平な分配をも意味するという点である。インドの社会的不平等には、最近になって改善してきている側面がある一方で、経済的不平等の拡大や企業部門の影響力の高まりといった新たな不均衡が進行しつつある。しかし、政治権力をより公平な形で社会全体に行き渡らせようとする試みが、特権的な集団によってすべて押しつぶされてしまうと考えるのは間違いだろう。

実際には、インドの民主主義は様々な限界を抱えながらも、市民運動が活発に行われ、政治権力の集中や恵まれない人たちの利害が無視されるような状況を食い止めることを大いに可能にしている。そして、これまで私たちは、意見のやり取りや世論に訴える活動を通して公共的推論の射程を押し広げるにはどうしたらよいのかという点や、恵まれない人たちのニーズに迅速に対応するにはどうしたらよいのかという点について検討を重ねてきた。将来的な方向性を探ろうとする私たちのアプローチには、インドがこれまでに犯してきた過ちをつまびらかにすることが不可欠であるにもかかわらず、本書が時として楽観的なのは、以上のような理由からである。

なお、本書で用いられている各種データはそれぞれの章で言及されているだけでなく、巻末の統計付録にも別途掲載されている。インド全体とインドの主要な州の開発に関しては、この統計付録からある程度詳しい情報を得ることができる。ここに収められている幅広い分野に及ぶ統計が、本書で活用されている以外の用途でも、読者にとって有益なものとなることを願っている。

本書の草稿に詳細なコメントを寄せてくれた Sabina Alkire, Arudra Burra, Aashish Gupta, Reetika Khera, Emma Rothschild には、心より厚くお礼申し上げたい。また、Ankita Aggarwal, Isher Ahluwalia, Montek

Singh Ahluwalia, Manzoor Ahmed, Sudhir Anand, P. Arokiasamy, Izete Pengo Bagolin, Pulapre Balakrishnan, J. Balasubramaniam, Nirmala Banerjee, Pranab Bardhan, Francesca Bastagli, Kaushik Basu, Akansha Batra, Bela Bhatia, Robert Cassen, Ha-Joon Chang, Lincoln Chen, Deepta Chopra, Mushtaque R. Chowdhury, Diane Coffey, Flavio Comim, Gurcharan Das, Monica Das Gupta, Gaurav Datt, Harishwar Dayal, Anuradha De, Arjan de Haan, Angus Deaton, Meghnad Desai, Sonalde Desai, Swati Dhingra, Albina du Boisrouvray, Jesus Felipe, Francisco Ferreira, Pedro H. G. Ferreira de Souza, Raghav Gaiha, Subhash Gatade, Haris Gazdar, Jayati Ghosh, Kaveri Gill, Srinivas Goli, M. Govinda Rao, Ramachandra Guha, Paranjoy Guha Thakurta, Stephen Howes, Arjimand Hussain, Clément Imbert, Rownaq Jahan, Anurodh Lalit Jain, Devaki Jain, Monica Jain, Raji Jayaraman, Ravi Kanbur, Sowmya Kidambi, Geeta Gandhi Kingdon, Stephan Klasen, Atul Kohli, Ashish Kothari, Ashok Kotwal, Gabrielle Kruks-Wisner, Sanjay Kumar, Utsav Kumar, Robert LeVine, Ian MacAuslan, Guru Prasad Madan, Ajay Mahal, Simeen Mahmud, Wahiduddin Mahmud, Manabi Majumdar, Harsh Mander, Silvia Mangatter, Karthik Muralidharan, Rinku Murgai, Karuna Muthiah, Poonam Muttreja, Deepa Narayan, Sudha Narayanan, Christian Oldiges, S. R. Osmani, Felix Padel, Brijesh Pandey, John Papp, Lant Pritchett, Vinod Raina, Jairam Ramesh, Anita Rampal, Kumar Rana, Bhaskara Rao, Martin Ravallion, Rammanohar Reddy, Vivek S., Meera Samson, K. M. Sathyanarayana, Gita Sen, Mitu Sengupta, A. K. Shiva Kumar, Rukmini Shrinivasan, Abhay Shukla, Ben Siegel, A. K. Singh, Prerna Singh, Shekhar Singh, Amarjeet Sinha, Dipa Sinha, F. V. Soares, Rehman Sobhan, Dean Spears, Nicholas Stern, Aya Taketomi, Vito Tanzi, Dennis Tao Yang, Alessandro Tarozzi, Yoshifumi Usami, Fabio Veras, Vinod Vyasulu, Michael Walton, Yanyan Xiong, Yogendra Yadav といった方々から受けた有益な助言や示唆も、本書を執筆するうえで大変役立った。

ペンギン・ブックスのStuart Proffittには編集上の提案を数多くしてもらい、大いに助けられた。私たちの主張とその論拠をどのように提示したらよいかという点について、貴重な助言を得ることができた。さらに、なかなか手に余るような私たちの原稿を注意深く校正してくれたRichard Mason、そして、本書の出版全体を取り仕切ってくれたRichard Duguidにも感謝の意を表したい。

アラハバード大学経済学部とケンブリッジ大学マグダレン・カレッジの歴史経済センターは、本書の執筆作業を進めていくうえでとても効率的な研究拠点となった。また、フォード財団からの多額の研究助成により、ケンブリッジ大学歴史経済センターから研究上の便宜と事務面での支援を受けることができた。研究助手としてすばらしい働きをしてくれたAashish GuptaとAditya Balasubramanianに加えて、それをうまく補助してくれたMeghna Brahmachari, Kirsty Walker, Neesha Harmanにも大変感謝している。さらに、歴史経済センターでは、Inga Huld MarkanとMary-Rose Cheadleが事務関連の業務をとても効率的に行ってくれた。本書を完成することができたのも、ここに名前を挙げたすべての人たちのおかげである。

そして最後に、本書の内容の一部は、Manabi MajumdarとKumar Ranaによって率いられたプラティチ財団の調査チームとの共同研究に負っており、私たちはこの研究から大変多くを学んだことを明記しておきたい。

アマルティア・セン
ジャン・ドレーズ

二〇一三年二月一五日　　シャンティニケタンにて

第1章　新しいインド？

ウィリアム・シェイクスピアの喜劇『ヴェローナの二紳士』のなかに、プローテュースという登場人物が「ああ、恋の春とは、輝きに満ちた四月の空のようになんと心許ないことか」と独白する場面がある。[訳1]近代的な民主国家であるインドは、目を見張るような大きな成果を近年上げており、そのことが過去一〇年以上にわたって世界中でよく知られるようになってきている。まず、非西洋諸国における民主的統治の先駆けとして、インドの実績は広く認められている。こうした評価は、宗教的にきわめて多様な人々が暮らしていることや独立前後に起きた宗教暴動という容易ならざる歴史を抱えていることからくる困難にもかかわらず、インドが世俗国家の維持に基本的には成功したことを意味している。そして、インドが主要国のなかで二番目に高い経済成長率を誇るようになった過去一〇年間にわたる急速な

訳1　第一幕第三場からの引用。原語では、'O, how this spring of love resembleth / The uncertain glory of an April day,' となる。ちなみに、本書の原著のタイトル（*An Uncertain Glory: India and Its Contradictions*）の前半部分は、この引用部分の一節をもじったものである。

経済成長が、さらなる成果として付け加えられる。

しかし、このような目覚ましい成果とは裏腹に、今日のインドについてよく話題にのぼる輝かしい栄光に大きな不安がつきまとっているとするならば、それは『ヴェローナの二紳士』のプローテュースが心配したように、雲ひとつない晴れ渡った空がにわか雨のせいで台無しになってしまう恐れがあるからではない。むしろ、インドが発する輝きに不安がつきまとうのは、太陽の光とともに暗い雲と土砂降りの雨がすでに視界に現れているからなのである。だからこそ、今日のインドの特徴ともいうべき成功と失敗をあわせて評価することが、重要であるとともに一刻も早く必要とされている。つまり、これまでインドを悩ませ続けてきた問題はどの程度まで解決され、依然として残っている課題は何であり、そして、インドが取り組まなければならない新たな問題はあるのか、といった点が問われなければならないのである。

歴史的な視点から眺めてみると、インドが大きな成果を上げてきたのは確かであり、独立を果たした一九四七年時点でのインドの状況を考えてみれば、この点はよりいっそう明らかである。その当時のインドは、大英帝国の屈強な支配者による抑圧的な植民地統治から抜け出したばかりであった。そのため、イギリスが実際にインドを去って行くまで、実質的な権力がインド側に委譲されることはほとんどなく、民主主義をしっかりと運営していく能力がインドにはないのではないかという疑念が生まれたとしても、当時としては不思議なことではなかった。そして、第二の課題としてインドの前に立ちはだかったのが、無秩序と衝突、さらには暴力を伴う国家分裂という危険を回避することであった。インド全域に及ぶ文化的類似性には何千年にもわたる長い歴史があり、さらに、独立運動によって人々の間に強い一体感が生まれた。しかし、懐疑的な見方をする人たちは、数多くの言語・宗教・民族といった多様性と亀裂が国内にあることを理由に、インドは権威主義体制のもとでなければ分裂してしまうだろうと当然のように考えていた。そして、より直接的には、独立以前の英領インドからインドとパキスタンという二つの国家が大混乱のうちに分離独立したことがもっとも確かな根拠となり、暴力を伴う分裂がさらに起きるかもしれないという不安がかき立てられた。

貧困はもう一つの課題であり、ある意味では、上記の二つの課題以上に深刻な影響を及ぼしていたので、インドの貧しさというのはおそらくこの国について最もよく知られた事実であった。そのため、「ひもじい思いをしているインドの人たちに思いを致す」ことは道徳に適った当然の行為であるという理由から、ヨーロッパやアメリカの幼い子供たちは親から食べ物を残さないよういいつけられていた。そして、植民地支配が終わりを迎えるわずか四年前の一九四三年には、壊滅的な飢饉が実際にインドを襲い、二〇〇万人から三〇〇〇万人もの命が失われた。

では、インドは常に貧困と飢餓の象徴であったのかというと、決してそうではない。次章では、いかにしてインドがこれほど貧しい国になったのかを検討してみることにしよう。確実にいえるのは、英領時代のインド経済は著しく停滞していたこと、そして、独立前後の時点では、大部分のインド人の生活条件はきわめて劣悪であり、それは飢饉の年だけに限った話ではなかったこと、この二点である。*1

*1　健康状態と身体計測に関する世界規模のデータを用いた最新の分析によると、植民地統治が幕を下ろした一九四七年時点のインドでは、栄養状態と健康状態はきわめて劣悪であった。「二〇世紀半ばに生まれたインド人が児童期に体験した剝奪は、新石器革命やそれ以前の狩猟採集民の時代にまでさかのぼって存在したあらゆる大規模集団が経験した剝奪よりも深刻なものであった可能性がある。一九三一年当時のインド人の平均寿命は二七歳であり、やはり剝奪の深刻さを物語っている。（中略）死と剝奪によって人口は抑制されたが、生き残った人たちでさえも過酷な条件のもとでの生活を余儀なくされた」。Deaton (2013)［松本裕訳『大脱出——健康、お金、格差の起源』みすず書房、二〇一四年］の163ページを参照。

これまでの成功とこれからの可能性

このように暗澹とした船出を迎えたものの、独立したばかりのインドはすぐさま政治的にも経済的にも大きな成功を次々と収めていった。つまり、何世紀にもわたる植民地支配から確固たる民主政治へと一気に舵を切るという大胆な決断は、理に適ったものでありかつ持続可能であることが明らかになっていったのである。世界中の民主主義諸国と同じく、インドでも民主主義という言葉が意味するところのすべて（つまり、「人民の人民による人民のための政治」）が実現しているわけではなく、インドの民主主義には乗り越えなければならない課題が数多く残されている。[1] とはいえ、六〇年以上にわたって民主的統治が大きな成功を収めている現在、インドは主要な民主主義国としての地位を手にしている。実際、南アジア諸国をはじめとする新たに独立した多くの国々とは異なり、軍部が軍事以外のことにまで介入してくるような事態は起きていない。また、数多くの言語・宗教・民族が混在している場合でも、民主主義が大きく花開く可能性があることをインドはかなりはっきりと示してもいる。しかし、民主的規範からの逸脱が一部で見られるという点にもしっかりと目を向けなければならない。例えば、周縁部の人々の不満を抑え込むために、文民で構成される中央政府の命令によって軍事力が用いられることがあるが（この点については、後ほど触れる）、こうした現状は改められなければならないし、これは周縁部だけの問題ではない。ただし、すべてを考え合わせてみると、世俗的な民主主義が全般的に成功しているという点では、インドは大きな成果を上げていると見るべきである。さらに、インドの民主主義制度が全体として比較的健全な状態を保っているおかげで、民主主義の実践の射程と質をさらに向上させることや、未解決の問題に対して筋の通った解決策を導き出すことが、大いに可能になっているのである。

一方、経済に目を向けると、独立から数十年にわたってインド経済の成長は年率約三・五%というかなり緩慢なペースで進んだ。しかし、ほぼ停滞していた（時にはマイナス成長に陥ることさえあった）植民地時代の経済状況に比べれば、このような低い成長率もインドにとっては非常に大きな前進であった。つまり、植民地支配のもとで長年続いた経済的停滞は、インドが独立するとともに終わりを迎えたのである。とはいっても、ゼロ成長の状態から抜け出しただけではとても十分とはいえず、独立から数十年にわたって経済成長を妨げる力が働き続けた本当の理由について、憶測によるものも含めて、様々な角度から検討すべきである。幸いなことに、経済成長に関してはここ数十年で状況が変化してきており、現在では、インドは世界で最も急速な経済成長を遂げている国の一つとして新たな地位を占めるまでになっている。表1−1は、植民地時代から現在に至るまでの国内総生産（GDP）の成長の様子をまとめたものである。

表 1−1：インドの GDP 成長率（固定価格での年平均成長率）（単位：%）

	GDP	1 人あたり GDP
植民地期		
1900-01 年〜1946-47 年	0.9	0.1
独立初期		
1950-51 年〜1960-61 年	3.7	1.8
1960-61 年〜1970-71 年	3.4	1.2
1970-71 年〜1980-81 年	3.4	1.2
それ以降の時期		
1980-81 年〜1990-91 年	5.2	3.0
1990-91 年〜2000-01 年	5.9	4.0
2000-01 年〜2010-11 年	7.6	6.0

《出典》Sivasubramonian（2000）および Government of India（2012a）。詳細については、第 2 章の表 2-1 を参照。

《訳注》インドでは、暦年と区別するために、会計年度を「2010-11 年」のようにハイフンで区切って表記する。会計年度は 4 月に始まり、翌年 3 月で終わるため、2010-11 年というのは 2010 年 4 月から 2011 年 3 月までの期間を指す。

最近、インドの経済成長率に若干の落ち込みが見られるようになってきている。これは世界的な景気の低迷ともある程度関係しており、インドの経済成長率よりも高い水準からの下落という違いはあるものの、中国の経済成長率も同じように減速している。ただし、成長率が年率六％を下回る水準にまで落ち込んだとはいえ、インドは依然として世界で最も急速な経済成長を遂げている国の一つである。このように少し現実に立ち戻ってみることも必要ではあるが、インドの経済状況をより活性化するためには、どのように政策を改めなければならないのかを考えることもまた大切である。インドが経済成長を続けていく見込みは依然として大きく、それがインドという国の強さの大きな源泉になる可能性がある。そして、経済成長の恩恵が人々の生活の向上や人間の自由と潜在能力の発展に十分活かされるならば、そうした可能性はさらに大きくなるだろう（本書では、この点に関して多くのことを述べていく）。次章では、「インドの成長物語」についてより詳しく触れることにしよう。

経済がほぼ完全に停滞した状態で二〇〇年にわたる植民地支配を経験したため、独立後のインド経済が悪名高く厄介な貧困の問題を解決するというのは、十分ありうることのように思えてしまう。しかし、それと同時に、世界の最貧国の一つであるインドで民主主義の持続と定着も見られたということを考えれば、インドが収めてきた成果はとりわけ注目に値するものなのである。さらに、インドは大きな飛躍を生み出す技術革新の中心地としての地位を世界経済のなかに築き上げており、それは情報技術の応用とその関連分野だけにとどまらず、（これに負けず劣らず重要な）安価で信頼性の高い近代的な医薬品を世界の貧困層に大量に供給することにまで及んでいる。『ニューヨーク・タイムズ』が最近の社説で述べているように、「インドはジェネリック医薬品の世界最大の供給国である」ため、製薬分野では、「インドの政策が世界中の何十億もの人たちに影響を与えうる」のである。(2)

また、経済的側面での前進とともに、社会的側面でも大きな変化が見られる。例えば、一九五一年に

表 1-2：過去と現在のインド

	1951 年	2011 年
GDP（固定価格、1951 年の水準を 100 とする）	100	1,766
1 人あたり国民純生産（固定価格、1950-51 年の水準を 100 とする）	100	511
平均寿命の推定値（年）	32	66
乳児死亡率の推定値（出生 1,000 件あたりの死亡数）	≒ 180	44
合計特殊出生率（女性 1 人あたりの子供の数）	5.9	2.4
識字率[a]（%）		
女性	9	65
男性	27	82
貧困線以下の人口比率の推定値[b]（%）		
農村部	47	22[c]
都市部	35	20[c]
所有世帯比率（%）		
自転車	≒ 0.4	46[d]
ラジオ	≒ 0.9	27[d]
ミシン	≒ 0.1	19[d]

a 1951 年については 5 歳以上、2011 年については 7 歳以上。
b テンドゥルカル委員会報告が出される以前に用いられていた、インド全土を対象とする貧困線に基づいている（農村部と都市部の貧困線は、1973-74 年の価格で 1 人あたり月にそれぞれ 49 ルピーと 57 ルピー）。
c 2004-05 年のデータ。
d 2007-08 年のデータ。

《出典》統計付録の表 A-5 を参照。1951 年（厳密には、1950～55 年）の出生率の推定値は、United Nations Population Division（2011）による。最後の項目の 2007-08 年の数値は International Institute for Population Sciences（2010a）の表 2.8 によるものであり、1951 年の数値は Vaidyanathan（1983）の表 13.3 で示されているセンサスのデータから推定したものである。

三二歳であった平均寿命は、現在では約六六歳と二倍以上に伸びているし、乳児死亡率はかつての四分の一ほどの水準にまで低下している（出生一〇〇〇件あたりの死亡数は、一九五一年には一八〇件ほどであったのに対して、現在では四四件である）。さらに、同じ期間には、女性の識字率が九％から六五％へと上昇している。このように、独立当時の社会指標はどれをとっても悲惨な水準にあり、この点では確かに大きな改善が見られる（表1-2を参照）[3]。ところが、これとは対照的に、インドには絶望的な将来と飢饉が待ち構えているという予測が、一九五〇年代から一九六〇年代にかけてよくなされていた。また、政治的側面での大きな成果として、女性、宗教上の少数派、後進的なカーストといったないがしろにされてきた集団から、民主政治の指導者が数多く輩出される傾向にあるという点も挙げることができる。後で改めて議論するように、インドには極端な不平等がいまだに残っており、様々な分断が消え去る気配はまったくない。しかし、社会階層が強い影響力を持ってきた政治の世界でも、いくつかの重大な変化が起きていることから、はるかに大きな成果が達成されるはずであるという確信が間違いなく得られるのである。社会的・経済的に差別を受けてきた人たちを擁護する活動で有名なB・R・アンベードカルは[訳2]、「啓発・運動・団結」の力を信じなくなるどころか、さらに追い求めていくのが当然であると力強く述べている（ちなみに、アンベードカルは、「経済的・社会的民主主義」を実現するための取り組みを行っていないとして、独立運動の指導者たちを容赦なく非難した(4)）。インドの政治的民主主義のもとでは、このような取り組みを行う余地は十分に認められているのだから、それが実際に行われていなかったり、腰が引けていたりする場合に、「体制」によって禁じられているという理由を持ち出すことはできないのである。

このような背景を考えれば、独立以降、自由なメディアが急拡大を続けていることを喜ばしく感じるのも当然である。とはいえ、本書でも追い追い議論していくように、インドのメディアにも大きな弱点がある。しかし、それは政府によって検閲が行われているからでもなければ、新聞・雑誌・ラジオ・テレビなどが十分大きな規模のネットワークを持っていないからでもない。インドでは、新聞の発行部数は世界一を誇るほど膨大であり、さらに、ラジオやテレビによる報道は大量かつ活発に行われており、そのなかでも特に、最新の政治動向について多種多様な見方が（多くの場合、二四時間体制で）伝えられている。確かに、メディアがこれほど充実しているのは、複数政党による自由選挙などのその他の民主主義制度の働きを大いに高めるという一面のある、民主的機会のささやかな成功例なのである。

その一方で、後ほど議論するように、市民の経済的・社会的な暮らしのなかに潜んでいる深刻な不公正や機能不全といった問題の究明に真剣に取り組んでいないという点が、インドのメディアの弱点として挙げられる。さらに、恵まれた人たちや成功を収めている人たちの眩いばかりのイメージは伝えるのに、インドに暮らすたくさんの人たち（多くの場合、大半の人たち）が貧しく自由のない生活を強いられている現状をどのように改善できるかを提起する質の高い報道が、称賛に値する一部の報道を除いてまったく見当たらないことも、インドのメディアの弱点である。インドが政治的・社会的な変革を必要としているのは明らかである（この点については、特に第7～9章で論じる）。民主主義国であるインドが正義、平等、行政機能の向上を追い求めていく過程で、ニュースの報道や分析をより充実したものにすることを通して、メディアが重要な役割を担うようになっていくのは確かだろう。

残された課題

インドがこれまでに成し遂げてきた成果を鼻であしらうようなことはできない。しかし、これで話はすべて終わりなのだろうか。実のところ、社会正義を伴った開発の実現に向けて足早に前進している

訳2　B・R・アンベードカル（一八九一～一九五六）は、インドの不可触民出身の社会改革運動家、法律家、政治家。不可触民の地位向上のための運動を活発に行うとともに、独立後には、憲法起草委員会の委員長としてインド憲法の制定に大きく貢献した。

という耳触りのよいイメージは、インドで実際に起きていることの全体像をまったく説明していないだけでなく、バランスのとれた説明にさえなっていない。それどころか、こうしたイメージはインドの現実から大きくかけ離れているのである。一部の恵まれた人たち、そして特に、喜ばしいことばかりを報じるメディアはしばしば見逃しがちであるが、今日のインドには数多くの重大な欠陥があり、そのなかにはきわめて深刻な問題も含まれている。そして、公共的推論の過程でこういった問題が無視されたり、軽視されたりすると、非常に大きな代償を支払うことになるという点もはっきりと認識しておかなければならない。なぜなら、民主的な方法で現状を改善することができるかどうかは、対処が求められる深刻な問題について人々が理解したうえで、幅広い議論を行っているかどうかに大きく左右されるからである。

近年のインドの急速な経済成長がよく称賛の的になっているのは、実にもっともなことである。しかし、だからこそ、インドでは経済成長が社会的側面に及ぼす影響が非常に限られたものでしかないという点を指摘することが、とても大切になるのである。具体的には、所得分配が近年ますます不平等になってきていること（これはインドと中国に共通する特徴である）に加えて、労働者階級に大きな恩恵をもたらしてきた実質賃金の急激な上昇が中国で起きているのとは対照的に、インドでは実質賃金が比較的伸び悩んでいる。また、急成長によってもたらされる政府の歳入が、確固たる意思と練り上げられた計画に基づいて、社会的インフラと物的インフラの拡充に用いられていないという点も同様に重要である（この点については、インドは中国に大きく後れを取っている）。さらに、学校教育、保健医療、安全な水の供給、排水設備といった基本的な公共サービスは、依然として大多数の人々に行き渡っていない。後ほど改めて述べるように、インドは実質所得の成長に関しては他の国々を追い越しているが、社会指標に関しては多くの国々に逆に追い抜かれており、南アジア諸国と比較した場合でも、同様の傾向が見て取れる（この問題については、第3章「比較から見えるインドの現状」でさらに詳しく検討する）。

インドの経済成長と社会指標との間のギャップについて、一点だけ見てみることにしよう。インドはGDPの成長率では中国に急速に追いついてきているが、寿命、読み書きの能力、子供の栄養不良、妊産婦の死亡などに関する指標では、中国よりもはるかに緩慢なペースでしか改善が進んでいない。また、インドもその一員である南アジアに目を向けると、経済的にはるかに貧しいバングラデシュが多くの社会指標でインドに追いつき追い越している。そのなかには、平均寿命、子供の予防接種率、乳児死亡率、子供の栄養不良、女児の就学率などの指標が含まれている。さらに、一人あたりGDPがインドの三分の一程度にすぎないネパールも、多くの社会指標でインドと同程度の水準にまで迫りつつある。社会指標全般について、インドは二〇年前の時点で南アジア六ヶ国（インド、パキスタン、バングラデシュ、スリランカ、ネパール、ブータン）のなかで上から二番目に位置していたが、現在では下から二番目にまで落ちているようである（インドを下回っているのは、多くの問題を抱えているパキスタンのみである）。つまり、一人あたり所得については階段を駆け上がる一方、社会指標については坂道を転げ落ちているというのが、インドの現状なのである。

独立運動の旗印であった開発と公正という二つの目標に照らしてみれば、インドが大きな過ちを犯しているのは明らかである。この過ちには、経済成長によってもたらされる新たな所得が非常に不公平な形で分配されているということだけでなく、社会的弱者を苦しめているあまりにも大きな社会的剝奪を改善するために、新たに生み出された財源が十分活用されていないということも含まれる。これ以降の章でも議論していくように、民主的圧力は、現在のインドの特徴ともいうべき重大な不公正を正すのではなく、むしろ違う方向に向いてしまっている。インドが取り組まなければならない課題というのは、経済成長の恩恵を人々の生活条件を改善するために有効に活用しながら、インドの経済と社会とは切っても切れない関係にある著しい不平等を緩和していくことにある。したがって、経済成長のスピードを維持する（可能であれば、さらに加速させる）ということは、インドが果たすべき大きな――さらにずっと大きな――使命のほんの一部分でなければならないのである。

電力とインフラストラクチャー

生まれや育ちによって暮らしぶりが大きく異なるという状況が一向に解消されないことが、さらなる公共的議論（そして、政治的な取り組み）を必要とする大きな課題の一つであるとするならば、統治と組織に様々な欠陥が見られるということは、間違いなくもう一つの大きな課題である。インドに暮らす人々はこのような問題にあれやこれやと毎日のように悩まされている。ただし、二〇一二年七月三〇日・三一日に停電によって国土の半分で一時的に電力供給が断たれ、六億人の生活に大きな打撃を与えた時のように、仕組み全体にかかわるような欠陥の深刻さというのは、断続的にしか世界中に知れ渡ることがない。さらに、二〇一二年七月の大停電の際に電力供給の仕組みが陥った許しがたい混乱ぶりは、きわめて大きな不平等と結びついていた。つまり、一方では、インドの無秩序ぶりを示す例として、六億人のうちの三分の二は何の通告もなしに電力供給を断たれ、他方では、現代インドの特徴ともいうべき不平等を示す例として、残りの三分の一ははじめから電力供給を一切受けていなかったのである。

インドは電力部門の運営にあまりにも大きな弱点を抱えており、二〇一二年の大停電はそのことを白日のもとにさらした。長時間続く停電（つまり、電力不足を根本的に解決するのではなく、計画的に停電を実施することを意味する「電力平均分配《ロードシェディング》」は、インド全土のあまたの場所で来る日も来る日も起きている。このような停電は、被害を受けた人たちが暮らす地域の外ではあまり気づかれることはないが、被害を受けた当事者たちにとってみれば、世界中の注目を集めた二〇一二年の大停電と同じくらい重大な意味を持っている。そして、すでに述べたように、インドの全人口のほぼ三分の一にあたる世帯には電気がまったく引かれておらず、電力供給を受けていない人口の割合がわずか一％の中国とは対照的である(5)。

このような電力部門の惨状は、優れた物的インフラの必要性にインドがまったく対処してこなかったという深刻な過ちのほんの一部にすぎない。物的インフラの不備は、給水と排水、ごみ処理、公共交通機関、その他の数多くの分野でも同様に見られる。全般的には、社会的インフラに加えて物的インフラも多くの問題を抱えているのが実状であり、すばらしい解決策が実行に移されようとしている様子も見られない（この点については、第4章「説明責任と汚職」でさらに詳しく取り上げる）。このように、インドと中国の違いは、物的インフラの面でもこれ以上ないほどはっきりしている。そのため、インドは中国のやり方を見習い、貧弱なインフラによって引き起こされている問題を解決すべきだと訴える声が、最近になってインド国内にあふれているようである（確かに、中国から学ぶべきことはたくさんある）。ところが、こうした意見が至るところで声高に主張される一方で、それを唱えている本人たちは実際にはありもしないような中国像を思い描いていることがよくある。例えば、中国政府が実際にそうしてきたとよくいわれるように、インド政府も電力部門から手を引くべきであり、そうすればインドも「民営化して、繁栄する」ことができるという議論をよく耳にする。実際、民間企業は（競争が起きている場合には特に）発電・送電・配電の分野で貢献を果たすことができる。しかし、電力部門が行わなければならない業務のなかには、多額の費用をかけて遠く離れた地域へ電気を引くといった、あまり（もしくは、まったく）利益を生み出さないかもしれない業務があることを考えれば、民間企業の電力部門への参入には国家による調整と関与が不可欠なのである。

ただし、より重要なのは、中国では実際には電力部門は民間企業に委ねられていないという点である。中国でもインドでも、電力部門は国家統制のもとにあり、国が民間部門を活用して役割の一部を担わせている。中国とインドの違いは別のところにある。それは、中国では国営企業と計画策定がしっかりと機能していること、そして、金額ベースと対GDP比のどちらで見ても、中国はインドよりもはるかに多額の投資を電力部門に長年行ってきたことの二点である（対GDP比では、中国の電力部門への投資はインドの二倍以上に及んでいる）。電力以外の多くのインフラ設備の運営についても、同様の点を指摘することができる。つまり、中国とインドの間にある主な違いというのは、民営化がどれだけ進んでいるのかという点よりも、公的部門による運営がどれほど効率性と説明責任を伴っているのかという点なのである。

あまりにも物事を単純化しすぎているかもしれないが、独立時に大いに強調された「政治的・経済的・社会的民主主義」の実現へ向けての課題がいまだに解消されていない主な点というのは、(1)恵まれた人たちとそれ以外の人たちの暮らしぶりに依然として隔たりがあること、(2)インドの経済と社会の仕組みに、能力と説明責任の欠如という問題が常につきまとっていること、という二つの領域に関係しているといえる。もちろん、政治に関してどのような大きな展望を持っているかによって、その他の点について懸念を抱いたり、現在そして将来には、はるかに多くのことを実現できると信じたりすることもあるかもしれない。[*2] しかし、どのような政治的立場をとるにしても、一人の専門家にとってみれば、このような深刻な格差と欠陥に一刻も早く対処しなければならないことを否定するのは難しいだろう。[*3] これまでに指摘した問題点については、以降の章でさらに詳しく見ていくことにしよう。

民主主義の実践

中国とインドを比較研究する場合には、開発に不可欠な多くの分野で中国がインドをリードしているという点を踏まえることがとりわけ大切であり、経済開発と社会開発に大きく貢献する社会的インフラと物的インフラの整備で中国がはるかに大きな成果を上げている点などが具体例として挙げられる。確かに、中国で起きていることにインド人が関心を寄せる理由はたくさんある。実際、国際連合の『人間

＊2　「目標」と「展望」の関連性についての有用な議論として、Chomsky（1999）の第4章を参照。
＊3　実践的な課題としての正義の探求は、今この場所に完全に公正な世界を見出そうという、より理論的な探求からは区別されなければならない（この点については、セン『正義のアイデア』明石書店、二〇一一年を参照）。一八世紀終わりから一九世紀はじめにかけて、コンドルセ、アダム・スミス、メアリ・ウルストンクラフトなどの主張に沿うような形で、「奴隷制の廃止」の必要性に同調する意見が現れるようになった。ただし、奴隷制の廃止を訴える人たちはみな、たとえそのような大きな一歩が実現したとしても、世界は理想とする公正な状態からは依然として大きくかけ離れているということを認めていた。正義を促進すると考えられる変化が実現可能なものであるということは、より大きな正義を追求するうえで必要になるかもしれないうえに、近い将来または長期的に実現できるようになるかもしれないさらなる変化を妨げることなく、そのような変化を実現することに大きな説得力を与えるのである。さらに、それぞれが追い求めている理想とする公正な社会のイメージが人によってかなり異なっている場合でも、ある変化は正義を促進するという意味では正しいものであるということで意見の一致を見る可能性がある。

開発報告書』やミレニアム開発目標で取り上げられるような、国際比較のために幅広く用いられている標準的な社会指標を比べてみると、ほぼすべての面で中国がインドを上回る傾向にある。そして、インドよりも中国のほうが一人あたりGDPの成長率が高いだけでなく、社会指標の面でも両国の間に差があるということは、インドの開発への取り組みについてきわめて重要なメッセージを含んでいる。

ただし、この点についても若干の注意が必要である。なぜかというと、インドの人々が——そして、中国の人々も——本当に関心を抱いている事柄というのは、社会指標や経済成長率を比較するために用いられる表にはあまり載っていないからである。例えば、活発な民主主義の特徴のなかでも、複数政党による政治、組織的に実施される自由選挙、ほとんど検閲を受けないメディア、大いに保障されている言論の自由、司法の独立などをはじめとして、自国の民主的枠組みを大半のインド人は重視しているようである。(6) そして、民主主義の実践についてインドが上げてきた成果と中国を含む多くの国々が上げてきた成果との間に大きな差があるという点は、インドの民主主義制度の働きにそれでもなお批判的な人たち（私たちもそのなかに確実に含まれる）であっても否定することはできない。

インドでは、検閲や制限を受けることなくインターネット上の情報や国際世論に触れられるだけでなく、膨大な数にのぼるメディアがまったく異なる見方を伝え、そのなかには現政権にきわめて批判的な内容も少なからず見受けられる。(7) すでに述べたように、インドの新聞には取り組まなければならない重大な課題が依然としてあるものの、その内容にも大きく異なる政治的な見方が反映されている。また、経済成長のおかげで、都市部だけでなく農村部を含むインド全域で、ラジオ、テレビ、インターネットをはじめとするマスメディアから情報を得ることがずっと容易になってきている。そして、このようなマスメディアの拡大は、検閲を受けていないニュースと自由に行われる批判的議論の普及をさらに後押ししている。

表現の自由にはそれ自体としての価値があり、大半の人たちは何らかの形でそれを享受している。さらに、表現の自由は民主政治にとって重要な手段でもあり、政治参加の可能性（そして、実際の政治参加）を促す働きがある。現在のインドでは、政治参加や社会参加への関心は最も貧しい階層にまで浸透しているようである。[8] また、インドと中国の違いを政治や法律の面から論じる場合には、法律によって認められている裁判と刑罰の運用のような問題もあり、死刑制度はその一例である。一九四七年の独立以来インドで処刑されたよりも多くの人たちが、たった一週間で処刑されるということが中国ではよくある。[9] インドと中国の間で全般的な生活の質を比較することが目的であるのならば、よく用いられる社会指標によっては明らかにならないようなところにまで目を向けなくてはいけない。そして、インドの民主主義の実践についてはいろいろな注文があるものの、全般的な生活の質という点では、インドが積み重ねてきた成果を前向きに評価することができるのである。

ただし、インドが達成できずにいる課題にも目を向けながら、こうした課題を解決するためにこれまでの成果をさらに推し進めていくことが、民主的自由と両立しうるのかどうかを問わなければならない。例えば、インドでの汚職の蔓延について、意見のやり取りや世論に訴える活動が最近盛んに行われるようになってきている。汚職の広がりは確かに深刻な問題であるが、それを民主主義のせいにするのは馬鹿げたことだろう。なぜなら、中国をはじめとする非民主的な国々の多くが、深刻な汚職に蝕まれているからである。また、汚職行為をした者に対して拙速に重い刑罰を科すような、簡略化された司法手続きが議論にのぼることがあるが、そのような非民主的な方法をもってしても汚職の問題を解決することはできない。民主的な説明責任の範囲が、汚職に手を染めている者たちにもさらに幅広く及ぶべきであるという、大半のインド国民からの要求に応えるためには、適正な法手続きを捨て去ってしまうようなことがあってはならないのである（より詳しくは、第4章で議論する）。

メディアは、人々が心から抱いている不満に注意を喚起することを通して、汚職という重大な課題への取り組みに大きく貢献することができる。しかし、実際のところ、メディアはつい最近まで規則や規範の違反にはほとんど目をつぶっていたし、まったく注目されない違法行為については、今でもそういった態度をとることが非常に多い。また、ある特定の行政制度が汚職の影響を受けやすい仕組みになっているために、違法行為が露見したり罰せられたりすることなしに、何らかの見返りを目当てに便宜を図れるような権限を役人や企業家が握っているという重大な問題も見られる。この点に関しては、いわゆる「許認可支配《ライセンス・ラージ》」訳3が汚職文化の蔓延を大きく後押しした。こうした問題の多くは制度改革によって対処できるが、腐敗した慣行を（自分自身も他の人たちも）受け入れないようにするためには、行動規範をある程度変えることも必要である。そして、これは社会の動向に目を光らせているメディアが重要な役割を果たす分野でもある。以上の点については、本書のなかでさらに議論していくことにしよう。ここでのポイントは、汚職の問題によって、公共サービスの提供と市場経済の機能（さらにはいうまでもなく、民主的権利の行使）が、過度に脆弱なものになってしまうという点に注目してもらいたいということなのである。

本書の導入部分にあたる本章を閉じる前に、インドと中国の比較によって浮き彫りになる、もう一つの疑問について手短に述べておこう。公共サービスや社会インフラの向上のために経済成長を活用することに関しては、インドよりも中国のほうが全般的にかなりうまくやっている。そのため、保健、教育、その他の「社会開発」の側面を改善するために経済成長の成果を活用しようとする時に、インドの民主主義体制は実は障害になっているのではないかという考えが浮かんでくるかもしれない。この疑問に答えようとすると、懐旧の念を抱かずにはいられなくなる。というのも、インドの経済成長率が非常に低かった一九八〇年代までは、民主主義は急速な経済成長とは相容れないという議論が民主主義に批判的な人たちによってよくなされていたからである。その当時、急速な経済成長を左右しているのは、政治体制が激しい競争を伴うかどうかではなく、成長に適した経済環境という支えがあるかどうかであるという点を民主主義に批判的な人たちに納得してもらうのは至難の業だった。現在、民主主義と経済成長は両立するのかという論争は（とりわけ、民主主義国であるインドが高い経済成長率を達成するようになったおかげで）すでに決着している。では、経済成長の成果を社会的側面の向上のために活用することと民主主義は両立しないとよくいわれるが、これについてはどう考えたらよいのだろうか。

どのような問題が政治的な取り組みの対象になるかによって、民主主義体制によってもたらされる成果は大きく違ったものになる。飢饉に伴う大きな被害のように、きわめて容易に政治的な注目を集める問題がある（しっかりと機能する民主的な政治体制が整えられた途端、飢饉の再発が抑えられるということはよくある）一方で、それほど衝撃的でもなければ、差し迫ってもいない問題にはさらに大きな障害が立ちはだかっている。つまり、極度とまではいえない栄養不良、消え去ることのないジェンダー間やカースト

訳3　一九五一年産業（開発・規制）法により、一定以上の規模を有する民間企業は、新規の設立、規模の拡張、新規商品の生産を行う際に、政府から産業ライセンスの交付を受けなければならなかった。産業ライセンス制度に代表される独立後の産業政策は、経済効率を損なう硬直的なシステムであるとして、揶揄を込めて「許認可支配」（Licence Raj）と呼ばれていた。しかし、一九八〇年代中頃になると、産業ライセンスによる規制は徐々に緩められ、一九九一年の経済自由化によって規制緩和の流れは一気に加速した。

間の不平等、すべての人が定期的に受けられる医療サービスの未整備といった問題を民主的な手段によって解決することははるかに難しく、その成否は民主主義の実践がどれだけの広がりを持ち、どれだけの熱意を伴っているかに大きく左右されるのである。[10] 最近になって、民主主義の実践にそれなりの前進が見られるようになったため、あまり目立たない問題のなかでも、ジェンダー間の不平等のある特定の側面のように取り組みが著しく改善しているものもある。しかし、多くのインド人を悩ませ続けているすべての社会的な不利益と不公正に対して闘いを挑むまでには、まだまだ長い道のりが残されている。

中国では、意思決定の過程は政治指導者による上からの決定に大きく影響され、下からの民主的圧力が働く余地は比較的小さい。中国の政治指導者は、民主主義と市民的自由の価値に疑問を抱きながらも、飢餓の追放や読み書き能力の向上に真剣に取り組んできたために、中国の経済的・社会的な発展が促されたというのは確かである。ただし、政治指導者が悪影響をもたらすような政策へと舵を切った場合には、ほとんどなすすべがないことから、上からの意思決定というのは非常に危ういものである。このような危険性が破滅的な形で現実のものとなったのが、一九五九年から一九六二年にかけて中国で少なくとも三〇〇〇万人の犠牲者を出した大飢饉である。この大飢饉に際して、政府は実際に何が起こっているのかを把握できず、民主主義が機能している場合であれば生じる、政策に反対する国民からの圧力というものは見られなかった。その結果、壊滅的な飢饉が続いた三年の間に、政策の誤りが正されることはついになかったのである。さらに、上からの意思決定の脆さは、一九七九年に始まった経済改革によって再び明るみになる。一連の経済改革のおかげで、中国の農業と産業の効率性は大いに高まったが、その一方で、普遍主義的な保健医療の提供（ユニバーサル・ヘルス・カバレッジ）という原則が著しく後退してしまった。特に農村部での影響は深刻で、「農村合作医療制度」が打ち切られたために、無料または助成率の非常に高い保健医療の対象となっている農村人口の割合は、数年のうちに一〇％前後にまで急落したのである。

権力者たちが繰り広げる政争のあおりを受けて、国民に支援や保護を与える政策が突然変更されてしまう可能性があるため、権威主義体制には上からの意思決定の持つ危うさが常につきまとっている。まともに機能している民主主義のもとであれば、確固とした権利として認められた保健医療が、これほど簡単に（そして、これほどすばやく）撤回されることはまずありえないだろう。普遍主義的な保健医療の提供が行われなくなったことで、中国では寿命の伸びが急激に縮小するようになり、インドとの間の平均寿命の大きな差がその後二〇年間で一四年から七年へと縮まっていった。結局、失ったものの大きさに気づいた中国政府は、二〇〇四年前後から（「新型合作医療制度」を含む新たな体制のもとで）大規模な公的医療保険制度を再び導入することになる[11]。現在、中国では保険制度の対象となっている国民の割合はインドよりも格段に高く、その比率は九〇％を超える水準にまで達している。さらに、中国とインドの間の平均寿命の差は再び広がってきており、保健医療の及ぶ範囲が広がったことがその背景にあるのは明らかである。

インドの政治体制を考慮に入れると、普遍主義的な保健医療を求めたり、こうした問題が長い間無視され続けてきた現状を改めたりするよう、民主的な取り組みをさらに押し進めていくことがインドには求められている。具体的には、現政権に対して圧力を加えるだけでなく、野党がこれらの重要課題を自分たちの要求の一部として訴えざるをえないようにするということである。というのも、政府（特に、現在の中央政府のような複数の政党による連合政権）は、政治的な圧力や人々の要求から出てきた重要課題に対応せざるをえないからである。ただし、このような重要課題は非常に多岐にわたることがあり、政府の関心や財源をめぐって互いに競い合っている。民主的な取り組みをさらに押し進めるというのは、ほんの一握りの政治指導者に政策変更の必要性を納得してもらうよりも難しいことかもしれない。しかし、その一方で、意思決定をめぐるこうした規範というのは、民主的に定着している場合には、権威主義体制のもとでの意思決定に常につきまとうような危うさからはより小さな影響しか受けない。したがって、中国に匹敵するほど幅広い範囲に保健医療を行き渡らせつつ、柔軟性という点では中国を上回るためには、民主主義制度をこれまで以上によりいっそう活用しなければならない。そして、すべての子供が基礎教育を受けられるようにするという重要課題についても、同じことがいえるのである。

インドが抱えるあまりにも多くの問題にいざ取り組もうとすると、民主主義を貫き通そうという長年の決意が（さしたる切実な理由もなく）消え失せそうになったり、揺らぎそうになったりするのも無理のないことである。しかし、その一方で、民主主義のために多くの人たちが闘い、そして、インドは民主主義からあまたの恩恵をすでに受けている。それだけに、多くのインド人を悩ませ続けている問題を解決するために、政治的民主主義と自由社会によってもたらされるチャンスをもっと活用してこなかったことは、あまりにも残念でならない。民主主義がうまくいくかどうかは、結局のところ、民主主義の実践が熱心に行われているかどうかに左右されるという点をはっきりと認識しておかなければならない。本書が焦点を当てている主なポイントの一つが、まさにこの点なのである。

「啓発・運動・団結」という（前に引用した）アンベードカルの勧めは、民主主義のもとでこそ可能である。しかし、アンベードカルも論じているように、団結と運動というのは、確かな論理と十分な知識に基づいた推論のうえに成り立っていなければならない。アンベードカルによる呼びかけの最初にくる「啓発」が重要になるのは、そのためである。本書を読み進むにしたがって明らかになっていくように、十分な知識に基づいてよく考えたうえで公共的実践を行うという、アンベードカルが思い描いた理想像から私たちは大きな影響を受けている。そして、そのうえで重要な課題となるのが、「新しいインド」を発見することではなく、「新しいインド」を作り上げるために力を尽くすことなのである。

第2章　成長と開発をつなげる

二〇一二年六月、本書の著者の一人は、二人のジャーナリストから異なる二つの地域の経済成長についてコメントを求められた。そのうちの一人であるパリを拠点とするジャーナリストからは、二〇一二年の第一四半期にユーロ圏の経済成長率がゼロであった（つまり、前の四半期に減少したユーロ圏のGDPが下げ止まった）という「すばらしい事実」について意見を求められる一方、ニューデリーを拠点とするもう一人のジャーナリストからは、インド経済が前年に比べて「わずか六・二%」しか成長していないという「みじめな経済成長率」に終わったことについてどう思うか尋ねられた。ヨーロッパでは、ユーロ圏の「ゼロ成長という朗報」が大きな喜びをもって迎えられていたのとは対照的に、インドでは、年率八%や九%といった以前の成長率よりも数ポイント低い値に落ち込むという、「不安を抱かせるほどの」経済成長の鈍化を懸念する報道一色に染まった。この対比から明らかなように、「みじめな」というのは相対的な見方なのである。

最近の世界経済には、経済成長の抑制とでもいうような特徴が顕著に見られるようになってきている。もちろんインドもその例外ではなく、さらに国内問題もインドの経済状況を悪化させる要因になっている。ただし、（本書を書き終えた時点での直近の年である）二〇一一－一二年には、インドは経済成長率で（インドネシアとほぼ肩を並べて）世界の主要国のなかで二番手の位置を保ち、同じように経済成長が減速しながらも集団の先頭を行く中国をわずかの差で追っていた。そして、経済成長率でインドとインドネシアに続くグループには、世界の主要国のなかでも、日本、メキシコ、ロシア、韓国などの国々が含まれる。いうまでもなく、ヨーロッパ諸国はこれらの国々とは対極にあり、アメリカはヨーロッパ諸国よりもわずかに高い成長率を記録しているにすぎなかった。さらに、ある時期には経済分野で大きな注目を集めるほどの存在だったブラジルの成長率は、現在では〇・八％にまで落ち込んでいる（なお、次章で詳しく述べるように、最近のブラジルは経済以外の分野で躍進を見せている）[1]。

それでも、インドの経済成長の落ち込みに不安を感じてしまうのは、実にもっともなことである。「みじめな」という表現は適切でないにしても、以前に比べて経済成長が減速傾向にあるという問題を解決するために、どのような取り組みを継続的に行っていけるか考え直してみるべきである。ただし、経済成長は確かに大切ではあるが、経済成長そのものが大切なのではない。むしろ、新たに生み出された富を活用する余地を国が手に入れ、社会全体での取り組みを要する事柄にあてられる政府の歳入と個人所得がともに増加するからこそ、経済成長は大切なのである。不況が最も深刻化している時期に、ヨーロッパ諸国が早まった緊縮政策を採用せずに経済成長を目指す道を選んでいたならば、それによって生み出された政府の歳入を通して各国の財政は正常な状態に保たれ、基本的な公共サービスを提供するという、（シンガポールからブラジルに至るまで、世界の他の地域の模範となってきた）ヨーロッパ諸国が誇るべき方針が大きく後退することもなかっただろう。ヨーロッパ諸国と同様にインドもかなりの財政赤字を抱えているが、緊縮政策をいち早く実施するという誘惑を断固として（そして、私たちの考えでは、賢明にも）受けつけなかったために、インドは急速な経済成長を持続しつつ、比較的良好な財政状況を保っている[2]。もっと長い目で見れば、インドが経済成長によって生み出される財政的な余裕を活かしながら、財政を立て直していかなければならないのは確かであり、実際にそれは可能なはずである。しかし、それと同時に、インドには公共サービスの大幅な拡充が求められているということを理解しておかなければならない（この点については、すぐ後で議論する）。そして、貧困層の個人所得を押し上げることもきわめて重要である。

したがって、高い経済成長を維持するということは、経済成長によってもたらされる政府の歳入を賢く利用することと並んで、公共サービスの拡充と貧困層の所得上昇という二つの観点から重要な目的になるのである。もちろん、公平性や持続可能性のように、経済成長の過程がどのような性格を帯びているかという点にも注意を払わなければならない。これについては、後ほど触れることにしよう。

インド経済の急成長についての略史

インド経済の急成長は、どのくらい前から始まったのだろうか。実は、インドが経済成長への歩みを速めるようになったのは、つい最近のことにすぎない。近年のインド経済は、「人は六〇歳になると若返っていく」というパブロ・ピカソの言葉を地でいくかのようであり、私たちが現在目の当たりにしているインド経済の躍動ぶりは、この古代から続く土地に政治的な独立が与えられた一九四七年当時を上回っている。独立を果たしてから三〇年近くもの間、規制などによってがんじがらめにされていた経済は、年率三・五％程度という低い成長率からなかなか抜け出せなかった。そして、こうした状況は政府の公共政策によってもたらされたのであり、ヒンドゥー教とは何の関係もなかったが、インドの低い成長率は「ヒンドゥー成長率」と呼ばれることもあった。[*1] 経済面での進展にまったく力強さが見られなかったのとは対照的に、共和国として新たに成立したばかりのインドは政治面で急激に変貌を遂げていった。つまり、植民地統治が終わるやいなや、独立運動が旗印に掲げてきた民主主義へと移行し、全面的な民主主義体制をとる貧困国が世界ではじめて誕生した。そして、それから間もなくして、インドは民主主義がしっかりと機能する国になっていったのである。

第1章ですでに指摘したように、独立以前のインドのGDPはほとんど停滞している状態にあり、時には減少することさえあった。そのため、独立直後の数十年間の成長率が年率三・五％にすぎなかったとしても、それは実際には大きな前進だった。ただし、開発と貧困削減をいち早く達成するためには、年率三・五％（当時の人口成長率のもとでは、一人あたりGDPの成長率にするとおよそ年率一・五％）という成長率はあまりにも低すぎるというのも動かしがたい事実である。一九五〇年代から一九七〇年代にかけては、経済成長率があまりぱっとしない時期が続いたが、一九八〇年代に入ると状況は大きく好転し、経済成長率は年率五％というより高い水準で推移するようになる。そして、当時の財務大臣であり、現在は首相の座にあるマンモーハン・シンが一九九〇年代はじめに主導した経済改革を受けて、インド経済の成長は一段と高い水準に落ち着くようになり、経済成長で先頭を行く国々にほぼ肩を並べるほどの急成長が当たり前のようになっていった。[訳1] インドの成長率が高い水準で安定的に推移しているのには、経済成長が持続していくためのしっかりとした基礎を築いた、一九九〇年代の経済改革が間違いなく関係している。インドの経済成長率は、五％と六％の間を行きつ戻りつしてから七％へと上昇し、その後さらに勢いを増して、二〇〇五年から二〇〇八年にかけての数年間は九％を超えるほどの水準であった。インドが所得貧困の問題に長年悩まされ続けてきたことを考えれば、経済が急成長を遂げる時期というのは確かに必要とされていた。実際、最近になって経済成長が鈍化している（ただし、インドは依然として主要国のなかで二番目に高い成長率を達成している）ものの、インドが経済成長について大きな成果を上げてきたのは明らかである。

とはいえ、急速な経済成長が必要とされなくなったなどということはまったくない。なぜなら、過去二〇年間にわたって経済が急激に成長していたのに、インドは今なお世界で最も貧しい国の一つだからである。実際、第3章で論じるように、インドの一人あたり実質所得は、サハラ以南アフリカを除く大半の国々よりもいまだに低い水準にある。そして、インドの人口全体のなかの恵まれない人たちの生活の質に目を向けると、状況はさらに深刻であり、そのうち数億人は、栄養のある食事、保健医療、まともな労働条件、冬の寒さをしのげる暖かい衣類といった、満足のいく生活を送るために不可欠な条件を欠いたままなのである。少なくとも私たちが普通に考えるような期間内には、経済成長のみによってこれらの課題が解決されることはないだろう。しかし、経済が成長している場合には、こういった問題を

＊1　独立後三〇年間の経済成長率が年率三・五％前後で一定しているように見えるのは、成長率を一〇年単位で見ているからにすぎない。実際、一年単位で見てみると、経済成長率は大きく変動している。また、この三〇年間では、前半の方が後半よりもGDPの成長率が若干高く、こうした傾向は一人あたりGDPの成長率でより顕著に現れている（表2-1を参照）。

訳1　原著が刊行された時点では、インド国民会議派のマンモーハン・シンが首相を務めていたが、二〇一四年に行われた第一六次連邦下院選挙でインド人民党が過半数の議席を獲得し、同党のナレーンドラ・モーディーが新たに首相に就任した。

解消することがよりいっそう容易になるのは確かである。したがって、高い経済成長率を達成する可能性があるということは、インドの開発にとっては明らかに大きな強みであるし、経済成長をさらに促すための取り組みがきわめて重要であることに変わりはない。そして、それと同時に、人々の生活水準を改善するために経済成長が活かされるようにしなくてはならないのである。

過去と現在

インドはどのようにして、世界で最も貧しい国の一つに数えられるほど困窮するようになったのだろうか。皮肉なことに、インドが大半の国々よりも貧しくなかった時代（そして、貧しいとは思われていなかった時代）について考えてみるには、想像上の過去に存在した神話のなかの黄金時代といったものを引き合いに出す必要などないのである。実は、それどころで済むような話ではない。アダム・スミスは、インド全体、そのなかでも特にベンガル地方が世界で最も豊かな地域の一つであると考えており、『国富論』（初版刊行は一七七六年）では、インドが他の地域よりも繁栄している原因を説明するためにそれなりの紙幅が割かれている。そして、スミスはその主な要因として、船舶の往来に適した河川を利用して、交易の仕組みが発達したという点を挙げている。実際、インドの内陸部やさらには海上へと広がる交易関係が、二〇〇〇年近くもの長期にわたって存在していた。さらに、二世紀の先駆的な地理学者であるクラウディオス・プトレマイオスは、インドが交易によって繁栄していたことを示しており、その叙述はとりわけ興味深い。プトレマイオスは、インド経済のある側面についてある程度詳しく書き記し、インド国内の商取引によって栄えたり、海外との交易にも活発に取り組んだりしていた数多くの都市や町の名前を具体的に挙げている。また、ガイウス・プリニウス・セクンドゥス（大プリニウス）も、この地域の経済が広く交易を行って栄えていたことを描き出している。[3]

一七五七年にベンガル地方で起きたプラッシーの戦いをきっかけに、東インド会社は、後に広大なイギリス領インド帝国へと徐々に拡大していくことになる植民地支配の足がかりを築いた。当時、この地域は工業製品の輸出、特に各種の織物製品の輸出で有名であった。アダム・スミスは、「インドの一地域であるベンガルは、常に米の輸出量が特に多い」と述べているが、それに続けて「それよりも多種多様な製品の輸出のほうが、いつもはるかに盛んである」と記している。[4] ガンジス川沿いにあるイギリス東インド会社の居留地からさらに上流にさかのぼっていくと、その他にも貿易の拠点が存在した。ポルトガル、オランダ、フランス、デンマーク、プロイセンなどのヨーロッパ諸国からやってきた商人は、通商ルートのなかでも特にこれらの貿易拠点を利用して、ヨーロッパやそれ以外の地域へインド製品を活発に輸出していた。しかし、ヨーロッパの製造業者にとっては、インドからの輸入品の競争力と品質は悩みの種であった。特にイギリスでは、インドの植民地支配が確立される以前に、インド産の織物製品の着用を禁止するいくつかの議会制定法があったほどである。

では、インドが輸出大国として畏怖の念を抱かれるほどの名声を誇っていたのにふさわしい生活水準を、工業部門で働いていたインド人労働者は享受していたのだろうか。データが不十分なうえに、生活水準の比較が難しいことを考えると、この問題に決着をつけるのは一筋縄ではいかない。しかし、賃金率と価格を比較してみると、経済活動が盛んな地域のインド人労働者（さらに、いうまでもなく熟練した職人）の実質賃金は、当時ヨーロッパの多くの国々で同様の仕事をしていた労働者の実質賃金よりも低くないどころか、実際には高いこともあったようである。例えば、プラサンナン・パルタサラティは、賃金に相当する穀物の重量を基準として一八世紀半ばの実質賃金の比較を行い、イギリスの織工の一週間あたりの賃金が四〇～一四〇ポンド（一ポンドは約四五四グラム）の穀物に相当するのに対して、インドの織工の一週間あたりの賃金は、ベンガルでは五五～一三五ポンド相当、南インドでは六五～一六〇ポンド相当であったことを明らかにしている(5)。

　植民地化される以前のインドが比較的豊かであったことを認めるために、想像上の黄金時代のようなものをでっちあげる必要がないのとまったく同様に、英領インド時代にインド経済の相対的な地位が急速に低下していったことを物語るのに、熱烈な民族主義者である必要はない。アダム・スミスによると、インドのイギリス支配地が経済的に衰退するようになった原因は「東インド会社の使用人が……馬鹿げた制約を設けた」ことにあり、一七七〇年にベンガル地方で発生した大飢饉までもがそのことに起因するという(6)。一九世紀の英領インドでは様々な変化が起こり、近代的な新聞・雑誌の発達やヨーロッパの啓蒙主義から生まれた新しい科学的知識の普及といった非常に前向きな変化も見られたが、そんななかにあって、経済の衰退は一九世紀を通して続き、二〇世紀の前半に入っても状況はきわめて深刻だった。

　歴史的に重要な意味を持つイギリスによる植民地支配が長きにわたって続いている間、インドの一人あたり実質所得は実のところ減少していた。経済成長が見られる場合でも、その速度があまりにも緩慢だったので、当然のように他の国々から後れを取るようになってしまった。S・シヴァスブラモニアンが行った「二〇世紀のインドの国民所得」に関する詳細な研究によると、一九〇〇－〇一年から一九四六－四七年にかけてのインドの一人あたり所得の年平均成長率は約〇・一％であった。この期間には、〇・九％というみじめな――この場合は、文字通りの意味で「みじめな」――GDP成長率が、英領インドの特徴である高い死亡率を反映した低い人口成長率（〇・八％）によって打ち消され、一人あたり成長率は何とかプラスの値にとどまっていた[7]。つまり、産業革命がもたらした変革によって、ヨーロッパやアメリカ、さらにはアジアやラテンアメリカの一部でも実質所得と生活水準が向上し続けていた数世紀の間、インドでは深刻な経済的停滞が起きていたのである。

独立以降の経済成長

このような歴史的経緯を考えれば、年率三・五％前後という独立後の経済成長率がなぜ前向きな変化のように映ったのかを理解するのは難しいことではない（表2－1を参照）。ところが、独立から間もない時期の経済政策は、経済成長率を押し上げることにも人々の生活状況を大きく変えることにもつながらなかった。実際、入手可能なデータが示すところによると、一九五一年に第一次五ヶ年計画が始まって以降の三〇年間の大半の時期については、インドでは貧困削減（特に、農村部での貧困削減）がほとんど進まなかった[8]。

これは確かに重大な失敗であり、独立後にインドが経済計画に取り組むようになってから間もない時期に、一体どういう問題があったのかを問うてみなければならない[9]。インドがこのような失敗を犯した原因は、「社会主義的」な経済計画にあるという点が強調されることがある。「社会主義」という言葉の解釈が多種多様であるのはいうまでもないが、もしこの指摘の意味するところが、ソビエト連邦やその他の共産主義諸国の特徴である経済計画モデルのようなものをインドが踏襲していたということであるならば、それは大きな誤解の表れだろう。共産主義に基づく教化と教条主義にもかかわらず、ソ連や改革解放前の中国からベトナムやキューバに至るまで、共産主義諸国がそろって実現に向けて取り組ん

表 2−1：産業別の GDP 成長率（固定価格）

（単位：%）

	第一次産業	第二次産業	第三次産業	GDP[a]
1900−01 年〜 1946−47 年	0.4	1.5	1.7	0.9 (0.1)
1950−51 年〜 1960−61 年	2.8	6.1	4.1	3.7 (1.8)
1960−61 年〜 1970−71 年	2.1	5.4	4.4	3.4 (1.2)
1970−71 年〜 1980−81 年	2.0	4.2	4.5	3.4 (1.2)
1980−81 年〜 1990−91 年	3.5	5.5	6.6	5.2 (3.0)
1990−91 年〜 2000−01 年	3.3	6.2	7.5	5.9 (4.0)
2000−01 年〜 2010−11 年	3.2	8.5	8.9	7.6 (6.0)

a カッコ内の数字は、1 人あたり GDP の成長率（GDP 成長率から人口成長率を差し引いて求められた値）を表している。

《出典》独立以前の時期の成長率は、Sivasubramonian（2000）の表 7.3 に基づいている。独立以後の時期の成長率は、Government of India（2012a）の表 A3 と表 A5 に掲載されている、2004−05 年の固定価格による GDP のデータを用いて、GDP の対数をトレンド項に回帰して計算している。Sivasubramonian（2000）の表 9.3 では、より早い時期に作成された 1948−49 年の固定価格による GDP のデータを用いて独立後初期の成長率が計算されており、表 2−1 と似たような値を示している。

でいた課題の一つに、一刻も早くすべての子供たちが無料で学校教育を受けられるようにするということがあった。実は、ラビンドラナート・タゴール[訳2]は一九三〇年にソ連を訪れた際に、「遠く離れた」中央アジア地域でさえ、国民への学校教育が急速に普及していることにすでに気づいていた。そして、「ロシアの地に足を踏み入れてまず私の目に飛び込んできたのは、少なくとも教育の面では、過去一五〇年の間にわが国の最上流の階級でさえ決して見られなかったような著しい進歩が、ここ数年の間に農民や労働者といった階級で成し遂げられているということである」と書き記している。[*2]では、「社会主義」の国であるインドは同じような道を歩んだのだろうか。答えは否であり、インドはこれとはかけ離れた道を選んでしまった。そのため、インドの子供たちにより多くの学校教育の機会を与えるという点に関しては、三〇年にわたる経済計画はほとんど何の成果も上げられなかった。

　実際、一九五一年に始まった第一次五ヶ年計画は、大学教育の必要性に理解を示して強く支持する一方、小学校レベルの正規教育には反対する議論を展開していた。そして、その代わりに、自給自足的な手工芸を通して子供たちが学ぶというあまりにも空想的で常軌を逸した考え方に基づく、いわゆる「基礎教育」制度を後押ししていた。*3 第一次五ヶ年計画の計画書はさらに、「初等学校を新たに作るという流れは奨励されるべきではなく、基礎教育とその考えに沿った形での既存の初等学校の改善と再構築に可能な限り資源を振り向けなければならない」と述べている。(10) 当然のように、正規の学校教育をいわゆる「基礎教育」に代えるという考えが一般の人々の共感を得ることはなかったが、一九五六年に始まった第二次五ヶ年計画でも、「基礎教育の考えに沿った形で初等教育全体が改められなければならない」という主張が変わることはなかった。訳3 やがて、政府も正規の学校教育を求める人々の声に抗しきれなくなった

*2 ベンガル語で書かれた Tagore（1931）の108ページを参照（英語版は一九六〇年に出版されている）。この作品の英語版は、刊行直後に英領インド政府によって発禁処分にされ、インドが独立するまでその処分が撤回されることはなかった。

*3 「基礎教育」を実施するという計画は、教育方法についてのマハートマー・ガンディーの考えから影響を受けていた。ガンディー自身は、「何か物を作るような労働をするためだけでなく、児童の知性を育むためにも手工芸を教えるべきであるというのが、私の提案の最も重要な部分である」と述べている。そして、手工芸よりも先に読み書きを教えてしまうと、「児童の知的発育が妨げられる」と主張していた。Gandhi（1937a, 1937b）を参照。

訳2 ラビンドラナート・タゴール（一八六一～一九四一）は、インドのベンガル地方出身の詩人、文学者、思想家。一九一三年に詩選集『ギーターンジャリ』でノーベル文学賞を受賞。政治・社会評論の分野でも活躍し、戦前の日本については軍国主義と帝国主義の台頭を痛烈に批判した。

訳3 原著では出典が明記されていないが、Planning Commission（1956）の第二三章からの引用である。

が、学校の役割をめぐる考え方に混乱が生じたことで、読み書きと計算の能力を国民が身に付けられるようにするという目的に予算が十分に振り向けられない事態にさらなる拍車がかかった。

この点に関しては、インドの経済計画の立案者は、ソ連、中国（改革開放が行われる以前でさえも）、キューバ、ベトナムといったすべての共産主義諸国の経済計画の立案者と対極をなしていた。[*4] これらの国々は、すべての子供たちが標準的な学校教育を受けられるようにするという、社会主義のもとで実現されるべき重要な目標を一様に重視していた（この点は、マルクスとエンゲルスによる『共産党宣言』でもはっきりと述べられている）。そして、市民的自由と政治的自由の抑圧はいうに及ばず、社会主義の名のもとに行われた経済政策のその他の領域でも混乱が見られたものの、多くの子供たちが学校に通えない状態が何十年にもわたって続くようなことは、これらの国々ではいずれも起きなかった。したがって、当時のインドの経済計画があまりにも教育を軽んじていたのは、その中身が「社会主義的」であったことに原因があると考えるのは、教育を軽視するという愚かな判断がインド固有の特徴と深く結びついているという点をすっかり見逃しているといえるだろう。実際、教育を軽視するという大きな誤りはインドのなかから生まれたのであり、一般市民が教育を受けることに対して上流階級（そして、上位カースト）が抱いている偏見を映し出すほど根深いものなのである。

ついでながら、インドの経済計画は独立後初期でさえも特に「社会主義的」だったわけではないという点にも注意すべきである。さらに、時折指摘されるようなソ連型の経済計画ではなかったのはいうまでもない。インドが採用していたのは一種の国家主導の開発戦略であり、その形態や得られた成果に違いはあるものの、多くの国々が同様の開発戦略を当時とっていた。そして、さらにそれ以前には多くのヨーロッパ諸国でも、このような開発戦略が用いられていた。インドでは、「必要不可欠な公益事業」

とみなされた鉄道、電力、水道のような主な例外は除いて、経済の大部分はしっかりと民間部門のもとに置かれていた。さらに、政府は様々な方法で経済活動に介入したが、本格的な農地改革はもちろんのこと、産業の国有化が全面的に実施されることはなかった。[11] とはいえ、この時期に行われた経済計画が成功だったといっているのではない。実際、それは成功などではなかった。しかし、インドの経済計画に見られる思慮のなさや異常性といった特徴について、その原因を「社会主義的」であるという点だけに単純に求めることはできない。

初期の経済計画は、第一次産業と第二次産業での生産よりも、社会的インフラと第三次産業の分野でさらにひどい失敗に終わった。実際、第一次産業と第二次産業（それぞれ農業と製造業におおよそ対応する）の成長率は、一九九一年に経済改革が実施されてからの一五年間よりも一九五一年に第一次五ヶ年計画が実施されてからの一五年間のほうが若干高い。[12] 一方、第三次産業の成長率は後者の期間でより低く、GDP成長率も同様の傾向を見せている。ただし、独立から間もないこの時期にGDP成長率が四％前後であったということは、何らかの全般的な進展（特に、古典派の経済学者がかつて呼んでいた「物的生産」の面での進展）が実際にあったことを示している。もちろん、当時の東アジアのようなより賢明な経済戦略を採用していれば、インド経済の成長はさらに急速に進んでいたことだろう。しかし、ジャワハル

＊4　興味深いことに、インドの経済計画の立案者は、まったく異なる思想信条を持つ経済学者の提言にも耳を貸そうとしなかった。例えば、その一人であるミルトン・フリードマンは、一九五五年に「インド政府への覚書」という啓発的な内容の文書を提出し、インドの経済計画が物的資本に重点を置きすぎる一方、「人的資本」をあまりにも軽視していると強い調子で論じている（Friedman, 1955）。

ラール・ネルーが首相の座に就いていた時期に、経済計画によってインド経済に停滞がもたされたという一般的な認識を実証することは、ネルーがある種の「社会主義的」な経済政策を行おうとしていたという考えを実証することと同じくらい困難である。

緩やかな成長が続いていた時期は、一九六〇年代中頃に（より正確には、一九六五年から一九六七年にかけて）突如として終わりを迎える。それは、一九六五年のパキスタンとの戦争で大きな犠牲を払った直後に、二〇世紀で最悪の干ばつに二年続けて見舞われた時期にあたる。農業生産は大きな打撃を受け、干ばつが起きた場合によく見られるように、GDP成長率はマイナスに転じた。そして、ほとんど息つく暇もなく、インドはさらなる苦難に襲われる。一九七一年に再びパキスタンとの間で戦争が起こり、一九七一年から一九七三年にかけて壊滅的な干ばつがまたしてもインドを襲ったのである。結局、一九六五－六六年から一九七四－七五年という苦難の絶えなかった一〇年間で、一人あたりGDPは停滞し、一人あたり農業生産は減少した。

さらに、この一〇年間は、経済政策をめぐる政治が大きく転換した時期でもある。ネルーは一九六四年五月に亡くなるまで一七年間にわたって首相を務め、その地位はほぼ安泰であった。というのも、与党の座にあったインド国民会議派だけでなく、ネルーにとっても脅威となるようなライバルが存在しなかったからである。ところが、ネルーの娘であるインディラ・ガンディー（首相としての最初の任期は一九六六年から一九七七年まで）は、党の内外で激しい政治闘争に臨まなければならず、そうした戦いのなかで経済政策は政治的手段としての色合いを次第に帯びるようになっていった。[13]例えば、一九六九年に実施された民間銀行の国有化は、巨大な利益供与の仕組みを政府が意のままにできるようにするものであり、その他の理由によって正当化できるかどうかは別として、この政策が政治的な理由から採用されたのは明らかであった。同様に、「支持者に褒美を授け、敵対者に仕打ちを与え、どちらでもない者を味方につける」ために、政府は輸入割当制や産業ライセンス制度を思うままに利用した。[14]そして、「どんなに取るに足らない経済活動であっても、特定の承認を政府から受けなければならなかった」とビマル・ジャランが表現するような状況に至ったのである。*5その帰結は悲惨なものであり、汚職と権限の乱用が助長されただけでなく、経済活動における自発性が抑えつけられるようになった。このような状況に陥ってしまったのは、ネルー時代から行われてきた経済統制の自然な（そして、必然的な）結果なのか、それとも、（学校教育には関心が向けられなかったものの）以前はそれなりにうまくいっていたネルー時代の政策が、避けられるはずの腐敗に陥ったからなのかは、判断の分かれるところである。いずれにしろ、インディラ・ガンディー政権下での経済政策の転換によって、インド経済、そして、インドに暮らす人々が大きな代償を支払うことになったのは確かである。

一九八〇年代に入ると、農業部門が大幅に回復したことも手伝って、経済成長が加速する時期を再び迎えるようになり、将来への展望が開けていった。いわゆるヒンドゥー成長率は（それが何を意味するにしろ）過去のものとなり、一九八〇年代のGDP成長率は、年率五％前後という以前よりも高い水準で安定的に推移するようになった。さらに、この時期の経済成長は、比較的バランスのとれた平等なものでもあった。例えば、海外援助への依存を減らすべく、一九六五年から一九六七年にかけての干ばつの後に導入された緑の革命は、一九七〇年代初めに再び干ばつに見舞われたことで実施が遅れていたが、

＊5　Jalan（2012）の282ページ。ジャランが述べているように、この時期には、「インディラ・ガンディー政権の経済政策を方向づけていたのは、主に政治であった」（283ページ）。

それが成果を見せ始めるようになった。具体的には、一九八〇年代に農作物の収量が一気に三〇％ほど上昇し（一九七〇年代には、なんとか一〇％に達していた）、農業部門は年率三％以上というこれまでにないペースで成長した。また、貧困削減にとって大きな意味のあることとして、農業労働者の実質賃金が年率約五％という以前には見られなかったような勢いで上昇した[15]。そして、過去数十年間ではじめて、都市部と農村部の両方で貧困率が下がり続けたのである[16]。

その一方で、一九八〇年代は財政赤字、貿易赤字、対外債務が膨らみ続けた時期でもあった。その結果、ついに一九九〇年には、石油価格が上昇したことと湾岸諸国への出稼ぎインド人からの送金が途絶えたことも手伝って、インド経済の不均衡が本格的な危機へと発展した。インドの外貨準備は底を突き、公的債務が不履行になるのを避けるために、金を担保にしてイングランド銀行から借り入れをしなければならないという有様であった。このような深刻な経済危機を受けて、はじめの頃（一九九一〜九三年）には、国際通貨基金（ＩＭＦ）がすべてを取り仕切る形で構造調整プログラムが推し進められていたが、それ以降はインド政府の主導で行われるようになった。その背景には、「財政規律に関するＩＭＦの要求は、インドにとって実現可能な範囲を超えている」という認識があったため、実施されるものと予想されていた追加融資をインド側が拒否したという事情がある[17]。

そして、ＩＭＦの影響がなくなると、社会サービスへの支出を含む公的支出の一律カットのようなショック療法は後退し、より漸進的な経済改革が行われるようになる。経済成長という点では、経済改革の効果は確かに目を見張るものがあった。一九九〇年代全体を通してのＧＤＰ成長率は一九八〇年代と比べるとそれほど高くないが（表２-１を参照）、経済安定化の段階（一九九三年に完了）を終えると成長率は回復し、それ以降は著しい上昇を見せた。したがって、一連の改革がこの時期の経済成長に及ぼした影響というのは、確かに大きな成果だったのである。

インドの経済改革の歩みは非常にゆっくりとしたものである。国際貿易の自由化や国内経済の規制緩和のように比較的早い段階で実施された改革もあれば、ずっと後になって着手された改革もある。さらに、依然として議論が続いている案件もあり、特定の公営企業の民営化、広範に及ぶ労働改革、特定部門への海外直接投資の緩和などは、ほんのいくつかの例にすぎない。こうした漸進的なやり方は、経済改革の必要性を主張する人たちにとっては苛立ちの原因となることがよくあるが、民主的な体制のもとでは予想されることである。なぜなら、たとえ妥当な内容のものであったとしても、これらの改革の多くについては十分な情報に基づいて社会的な議論が行われなければならないからである。つまり、ある政策課題に関して決断を下す場合、賛成と反対の両方の立場からの議論を個別のケースに基づいて具体的に評価する必要がある。しかし、残念なことに、全面的に市場経済を支持するのか、それとも全面的に市場経済に反対するのかという両極端の意見を専門家が唱える傾向を反映して、経済改革についての議論はお決まりのパターンで進むことが多い。そして、十分な情報に基づいた社会的議論にも増して重要なのが、個々の改革の是非というのは経済成長への影響という観点からだけでなく、（実際には、最も重要な基準として）人々の生活に与える影響という観点からも結局は判断しなければならないという点である。一九九〇年代に行われた経済改革が抱えていた主な難点の一つは、経済改革が試みようとした部分（この点では大変成功している）よりも、むしろ成果を得ようとさえしなかった部分にあり、そのために、実施前からあるいくつかの深刻な歪みが経済改革の過程で広まってしまったという点を私たちは主張したいのである。

近年、経済以外の分野でも幅広い改革が必要であるという認識が高まってきており、汚職の撲滅、公的部門における説明責任の回復、社会的平等の向上、行政・司法・立法の機能の改善などがその対象となっている。より広範に及ぶこうした取り組みは、経済改革と密接に関連しているといつも見なされているわけではない。しかし、結局のところは、経済改革もそれ以外の分野の改革も、インドの経済的・社会的システムに新たな活力を与え、そういったシステムが人々の暮らしに改善をもたらすようにするというより大きな課題の一部分なのである。次章以降では、このような論点（さらには、それが投げかける問題点と可能性）について検討していく。

何の成長なのか

ここ数十年、特に最近一〇年ほどの間にインドが急激な経済成長を遂げていることから、自然ともいえるような高揚感が沸き上がることが多くなっている。確かに、過去数十年の間に、（所得を基準にして人口の上位二〇％ほどを指すことの多い）「中間層」の生活水準は、予想されていたよりもはるかに（または、まったく予測がつかなかったほど）改善している。ところが、リキシャ引き、使用人、レンガ焼き窯で働く労働者などのその他大勢の人たちにとってみると、話はそれほど単純ではない。なぜなら、こういった仕事に就いている人たちやその他の恵まれない人たちにしてみれば、経済改革が行われてきた時期というのは、それほど高揚感を抱かせるようなものではなかったからである。とはいっても、恵まれない人たちの暮らし向きがまったくよくなっていないというわけではない。しかし、変化のスピードがあまりにも緩慢なために、劣悪な生活状況はわずかにしか改善していないのである。

具体例を挙げると、一九九三－九四年から二〇〇九－一〇年にかけて、一人あたり消費支出の平均値

表2-2：農業労働者の実質賃金の成長率についての推定値（単位：%）

対象期間	農業労働賃金の成長率	
	男性	女性
1983-84年～1987-88年	5.1	—
1987-88年～1993-94年	2.7	—
1993-94年～1999-2000年	1.3	—
2000-01年～2005-06年	0.1	-0.05
2005-06年～2010-11年	2.7	3.7

《出典》2000年以前の数値については、『インドにおける農業労働賃金』のデータに基づいているHimanshu（2005）による（また、Drèze and Sen, 2002の表A.5も参照）。また、2000年以降の数値については、それに引き続く『インド農村部における賃金率』のデータに基づいているUsami（2012）から算出した（詳細については、統計付録の冒頭にある「統計についての注釈」を参照）。全国標本調査のデータを用いても同様の結果が得られるという点については、Himanshu（2005）、Himanshu et al.（2011）、National Sample Survey Office（2011a）を参照。

は農村部ではわずか年率一%程度というきわめて低い水準でしか上昇しておらず、さらに都市部でさえも年率二%しか上昇していないことが、インドの全国標本調査（National Sample Survey: NSS）のデータから明らかになっている(18)。そして、一人あたり消費支出の格差がこの期間に拡大していたことから、農村部と都市部の貧困世帯については、一人あたり消費支出の成長率がさらに低い水準であったと考えられる(19)。同様に、経済自由化以降は農業労働者の実質賃金の成長率が大幅に低下しており、一九八〇年代には年率五%前後であったのが、一九九〇年代には約二%、二〇〇〇年代前半にはほぼゼロになっていた（表2-2も参照）。農業労働者（特に女性）の実質賃金が以前のような水準で再び増加するようになったのは、全国農村雇用保証法[訳4]（National Rural Employment Guarantee

訳4　二〇〇五年九月に成立したNREGAは、農村部での雇用の創出と農業インフラの整備によって貧困削減を進めていくことを目的としている。同法に基づいて行われる農村事業は、二〇〇六年二月二日に二〇〇の県で開始され、当初の計画を前倒しする形で、二〇〇八年四月一日からすべての県で実施に移された。NREGAの最大の特徴は、農村部の各世帯につき一名に対して年間一〇〇日の雇用機会を保証し、単純労働の対価としてその従事者には決められた賃金が支払われるという点である。NREGAについては、第7章（特に295～303ページ）も参照。

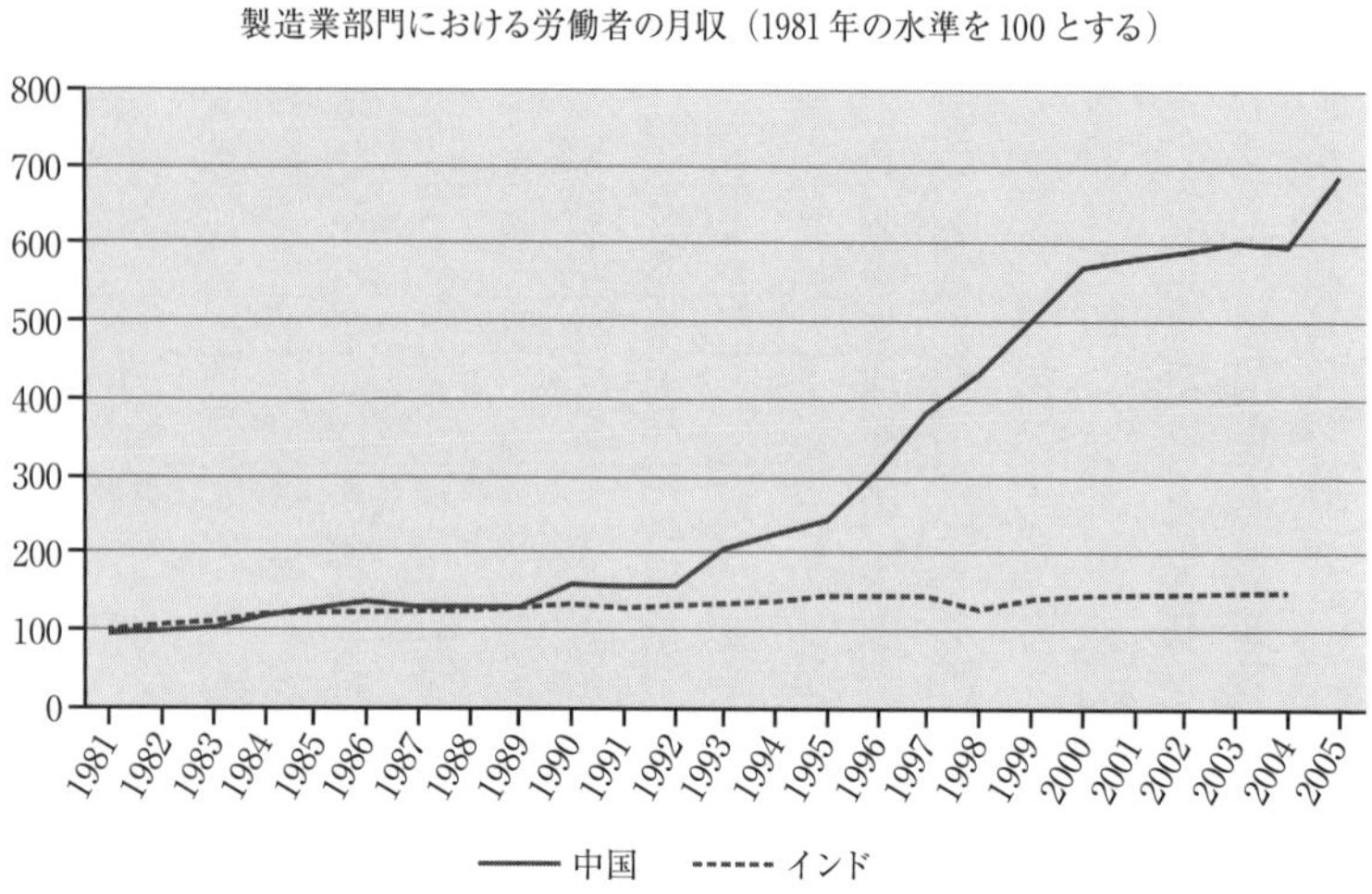

図２−１：中国とインドにおける実質賃金（1981〜2005年）

《出典》Tao Yang et al.（2010）の図5(a)から算出。

Act: NREGA）が施行された二〇〇六年以降のことにすぎない。[20]

一方、インド経済のその他の部門でも、実質賃金は比較的ゆっくりとしか上昇しておらず、「非熟練」労働者と呼ばれることの多い非正規労働者の場合には、こうした傾向が特に顕著である。そして、この点に関しては、インドと中国との間できわめて大きな違いが見られる。国際労働機関（ＩＬＯ）によって作成された国際比較可能なデータによると、二一世紀のはじめの一〇年間に、インドでは製造業の実質賃金が年率約二・五％という成長率を記録する一方、中国では年率約一二％という驚くべきペースで上昇していた。[21]中国の政府統計の数値が過大であるという可能性もあるが、政府からは独立に行われた研究の多くも、過去二〇年または三〇年にわたって中国では実質賃金が急激に上昇していることを裏づけている（図２−１を参照[22]）。これとは対照的に、インドでは同じ時期に、実

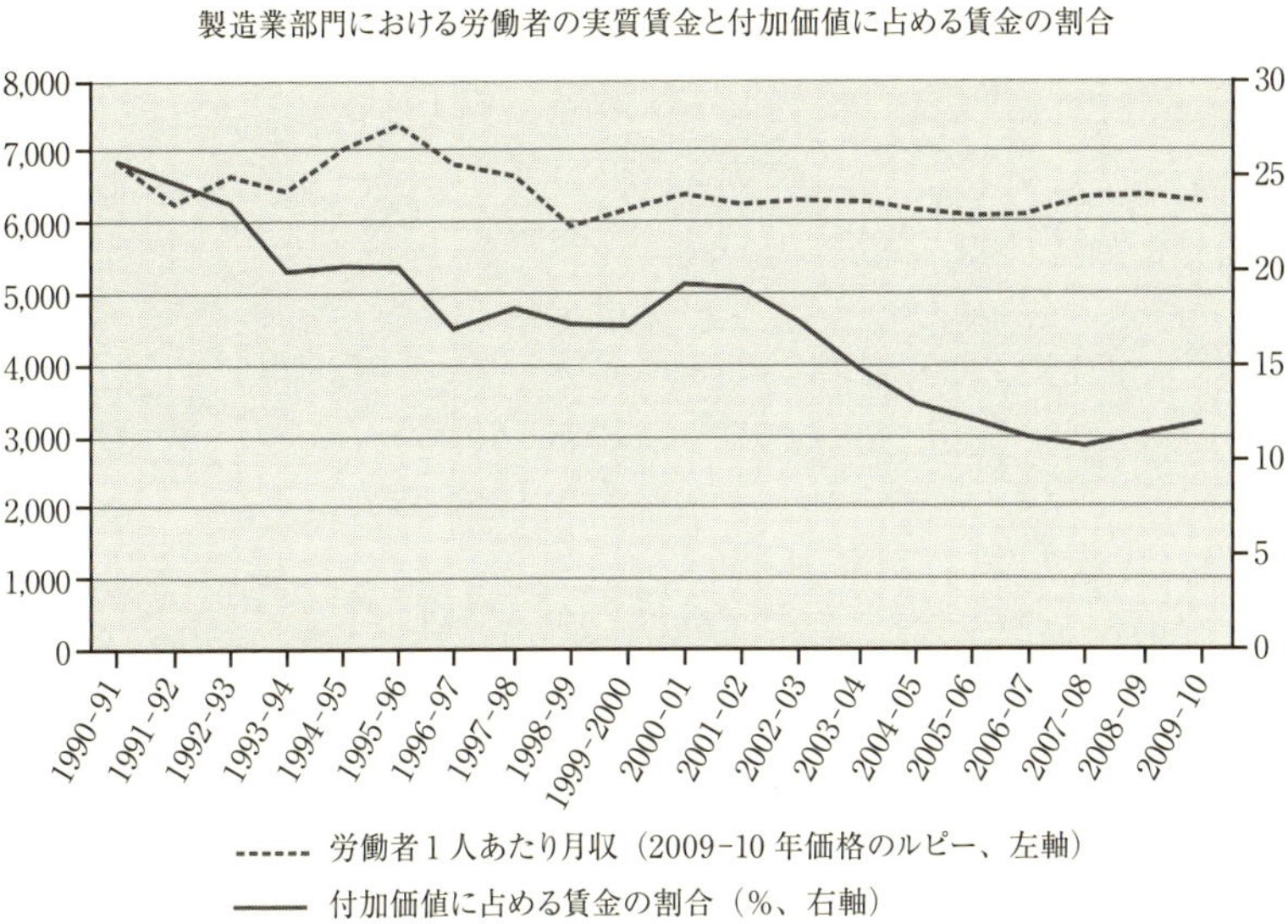

図２－２：インドの製造業部門における実質賃金（1990～2010 年）

《出典》『インド経済についての統計便覧』の表 33 と表 40 による（Reserve Bank of India, 2012）。賃金については、同資料に記載されている工業労働者消費者物価指数（CPI－IW）を用いて実質化している。左側の縦軸が実質賃金、右側の縦軸が付加価値に占める賃金の割合にそれぞれ対応している。

質賃金の成長率が一人あたりＧＤＰの成長率よりもはるかに低い水準にとどまっていた。そして、この点を反映して、付加価値に占める賃金の割合は急速に低下してきている（図２－２を参照[23]）。

貧困層の現状を把握するために、政府が公表している貧困に関する推定値をよく参考にするという人たちのなかには、こういった事実に驚きを覚える向きもあるかもしれない。例えば、計画委員会によると、農村部の「貧困者比率」（貧困線以下の消費水準で暮らしている農村人口の割合）は一九九三－九四年には約五〇％であったのが、二〇〇九－一〇年には三四％にまで下がってきている[24]。これは大きな前進のように見える。しかし、一人あたりの実質消費支出が遅々として増加していないという事実と貧困者比率の減少がどうして両立しうるのだろうか。この疑問を解く手がかりとなるのが、いわゆる「密集効果」である。つまり、政府によって設定された貧困線よりもわずかに低い水準で多くの人たちが暮らしているため、一人あたり消費支出がほんの少し上昇しただけでも、そういった人たちは貧困線以上の水準に「引き上げられる」のである。そして、密集効果が働いているというのは、政府が定めている貧困線があまりにも低い水準にあることを示唆している（この点については、第7章で再度触れる）。

最近刊行された論文のなかでアショーク・コトワル、バーラット・ラーマスワミ、ウィリマ・ワドワの三人は、一九八三年と二〇〇四－〇五年の全国標本調査のデータに基づいて計算を行うことで、この点を巧みに例証している[25]。政府が当時用いていた貧困線を基準とした場合、農村部と都市部を合わせた貧困者比率は一九八三年の四五％から二〇〇四－〇五年の二八％へと下がっている[26]。一方、貧困線をその倍の水準に引き上げた場合（ただし、これでもかなり低い消費水準であることに変わりはない）、消費支出がこの基準に達していない人口の割合は一九八三年には八六％、二〇〇四－〇五年には八〇％という値になることを著者たちは示している。政府によって設定された貧困線のもとで貧困者比率が急速に低下していることと比べると、二〇年あまりにわたって貧困をめぐる状況がそれほど改善していないように見えるだろう。さらに、ここ二〇年ほどの間、インドは経済成長の速さでははるかに先を行っていたにもかかわらず、貧困線をどのような水準に設定しても、インドにおける貧困削減の進展は途上国全体よりもずっと緩慢であることが最新の研究によって明らかにされている。

経済成長が大きな偏りを伴いながら進行していることに関する上記の点やその他の点については、後ほど改めて議論することにしよう。今の時点では、インドの経済面での進歩がどのような性質のものであり、その影響がどの程度まで広がっているのかという疑問に、本来ならばもっと注目が集まらなければばならないという点を指摘しておこう。そういった疑問の一つとして、なぜインドでは経済成長がより貧しい階層の賃金や所得の上昇にほとんど結びついていないのかという点が挙げられる。この疑問が、「雇用なき成長」と（少し単純すぎるとも思える形で）表現されることもある、十分な雇用が生み出されていないという問題と関係していることは容易に理解できる。[27] 中国では、改革開放後の急成長はまず農業で始まり、それから製造業で起こったが、インドはこれとはまったく異なり、最近二〇年ほどの急成長は主に「サービス業」によってもたらされたものである。さらに、非常に多様な職種を抱えているサービス業のなかでも、より伝統的で労働集約的な部門ではなく、ソフトウェア開発、金融サービス、その他の専門的な職種のような技能集約的な部門に、成長の大部分が大きく偏っていることを示す証拠がますます見られるようになっている。その結果、労働力人口のなかでもより高い教育を受けているグループは、さらに高い賃金と収入を得るようになる一方、労働力人口の大部分は、賃金と生産性が低い（そして、低い水準にとどまる傾向にある）農業やその他の部門（インドの労働力人口の九〇％以上を雇用している「インフォーマル・セクター」はこのなかに含まれる）に置き去りにされたままなのである。[*6] 経済成長の恩恵

＊6　一九九五年に出版された、インドの開発に関する私たちの最初の著作のなかで、この問題に関連してある具体的な点を論じている。「たとえインドが世界のコンピュータ・ソフトウェア産業の大部分を手中に収めたとしても、貧しく、字を読むことのできない庶民にとってはほとんど関係のないことだろう。最新のコンピュータ・プログラムを設計することに比べれば、単純な携帯用ナイフや信頼できる目覚まし時計を作ることなどまったく魅力的ではないかもしれない。しかし、携帯用ナイフや目覚まし時計の製造から中国の貧困層が収入を得る一方、コンピュータ・プログラムの開発からインドの貧困層が収入を得ることは（少なくとも直接的には）ないのである」（Drèze and Sen, 1995 の 39 ページ）。

が社会全体に行き渡っていないということに関しては、その他にも数多くの要因が挙げられるが、以上の点は確かに重要な要因であろう[28]。

このような課題への取り組みに加えて、公共サービスへのアクセス（さらには、公共サービスの質）の現状についても詳しく検討してみることが強く求められている。実は、雇用をめぐる問題と公共サービスをめぐる問題との間に関連性があるのは当然のことである。というのも、教育や保健の面で改善が見られなければ、一般的な製造業の仕事に就いて、そこで活躍するという自由が制約されてしまうからである。ただし、雇用と公共サービスの間のこのような関連性についてはさらなる検討が必要である一方、公共サービスが改善していかなければ、人々の生活の質の向上が大きく妨げられてしまうという点も理解しておく必要がある。実際、一人あたりの実質消費支出の伸びが緩慢であるというのは、過去二〇年ほどの間に人々の暮らし向きがまったくよくなっていないことのほんの一つの側面にすぎない。第3章で議論するように、寿命、健康の保障、読み書きの能力、教育機会、子供の栄養不良、社会的地位などが関係する生活水準の向上は、所得を基準にして測られるインドの成長とはまったく足並みがそろっていないのである。

ほんの一例を挙げると、インドではこの二〇年ほどの間に、栄養状態を表す指標はほとんど改善していない。摂取カロリー、タンパク質、（ビタミンやミネラルといった）微量栄養素など、脂肪を除くほぼすべての栄養素の摂取量が減少しており、その理由は完全には明らかになっておらず、懸念を拭い去ることはできないようである[29]。また、身体計測に基づく指標についても、改善のスピードはきわめて緩慢である。実際、最新の全国家族健康調査（National Family Health Survey）によると、一九九八－九九年から二〇〇五－〇六年にかけて子供の体重はほとんど向上しておらず、貧血有病率はむしろ増加している。さらに、栄養不良の計測には様々な方法があり、この点については大いに議論の余地がある一方で、インドは三〇年にもわたって急速な経済成長を続けてきたのに、いまだにほぼすべての国よりも栄養不良の子供の割合が高いというのは確かである。多くの国々は、経済成長率ではインドに及ばなくても、国民の健康状態や栄養状態をより短期間で大きく向上させることには成功している。この点については、以降の章でさらに詳しく議論していくことにしよう。

開発、制度、人間の潜在能力

成長と開発はどのように関連しているのか――つまり、成長と開発はどのように異なり、その間にはどのような補完性があるのか――という点は、本書が取り上げるテーマのなかでも最も重要なものである。マフブーブル・ハックなどが唱えた「人間開発」のアプローチによって、成長と開発が同時に進んでいくとは限らないという点に注目が集まったが、成長と開発の違いに焦点を当てた文献は非常に限られている。その一方で、成長の要因または一括りにして見た成長と開発の要因については、関連する文献が急速に増えてきている。そして、そのなかには、異なる国々の経験を幅広く実証的に比較研究しているものも見られ、本書の分析とも明らかに関連性がある。

この一連の研究によって強く支持されている分析結果の一つを要約すると、経済的な自発性や経済活動を保護・促進するような（広い意味での）制度が重要であるということになる[30]。そのため、社会的な障壁と強圧的な国家統治の両方によって、経済成長を促すような制度の発展が妨げられる可能性がある。『国家はなぜ衰退するのか』のなかでダロン・アセモグルとジェイムズ・ロビンソンは、植民地支配以前にまでさかのぼり、特に植民地統治が行われていた時代にインドを抑圧していた要因を簡潔に説明しながら、この二つの種類の障害をともに描き出している。

インドでは制度的浮動が異なる働きをし、類を見ないほど厳格な世襲的カースト制度が発達した。この制度は中世ヨーロッパの封建的秩序よりもはるかに厳しく、市場の機能や職業を越えての労働配分を制限した。（中略）インドの商人はインド洋の至るところで商売をし、大規模な繊維産業が発達したにもかかわらず、カースト制度とムガル帝国による絶対主義は、包摂的な経済制度の発展にとって深刻な障害だった。一九世紀までに、インドはイングランドに収奪される植民地になっていたため、状況は産業化にとってさらに不都合だった。(31)

確かにカーストは、インドが社会的進歩を遂げていくうえで大きな障害となっている。それは、カーストが非生産的な分業を生み出すという理由からだけではなく、アンベードカル博士が実に明快に論じているように、カーストは人間同士を鉄のカーテンで仕切られた部屋へ押し込めるような致命的な分断をもたらすという、より深刻な理由からでもある。*7 さらに、アジアやアフリカの国々と同様、インドにとっても植民地支配は障害として立ちふさがっている。その一方で、日本は鎖国によって外国との関係を絶ち、インド、中国、インドネシア、マレーシアなどで植民地支配が拡大していくきっかけとなった交易の足がかりを国内に築かせなかったために、欧米列強による植民地支配が経済に影を落とすような事態を免れた。そして、一八六八年の明治維新の後、自由に行動できる立場にあった日本の指導者たちは、熟慮を重ねたうえで率先して経済発展を後押ししていくことになる。アセモグルとロビンソンが指摘するように、日本は植民地支配による制約を受けることなく、「包摂的な政治制度とさらに包摂的な経済制度」の発展から恩恵を受けたのである[32]。

経済開発と社会開発の過程では、教育と知識・技能の形成がとりわけ重要な役割を果たす。例えば、『アテナの贈り物』のなかでジョエル・モキアは、欧米諸国が前近代的な状態から近代的な経済システムを持つ国家へと変貌を遂げていくうえで、知識の蓄積が決定的に重要であったというきわめて興味深い分析を行っている。また同様に、『経済成長のミステリー』のなかでエルハナン・ヘルプマンは、制度が変わることが知識の蓄積に対してどのような役割を果たすのかを論じている。そして、その他の疑問とともに、全要素生産性[訳5]の上昇による経済成長が（教育と知識の拡大に支えられている場合には特に）必ずしもミステリーではない理由を解き明かしている[33]。

本書の第5章では、教育と知識が開発にどのように貢献するのかという重要な論点を取り上げること

＊7　特に、Ambedkar（1936）［山崎元一・吉村玲子訳『カーストの絶滅』明石書店、一九九四年］を参照。カースト制度に反対する姿勢をとり続けたもう一人の人物であるラームマノーハル・ロヒアもまた、カースト制度が持つ抑圧的な影響を巧みに表現している。「カースト制度は可能性を狭める。可能性が狭められると、能力を伸ばすことができなくなる。そして、能力を伸ばすことができなくなると、可能性はさらに狭められてしまう。カースト制度が強い影響力を持っている場所では、可能性と能力は限られた一握りの人たちだけにますます独占されるようになっていく」（Agrawal, 2008 の212ページから引用）。

訳5　全要素生産性（または総要素生産性）とは、労働生産性や資本生産性などの個別の生産要素の生産性ではなく、労働や資本を含むすべての生産要素に対する生産性のことである。全要素生産性は、産出量の変化率から生産要素の投入量の変化率による貢献部分を差し引くことによって求められる。

にしよう。そして、植民地支配を免れたことを活かして、日本が経済発展のための計画を実行し、自主独立を目指した一連の政策のなかで教育を最も重視していた様子についても触れる。実際、明治維新から四年後の一八七二年に公布された学制では、「必ず邑《むら》に不学の戸なく、家に不学の人なからしめんことを期す」と明言されている。この背後にある考え方について、明治新政府による改革を担った指導者の一人である木戸孝允は、次のように説明している。「決して今日の米欧諸洲の人と異なる事なし。ただ学不学にあるのみ」[訳6]。

開発について考える場合、教育が担っている基礎的役割と人間の潜在能力を拡大するためのその他の手段との間には密接なつながりがあり、この二つの点は本書の中心的なテーマでもある。もちろんだからといって、経済にとって好ましい制度が構築される必要があるという点を否定しているわけではない。しかし、「制度は成長を生み出すのか」と題する、懐疑的な見方を示した論文のなかで、グレーザー、ラ・ポルタ、ロペス・デ・シラネス、シュライファーは、「必要な」制度があらかじめ列挙されている一覧表を作るよりも、人的資本の発展を目指すほうが（それが役に立つという根拠がどのようなものであれ）より価値があるのではないかと論じている[34]。制度が決定的な役割を担っているという認識を持つことは、歴史研究から明らかになった重要な制度を将来の指針にしようと杓子定規にこだわることとはまったく違う。そして、知性と知識に基づいて政策を分析するためには、経済成長と教育および人的資本の拡大との間にある根本的なつながりを念頭に置きながら、それぞれの状況に適した優れた制度が常に必要とされているということに敏感でなければならない。

制度の重要性を否定することはほとんど不可能であるが、だからといって、「必要な」制度が列記された「チェック・リスト」の項目をすべて満たしさえすれば、制度改革を実行したことになるわけではない。トレビルコックとプラドは、関連する実証研究を幅広く検討したうえで、「要するに、発展にとって制度は重要であるという見方が数多くの実証的証拠によって支持される一方、どの制度が重要であり、一群の制度のなかでどのような制度的特徴が発展と深く結びついているのかという点はあまりよくわかっていない」と思慮に満ちた意見を述べている。(35) 私たちは制度のチェック・リストのようなものを考えるつもりはないが、「制度的視点」と幅広く呼ばれているものを無視してもよいなどといっているのではない。そうではなく、実証研究によって明らかにされている制度と経済発展の間の幅広いつながりが示すように、ある状況のもとでは具体的にどのような制度が求められるのかを綿密に調べることが必要とされているのである。様々な種類の制度がインドにとって重要であるという点については、今後さらに詳しく述べていくことにする。その際によく検討しなければならないポイントとして、(1)(これまでに触れた関連文献と同様に)一括りで見た成長と開発にとって重要な制度、(2)経済成長の面での成果が開発の幅広い側面にまで及び、人々の暮らしをより豊かなものにするような具体的な制度の必要性、という二つの点が挙げられる。つまり、急速な経済成長を実現するような制度が必要であるといっても、それには、人々の生活水準を向上させるような具体的な手段と組織が伴っていなければならないのである。

互いに支え合う成長と開発

経済成長が人々の暮らしに与える影響というのは、所得分配とある程度関係しているが、経済成長に

訳6　色川大吉『明治の文化』（岩波現代文庫、二〇〇七年）の59ページを参照。

よってもたらされる政府の歳入がどのように使われるかにも大きく左右される。例えば、中国ではGDPの二・七％に相当する政府支出が保健医療にあてられる一方、インドではその比率が一・二％と中国に比べてあまりにも低い水準にとどまっている。そして、この事実は、インドよりも平均寿命が八年ほど長いというように、中国が保健分野でより大きな成果を上げていることへと直接結びついている。

インドでは公的医療への政府支出が比較的少ないため、その結果の一つとして、インド全域で多くの貧困層が民間の医師に大きく依存するようになっている。さらに、民間の医師の多くは、医師になるための訓練をまったく受けていなかったり、たとえ受けていたとしてもほとんどないに等しかったりするという問題もある。保健もまた「非対称情報」がよく見られる分野であるため、民間の医師に代わって患者に治療や助言を与えてくれる公的保健医療が存在しなければ、患者の家族が民間の医師からお金を巻き上げられてしまう危険が非常に大きくなる。さらに、何の病気にかかっているのかとか、どのような薬がなぜ与えられるのかといったことを患者がほとんど知らない可能性がある場合には、事態はひときわ深刻である。*8 インドにおける健康と保健医療の問題については、第6章で再び触れることにしよう。

インドでは、基本的な公的保健施設による支援の体制がしっかりと整えられないまま、民間部門が提供する保健医療への依存が進んでいる。しかし、イギリスに始まり、日本、中国、ブラジル、韓国、コスタリカに至るまで、世界の歴史のなかで健康転換に成功した例のほとんどは、基本的な公的保健施設という土台のうえに成り立ってきた。ただし、インドのなかでも、特に南西部に位置するケーララ州のように、民間部門によって提供される医療が大きく伸びるより以前に、公的な保健サービスがかなりの広がりを見せていたという事例もある。現在のケーララ州では、医療サービスの分野で民間部門が非常に大きな存在感を示しているという点を指摘して、民間の保健医療への依存を支持する人たちがいるが、このような論者は公的な保健医療の整備がいかに有効であるかを時として見逃している。ケーララ州における健康転換は、州政府による普遍主義的な保健医療の提供というしっかりとした基礎のうえでまず進んでいき、それからようやく、民間の保健医療が（特に、新たに豊かになった人たちの間で）急速に利用されるようになった。つまり、ケーララ州では所得が急激に上昇し（次の章でより詳しく触れるように、これは人間の潜在能力の発展とも関係している）、結果的には、それが民間の保健医療を支えることになったのである。ただし、(1)ケーララ州で見られるような、それなりにうまく機能している公的な保健医療の体制をよりよいものにするために、民間部門によって保健医療の提供が行われる補助的施設を認め、さらには促進する、(2)ケーララ州以外の多くの州（特に北部の州）のように州政府が保健施設の整備をほとんど行わない場合に、民間の保健医療に頼ろうとする、という二つの状況の間にはあまりにも大きな違いがある。さらに、民間の保健医療や健康保険の利用に補助金を出すことで保健分野の欠陥を取り繕おうとするやり方に対しては、非対称情報に関する専門的な経済学の論文も警告を発している。なぜなら、医師と患者の間で病状に関する知識に大きな隔たりがある場合、利潤を得ることを目的とした市場取引につきまとうのは、経済的貧困の問題だけではないからである。なお、第5章で議論するように、

＊8　どのような治療が施されているのかを理解していないことにつけ込まれて、貧しい患者が受けてもいない治療に対してなけなしの金を払わされるという事例が、数多くの実証研究によって明らかになっている。例えば、Pratichi Trust（2005）および Das et al.（2012）を参照。

ここで指摘したような一連の問題は、インドの教育計画（特に学校教育）についても同様に見られる。[*9]

ここでしっかりと認識しておかなければならないのは、これまでにも強調しているように、経済成長は人々の暮らしをよくするための大切な手段である一方、経済成長がどれだけの広がりを持ち、どれほどの効果を及ぼすかは、経済成長の成果によって何がなされるかに大きく左右されるという点である。つまり、経済成長と生活水準の改善がどのように関係しているかは、経済的・社会的不平等全般をはじめとする数多くの要因に加えて、経済成長が生み出した歳入で政府が何をするかという（同じくらい重要な）点によっても決まるのである。経済成長の重要性というのは、このようなより幅広い文脈のなかではじめて十分理解することができる。そして、人間の生存と自由の向上という形で開発を促していく役割が、経済成長にはあるということを認識しておく必要がある。しかし、それと同時に今度は、一国の経済が成長するかどうかは、教育、保健医療、その他の手段によって人間の潜在能力を高められるかどうかにかかっており、この点で国家が大いに積極的な役割を果たしうるということも認識しておかなければならない。[36]

一九九〇年代はじめに経済改革に向けての継続的な取り組みを始めた際に、インドは経済運営に関して二つの大きな課題に直面していた。一つは、市場が果たすべき積極的な役割をうまく活用できずにいるということであった。特に、新たな取り組みを促し、効率性を高め、複雑な経済活動を調整するという点で失敗していた。民間部門が新たな事業などを行う場合に政府から許可を得ることを課す、いわゆる「許認可支配《ライセンス・ラージ》」によって、ビジネスをすることがきわめて難しくなり、上から下まであらゆるレベルの役人のなすがままになっていた。そしてその結果、汚職の蔓延を許すとともに、民間部門の自発性を強く抑えつけることになったのである。ただし、経済改革が行われるようになって以降、この点についてはそれなりに改善が見られる。というのも、恣意的なやり方で経済活動がコントロールされることがなくなり、海外との取引がより自由にできるようになったことで、インドは高い経済成長率を実現するためのしっかりとした土台を築くことができたからである。とはいえ、（恣意的な規制や官僚の権限が依然としてインド経済の成長の足かせになっているため）逆効果になるような諸規制を簡略化または廃止することと、そして、（あらゆる現代経済にとって必須な要素である）規制の枠組みを、対象がはっきりしていて、効果的で透明性があり、汚職の影響を容易には受けないようにすること、という二つの点に関してはまだ多くの課題が残されている。

その一方で、成長と開発を推し進めるために国家が担うべき建設的な役割がまったく果たされていないというもう一つの課題にも、インドはただちに取り組まなければならなかった。経済改革前の時期には政府による介入がよく行われていたが、そのほとんどは消極的または制限的な介入であり、さらには、積極的な公共活動によって多くの成果を上げられるような幅広い活動分野に政府は手をつけようとしなかった。驚くほど後れを取っているインドの社会的インフラを建て直し、説明責任がしっかりと機能するような仕組みと公共サービスのための協力体制を作り上げることがすぐにでも必要とされていたのに、これらの課題に対処しようとする動きは鈍かった。さらに、政府と民間部門の両方による主体的な取り組みが不可欠な、電力・水道・道路・鉄道といった物的インフラが見過ごされているという

＊9　教育と保健医療の提供には「公共財」としての性質があるうえに、市場経済には非対称情報があるという理由から、民間部門による教育と保健医療の提供には限界があることを示した二つの代表的な経済理論の論文に、Samuelson（1954）と Arrow（1963）がある。

問題もある。つまり、経済学者が「公共財」と呼んでいる幅広い分野は、無視され続けてきたのである。

一九九〇年代に実施された抜本的な経済改革によって、二番目の課題に改善が見られるようなことはほとんどなかった。もしこの点でも（かなりゆっくりではあるが）何らかの変化が起こり始めているとするならば、インドの民主政治がそれなりに貢献しているといわなければならない。例えば、学校、保健医療、水道、説明責任を伴った行政といった事柄に関する人々の基本的なニーズが満たされていないことが、選挙で問われているという意識が高まってきている。また、一部のメディアに加えて様々な社会運動も、基本的人権や汚職の追放といった問題により大きな関心を引きつけられるようになっている。

では、経済改革後のインドの現状は、一体どうなっているのだろうか。二〇〇五－〇六年以降の六年間のうち五年間で八％を超える水準を保ち続けた後、現在のような落ち込みを見せているとはいえ、経済成長率が首尾よく高い水準にあることはいうまでもない。しかし、経済成長の恩恵がどのように分かち合われているのかということになると、きわめて大きな不平等がいまだに残っている。貧困率は下がってきているものの、必要不可欠な公共サービスの提供を含む分配の側面にもっと注目が集まっていたならば成し遂げられたであろう水準よりもはるかに高い。また、広範に見られる栄養不良、そのなかでも特に子供の栄養不良のような非常に深刻な問題もある。実際、一人あたりの実質GDPを基準にしてインドよりもはるかに貧しい国々と比較した場合でも、インドの栄養状態は世界で最悪の部類に属している。さらに、公的な保健医療を大多数の人々に提供するという、もう一つの大きな課題も残されている。優れた専門的訓練と実践によってハイテク分野の教育で大きな成功を収めている国で、人口の四分の一（そのなかにはインドの女性の半分近くが含まれている）が実質的には読み書きができないという不名誉もいまだに解消されていない。カリフォルニアのような部分とサハラ以南アフリカのような部分を併せ持った国になりたいなどということは、民主主義の国にとってはほとんどありえないのである。

将来に目を向けてみると、インド経済の行く手に立ちふさがる主な問題は次の二つにまとめられる。第一に、経済全体の成長を推し進めながら、インドという国を恵まれた人たちとそれ以外の人たちに分断している極端な格差を解消するという課題である。第二に、経済活動のなかでも、特に公共サービスの提供と公的部門の運営において、説明責任がより果たされるようにするという課題である。次章では、著しい格差によってもたらされる大きな不利益がインドの経済的・社会的進歩を阻んでいるという点を比較の視点から論じる。さらに第4章では、社会的・経済的な変革をインドで実現するうえでの制約となっている制度面の問題（例えば、説明責任の問題、そしてそれに関連して、インドに蔓延しているように見える汚職の問題など）について議論する。どちらの点も、今日のインドの成長と開発についての未解決の課題のなかで重要な位置を占めている。

持続可能な発展

インドの経済発展について懸念すべき点として、経済発展のプロセスを持続可能なものにするというまた別の問題もある。とはいえ、持続可能性というのは目新しい論点ではない。人間の生活が安全なものであるかどうかは、私たちが暮らす自然界にどれだけの耐久力と回復力があるかに左右されるということは、常にある程度認識されてきた。ところが、いわゆる「人間の苦境」（例えば、人間は死を免れることのできない弱い存在にすぎないことなど）は一人一人が抱えている困難であると理解されるのが一般的であり、集団としての人類が力強く存在し続けていることとよく対比されてきた。確かに、これまでの歴史を振り返ってみると、自然の強靱さ、さらには、自然のなかにある安全な場所といったものを私たちは当然のことのように思ってきた。各個人の暮らしのなかに見られる脆弱さというのは（結局は死を迎えるという点も含めて）、人類全体には当てはまることのない、一人一人が抱えている弱さであると考えるのが普通であった。ところが、ここ数十年の間に世界中でこうした認識に大きな変化が見られるようになり、私たちを取り巻く自然環境が非常に脆弱なものであるということほど、世界各地の思慮深い人たちの間で心配の種になっている話題を思いつくのは難しいほどである。そして、現在のように急速なペースで環境破壊が進行していった場合、人間の暮らしが豊かになり続けていくどころか、私たちが知っているような生活形態をともかく維持していけるのかどうかという点にも深い懸念が広まっている。

インドで自然環境がどういった扱いを受けてきたのかという点や、その結果として、ますます汚染が激しくなり、環境が破壊されているこの国で人々がどのように暮らしていけるのかという点に懸念の声が上がるのは当然のことである。実際、ここ数十年の間に経済成長が加速するのに伴って、自然環境の荒廃がこれまでにないほど進んでいる。後先考えず地下水を汲み上げた結果、多くの地域で地下水面が急速に低下している。雄大な河川の流れはやせ細るか、そうでなければ、下水の排水路になっている。（法令を犯している場合が多い）鉱山資源の採掘にはほとんど制限が課されないため、森林は破壊され、そこに暮らす共同体は土地を追われている。大気汚染があまりにもひどく、比較可能なデータが得られる一三二ヶ国のなかでインドは最も汚染の激しい国と位置づけられている。[37] 一九九〇年から二〇〇八年にかけて、インドの「自然資産」の価値は六%ほど減少（人口一人あたりでは、三〇%以上減少）したと推定されている。[38] このような状況はすべて今後起こることの前触れにすぎないのかもしれない。例えば、ガンジス川とその支流だけで数百にものぼるという建設計画中のダムの影響によって、近い将来には、様々な環境破壊がさらに深刻化するのではないかと予想される。[39]

現在のGDP成長率に目を奪われるあまり、環境の持続可能性という根本的な問題が軽んじられてしまっている。実際、メディアの報道だけでなく、インドはどのようにして成長と開発を追求するべきかという政策をめぐる議論でさえも、現在のGDP成長率が最も大きな関心を集めているようである。そして、このような環境への無関心は、近年になって一段と深刻化しているように見える。これに関連して、ラーマチャンドラ・グハは次のように指摘している。

経済自由化後、（中略）環境を保護するための規制が意図的に外されるようになってきている。また、環境・森林省は環境破壊をもたらすようなプロジェクトにむやみに認可を与えているし、法令に反する事業者への罰則は実質上まったく科されていない。さらに、すべての新規プロジェクトは、環境インパクト調査を受けなければならないことが法律によって定められているが、二〇一一年三月に当時の環境大臣ジャイラム・ラメシュが率直に認めているように、これは「とんでもない冗談」である。なぜなら、「現行の制度では、プロジェクトを提案した人物が環境インパクト調査の報告書を作成している」からである。[40]

自然環境が破壊されるのは、「環境」と「開発」が相反する関係にあることの表れであると考えがちだが、このように解釈してしまうのはまったくの誤りである。というのも、（私たちが大切な考え方であると主張しているように）開発というものが人間の自由と生活の質を高めることにあるとするならば、維持・促進を図りたいという目標のなかに環境の質が含まれるべきだからである。実際、開発についてこのような幅広い見方をすることによって、開発と環境を関連づけられるようになるだけでなく、現在と将来の人々の暮らしの質と自由という観点から、環境面での課題をよりよく理解できるようにもなるのである(41)。

環境に配慮したからといって、開発の促進や貧困と剝奪の撲滅へ向けての取り組みが妨げられるとは限らないという点を理解しておくことは大切である。人間の自由を本質的な意味で高めるというより広い視野を持って開発というものを眺めてみれば、貧困との闘いと環境への配慮はまさしく密接につながっている。開発というのは、GDP（または個人所得）の上昇のような無機質で何やら都合のいい目標を押し進めることだけでもなければ、工業化、技術進歩、社会の近代化のように、身のまわりの世界に全般的な変化が起こるということだけを意味しているのでもない。結局のところ、開発というのは、価値を置くだけの理由がある生活を送れるように人間の自由と潜在能力を高めることなのである。

このようなより幅広い世界観が必要であるという点を受け入れるつもりがあるのならば、開発は自然環境の問題とは切っても切り離せない関係にあることはたちどころに理解できる。例えば、私たちは環境汚染とは無縁の生活を送るという自由に価値を置くので、大気が汚染されないように努めることは開発の重要な目標の一つでなければならない。特に、日常生活を屋外で過ごす時間がはるかに多くなりがちな（そして、道端で寝ることさえある）貧しい人たちにとってみれば、暮らしのなかで経験する剝奪の度合いは大気の質からきわめて大きな影響を受ける。同様に、地球温暖化がさらに進行した場合にありうることであるが、もしインドの国土のかなりの部分（そして、いうまでもなくモルディブやバングラデシュの広い範囲）が海面の上昇によって海に沈んだならば、最も深刻な影響を受けるのは、経済的・社会的に生計を立てていけるその他の手段をほとんど持ち合わせていない、被害地域に暮らす貧しい人たちだろう。実際、ニコラス・スターンが論じているように、気候変動が起きる可能性は世界中の人々の生活に様々な影響を及ぼすかもしれず、気候の変化に対して何も手を打たなかった場合の結果として、不平等のさらなる拡大が最も大きな懸念の一つである[42]。

開発が自由の拡大を意味するのであれば、人間の自由の保護と向上へと最終的には向かっていく、ある一つの大きな目標の欠かせない要素として、貧困の解消と生態系への配慮というのはともに開発のなかに含まれなければならない。実際、人間の自由を構成する重要な要素（そして、私たちの生活の質にとって欠かせない要素）は、大気、飲料水、疫学的環境といった自然環境が良好に保たれているかどうかにどこまでも影響されている。私たちが価値を置く──そして、価値を置くだけの理由がある──ような生活を送れるかどうかは、環境がどのような状態にあり、どれほど強靱なものであるのかという点に特に大きく左右される。このような意味で、開発には環境という要素が含まれるべきであり、開発と環境は対立関係にあるという考え方は、両者の間に相互依存性と補完性がはっきりと見られるという認識とはまったく相容れないものなのである。

第3章　比較から見えるインドの現状

『インドへ導かれて』というすばらしい本のなかで、著者のアナンド・ギリダラダスは、「インドについて最初に知ったのは、かつて私の両親がインドを離れる決断をしたということだった」と述べている。「私の両親は一九七〇年代にインドを後にした。当時、欧米諸国の行く手は可能性で満ちあふれているように見えたが、インドの行く手は穴ぼこだらけの道のように見えた。そして、私の父が学生としてアメリカの地にはじめて降り立ってから四半世紀が過ぎていたその時、両親が去っていったインドの地で新たなスタートを切ろうと、私は飛行機で東へと向かっていた」と続く。(1) 世界の舞台で確固たる地位を再び築き上げながら、急速に変貌を遂げつつあるというインドに対する見方は、人々の関心と興奮をかき立てている。さらに、若い世代がなかなかチャンスをつかめない時期が長かった、古代から続くひどく荒廃した土地が、ビジネスや専門職の分野で心躍るような新たな可能性に沸き立っているだけでなく、文学、音楽、映画、科学、工学、その他の知的・芸術的探求といった創造性を発揮する分野でも、新たな活力で満ちあふれている。たくさんのチャンスを与えてくれるインドへと、私たちは確かに導かれているのである。

実際、すさまじい勢いで変化しているインドでの生活は刺激的なものだろうし、劇的な変貌を遂げた新しいインドというイメージは本物であり、見逃すことはできない。しかし、これまでの章で議論したように、大多数のインド人は生活水準を改善できずに取り残されたままである一方、新たに生まれている自由とチャンスの大部分は、（人数としては非常に多いが、全体に占める割合としては少数にすぎない）ほんの一握りのインド人だけによって享受されている。そのため、インドの現状を知るために他の国々と比較する場合には、インドの人口全体のどの部分に目線を合わせるかによって、得られる結果が大きく変わってくるのである。

インドが世界の国の「番付」のどのあたりに位置しているのかを確かめるために、他の国々と比較するということがよく行われる。その際、（例えば、一人あたりGDPについての）インドの「順位」に注目が集まることが非常に多い。こういったことは方向性としては間違っていないし、世界の国の番付での順位に一喜一憂するインドの姿勢は、よいきっかけを与えることになるかもしれない。しかし、本当に重要なのは、順位をつけるにあたってどういった変数を選ぶのかということなのである。一人あたりのGDPやGNPの成長率にばかり話題が集まることから明らかだろうが、インドは経済成長率の番付ではかなり上位に位置している。ところが、標準的な社会指標に表れているように、生活の質はそれほど大きく改善しておらず、経済成長についての成功物語との間に若干の食い違いが見られる。

経済的に十分成功しているインド人というのは、割合としては少数にすぎないが、絶対数では多くいる。その規模についての推定値にはばらつきがあるものの、一億人よりもはるかに多いのは確かであり、世界のほとんどの国の人口を超えている。しかし、一二億人超というインドの全人口を対象とする統計に関しては、恵まれているグループの規模は依然としてあまりにも小さく、インドの人口全体の平均値である社会指標の大半には影響を及ぼすに至っていない。この章では、インドの平均値と他の国々の平均値について比較を行っていくが、インドの恵まれない人たちが置かれている実際の状況は、インドの各種指標に見られる平均値の低さよりもさらに深刻であるという点に留意しなければならない。この点は他の国々についてもいえることだろうが、インド社会に見られる階級、カースト、ジェンダー間の格差の大きさを考えれば、インドについて特によく当てはまる。なお、格差の問題に関しては、第8章と第9章で再び議論することにしよう。

アフリカ諸国以外の貧困層との比較

人間性が奪われている状態が極度に集中しているのは、南アジアとサハラ以南アフリカの二つの地域であるという点を前著で指摘した[2]。こうした状況は何十年にもわたって続いており、現在でもおおむね変化は見られない。例えば、「人間開発指数」の値が低い国々のほとんどは、南アジアまたはサハラ以南アフリカに属しており、カンボジア、ハイチ、パプア・ニューギニア、イエメンなどは、その他の地域に位置する国で極度の貧困に悩まされている数少ない例外である。

南アジアとサハラ以南アフリカでは、ともに貧困が広範に見られるものの、二つの地域があらゆる点で同じような立ち位置にいるわけではもちろんない。生活状況に関しては、（インドを含む）南アジアがサハラ以南アフリカを様々な面で大きく上回っているのが現状であり、これは過去二〇年ほどの間に南アジアでより急速な改善が見られたことをある程度反映している。例えば、現在では、南アジアの一人あたり所得はサハラ以南アフリカに比べて五〇％ほど高いが、一九九〇年には二つの地域はほぼ同じ所得水準であった。そして、さらに重要な点として、南アジアはサハラ以南アフリカよりも平均寿命が一〇歳ほど長いと推定されているうえに、サハラ以南アフリカでは子供の死亡率が南アジアのほぼ二倍に達している。[*1]

しかし、生活水準のあらゆる面で、南アジアがサハラ以南アフリカを上回っているわけではないことに注意しなければならない。実際、一部の社会指標に関しては、たとえ上回っているにしても、南アジアのほうがサハラ以南アフリカよりもわずかによいという程度にすぎない。例えば、女性の識字率は、成人女性（南アジアは五〇％、サハラ以南アフリカは五五％）だけでなく、より年齢層の低い女性（例えば、一五～二四歳の年齢層では、南アジアは七二％、サハラ以南アフリカは六七％）についても、二つの地域の間で大きな違いは依然として見られない。(3) 南アジアとサハラ以南アフリカでは、最近になってある程度の前進が見られるものの、多くの人たちが読み書きできず、学校教育が浸透していないという（特に女性の間で）深刻な問題にともに悩まされ続けており、世界のその他の主要地域から引き離されてしまっている。そして、少なくとも栄養状態、とりわけ子供の栄養状態については、南アジアはサハラ以南アフリカよりもはっきりと劣っている。世界保健機関（ＷＨＯ）の一般的な基準によると、南アジアに暮らす子供の四〇％以上が低体重であり（インドの数字はこれよりも若干高い）、サハラ以南アフリカでは、その割合は二五％となっている（ちなみに、その他の地域では、低体重児の割合はいずれも一二％未満である）(4)。

サハラ以南アフリカの国々を除いて生活水準の国際比較をしてみると、インドの順位はかなり見劣りする。インドは経済面で「超大国」への道をひた走っているという美辞麗句がよく使われるようになってきているが、この表現は現実から大きくかけ離れており、一人あたり所得についてさえ当てはまらない。実際、近年の急速な経済成長にもかかわらず、インドはサハラ以南アフリカ以外の国々のなかで最も貧しい国の一つのままなのである。世界銀行によると、二〇一一年の時点で「一人あたり国民総所得」がインドよりも低い国は、サハラ以南アフリカ以外では、アフガニスタン、バングラデシュ、ビルマ（ミャンマー）、カンボジア、ハイチ、キルギス、ラオス、モルドバ、ネパール、パキスタン、パプア・ニューギニア、タジキスタン、ウズベキスタン、ベトナム、イエメンという一五ヶ国しかない。したがって、前章で論じたように、インドと世界の国々との間には克服すべき大きな生活水準の差が確実に存在する。ただし、これまでの経緯を考えれば、インドの一人あたり所得の順位がサハラ以南アフリカ以外の国々のなかで相対的に低いということではなく、所得以外の生活水準の面でインドがサハラ以南アフリカ以外の最貧国のなかでさえ見劣りするということがむしろ懸念される。この点は、表3－1から容易に読み取ることができる。

このなかで一人あたりGDPが最も高い国はインドであり、これはそうなるようにGDPの水準を区切っているためである。つまり、一六ヶ国のなかでは、インドが一人あたりGDPの順位でトップに立っている。ところが、表3－1の一番右の列が示しているように、一人あたりGDP以外の指標では、インドの順位がこの貧しい一六ヶ国のなかで一〇位以下になる場合がほとんどである。そして、合計特殊出生率と男性の識字率を除くと、ここで取り上げられているすべての社会指標に関して、インドの値

＊1　この節で引用されている数字は、世界銀行の『世界開発指標』（*World Development Indicators*）からとったものである（オンライン版、二〇一三年一月一日閲覧）。開発指標の国際比較を行うために、本書全体を通して『世界開発指標』を主な情報源としている。インドに関しては、国際比較をする場合には『世界開発指標』を用い、それ以外の場合には国内の情報源から得られた最新のデータを使用している。詳細については、巻末の統計付録を参照。

表 3−1：サハラ以南アフリカ以外の最貧国 16 ヶ国についての比較

	インド	インド以外の15ヶ国の平均値[a]	16ヶ国中のインドの順位[b]
1 人あたり GDP、2011 年（購買力平価換算、2005 年を基準とする実質ドル）	3,203	2,112	1
平均寿命、2011 年（年）	65	67	9
乳児死亡率、2011 年（出生 1,000 件あたりの死亡数）	47	45	10
5 歳未満の乳幼児死亡率、2011 年（出生 1,000 件あたりの死亡数）	61	56	10
合計特殊出生率、2011 年（女性 1 人あたりの子供の数）	2.6	2.9	7
衛生的な排泄設備の普及率、2010 年（%）	34	57	13
25 歳以上の平均就学年数、2011 年（年）	4.4	5.0	11
15 〜 24 歳の識字率、2010 年（%）			
女性	74[c]	79	11
男性	88[c]	85	9
5 歳未満の子供に占める栄養不良の割合、2006 〜 10 年[d]（%）			
低体重	43	30	15
低身長	48	41	13
子供の予防接種率、2011 年（%）			
三種混合ワクチン	72	88	13
麻疹ワクチン	74	87	11

a 各国の数値を人口でウェイト付けして平均値を求めている。特定の国のデータが欠けている 2 つの場合（例えば、アフガニスタンの識字率）については、それ以外の国々の平均値を求めている。
b 成績が「最もよい国」から「最も悪い国」へと順位をつけている。インドと他の国が同じ値をとる場合は、インドにより高い順位を割り当てている。
c 2006 年のデータ。
d 2006 〜 10 年の間の最新のデータ。

《出典》表 3−2 を参照。この表では、1 人あたり GDP がインドの水準以下であり、サハラ以南アフリカ以外に位置する 16 ヶ国を取り上げている。具体的には、アフガニスタン、バングラデシュ、ビルマ（ミャンマー）、カンボジア、ハイチ、インド、キルギス、ラオス、モルドバ、ネパール、パキスタン、パプア・ニューギニア、タジキスタン、ウズベキスタン、ベトナム、イエメンという国々である。

はその他の一五ヶ国の平均値を下回っている。それだけでなく、子供の死亡率では一〇位、女性の識字率と平均就学年数では一一位、衛生的な排泄設備の普及率と三種混合ワクチンの接種率では一三位、低体重児の割合では（イエメンとともに）圧倒的な最下位という惨憺たる有様なのである。＊2

年率六％前後という最近のインドの経済成長率が「みじめな」と形容されがちであることについて、それにはあまり説得力がないと前章で主張した。そして、その理由として、減速しているとはいえ、インドの経済成長率は依然として世界の国々のなかで最も高い部類に属しているという点を挙げた（年率五％という一部機関による成長率の予想が正しいということになったとしても、この点に変わりはないだろう）。ただし、表3－1が明らかにしているように、比較から見えるインドの生活水準の実態を表すのには、「みじめな」という形容詞が確かに適しているだろう。

表3－1で示されている概略的なデータのもととなっている、より詳細なデータを掲載しているのが表3－2である。この表に従って比較してみることで、いくつかの示唆に富んだ知見が得られる。例えば、ベトナムはインドよりも貧しいにもかかわらず、すべての社会指標でインドをはるかに上回っている。ちなみに、一人あたりGDPがインドとほぼ同じ水準にあるニカラグアについても、同様のことがいえる（なお、ニカラグアは一人あたりGDPがインドよりもわずかに高いため、表3－2で取り上げられている一六ヶ国には入っていない）。また、ウズベキスタンも、若年層での識字能力の完全普及、衛生的な排泄

＊2　この章でさらに触れることになる「多次元貧困インデックス」についても、推定値を得ることができる一四ヶ国のなかで、インドは一一番目に位置している（サビーナ・アルキーレとの個人的なやり取りから得た情報）。

表 3−2：サハラ以南アフリカ以外の最貧国 (1)

	インド	ベトナム	モルドバ	ウズベキスタン	ラオス
1 人あたり GDP (2011 年)	3,203	3,013	2,975	2,903	2,464
平均寿命 (2011 年)	65	75[d]	69	68[d]	67
乳児死亡率 (2011 年)	47	17	14	42	34
5 歳未満の乳幼児死亡率 (2011 年)	61	22	16	49	42
合計特殊出生率 (2011 年)	2.6	1.8[d]	1.5	2.5[d]	2.7
衛生的な排泄設備の普及率 (2010 年)	34	76	85	100	63
25 歳以上の平均就学年数 (2011 年)	4.4	5.5	9.7	10	4.6
15 〜 24 歳の識字率 (2010 年)					
女性	74[a]	96	100	100	79[b]
男性	88[a]	97	99	100	89[b]
5 歳未満の子供に占める栄養不良の割合 (2006 〜 10 年) [e]					
低体重	43	20	—	4	31
低身長	48	31	—	19	48
子供の予防接種率 (2011 年)					
三種混合ワクチン	72	95	93	99	78
麻疹ワクチン	74	96	91	99	69

設備の完全普及、子供への予防接種の完全（に近い）普及など、多くの点でインドのはるか先を行く一方、インドはこれらの目標の達成には遠く及ばないような位置にいる。さらに、インドとネパールの間の違いも注目に値する。ネパールの一人あたり所得はインドの三分の一をわずかに超える程度にすぎないものの、社会指標に関してはほとんど違いが見られない（一人あたり所得が低いため、ネパールはアフガニスタンやハイチとともに、アフリカ大陸以外に位置する最貧国の一つである）。

インドは急激な経済成長を遂げる過程にあり、一人あたり所得の増加が社会指標の改善に結びつくまでには時間がかかるため、一人あたり所得が同じような水準にある国々よりも、インドのほうが多くの点で劣っているのは当然であると論じることもできるだろう。一人あたり所得が年率七％で成長する場合、その国の一人あたり所得は一〇年で倍増する。しかし、その

表 3−2：サハラ以南アフリカ以外の最貧国 (2)

	パキスタン	パプア・ニューギニア	キルギス	カンボジア	イエメン	タジキスタン
1 人あたり GDP（2011 年）	2,424	2,363	2,119	2,083	2,060	2,052
平均寿命（2011 年）	65[d]	63	69[d]	63	65	68
乳児死亡率（2011 年）	59	45	27	36	57	53
5 歳未満の乳幼児死亡率（2011 年）	72	58	31	43	77	63
合計特殊出生率（2011 年）	3.4[d]	3.9	2.9[d]	2.5	5.1	3.2
衛生的な排泄設備の普及率（2010 年）	48	45	93	31	53	94
25 歳以上の平均就学年数（2011 年）	4.9	3.9	9.3	5.8	2.5	9.8
15 ～ 24 歳の識字率（2010 年）						
女性	61[c]	72	100[c]	86[c]	74	100
男性	79[c]	65	100[c]	88[c]	96	100
5 歳未満の子供に占める栄養不良の割合（2006 ～ 10 年）[e]						
低体重	31	18	2	28	43	15
低身長	42	43	18	40	58	39
子供の予防接種率（2011 年）						
三種混合ワクチン	80	61	96	94	81	96
麻疹ワクチン	80	60	97	93	71	98

一方で、かつて一人あたり所得が二倍もあった国と同じ水準にまで社会指標の値を引き上げるには、大変な努力を払ったとしても、きっとさらに多くの時間が必要になるだろう。この点は非常に重要であり、生活状況を改善するためには所得の向上だけに頼るべきではないという理由をはっきりと示している（これこそまさに、私たちが主張しようとしている重要なポイントの一つである）。いかなる理由があるにしろ、世界の最貧国の一部と比較しても、インドは多くの点であまりよい結果を残していないという根本的な懸念は残ったままである。とはいうものの、これによってインドが収めてきた成功が貶められるわけではない。むしろ、これまでの成果を大局的に捉えられるようになるとともに、何よりもインドを悩ま

表 3−2：サハラ以南アフリカ以外の最貧国 (3)

	ビルマ（ミャンマー）	バングラデシュ	ネパール	ハイチ	アフガニスタン
1 人あたり GDP（2011 年）	—	1,569	1,106	1,034	1,006
平均寿命（2011 年）	65	69	69	62	48[d]
乳児死亡率（2011 年）	48	37	39	53	73
5 歳未満の乳幼児死亡率（2011 年）	62	46	48	70	101
合計特殊出生率（2011 年）	2.0	2.2	2.7	3.3	6.3
衛生的な排泄設備の普及率（2010 年）	76	56	31	17	37
25 歳以上の平均就学年数（2011 年）	3.9	4.8	3.2	4.9	3.1
15 ～ 24 歳の識字率（2010 年）					
女性	96	78	78	70[a]	—
男性	96	75	88	74[a]	—
5 歳未満の子供に占める栄養不良の割合（2006 ～ 10 年）[e]					
低体重	23	41	39	18	33
低身長	35	43	49	29	59
子供の予防接種率（2011 年）					
三種混合ワクチン	99	96	92	59	66
麻疹ワクチン	99	96	88	59	62

a 2006 年のデータ。
b 2005 年のデータ。
c 2009 年のデータ。
d 2010 年のデータ。
e 2006 ～ 10 年の間の最新のデータ。

《出典》オンライン版の『世界開発指標』（2013 年 1 月 1 日閲覧）。平均就学年数については『人間開発報告書 2013』、子供の栄養不良については UNICEF（2012）をそれぞれ参照している。この表に掲載されている（インド以外の）国はすべて、2011 年時点で 1 人あたり GDP がインドを下回っており、1 人あたり GDP が高い国から低い国に順番に並べられている。ビルマ（同国の軍事政権はミャンマーと呼ぶよう主張している）については最新のデータがないため、2011 年の世界開発指標での順番（1 人あたり GDP に基づく）に従っている。

せている、解決を要する課題が浮き彫りになるのである。

南アジア地域内でのインドの低迷

インドは他の南アジア諸国に比べて一人あたり所得の伸びが著しいのに、（パキスタンを除く）すべての南アジアの国々に対して社会指標の多くで後れを取っている。そのため、インドが歩んでいる「開発への道」には何らかの欠陥があるのではないかという疑問が浮かんでくる。表３−３は、インドと他の南アジア諸国を比較したものである。

まず手始めに、バングラデシュとインドを比較してみるのがよいだろう。過去二〇年ほどの間に、インドはバングラデシュよりもさらに豊かになっている。具体的には、インドの一人あたり所得は、すでに一九九〇年の時点でバングラデシュよりも六〇％高い水準にあり、二〇一一年にはその差が約二倍にまで及んでいると推定される。ところが、同じ期間に、バングラデシュは基本的な社会指標の幅広い分野でインドを追い抜いており、そのなかには平均寿命、子供の生存率、ワクチンの接種率の上昇、合計特殊出生率の低下、そして、学校教育に関連するいくつかの指標（ただし、すべてではない）までもが含まれている。例えば、一九九〇年の時点では両国の平均寿命にほとんど違いは見られなかったが、二〇一〇年にはバングラデシュがインドを四歳上回っている（バングラデシュは六九歳、インドは六五歳）と推定される。同じように、子供の死亡率という痛ましい指標については、一九九〇年当時はバングラデシュのほうがインドよりも約二〇％高いと推定されていたが、バングラデシュで子供の死亡率が急速に低下した結果、二〇一一年にはバングラデシュがインドよりも二五％低い値を示すようになっている。

南アジア諸国				中国
ブータン	ネパール	パキスタン	スリランカ	
1,678	716	1,624	2,017	1,121
5,162	1,106	2,424	4,929	7,418
53	54	61	70	69
67	69	65[e]	75[e]	73[e]
96	94	95	24	39
42	39	59	11	13
138	135	122	29	49
54	48	72	12	15
1,000	770	490	85	120
180	170	260	35	37
5.7	5.2	6.0	2.5	2.3
2.3	2.7	3.4[e]	2.3[e]	1.6[e]
—	10	27	70	24
44	31	48	92	64
88	44	48	86	95
95	92	80	99	99
87	57	50	78	95
95	88	80	99	99
—	2.0	2.3	6.9	4.9
2.3	3.2	4.9	9.3	7.5
—	33	—	93	91
68	78	61	99	99
34	—	39	29	13
13	39	31	21	4

出典》平均就学年数はオンライン版の『人間開発報告書 2013』、その他の指標はオンイン版の『世界開発指標』(2013 年 1 月 1 日閲覧) をそれぞれ参照している。1990 の各国の数値は、大きな誤差を伴っている可能性がある。ただし、ここで最も重要のは指標が示している傾向であり、指標の値そのものではない。

表 3−3：南アジア諸国の比較（1990 年と最新のデータが得られる年）

		インド	バングラデシュ
1 人あたり GDP（購買力平価換算、2005 年を基準とする実質ドル）	1990 年 *	**1,193**	741
	2011 年	**3,203**	1,569
平均寿命（年）	1990 年 *	**58**	59
	2011 年	**65**	69
乳児死亡率（出生 1,000 件あたりの死亡数）	1990 年 *	**81**	97
	2011 年	**47**	37
5 歳未満の乳幼児死亡率（出生 1,000 件あたりの死亡数）	1990 年 *	**114**	139
	2011 年	**61**	46
妊産婦死亡率（出生 10 万件あたりの死亡数）	1990 年	**600**	800
	2010 年	**200**	240
合計特殊出生率（女性 1 人あたりの子供の数）	1990 年 *	**3.9**	4.5
	2011 年	**2.6**	2.2
衛生的な排泄設備の普及率（%）	1990 年	**18**	39
	2010 年	**34**	56
子供の三種混合ワクチン接種率（%）	1990 年 *	**59**	64
	2011 年	**72**	96
子供の麻疹ワクチン接種率（%）	1990 年 *	**47**	62
	2011 年	**74**	96
25 歳以上の平均就学年数（年）	1990 年	**3.0**	2.9
	2011 年	**4.4**	4.8
15 〜 24 歳の女性の識字率（%）	1991 年 [a]	**49**	38
	2010 年 [b]	**74**	78
5 歳未満の低体重児の割合（%）	1990 年 [c]	**59.5**	61.5
	2006 〜 10 年 [d]	**43**	41

* 基準年を中心とする 3 年間の平均値（例えば、1990 年が基準年である場合には、1989 年から 1991 年まで の 3 年間の平均値）。

a 中国は 1990 年のデータ。スリランカは、1981 年と 2001 年のデータに基づいて内挿を行い求められた数値
b インドは 2006 年、ブータンは 2005 年、パキスタンは 2009 年のデータ。
c ブータンは 1988 年、パキスタンは 1991 年、スリランカは 1987 年のデータ。
d 2006 〜 10 年の間の最新のデータ。
e 2010 年のデータ。

このように、バングラデシュの一人あたり所得はインドの半分以下であるのに、ほとんどの社会指標でバングラデシュがインドを上回っているようである。

また、政治やガバナンスの問題を抱えながらも、インドに急速に追いつき、ある分野では追い越しているようにさえ見えるネパールも同じく興味深い事例である。一九九〇年前後には、ほぼすべての開発指標でネパールはインドから大きく後れを取っていた。現在では、表3-3にあるように、インドの一人あたり所得はネパールの約三倍にまで達しているが、両国の社会指標は似たような値を示すようになっている（ただし、依然としてインドのほうがやや良好な値を示している指標もあれば、その逆もある）[5]。

さらに、パキスタンと比較した場合でも、（全般的にはインドのほうが良好であるが）何から何までインドがパキスタンを上回っているわけではない。一九九〇年から二〇一一年にかけて、固定価格による一人あたり実質所得は、パキスタンで五〇％、インドで一七〇％伸びた（表3-3の一行目を参照）。ところが、社会指標についての両国の差（一九九〇年の時点で、インドのほうが良好だった指標もあれば、パキスタンのほうが良好だった指標もある）は、ほとんどの場合大きく変わっていない。また、ワクチンの接種率などのいくつかの側面については、インドよりもパキスタンで進展が見られるようである。

これまでの議論を別の角度から眺めてみるために、表3-4では、南アジアの主要六ヶ国のなかでのインドの「順位」を一九九〇年前後と現在について示している（より正確には、現在というのは、執筆時点で国際比較可能なデータが得られる最近の年のことである）。予想通り、一人あたり所得の絶対的水準については、インドが（ブータン、パキスタン、スリランカに続く）第四位から（ブータン、スリランカに続く）第三位へと順位を上げている。さらに、一人あたり所得の成長率ということになると、（世界のほとんどの国々のなかでもそうであるように）南アジア諸国のなかで先頭を走っている。ところが、その他のほとんどの指標についてはインドの順位が下がってきており、さらに、その下がり具合はかなり急である場合が多い。全体的に見ると、一九九〇年の時点では、社会指標に関して明らかにインドを上回っていた国は南アジアではスリランカだけだったが、現在では、インドは下から二番目に位置しており、混乱に見舞われているパキスタンがその下にいるだけのようである。

表3－4：南アジアでのインドの順位

	南アジア6ヶ国のなかでのインドの順位（首位は「1」、最下位は「6」）	
	1990年	2011年前後
1. 1人あたりGDP	4	3
2. 平均寿命	4	5
3. 乳児死亡率	2	5
4. 5歳未満の乳幼児死亡率	2	5
5. 妊産婦死亡率	3	4
6. 合計特殊出生率	2	4
7. 衛生的な排泄設備の普及率	4～5[a]	5
8. 子供の三種混合ワクチン接種率	4	6
9. 子供の麻疹ワクチン接種率	6	6
10. 25歳以上の平均就学年数	2～3[a]	4
11. 15～24歳の女性の識字率	2～3[a]	4
12. 5歳未満の低体重児の割合	4～5[a]	6

a ブータン（低体重児の割合についてはネパール）のデータが欠けているため、インドの順位に幅が生じている。
《出典》表3-3を参照。ここで取り上げられている6ヶ国は、バングラデシュ、ブータン、インド、ネパール、パキスタン、スリランカである。

開発研究の分野では、南アジア諸国を比較するという視点がないがしろにされることが多く、特にインドではその傾向が強い。しかし、南アジアの周辺国に目を向けることによって、インドは多くの教訓を得ることができる。例えば、インドの開発問題の専門家の多くは、学校教育の分野で民間部門を活用する方向へとますます傾きつつあるが、社会指標のなかでも特に教育と識字率でインドを大きく引き離しているスリランカでは（表3－3を参照）、私立学校はほとんど存在せず、それどころか一九六〇年代から禁止されているということを知りたいと思うだろう。また、スリランカでは、「一番近い診療所から一・四キロ以上離れた場所に住んでいる人はほとんどいない」という点にも、インドの開発問題の専門家は関心を示すだろう(6)。この他にも、周辺国で行われている政策やその成果の多くが、インドの政策立案者だけでなく、一般の人たちにとっても注目に値するものなのである。周辺国よりもはるかに規模が大きく、より急速に経済成長が進展しているといっても、インドがそれらの国々から学ぶべきことはたくさんあるのではないだろうか。

バングラデシュの躍進と女性の役割

過去四〇年間にわたって、バングラデシュは大きな前進を遂げてきた。推定で最大五〇万人もの死者を出した一九七〇年のサイクロン、一九七一年の独立へとつながることになった民衆の抵抗と全面的な「解放戦争」、全人口の六%が食糧配給所から無料の食事の支給を受けて生きながらえざるをえなかった一九七四年の大飢饉など、一九七〇年代前半にバングラデシュは数々の災難に見舞われた。当時、それから数十年のうちに、バングラデシュが社会開発の面で急速な進歩を見せるだろうと予測した人はほとんどいなかった。それどころか、一九七四年の飢饉は、悲観的な見通しばかりを並べたてる人たちが正しいことを証明しているかのようでさえあった。そして、そのなかには、食糧生産が人口増加に追いつかないことは明らかなのだから、バングラデシュは援助にも値しない「絶望的な状態」にある国家だと切って捨てるような論者さえいたのである。

現在でも、バングラデシュは世界で最も貧しい国の一つであり、人口の大部分は満足のいく生活を送るのに不可欠な最低条件の多くに事欠くような状態に陥ったままである。しかし、特にここ二〇年の間に、バングラデシュは生活水準に関するいくつかの重要な側面で急速に改善してきている。その結果、経済成長率では下回っているものの、多くの社会指標についてはバングラデシュがインドを追い越すようになったのである。

バングラデシュの開発の経験には、インドにとって特に重要な特徴がいくつか見られる。とはいっても、バングラデシュが開発のモデルになるなどというのではない。最近になって大きく躍進しているとはいえ、バングラデシュは依然として世界で最も貧困が深刻な国の一つであるし、私たちが本書のなかでインドについて論じている政策の歪みの多くは、バングラデシュについても同様に見られる。また、バングラデシュの一人あたりGDPはインドの半分にすぎず、バングラデシュの公的支出はGDPのわずか一〇%程度(これもインドの約半分)である。そのため、公共サービスは不十分なものにならざるをえず、現在の公共サービスの在り方はすべてにおいて、インドと同様に深刻な説明責任の問題を抱えている。[7] さらに、民主主義制度にも問題があり、野党が国会に定期的に出席しているような様子はこれまで通りない。しかし、バングラデシュが成し遂げてきた驚くべき成果には、人々の関心と好奇心をかき立て、積極的な取り組みを行おうとする姿勢を刺激せずにはおかないような特徴も見られる。

バングラデシュが社会開発の面で成功を収めている要因は完全には明らかになっていないため、これまで以上に詳しく研究を行う必要がある。[8] しかし、今の時点で何か手がかりになりそうな点を指摘しておくのも無駄ではないだろう。おそらく、最も重要な手がかりは、ジェンダー関係がよい方向へと変化し続けているという点である。表3-5で示されているように、ジェンダー関連の多くの指標で、バングラデシュはインドを大きく上回っている。例えば、女性の労働参加率については、バングラデシュ(五七%)がインド(二九%)のほぼ二倍の水準に達している。識字能力と教育の向上とともに、労働参加は女性のエンパワーメントを力強く後押しするものとして世界中で認知されており、バングラデシュ

表3−5：ジェンダー関連指標でのインドとバングラデシュの比較

	インド	バングラデシュ
15歳以上の女性の労働参加率、2010年（%）	29	57
男性1,000人あたりの女性の人数、2011年		
すべての年齢層	940	997
0〜6歳	914	972[a]
男児の死亡率に対する女児の死亡率の比率、2009年[b]		
0〜1歳	1.01	0.89
1〜4歳	1.55	1.25
男児の就学者数に対する女児の就学者数の割合、2010年（%）		
初等教育	100[c]	104[d]
中等教育	92	113
15〜24歳の識字率、2010年（%）		
女性	74[e]	78
男性	88[e]	75
25歳以上で中等教育を受けている割合、2010年（%）		
女性	27	31
男性	50	39
国会議員に占める女性の割合、2011年（%）	11	20
合計特殊出生率、2011年	2.6	2.2

a 0〜4歳についてのデータ。
b バングラデシュは2007年のデータ。
c 2008年のデータ。
d 2009年のデータ。
e 2006年のデータ。

《出典》特に断りがない限り、オンライン版の『世界開発指標』（2013年1月1日閲覧）を参照している。25歳以上で中等教育を受けている割合については、『人間開発報告書2011』の141ページ。人口の性比については、2011年センサス（Government of India, 2011b の88ページ）と2011年人口住宅センサス（Bangladesh Bureau of Statistics, 2011 の7ページ）。男児の死亡率に対する女児の死亡率の比率については、『標本登録システム統計報告書2009』と2007年バングラデシュ人口保健調査（National Institute of Population Research and Training, 2009 の104ページの表8.3）。

はインドよりもはるかにこの道筋に沿ってジェンダー関係を転換している[9]。また、初等教育の分野では、バングラデシュは男女平等の実現へ向けて目覚ましい前進を遂げており、学校への出席率と識字率では、女子生徒が男子生徒を上回るまでになっている。これは、男児に対して女児が大きく後れを取る傾向がいまだに根強いインドとは好対照をなしている。そして、今ではバングラデシュは、学校に通っている女子生徒の数が男子生徒の数を上回っている数少ない国の一つなのである。さらに、国会における女性議員の割合についても、両国とも半分には遠く及ばないものの、バングラデシュがインドを上回っている[10]。

過去二〇年の間に、数多くの重要な分野でバングラデシュがインドに追いつき、さらには追い越しているという事実は、女性のエージェンシー（行為主体性）とジェンダー関係によってどの程度まで説明がつくのだろうか。これに関してはさらなる研究が必要であるが、開発における女性のエージェンシーの役割について知られている事実に照らしてみれば、女性のエージェンシーは確かに重要な要素のようである。例えば、女性の識字能力と労働参加の向上はいずれも、死亡率と出生率がともに高い水準から低い水準へと移行する「人口転換」に大きな影響を与えるということが、かなりの程度立証されている[11]。また、南アジアのほうがそれよりはるかに貧しい多くの国々よりも子供の栄養失調の割合が高いという「南アジアの謎」の有力な説明として、南アジアでは女性が従属的な立場に置かれているという点が、これまで当然のように引き合いに出されてきた。したがって、ジェンダー関係がよい方向に変化し、女性が社会で新たな役割を担うようになったことで、バングラデシュの近年の躍進がもたらされたという見方は、まったく妥当なものなのである。実際、バングラデシュが上げてきた成果のなかには、かなり直接的にはっきりと女性のエージェンシーのうえに成り立っているものがある。例えば、バングラデシュでは、膨大な数にのぼる女性たちが最前線の保健活動員としてNGOや政府に雇われている[12]。このような活動やバングラデシュの女性たちがかかわっているその他多くの活動のなかで、もし女性が積極的な役割を果たしていなかったならば、バングラデシュはまったく異なる様相を呈して、はるかに限られた成果しか得られなかっただろう。

一方、インドではこのような変化は全般的には見られず、「北部の中心地帯」ではそうした傾向が特に強い[13]。この地域では、何十年にもわたって、女性の労働参加はきわめて低い水準にとどまっており、バングラデシュはもちろんのこと、多くの女性が有給の職業に就いているその他のアジアの国々の多くとも好対照をなしている。また同様に、子供の養育についても、インドは性差別という深刻な問題に悩まされ続けている。こうした問題は、男児よりも女児の間で死亡率が高く、就学率が低いことなどに現れており、さらに近年では、性選択的中絶（女児の人工中絶）のような新しい形をとるまでになっているのである。第8章で議論するように、このような女児に対する差別は、子供の男女比（男性に対する女性の割合）の低さとなって表れている。具体的には、インドでは、二〇一一年に一〇〇〇人の男児に対して九一四人の女児しかいなかったのに対して、バングラデシュでは、一〇〇〇人の男児に対して九七二人の女児がいた。これは、バングラデシュでは性選択的中絶が比較的行われておらず、子供の養育における性差別もずっと少ないことを示唆している。*3 とはいっても、インドと同様、バングラデシュも伝統的に男性優位の社会であり、今日でも様々な面で家父長的な性格を保ち続けていることに変わりはない。しかし、バングラデシュが新しく生まれ変わりつつある兆候は、インド全体と比べてはるかにはっきりと現れていることだけは確かである。

バングラデシュが社会開発の面で成功を収めている要因を考えるうえでの第二の手がかりは、保健医療や小学校教育を左右する根本的な要素について、インドでは見られないようなやり方で重点的な取り組みを行う能力をバングラデシュがしっかりと備えているという点である。そして、このことは保健分野での成果について特によく当てはまる。開発へ向けての幅広い取り組みから、（BRAC《ブラック》やグラミン銀行のような組織が行っている）的を絞ったマイクロファイナンスの実施に至るまで、バングラデシュの試みは非政府組織の盛んな活動によって支えられている。また、生活していくうえでの基本的な必要を満たすために、公的部門によっても理に適った取り組みが行われている。バングラデシュでは、保健分野に対する公的支出の全体的な規模は依然として非常に小さく、インドの保健医療システムを蝕んでいるガバナンスの問題の多くは、バングラデシュにも当てはまるようである。それにもかかわらず、低いコストで実施可能なきわめて重要な政策を通して、バングラデシュは公衆衛生の分野でとりわけ大きな前進を遂げてきた。この点は表3－6で示されている情報から容易に読み取ることができる。そして、表3－5と表3－6のデータを一緒に見ることで、二国間の違いが非常に明瞭になる。つまり、衛生設備の使用、すべてのワクチンの子供への接種、（下痢を治療するための）経口補水療法のような健康状態を良好に保つために必要な基本的な事柄が、バングラデシュでは社会的規範として幅広く受け入れられている一方、インドではいまだに一部の人たちだけに限られているため、二つの国の間で普及率に大きな

＊3　性選択的中絶の広がりなどのジェンダー関係は、インド国内の地域の間でも大きく異なっているため、バングラデシュの数字とインド全体の平均値との比較は大きな誤解を招く恐れがある（インド国内の地域的な差異については、本章の残りの部分と第8章で若干触れる）。また、同様の理由から、インドとバングラデシュの平均値を比較するよりも、インドの一部地域とバングラデシュを比較した場合のほうが、さらに隔たりが大きくなることがある。

表3－6：公衆衛生に関する指標でのインドとバングラデシュの比較

	インド（2005－06年）	バングラデシュ（2007年）
屋外での排便を日常的に行っている世帯の割合（%）	55	8.4
予防接種をすべて受けている生後12～23ヶ月の子供の割合（%）	44	82
生後24時間以内に授乳を開始した子供の割合（%）	55	89
ビタミンA補助剤を摂取している生後9～59ヶ月の子供の割合[a]（%）	18	88
衛生的な給水源を持続的に利用できる人口の割合（%）	88	97
下痢をしている子供のうち経口補水液で治療を受けている割合（%）	39	81

a インドは6～59ヶ月の子供についてのデータ。

《出典》バングラデシュについては2007年バングラデシュ人口保健調査、インドについては2005－06年全国家族健康調査を参照している。この2つの調査は質問票や調査手法が非常に似ており、どちらも全世界で行われている人口保健調査の世帯調査に類するものである。

差が出てしまっているのである。

衛生に関する統計は注目に値するものである。『世界開発指標』が基準とする「衛生的な排泄環境」を満たすような設備（例えば、現代的なトイレ）が備え付けられている世帯の割合は、バングラデシュでは五六％にすぎない（表3－3にあるように、インドは三四％とさらに低い水準である）。しかし、バングラデシュでは、九〇％以上の多くの世帯が粗末なトイレや洗浄設備などの何らかの衛生設備を備えているため、「屋外での排便」を余儀なくされている世帯の割合はわずか八・四％にとどまっている（表3－6を参照）。一方、最新のセンサス（国勢調査）によると、インドでは二〇一一年の時点で、五〇％にも及ぶ世帯が日常的に屋外で排便しなければならない状況にあり、データが入手できるほぼすべての国よりも高い値を示している。屋外での排便は健康へ大きな悪影響をもたらす可能性があるだけでなく、耐え難い苦痛の原因ともなっている。特に女性の場合は、夜明け前に起きて排便しなければならないことが多く、夜が明けてからは排泄する場所に困るため、問題はとりわけ深刻である。[14] ところが、このような問題はほとんど認識されておらず、基本的な衛生設備をすべての人が利用できるようにする必要があるという点は、つい最近までインドの開発計画では重要な懸案事項ではなかった。その間、バングラデシュでは、何年にもわたって全国的にトイレ建設が静かに進められていき、屋外での排便につきまとう苦痛と危険から大多数の国民が解放されたのである。このようにして整備された衛生施設が非常に粗末なものであるとしても、満足のいく衛生状態を達成するための土台作りには少なくともなっている。[15] さらに、政府が深刻な財源不足に陥っている場合でも、保健分野での取り組みを効果的に行うことができるという点を見事に示してもいる。

また、両国の家族計画も非常に興味深い分野である。バングラデシュでは、強制的ではないが、かなり効果的な家族計画プログラムが実施され、比較的短い期間で出生率が大幅に低下している。具体的には、女性一人あたりの出生数が、一九七〇年代はじめには七人前後、一九九〇年には四・五人、二〇一一年には二・二人（人口が安定的に推移する二・一人という「人口置換水準」に近い値）と推移している。ある評論家が私たちに話してくれたように、バングラデシュの女性たちにとって、家族計画はご飯とレンズマメのカレーという定番メニューと同じくらい身近なものになっているのである。この点は、調査から得られたデータ（例えば、バングラデシュ人口保健調査）にも表れており、バングラデシュの女性の間での家族計画についての認識の高さが重要な役割を果たしていること、そして、現代的な避妊法がインドよりもはるかに活用されていることが明らかになっている。さらにもう一つの具体例を挙げると、公的機関や非営利機関による安価なジェネリック医薬品の開発と配布についても、バングラデシュは早くから先を行っていた。[16] 一人あたり所得が低いのに、国民の健康状態を改善することができたのは、これまでに指摘した点を含めて、バングラデシュが「基本」を大切にしていることもある程度は関係している。

バングラデシュの社会開発を理解するための第三の手がかりは、保健、教育、その他の関連分野での社会的規範の重要性、そして、社会的規範に変化をもたらすうえで人々の間のコミュニケーションや地域社会との共働が果たす役割に関するものである。バングラデシュの場合、教育や保健などの分野で比較的成功を収めているプログラムの大半は、様々な意味でこういった社会的な要素のうえに成り立っている。(17) 保健・福祉分野の草の根の活動員が政府とNGOによって数万人規模で動員され、家から家へ、村から村へと何年にもわたって訪ね歩き、子供の予防接種の普及、避妊法についての説明、衛生的な排泄環境の推進、栄養補助プログラムの運営、妊産婦への助言などの幅広い活動を行ってきた。もちろんインドもこのようなプログラムに着手してきたが、コミュニケーションと地域社会との共働がどの程度必要なのかという点や、このような取り組みを阻むことの多い社会的な障害を克服しなければならないといった点に関して、バングラデシュから学ぶべきことはまだたくさん残されている。

BRICのなかのインド

インドでは、南アジア諸国との比較という視点がひどく軽視されている一方、BRIC《ブリック》諸国として知られるブラジル、ロシア、インド、中国といった国々を「仲間」として見るのが一般的になっている。確かに、巨大な人口を抱えていることをはじめとして、これらの国々にはいくつかの重要な共通点がある。

しかし、表3-7が示しているように、実はインドはこのグループのなかでは特異な存在であり、その違いはささいなものなどではない。例えば、その他の国々では、若年層全体またはそのほとんどが読

表 3-7：BRIC 諸国の比較

	インド	中国	ブラジル	ロシア
1 人あたり GDP、2011 年（購買力平価換算、2005 年を基準とする実質ドル）	3,203	7,418	10,279	14,821
平均寿命、2010 年（年）				
女性	67	75	77	75
男性	64	72	70	63
乳児死亡率、2011 年	47	13	14	10
5 歳未満の乳幼児死亡率、2011 年	61	15	16	12
合計特殊出生率、2010 年	2.6	1.6	1.8	1.5
衛生的な排泄設備の普及率、2010 年（%）	34	64	79	70
25 歳以上の平均就学年数、2011 年（年）	4.4	7.5	7.2	11.7
15 ～ 24 歳の識字率、2010 年（%）				
女性	74[a]	99	99[c]	100
男性	88[a]	99	97[c]	100
5 歳未満の子供に占める栄養不良の割合、2006 ～ 10 年[b]（%）				
低体重	43	4	2	—
低身長	48	10	7	—
子供の予防接種率、2011 年（%）				
三種混合ワクチン	72	99	96	97
麻疹ワクチン	74	99	97	98
保健への公的支出、2010 年				
保健への支出全体に占める割合（%）	29	54	47	62
対 GDP 比（%）	1.2	2.7	4.2	3.2
1 人あたりの保健への公的支出（購買力平価換算、2005 年を基準とする実質ドル）	39	203	483	620
教育への公的支出の対 GDP 比、2010 年（%）	3.3	—	5.6[c]	4.1[d]

a 2006 年のデータ。
b 2006 ～ 10 年の間の最新のデータ。
c 2009 年のデータ。
d 2008 年のデータ。
《出典》オンライン版の『世界開発指標』（2013 年 1 月 1 日閲覧）。平均就学年数については『人間開発報告書 2013』、子供の栄養不良については UNICEF（2012）をそれぞれ参照している。1 人あたり GDP が低い国から高い国へと順に左から右へ 4 ヶ国を並べている。

み書きできる一方、インドでは、識字能力というすべての人に恩恵をもたらす開発の最も基本的な土台がいまだにまったくできあがっていない。具体的には、二〇〇六年の時点で、一五～二四歳の年齢層のインド人男性の五分の一およびインド人女性の四分の一が、読み書きの能力を身に付けていなかった。また、読み書きの能力と同様、子供の予防接種率はインドを除くすべての国でほぼ完全に普及している。実際、すでに見てきたように、インドの予防接種率はバングラデシュやネパールなどの南アジア諸国と比較しても極端に低い。さらに、子供の栄養不良の深刻さという点でも、インドはBRIC諸国のなかで群を抜いている。このようなおぞましい問題は、その他の国々ではほとんど解消されているが、インドでは依然として大きな広がりを見せており、五歳未満の子供の四〇％以上が低体重、そして、さらに大きな割合（ほぼ五〇％）の子供たちが低身長の状態にある。

このような大きな違いは、他のBRIC諸国に比べてインドが依然として経済的に貧しいという事実とある程度関係している。実際、インドの一人あたりGDP（購買力平価換算）は、中国の半分以下、ブラジルの三分の一以下、ロシアの四分の一以下という低い水準にある。しかし、社会開発の面での大きな開きを埋めるためには、一人あたり所得で他の国々に「追いつく」というだけではまったく不十分なのは明らかである。例えば、過去二〇年ほどの間に、急速な経済成長のみによって、恐ろしいほどの広がりを見せている子供の栄養不良が改善したり、子供の予防接種率が向上したりすることはほとんどなかった。同様に、若年層の間で読み書きの能力が完全に行き渡るような段階に迅速かつ果断に移行するには、一人あたり所得が増えて、親が子供を学校に送り出しやすくなるのを待っているだけでは十分とはいえないだろう。

つまり、一人あたり所得だけでなく、公共サービス、社会的支援、経済的分配についてこそ、「追いつく」ことが必要とされている。実際、BRICの四ヶ国のなかで、公的支援や経済的な再分配が拡大していく段階を（少なくともこれまでのところ）経験していないのはインドだけである。一方、中国は小学校教育、保健医療、社会保障の完全普及に向けて、かなり早い時期から（特にインドと比べて）大きな前進を遂げており、これは一九七九年に市場重視の経済改革に着手するよりもずっと以前のことであった。一九八〇年代と一九九〇年代には、一部の領域（特に保健医療の分野）でやや後退が見られたものの、その時期にとられた経済成長重視の政策は、それ以前に築かれた人間開発のしっかりとした土台から大きな恩恵を受けつつ、農村地域での土地利用を確実かつ公平なものにすることなどを通して、社会開発へ取り組む姿勢は多くの点で維持されていた。さらに、第1章でも議論したように、社会全体で保健医療を支えようとする制度が一九八〇年代と一九九〇年代に解体されたことで、中国は大きな代償を支払う結果となり、二〇〇四年頃に制度が再導入された[18]。普遍主義的な保健医療の提供（ユニバーサル・ヘルス・カバレッジ）という原則が中国の保健計画に再び姿を現すようになり、その方向に沿った形で急速な前進が見られる。そして、再導入された公的医療制度によって、現在では九五％近くの国民が保健制度の対象になっているということである。

ロシアでも、共産主義時代には社会的保護と公共サービスの包括的な仕組みがしっかりと機能していたが、中国と同様、一九九〇年代のはじめに（中国よりも極端なタイプの）経済改革が実施されて以降、その仕組みを維持することが困難になっていった。しかし、ロシアでは、社会的保護と公共サービスの崩壊ははるかに深刻であり、（ほぼ一〇年間にわたって続いた、現代史のなかでもおそらく最も深刻な不況である）経済的破綻によってさらなる悪化を招いた。このような状況に至ったのは、経済が落ち込み続けているにもかかわらず、破局を招くような助言を欧米の専門家がしていたことと無関係ではない。つまり、ロシアが新たに市場経済化されれば、すぐにでも「経済的奇跡」が起きると彼らは予想し続けていたのである[19]。結局、二〇〇〇年代に入って経済状況はそれなりに上向き始めたものの、その時にはすでに経済と社会的インフラはひどく荒廃しているか、または有力実業家へ売り渡されてしまっていた。さらに、長引く経済危機によって、ロシア国民の健康状態の悪化が同じように壊滅的な様相を呈していた。特に、男性の健康状態の悪化は深刻であり、現在ではロシア人男性の平均寿命はインド人男性とほぼ同じ水準にある（表3－7を参照）。しかし、ロシアの現状は深刻であるとしても、共産主義時代の社会開発の成果の一部は現在でも残っている。読み書きをはるかに超えたレベルの教育内容を伴う基礎教育が完全に普及しているのは、その一例である。そして、中国と同様にロシアでも、公共サービスと社会保障制度を再建しようという試みが最近になって本格化してきており、新しい世紀に入ってから続いている経済成長がそうした動きを後押しする役割を果たしている[20]。

似たような状況は、旧ソ連圏や東ヨーロッパの多くの国々でもある程度見られる。忘れられがちな点であるが、一九九一年にソ連が崩壊する以前には、西ヨーロッパと東ヨーロッパとの間で社会的支出についてはそれほど大きな違いはなかった。つまり、両地域の国々のほとんどは発展した福祉国家であり、保健、教育、社会保障やその他の関連する目的への支出がGDPの大きな割合を占めていたのである[21]。旧ソ連圏と東ヨーロッパの多くの国々（特に、民主主義制度が脆弱な国々）で、社会支出の水準を維持することがきわめて困難になったのは、ソ連が崩壊し、それに続いて東ヨーロッパの大部分で経済的破綻が起こった後のことだった。そして、これらの国々が受けた打撃は、今でも完全には癒えていない。

ブラジルで進歩的な社会政策が行われるようになったのは比較的最近のことであり、急速な経済成長が見られたのはそれよりも以前のことであった。そのため、ブラジルは、進歩的な社会政策が実施された後に急速な経済成長の時期を迎えた中国とは異なっている。ブラジルと中国はまったく違った過程を経て同じような状況に至ったにもかかわらず、今日では両国の社会指標の値が非常に似通っているのは興味深いことだろう（表3－7を参照）。ブラジルでは長い間、抑圧的な統治、深刻な不平等、ブラジル特有の剝奪といった要素が急速な経済成長につきまとっていた。しかし、次節で議論するように、ブラジルについてのこうしたイメージは最近二〇年間で大きく様変わりしてきており、この期間には、（軍事独裁が終わりを迎え、民主化が進んだことが大きな原動力となり）保健、教育、社会保障の分野で広範に及ぶ野心的な取り組みが行われ、目覚ましい成果が得られている。

古いブラジル、新しいブラジル

私たちは以前出版した本のなかで、「成長を通じた」開発の可能性を分析する一方、経済成長の成果がいかに共有され、人々の暮らしにどのような影響を与えるかにあまり注意を向けることなく、やみくもに経済成長を追い求めるという「目的のない豊かさ」の危険性について論じた。[22] 一九八〇年代後半の当時、ブラジルは様々な点でこのような傾向を示している格好の具体例であった。一九六〇年代および一九七〇年代には、ブラジルは世界で最も急速な経済成長を遂げている国の一つだったが、人口の大部分はみじめなほど劣悪な生活状況に置かれたままであった。一九九〇年代中頃に私たちが再度この点に触れた際には、より平等でより多くの人たちに恩恵を与えている韓国の経済成長と対比させながら、「韓国のような進路ではなく、ブラジルのような進路をとる危険性がインドにはある」と書いている。[23]

インドの最近の動向は、将来の進路について私たちが抱いていた不安を裏打ちするものであり、今日のインドは目的のない豊かさであふれている。

興味深いことに、ここ数十年の間にブラジルは大きく進路を転換し、積極的な社会政策に基づく、より包摂的なアプローチをとるようになってきている。長年続いた軍事独裁が終わりを迎えて間もない一九八八年に民主的な憲法が公布されて以降、民主主義が花開いたことがこのような変化を生み出す大きな原動力となっている。すべての国民に無料で保健医療を提供するという確固とした方針、社会保障と所得補助に関する大胆な政策の実施、初等教育の普及と質の向上へ向けての熱心な取り組みなど、ブラジルが示している新たな方向性には目を見張るものがある。もちろん、重大な欠点が至るところにあるのは事実だが、今日のブラジルでは、そういった問題は激しい批判と公共的議論の対象になっている。(24)

健康に対する権利は、インド憲法の「指導原則」のように拘束力のないものとしてではなく、司法的権利として、新たに制定された民主的憲法に盛り込まれた。そして、ブラジルはこの憲法の規定の実現を目指して、すべての国民に対して公平に無料の保健医療を提供するために「統合保健制度」を創設し、さらに家族保健プログラムという野心的な政策を打ち出した。統合保健制度には、公的な医療機関と民間の医療機関がともに参加しているが、制度全体は政府の財源でまかなわれている。これによって、特に恵まれない人たちの間で保健医療へのアクセスが大幅に広がっており、世界保健機関（WHO）によると、国民の七五％は医療保険として統合保健制度にしか加入していない。(25) 現在、ブラジルの保健関連の指標はそれなりに良好な値を示している。例えば、すべての子供が予防接種を受け、乳児死亡率は出生一〇〇〇件あたり一四件（インドは四七件）であり、五歳未満の子供に占める低体重の割合はわずか二％にすぎない（一方、インドは四三％という驚くべき数字である）。

ブラジルの新たな保健医療プロジェクトには、盛んな大衆運動に根差しているという際立った特徴がある。保健分野の活動家は、統合保健制度そのものを「社会運動によって形作られた社会政策プロジェクト」の一部とみなすことが多く、こうしたプロジェクトは「国家と社会を民主的なものに作り変える」ことと強く結びついていた。[26]そして、ブラジルでは、このプロジェクトが「保健部門改革」として知られているというのは興味深い。というのも、「改革」という言葉には様々な言外の意味を含む余地があり、（インドではそのように考えられることが多いが）国家による活動を抑えることを意味する言葉として受け取る必要はないという点をうまい具合に気づかせてくれるからである。西ヨーロッパで（そして、最近になってアメリカでもある程度）見られるように、民主主義のもとでは、保健医療は活発な政治的議論の的になりうるということが、ブラジルの経験からも明らかである。第6章で論じるように、政治指導者や野党やトークショーの司会者の想像力に訴えるような論点のなかで、保健医療の問題がきわめて低い位置に甘んじているインドのような国にとっては、ブラジルの経験から重要な教訓を汲み取ることができるのである。

所得再分配と社会保障に関する政策もまた、新たに制定された民主的憲法の精神に従いながら、目覚ましい成果を上げている。マーティン・ラヴァリオンによる洞察に満ちた研究のなかで、一九八一年から二〇〇五年までのブラジル、インド、中国での貧困削減のスピードとその要因が比較検討されている。この期間の後半（つまり、一九九三年から二〇〇五年）には、インドの一人あたりGDPの成長率はほぼ五％であったが、ブラジルはわずか一％前後という成長率にとどまっていた。しかし、「貧困者比率」が一年あたり何％減少したかを意味する貧困削減率は、その時期にちょうど大規模な再分配が行われていたブラジルではるかに大きく、経済的不平等が拡大していたインドとは対照的である。[27]そして、二〇〇〇年代後半までを対象とする最新のデータを用いてさらに分析を行うと、ブラジルで近年見られる貧困削減には経済的再分配が貢献しているという裏づけが得られる(28)。

貧困問題に関連する再分配政策としては、様々な社会的支援プログラム（大規模な年金制度はその一つである）や最低賃金政策などが挙げられる。さらに二〇〇三年からは、ボルサ・ファミリア[訳1]という有名な現金給付プログラムが実施され、非正規部門の労働者を中心に全人口の約四分の一がその対象になっている(29)。とはいっても、これらのプログラムがブラジルの不平等に与える影響は限定的なものにすぎず、実際、ブラジルはいまだに（インド、中国、南アフリカと並んで）世界で最も不平等の大きな国の一つである。しかし、一連の政策が貧困の削減、特に極度の貧困の削減に大きな効果があったことは確かである(30)。

また、ボルサ・ファミリアやブラジルの食料保障政策である飢餓撲滅プログラム（Fome Zero）ほどは知られていないが、ブラジルでは過去二〇年ほどにわたって、学校教育の普及と改善が続いているという点も重要である(31)。ブラジルのような格差の大きい社会であっても、初等教育の段階で私立学校に通っている生徒の割合（約一〇％）はインド（三〇％近く）よりも格段に低く、さらにインドとは異なり、その割合が増加している様子も見られない(32)。その一方で、公立学校については大規模な改革が行われてきた。例えば、学校運営の主な責任は地方自治体に委ねられるようになり、教育関連予算を地域間で公平に分配するために「予算均等法」が施行され、定期的に行われる全国共通テストを通して生徒の学習達成度に細かい目配りがなされ、学校への出席を促すために条件付現金給付政策（当初はボルサ・エスコーラ、後にボルサ・ファミリア）が活用され、そして、（これは非常に重要な点であるが）政府は就学前の児童の教育に多くの予算を割り当て、その対象が幼児の八〇％以上にまで広がっている(33)。

これらの取り組みには目を見張るような効果があり、少なくとも以下の三つの点で教育面に大きな改善が見られたことがはっきりと示されている。第一に、若年層の間で学校への出席と学業成績が著しく向上した。二〇〇九年には、六～一四歳の年齢層で学校への出席率が九八％、一五～二四歳の年齢層で識字率が九八％に達した[34]。第二に、この時期には教育の不平等の解消も大いに進んだ。例えば、一九九五年に〇・四一であった就学年数のジニ係数は、二〇〇九年には〇・二九にまで下がっている[35]。また、教育関連予算の地域間での公平な分配をはじめする一連の教育改革は、北東部のような後進地域がその他の地域に追いつくための助けとなった。第三に、国際的に見れば低い水準からの改善にすぎないが、テストの成績で測られる生徒の学習到達度が大幅に向上した。実は、学習到達度調査（Programme of International Student Assessment: PISA）に参加しているすべての国のなかで、二〇〇〇年から二〇〇九年にかけて最も急速に得点が上昇した国の一つがブラジルである[36]。教育の様々な側面で急速な改善が見られるという点については、別の角度から検討することもできる。例えば、二〇〇九年には、ブラジルの所得下位二〇％に生まれ育った子供たちが受ける平均的な教育機会は、所得上位二〇％に生まれ育った子供たちがほんの一六年前に受けていた平均的な教育機会とあまり大きく違わなかったのである[37]。

現在、ＧＤＰに占める社会支出の割合では、ブラジル（約二五％）はキューバ（約四〇％）を除くすべてのラテンアメリカの国々を上回っており、わずか六％程度というインドの水準の約四倍にまで達して

訳1　ボルサ・ファミリア（Bolsa Familia）のもとでは、子供の学校への出席や予防接種などを条件に貧困世帯へ現金が給付される。一般に、このような教育や保健に関する条件に基づいて行われる現金給付のことを「条件付現金給付」（conditional cash transfers）と呼ぶ。

いる[38]。とはいえ、多くのラテンアメリカ諸国と同様、比較的恵まれている人たちがあまりにも大きな利益を得ているという意味で、ブラジルの社会支出（特に社会保障への支出）の相当部分は逆進的な性質を持っている[39]。しかし、近年の新たな取り組みによって、社会的支援の及ぶ範囲が恵まれない人たちにまで確実に広がるようになり、それまでに見られた歪みがかなりの程度解消されてきている。ブラジルでこうした成果が現れ、変革が急速に進んでいった（そのほとんどは、民主的憲法が公布されてから二〇年のうちに起きた）のは、前向きな教訓を引き出すことができる重要な点なのである。

インドの州間比較とその教訓[40]

インドは他の国々の経験から学ぶべきことがたくさんあるが、この広大な国土のなかでの様々な開発の経験からも多くを学ぶことができる。開発面での成果には地域間で大きな開きがあり、もしある州だけを取り出して見たならば、インド全体の平均とはまったく異なる姿を目の当たりにすることになるだろう。つまり、独立した一つの国として見てみると、いくつかの州（例えば、ケーララ州やタミル・ナードゥ州）は南アジアのなかでトップに躍り出る一方、その他の州（例えば、ウッタル・プラデーシュ州やマディヤ・プラデーシュ州）は、はるかに低い順位に終わってしまうのである。ただし、州間比較から何よりも明らかなのは、インドという多様性に富む国が、より成功している州の経験から学べることは実に多いという点である。

インドの州の間には、確かに大きな違いがある。例えば、女性の平均寿命はケーララ州では七七歳だが、人口規模が大きい北部の州の多くでは、いまだに六五歳を下回っている。さらに、このような州間格差の存在によって、他の国々の経験から得られる開発戦略への教訓が、様々な意味でより説得力の高いものになる。特に、比較的うまくいっている州では、すべての人に恩恵をもたらすような開発と社会的支援というしっかりとした基盤が早くから整えられ、（特に、教育と保健について）人間の潜在能力の拡大が積極的に推し進められてきたという場合が多い。

インドの州間格差を描き出しているのが、表3－8である。この表では、教育、保健、貧困に関連する基本的な開発指標の一部を示している。[*4] さらに、表3－9では、剥奪状態を表す二つの指標を示している。一つは、表3－8の九つの指標に同じウェイトを付ける一般的な「人間開発指標」であり、もう一つは、「多次元貧困」の状態にある人口割合の推定値である。[41]

ビハール州、チャッティースガル州、ジャールカンド州、マディヤ・プラデーシュ州、オディシャ州、ラージャスターン州、ウッタル・プラデーシュ州という主要な七つの州は、二〇一一年の時点で人口の合計がインドの全人口の約半分に相当する五億四五〇〇万人にのぼる一方、長年にわたって深刻な貧困に悩まされているだけでなく、社会指標の面でも惨憺たる状況にある。[42] これらの州では、人口の大部分が劣悪な生活状況にあることが、表3－8から明らかである。例えば、いくつかの州では、（「識字」というあまり厳格でない定義よりは若干厳しい）読む能力についての簡単なテストに合格した八～一一歳の

＊4　統計付録の表A－3と表A－4では、より幅広い分野の開発指標を州ごとに示している。さらに、主要な州だけでなく、北東部に位置する小規模州のデータも含まれている。これらの小規模州のなかには、シッキム州（指標によっては、マニプル州、ミゾラム州、トリプラ州）のように、人間開発の様々な側面で比較的良好な実績を残している州がある。この点は、これまで以上に注目されてしかるべきである。

保健関連の指標		貧困関連の指標		
予防接種をすべて受けている幼い子供の割合、2005-06年(%)	体格指標(BMI)の値が低い成人女性の割合、2005-06年(%)	貧困線以下の人口割合、2004-05年(%)	資産についてインドの第5五分位に入る人口割合、2005-06年(%)	1人あたり年間所得の中位値、2004-05年(ルピー)
46.0	33.5	29.6	10.8	6,241
31.4	36.5	34.4	19.8	6,000
32.8	45.1	54.4	28.2	3,530
48.7	43.4	49.4	39.6	5,306
45.2	36.3	31.6	7.2	6,300
65.3	31.3	24.1	4.1	9,443
74.2	29.9	22.9	1.2	9,942
66.7	24.6	13.1	2.8	8,699
34.2	43.0	45.3	49.6	4,833
55.0	35.5	33.3	10.8	5,964
75.3	18.0	19.6	1.0	9,987
40.3	41.7	48.6	36.9	4,125
58.8	36.2	38.2	10.9	7,975[a]
51.8	41.4	57.2	39.5	3,450
60.1	18.9	20.9	1.4	9,125
26.5	36.7	34.4	24.2	6,260
80.9	28.4	29.4	10.6	7,000
23.0	36.0	40.9	25.3	4,300
60.0	30.0	32.7	6.0	6,857
64.3	39.1	34.2	25.2	6,250
43.5	**35.6**	**37.2**	**20.0**	**5,999**

表 3-8：インドの主要州の比較（2005 年）

	教育関連の指標			
	15～49 歳の女性の識字率、2005-06 年(%)	学校に通学している 6～14 歳の子供の割合、2005-06 年（%）	読む能力に関する簡単なテストに合格した 8～11 歳の子供の割合、2004-05 年（%）	5 歳未満の乳幼児死亡率、2005-06 年（出生1,000 件あたりの死亡数）
アーンドラ・プラデーシュ	49.6	81.4	50	63.2
アッサム	63.0	84.4	72	85.0
ビハール	37.0	62.2	44	84.8
チャッティースガル	44.9	81.1	61	90.3
グジャラート	63.8	83.0	64	60.9
ハリヤーナー	60.4	84.1	65	52.3
ヒマーチャル・プラデーシュ	79.5	96.2	83	41.5
ジャンムー・カシミール	53.9	87.8	40	51.2
ジャールカンド	37.1	71.7	59	93.0
カルナータカ	59.7	84.0	53	54.7
ケーララ	93.0	97.7	82	16.3
マディヤ・プラデーシュ	44.4	89.1	46	94.2
マハーラーシュトラ	70.3	87.2	66[a]	46.7
オディシャ	52.2	77.5	58	90.6
パンジャーブ	68.7	85.3	66	52.0
ラージャスターン	36.2	75.4	55	85.4
タミル・ナードゥ	69.4	93.9	79	35.5
ウッタル・プラデーシュ	44.8	77.2	39	96.4
ウッタラーカンド	64.6	90.4	63	56.8
西ベンガル	58.8	79.7	51	59.6
インド全体	**55.1**	**79.6**	**54**	**74.3**

a ゴアを含む。

《出典》2005-06 年が基準年の数値は全国家族健康調査（International Institute for Population Sciences, 200
による（学校に通学している子供の割合については、各州の報告書による）。2004-05 年の貧困者比率に
いては、テンドゥルカル委員会報告（Government of India, 2012c に再録）。読む能力に関する簡単なテスト
合格した子供の割合と 1 人あたり年間所得の中位値については、インド人間開発調査（Desai et al., 2010）。
り詳細については、Drèze and Khera（2012a）を参照。

表3−9：インドの主要州の人間開発と多次元貧困

	人間開発指標、2005年[a]	多次元貧困の状態にある人口割合、2005−06年[b]（%）
ケーララ	0.970	12.7
ヒマーチャル・プラデーシュ	0.846	29.9
タミル・ナードゥ	0.749	30.5
パンジャーブ	0.742	24.6
ハリヤーナー	0.670	39.3
ジャンムー・カシミール	0.655	41.0
ウッタラーカンド	0.612	39.5
マハーラーシュトラ	0.601	37.9
グジャラート	0.520	41.0
カルナータカ	0.500	43.2
アーンドラ・プラデーシュ	0.458	44.5
西ベンガル	0.446	57.4
アッサム	0.441	60.1
ラージャスターン	0.301	62.8
チャッティースガル	0.271	69.7
マディヤ・プラデーシュ	0.230	68.1
オディシャ	0.229	63.2
ウッタル・プラデーシュ	0.212	68.1
ジャールカンド	0.170	74.8
ビハール	0.106	79.3
インド全体	**0.400**	**53.7**

a 2005−06年全国家族健康調査、2004−05年全国標本調査、2004−05年インド人間開発調査のデータに基づいている。
b 2005−06年全国家族健康調査のデータに基づいている。
《出典》表3−8の9つの指標をそれぞれ標準化し、ウェイトを付けずに単純に足し合わせた値が、この表で示されている人間開発指標である（Drèze and Khera, 2012a を参照）。多次元貧困の値については、Alkire and Seth（2012）を参照。2005年の人間開発指標が高い州から低い州に上から下へ順に並べている。

子供の割合は全体の半分以下であり、ウッタル・プラデーシュ州では、予防接種をすべて受けている幼児の割合は二三%にすぎず、ビハール州では、インド政府が定めた非常に低い貧困線にも満たない消費水準で人口の半分以上が生活している。

世界の国々と比較してみると、インドの後進州の一部とアフリカの貧しい国々との間には、人間性が奪われている状態の深刻さという点ではあまり違いがないことがわかる。この点は、多次元貧困に関する最近の研究によっても改めて確認されている。例えば、「多次元貧困指数」(multi-dimensional poverty index: MPI)を計算してみると、ビハール州やジャールカンド州などは、モザンビークやシエラレオネのようなアフリカで最も貧しい国々と同じ部類に属することになる。[43] さらに、先に挙げた七つの州(ビハール、チャッティースガル、ジャールカンド、マディヤ・プラデーシュ、オディシャ、ラージャスターン、ウッタル・プラデーシュ)をひとまとめにすると、MPIについてはアフリカの最も貧しい二七ヶ国とあまり変わらず、人口規模についてもほぼ同じである。[44] 大雑把にいってしまえば、多次元貧困の数字が明らかにしているのは、アフリカの半分に相当する貧しい国々よりもインドの人口の約半分を占める貧しい地域のほうが生活状況がましであるとしても、この二つの地域の間にはほとんど違いがないということである。

これとは対極にあるインドの州に目を向けてみると、ケーララ州、ヒマーチャル・プラデーシュ州、タミル・ナードゥ州という三つの州が人間開発の面で比較的進んでいることが、表3-9から見て取れる。パンジャーブ州とハリヤーナー州はこれらの州からそれほど後れを取っておらず、実は多次元貧困に関しては、パンジャーブ州はヒマーチャル・プラデーシュ州とタミル・ナードゥ州よりもわずかに良好である。しかし、ケーララ州、ヒマーチャル・プラデーシュ州、タミル・ナードゥ州に特に注目すべき理由として、二つの点が挙げられる。第一に、この三州は、ジェンダーや子供に関連する指標でパンジャーブ州とハリヤーナー州を大きく上回っている。第二に、長年にわたってインドで比較的豊かな地域であったパンジャーブ州やハリヤーナー州とは異なり、ケーララ州、ヒマーチャル・プラデーシュ州、タミル・ナードゥ州はごく最近(例えば、一九五〇年代や一九六〇年代)まで経済的に非常に貧しかった。[45] そのため、人間の潜在能力の拡大に加えて、生活条件の改善と一人あたり所得の向上という、この三州の近年の実績にさらなる関心が集まることになるのである。

ケーララ州は長年にわたって社会開発の面で成果を上げているため、私たちが以前行った研究も含めて、その実績が幅広い議論の対象になってきた。[46] 興味深いことに、ケーララ州は多くの点で急速な進歩を続けており、その他の州に対して保っていた優位が時間とともに失われていくような様子は見られない。一九八〇年代以降、政府の介入に懐疑的な見方をする評論家を中心に、ケーララ州の開発の成果は持続可能なものではないとか、見かけ倒しにすぎないとか、さらには、「みじめな失敗」に終わるといった警告が常になされていた。[47] しかし、結果的には、生活条件の改善は単に持続しただけでなく、ペースを上げていったほどである。そして、こうした成果は急速な経済成長の後押しを受けており、さらにその経済成長は、小学校教育やその他の基本的な潜在能力に対するケーララ州の重点的な取り組みに支えられていた。

また、ヒマーチャル・プラデーシュ州はケーララ州と同様、まだ経済的に非常に貧しかった一九七〇年代のはじめ頃に、初等教育の完全普及を熱心に推し進めるなど野心的な社会政策を打ち出していた。[48] そして、実に驚くべき速さで状況は改善していった。表3－8が示しているように、初等教育に関する限りでは、ヒマーチャル・プラデーシュ州はケーララ州と肩を並べるまでになっており、その他の指標についても追い上げを見せている。つまり、四〇年ほどの間にヒマーチャル・プラデーシュ州は、深刻な社会的後進性と剝奪の状態から（当時、この地域はそのように見なされていた）、みじめな剝奪からの自由が広く行き渡る、比較的先進的な州へと変貌を遂げていったのである。

さらに、貧困、剝奪、不平等がきわめて深刻な状況から出発したにもかかわらず、比較的短い期間でいち早く成果を上げたという点では、タミル・ナードゥ州の事例もまた興味深い。一九七〇年代と一九八〇年代を通じて、政府機関によって推定されたタミル・ナードゥ州の貧困者比率は、都市部と農村部ともにインド全体の貧困者比率を上回っていた（同州の人口の約半分は、計画委員会が設定したあまりにも低い貧困線を下回る消費水準で生活していた）[49]。そして、ケーララ州も以前はまったくそうであったように、タミル・ナードゥ州では社会関係も非常に抑圧的なものであった。例えば、ダリト（指定カースト）は、「居留地」として知られる離れたところにある集落に留め置かれ、社会生活を送るうえで欠かすことのできない施設を利用することはほとんどできず、ワイシャツを着るとか、自転車に乗るといった些細なやり方で自己主張することさえもしばしば阻まれていた。タミル・ナードゥ州が、初等学校に通うすべての子供に給食を提供するという大胆な社会政策に着手するとともに、幅広い分野の社会的インフラ（学校、診療所、道路、公共交通機関、水道、電気など）の整備に乗り出し、多くの経済学者を仰天させたのは、まさにこうした時期だった。このような動きは、単にエリート支配層の寛大さの表れであるというだけでなく、民衆による組織化された圧力をはじめとする民主政治によって生み出された結果なのである。つまり、恵まれない集団、そのなかでも特にダリトは、自分たちが手にしてしかるべき分け前を得るために、ことあるごとに戦わなければならなかったのである[50]。現在、インドのすべての州のなかでタミル・ナードゥが最良の公共サービスを提供している分野があり、そのような優れた公共サービスの多くは、すべての人が差別を受けることなく利用できるようになっている。なお、タミル・ナードゥ州の開発の経験については、保健と栄養の問題に焦点を当てながら、第6章でもう一度取り上げることにする。

これらの州の開発の経験は、それだけを取り出してみると、ある種の限られた「特殊な事例」のように見られがちである。しかし、この三州の人口の合計は一億人を優に超えているという点は注目に値する。二〇一一年には、タミル・ナードゥ州だけでも人口は七二〇〇万人にのぼり、大半の国よりも人口規模が大きい。さらに、これらの州は「異常値」にすぎないといった考え方は、各州の開発のプロセスには様々な相違点がある一方で、いくつかの興味深い共通点があることを見逃してしまっている。第一に、社会政策が活発に行われてきたことが、三つの州の開発の経験のなかで重要な位置を占めている。この点は、公教育への熱心な取り組みに関して特に顕著であるが、保健医療、社会保障、公共設備などその他の分野についても当てはまる。

第二に、これらの州では、必要不可欠な公共サービスの提供は、すべての人を対象にするという原則に従うのが一般的である。第6章でさらに詳しく述べるように、この点はタミル・ナードゥ州で特に際立っているが、ヒマーチャル・プラデーシュ州やケーララ州についても同様に当てはまる。そして、学校教育、基礎医療、学校給食、電気、公的配給制度で用いられる配給カード、飲料水といったサービスは、ある特定のグループだけに「対象を絞る」のではなく、可能な限りすべての人に公平に行き渡るようにしなければならないというのが、基本的な原則となっている。実際、必要不可欠な公共サービスや公共設備の提供に関しては、すべての人を対象としているだけでなく、無料で行われる場合が多い。[*5]

第三に、開発へ向けての取り組みは、正常に機能している比較的効率的な行政に多くを負っている。三つの州では、州政府が従来通りのやり方で公共サービスを提供しており、（常勤教員の代わりに）非常勤教員を雇ったり、条件付現金給付を実施したり、（政府系学校を建設する代わりに）私立学校への通学を可能にする教育バウチャーを活用するといった、最近よく用いられるようになっているお手軽な手法はほとんど使われていない。開発への取り組みがうまくいっている真の要因は、正常に機能している学校、診療所、村レベルの自治組織であるグラム・パンチャーヤト、協同組合といった、「昔ながらの」

公的制度にある。そして、このような従来からある公的制度は、開発がより進んだ段階で民間部門が新たな活動を始められる余地を大いに残しながら、三つの州のそれぞれで開発が急速に進展していくための土台を築き上げていったのである。

第四に、社会的不平等に対する取り組みというのも、三つの州の開発の経験に見られる共通点を考えるうえで重要な要素の一つである。いずれの州でも、社会的不平等という長年にわたる課題について、様々な点で大きな改善が見られている。ケーララ州とタミル・ナードゥ州では、長い間続けられてきた社会改革運動と恵まれない集団（特に、あまりにもひどい扱いをかつては強いられ、過去から続く不利な状況を一掃するために今でも闘わなければならない境遇にあるダリト）の平等を勝ち取るための激しい闘争を通して、市民の間の平等とすべての人の権利の保障という原則が築かれていった(51)。一方、ヒマーチャル・プラデーシュ州については、比較的平等を重んじる社会的規範があることや協力的な行動をとる伝統が根強いことなど、より好ましい社会環境が大きな助けとなった。いずれの州でも、階級、カースト、ジェンダー間に大きな格差は残っているが、恵まれない人たちが市民生活や民主的制度のなかで活発な（そして、ますます大きな）役割をしっかりと担うようになってきていることだけは確かである。

第五に、これらの州で社会開発が急速に進展したのは、政府が積極的に政策を実施したためだけでは

＊5　必要不可欠な公共サービス（特に、保健と教育に関連する公共サービス）に対して「使用料」を取る（つまり、受益者に課金する）と、人々がサービスを利用しなくなる効果が大きいことが明らかになってきている。公共サービスをすべての人に無料で提供するというアプローチは、このような研究結果とも合致している。人々の生活を支える公共サービスの提供をめぐる以上の点およびその他の点については、第7章でより詳しく議論する。

なく、人々が民主政治に熱心に参加したからでもある。このような大きな流れのなかには、古くからある不平等（特に、カーストに基づく不平等）に対抗するための社会運動なども含まれる[52]。そして、社会的進歩、教育の普及、（様々な欠点を抱えながらも）民主的制度の働きによって、その他の州の多くではいまだに見られないような形で、人々——男性と女性の両方——が公共政策や社会の在り方について意見を述べる機会を手にするようになったのである。

最後に、急速な経済成長のような従来の経済的成功を犠牲にしたうえで、人間の潜在能力の向上が図られたという証拠はまったくないという点も重要である。実際には、それとは正反対に、この三つの州はすべて急速な経済成長を実現しており、この点は経済的な因果関係や「東アジア」の成功物語などの世界各国の経験から確かに予想できることであろう。社会開発の面での大がかりな取り組みとその成果の多くは、これらの州が特に豊かではなかった過去の時代にまでさかのぼる一方、現在では、すべてのインドの州のなかで、ケーララ州、ヒマーチャル・プラデーシュ州、（この二州には少し劣るが）タミル・ナードゥ州は、最も高い一人あたり所得と最も低い貧困率を誇っている（表3-8を参照）。そして今度は、経済成長によってこれらの州が活発な社会政策を維持し、さらに強固なものにしていくことが可能になる。これは、すでに述べた経済成長と公的支援との間の補完的関係を示す具体例として重要である。

つい最近まで、ケーララ州はインドのなかでも例外的な存在のように考えられていた。社会の成り立ちや政治文化に大きな違いがあるために、ケーララ州は際立った存在のように見え、他の州が同じような道を歩んでいくのは難しいと思われていた。ところが現在では、状況は少し変わってきているようである。確かに、ケーララ州は依然として様々な点で先行しているが、その他の一部の州でも生活の質が大幅に向上している。これらの州では、ケーララ州とまったく同じように進展が見られるわけではないが、同州の開発の経験とも共通する興味深い特徴が数多く現れている。インドが世界の国々の成功と失敗から学ぶとともに、この三州の成功体験からその他の州が学ばなければならないのは至極当然のことなのである。

第4章　説明責任と汚職

ウッタル・プラデーシュ州ソーンバドラ県にあるゴーヴィンド・バッラブ・パント・サーガルという名前の人造湖の畔に、インド火力発電公社（National Thermal Power Corporation: NTPC）が運営する巨大な発電所がある。この発電所の近くには自然豊かで快適な敷地が広がっており、そのなかに置かれているNTPCの本部を著者の一人が訪ねると、宿泊所のロビーにはまったく人の気配がないのに、何台ものエアコンが全開のまま一日中つけっぱなしになっていた（訪問したのはちょうど夏真っ盛りの暑い時期だった）。

一方、敷地を取り囲む壁のすぐ外側には、二五年間にわたって「清掃人」としてNTPCで働いている、ドームと呼ばれる指定カーストの人たちが、粗末な掘っ立て小屋で電気のない（さらには、その他の文明の利器もない）生活を送っている。この人たちに話を聞いてみると、自分たちが置かれている過酷な境遇について不満を漏らせば、仕事を失ってしまうのではないかという恐怖を口にしていた。さらに、この場所からすぐのところでは、大した補償を受けられないまま発電所によって追い立てられた人たちが、何とかして生活を立て直そうと必死になっている。すぐ近くに住むドームの人たちと同様、ここに住んでいる人たちも電気のない家に暮らし、恐怖心から不平をいうこともできないような有様なのである。

公的部門はすべての国に存在するため、その運営の在り方というのはあらゆる国で一般市民の関心の的になっている。もちろん、公的部門の規模や範囲は国によって異なるが、それにもかかわらず、公的部門が説明責任を果たすようにするにはどうしたらよいのかという問題を避けて通ることはできない。そして、特にインドに関しては、巨大な公的部門の運営についての説明責任がかなり広い範囲にわたってないがしろにされる一方、（至極当然な理由から）巨大な公的部門を維持することに強いこだわりを持っているという点が特徴的である。公的部門が大きな規模を誇り、インドの開発戦略のなかで重要な役割を担っていることを考えれば、公的部門の説明責任をどのように発展・強化していくべきかという問題はとりわけ重要な意味を持っている。しかし、残念なことに、公的部門と民間部門の役割をめぐるこれまでの議論は、適切に運営されている公的部門というのは経済や国民にとってどの程度「必要」なのかという点にばかり集中してきた。そして、必要と考えられる公的組織を具体的にどのように運営すべきなのかという点や、実際に意思決定や業務を行う人たちが説明責任と職務を果たすようにするにはどうしたらよいのかという点には、あまり焦点が当てられてこなかった。

公的部門の説明責任という問題を取り上げると、政治的な意味で時代の流れに逆行しているかのように受け取られてしまうことがあまりにも多い。さらに、このような見方からは、以下のような区別すべき二つの疑問がひどく混同されているという問題も浮かび上がってくる。

1．もし公的部門が可能な範囲で良好な状態にあるとするならば、公的部門が民間部門よりも人々の利益により適うのはどのような領域なのか。

2．公的部門に属する組織が、その設立の趣旨に沿うような形で説明責任を果たすようにするにはどうしたらよいのか。

第二の疑問が妥当なものであると主張したからといって、第一の疑問の意義が薄れるようなことは決してないのである。

第一の疑問に関しては、経済的な決定を行う際に、個々の経済主体の利益を考慮するだけでは不十分であるという点は大いに納得できるものであり、インドのような国には特によく当てはまる。大気や水の汚染、天然資源の過剰開発など、経済学者が外部性と呼んでいる現象が起きている場合には、個々の経済主体の利益と社会全体の便益との間に隔たりが生じる傾向が至るところで見受けられる。同様に、売り手と買い手の間に非対称情報がある場合、より一般的にいえば、情報がまったくないか不十分にしかない人たちが、妥当な選択をするのに必要な知識を持ち合わせていない場合、私的利潤の追求は社会厚生を高めるという目的からはかけ離れてしまう可能性がある。また、市場競争が存在しない状況というのも、（もし競争があれば引き下げられたであろう）不自然なまでに高い水準へと商品価格がつりあがるのではないかという懸念を生む要因になることがある。[*1] そして、民間部門にすべてを委ねるのは避けるべき理由として、さらに、貧困と不平等の問題が挙げられる。事業の収益性は購入者（つまり、消費者）

＊1　ジョン・ヴィッカーズとジョージ・ヤロウによる「民営化」についての非常に優れた研究のなかで、市場競争がある場合には民営化がうまくいく可能性はあるが、市場競争がまったくなかったり、あまりなかったりする場合には、民営化がうまくいくとは限らないと指摘されている（Vickers and Yarrow, 1988）。

の支払い能力に左右されるため、個々の経済主体にとって利益になるかどうかは、社会全体にとって何が必要とされているのかを判断するための指標としては不十分なものにすぎないことが多い。これらの問題のなかには、税金や補助金を適切に設けることで対処できるものもあれば、非対称情報や市場での独占力（それが強力な場合）によって引き起こされる問題のように、税金や補助金などの手段では十分に対処しきれないものも数多くある。

このような理由から、健全に運営されている公営企業を維持することには確かな根拠があり、着実に提供される基礎的な公共サービス（多くの国々では、政府によって提供されるのが一般的である）もまた大いに必要とされているのである。とはいえ、すでに民間部門がインドで目覚ましい実績を上げ、一国全体の経済的繁栄に貢献している分野も数多く存在することはいうまでもない。そのため、携帯電話や情報技術といった分野の製造・運営が公的部門に引き継がれることを望んでいる人たちが、インドにたくさんいるなどということはないだろう。今となっては、集産主義に基づく農業から国営ホテルの運営に至るまで、経済活動の多くの領域で公的部門への評価は世界中でほぼ完全に失墜している。しかし、その一方で、公的部門の必要性が高く、公的部門が人々の福祉だけでなく、（個々の経済主体による新たな取り組みや民間部門といった）その他の経済的側面にも非常によい効果をもたらす分野（特に、教育、保健医療、栄養などの分野）もある。以降の章では、医療、初等・中等教育、関連するその他のサービスの提供には政府の関与が必要であるという文脈で、この点について再度触れることにしよう。

とはいうものの、先ほどの二つの疑問をはっきりと区別しなければならないことに変わりはなく、第一の疑問に対する答えは明らかに第二の疑問次第である。インドでは、公営企業の運営はあまりうまくいっておらず、惨憺たる状況にある場合も多いということは否定しがたい。もちろん、民間部門であっても非効率な運営が行われることはありうるが、そうした企業は競争力がないために損失を被ったり、利益を減らしたり、さらには、企業運営の論理や市場経済の原則によって不利な立場に追いやられやすいという程度には、説明責任に類するものが働いている。ただし、少し前にも述べたように、個々の経済主体の費用と便益が公の利益や社会全体の費用と便益から大きくかけ離れてしまうことが多々あるのはもちろん事実である。さらに、利潤最大化という民間部門に固有の論理の範囲内で説明責任の仕組みが働いているという理由だけでは、疑いの余地なく、民間部門があらゆる問題を解決してくれるということにはならない。説明責任の仕組みが十分なものであるかどうかは、何を目標としているのかということと切っても切れない関係にある。しかし、個々の経済主体が利益を追求することで、社会全体の利益がないがしろにされる場合が多いかもしれないという理由だけから、それとは正反対に、説明責任や厳しい監視に資するような適切な仕組みがなくても、公営企業のほうがうまく機能するなどと考えるべきではない。

政府による関与を支持する主張は、公共サービスの供給体制と公営企業が十分に機能しながら、説明責任を果たす可能性があるという点に大きくかかっている。ところが、非常に残念なことに、インドで繰り広げられる政治的議論の大半は、公的部門の説明責任の問題に立ち入ろうとしない傾向にある。その背後には、民間部門の経営は文句なしにすばらしいといわれることとの対比で公的部門を全否定する、もしくは、すばらしい手際と親切心を持ちながら社会的義務を果たす献身的な公務員がいるという空想上の世界との対比で民間部門を全否定する、という両極端な姿勢が見られる。いずれの考え方も非現実的なものにすぎず、このような論法にだまされないようにしなくてはいけない。

公的部門の説明責任について問うことがきわめて重要であると強調する場合には、探せばすぐにでも答えが見つかるなどと考えてはいけない。しかし、探そうとしない限り、答えが出てくることはないだろうともいっておかなければならない。[*2] インドの政治経済に関する研究では、このような答えを見つけようとすることはまったく重視されてきておらず、それ相応の注目をようやく集めるようになったばかりである。この点については、また後ほど触れることにしよう。

インフラと電力不足

インドでインフラ計画を遂行しようとすると、様々な場面で説明責任の問題に突き当たる。物的インフラ（電力、道路、水道、衛生、その他の物的設備）と社会的インフラ（教育、保健医療、人間の潜在能力を高めるその他の要素）の両方を含むインフラへの無関心がインドでは驚くべき規模で広がっており、個別企業のレベルでの説明責任の問題だけでなく、ある部門全体の通常の運営にかかわるようなより高いレベルでも深刻な問題が見られる。

二〇一二年七月末にインドの広い範囲を襲った深刻な停電は、公共サービスの提供が抱える欠陥を示す格好の具体例となった。この大停電によって国土の半分が突然電力を失い、（イギリスの雑誌『エコノミスト』によって命名された）「停電国家」という悪評を買うことになった。では、この大停電はどのようにして起こったのだろうか。この点については、数多くの説明がなされている。

- 発電能力の拡張が電力需要に追いついていない。

• 送電系統を管理している中央当局に通報することなく、一部の州が各州に割り当てられている量以上の電力を州内に引き入れていた。
• 各州が割り当て以上の電力を引き入れることを十分迅速に食い止めるような仕組みがない。
• インドの一部地域でモンスーンの時期が遅れたため、電力消費が増えたのに、当局はこのような状況にほとんど注意を払っていなかった。
• 電力供給の大部分は実際には盗電されているか、支払いが行われていないかのどちらかである。電力部門の担当者はそのことを知っていながら、政治的に重大な結果を招くかもしれないという懸念から、こうした問題に積極的に取り組もうとしない。
• 異常事態が起こりつつあることを当局に伝えるための効果的な早期警戒システムがない。

その他にも、「小さな理由づけ」はいくつもある。これらの説明のほとんどは何らかの真実を含んでいるものの、二〇一二年七月の大停電が私たちに発している警告というのは、個々の問題点を足し合わせた以上の意味を持っているのである。

＊2　異なる種類の公的介入のうち、より大きな効果を持つのはいずれであるのかを客観的に検証することも必要である。アビジット・バナジーとエスター・デュフロは、実証的な検証が不可能であるとか、信頼に足る結果が得られないと以前は考えられていた領域でも、ランダム化実験を用いることで、しっかりとした研究に基づいた結論を得られる可能性があることを示している。以上の点については、Banerjee and Duflo（2011）［山形浩生訳『貧乏人の経済学――もういちど貧困問題を根っこから考える』みすず書房、二〇一二年］を参照。

停電の原因については数多くの説明がなされており、すぐにでも問題を解消してくれるといわれる手っ取り早い解決策も数多く提案されている。電力部門が政府によって管理されていることが問題の発端なのだから、中国が実際にそうしているといわれているように、電力部門を民営化しさえすればよいという考えもその一つである。インドに比べて、中国の電力部門が非常によく機能しているというのは確かであり、(ほぼすべての世帯が電力供給を受けていることを含めて)その実績は当然のように称賛に値するものである。しかし、第1章でも論じたように、中国の成功の要因を民営化に結びつけるような説明はあまり説得力がない。というのも、中国の電力部門は実際には民営化されておらず、中国とインドのいずれでも、発電と電力供給は主に国によって行われているからである。確かに、中国では電力部門に参入している民間企業が存在するが、それはインドも同様である(例えば、リライアンス電力やタータ電力など)。むしろ、中国がインドよりも優れているのは、国営の電力部門をより効率的かつ適切に運営しているという点なのである。

インドと中国との間にある違いの一つとして、中国がインドに比べて対GDP比で二倍以上の投資を電力部門に行う傾向にあるという点が挙げられる。中国は電力需要の増大に応じて発電能力を高めているが、インドではそのようにはなっていない[1]。また、中国は電力部門への投資から大きな利益を上げているようであるが、インドの電力部門は常に赤字に陥っており、プラナブ・バルダンによると、州電力庁に対して州政府が支払わなければならない補助金の額は、州の財政赤字の一〇%を超えることが多い[2]。なぜ、インドの電力部門は長きにわたって赤字から抜け出せないままなのだろうか。

結局のところ、これもまた説明責任の問題なのである。電力に関する戦略を決める主要な責任者は、たとえ最上層にいる者であっても、事態を正常化しなければならないという圧力はほとんど受けていないようであり、インドの電力計画の惨状について責任をとるよう求められることもない。実際、大停電が起きたことで、発電・配電に関する管理と説明責任の仕組みが根本的に欠けていることが白日のもとにさらされたのに、電力部門を取り仕切っている特定の幹部に責任をとらせることはできなかったようである。電気事業と発電・配電の仕組み全体を運営するためのより高い能力が必要であると訴えるのは、（妥当であるとともに）たやすいことである。しかし、決断を下したり、指示を出したりする特定の人たちがほとんど何の責任も負っておらず、惨事が起きたとしても一切お咎めを受けないという点こそ、インドの電力部門が抱える根本的な欠陥なのである。(3) 責任感の欠如は電力部門のすべての階層に蔓延しているようであり、二〇一二年七月に起こった大停電による被害（それよりも小規模な被害は毎日のように起きている）は、人間にはどうすることもできない、（地震のような）予期しえない自然災害であるかのように見えてしまった。本書の印刷が進められている二〇一三年初旬の時点では、電力部門は説明責任を果たすためのしっかりとした仕組みを依然として持ち合わせておらず、資金不足は相変わらず続いている。さらに、州政府による巨額の補助金への依存から電力部門は抜け出せないままであり、急を要する他の目的に使われるべき資金がその穴埋めに回されている。

これに関連して、インドの電力部門には電力供給の範囲と能力に限界がある理由として、州の電気事業が生み出す巨額の損失が当然のように容認されている（そして、やがては損失が補填される）という点が挙げられる。合理性に乏しい電力補助金、不十分な電気料金の徴収、盗電、送電ロス、その他の費用（主に、原価回収のための対策が実施されるのを妨げるほどの政治的影響力を持つ大口顧客を利するのに費やされるコスト）が、損失の大きな原因となっている。そして、このような奇妙な仕組みによって、中国のように電力部門への投資が強く促されるどころか、政府の歳入に大きな穴を開けているのである。実際、電力供給に伴う費用が収入を上回っている場合、送電を行う企業にとっては、電力の供給網を拡張したり、間断なく電力を供給しようとしたりすることさえ、ほとんど利益にはつながらない[4]。電力部門への補助金の投入を声高に主張する人たちが望み通りの利益を手にする一方で、人口の約三分の一（約四億人）を占める貧しいインド人の多くは、電力網につながってさえいない。電力供給がたまに途絶えるという程度の人たちの不満（それはそれで重要ではあるが）に比べて、「常に弱い立場に追いやられている（そして、電力供給を受けられない）人たち」がほとんど聞く耳を持ってもらえないというのは驚くばかりである。インドの電力計画の理解不能なほどの混乱ぶりにあって、最も大きな被害を受けているのは最も注意を向けられていない人たちなのである。

政治的影響力のある人たちが補助金の恩恵を受ける政治システム

インドの電力部門が破産状態にあるという事実は、包括的な取り組みと特権的な圧力団体の政治的影響力への抵抗（または反撃）が必要とされる、政治全般にかかわる問題の一つとして位置づけられる。この問題は、直接的には電力供給の最後の段階（電力が消費者に売られる場合の小売り流通のいわゆる「ラスト・マイル」）にしか姿を現さないものの、電力部門による巨額の経済的損失は、発電や送電といったより前の段階の計画にも影を落としている。

インドの電力部門による巨額の損失は、送電ロス、盗電、電気料金の未払いなどに関連する隠れた補助金に加えて、電力供給にかかる費用よりも低い価格で電力を売る（さらに、一部の州は農業で使用される電力を無料にさえしている）ことによっても生み出されている。電力消費者に対する補助金は、公然と行われている場合でも暗黙のうちに容認されている場合でも、きわめて逆進的であることが多い。そして、このような補助金のために、インドの電力部門が損失と破産の可能性という深刻な問題を抱え、発電や送電能力への投資が減り、何億もの人たちへの電力供給が行われないままになっている。さらには、学校に通えない子供たちへの教育の拡充や医療にアクセスできない人たちへの保健医療の提供（または、電気のある暮らしを送ったことがない人たちへの電力供給の拡大）といった目的に利用できたかもしれない資金を使って、比較的豊かな消費者の電力消費を補助するために巨額の税金が費やされてもいるのである。電力部門の損失にメスを入れ、圧力団体と正面から向き合うというのは、政治的には容易ならざることである。しかし、官僚、政治家、一般市民を含むインドの人々が立ち上がらない限り、どんな主体が運営にあたろうとも、インドの電力部門は失敗を繰り返し、比較的豊かな人たちが補助金の恩恵を受け続けることになるだろう。[*3] これもまた説明責任の問題であり、（本書の主要なテーマの一つである）

＊3　いかなる条件のもとでも電力消費に対して補助金を出すことに反対しているわけではない。例えば、貧困世帯の電力消費に補助金を出すことには十分な根拠があるだろう。価格差別化や段階別料金（「累進的料金体系」としてインドで知られている料金体系はこれに含まれる）は、電気料金について多くの国々で見られる一般的特徴であり、電力消費量が適切に計測されているのであれば、実施するのは難しいことではない。インドの一部の州では、価格差別化が比較的効果を上げており、貧困世帯が電気を使用できるようになっている。私たちが主張したいのは、これらすべての補助金について、慎重な検証と納得できる評価が行われなければならないという点である。今日のインドの至るところで影響力を発揮している電力使用者から圧力を受ける形で、特権的な立場にある電力消費者のために逆進的な消費者補助金が設けられているが、こうした補助金について説得力のある理由づけをしている議論を目にしたことがない。

インド政治に見られる公共的議論の歪みがそれを助長しているのである。政府にしてみれば、非合理的で不公平な現在の補助金の仕組みに手をつけないでおくほど楽なことはない。なぜなら、逆進的な補助金が削減されると、組織力のある集団によって街頭で抗議デモが行われるが、電気なしで暮らしている人たちが電力供給を受けられないままであったり、より緊急性が高く価値のある社会的な目的のために使うことができる財源から電力への補助金がまかなわれていたりしても、抗議デモが行われることは一切ないからである。

似たような問題は、ガソリンやディーゼル燃料といったその他の多くの動力源の価格政策についても見られ、意図的に価格が引き下げられた燃料を十分に活用する手段をほとんど持たない（そして、燃料を使うような機器をまったく持たない）人たちよりも、比較的豊かな人たちに重きを置くような隠れた価格政策が行われている。政府の財政に負担をかけつつ、最新機器や豊かなライフスタイルといったぜいたくを享受している特権的な都市生活者を除くと、電気や燃料への補助金から主に恩恵を受けるのは、電話会社やエアコンの効いたショッピングモールなどである。(5) ガソリンやディーゼル燃料の補助金を削減しようとすると、大口の消費者からなる強力な圧力団体が猛烈な抗議を行うことが多く、数日のうちに提案が撤回されることもよくある。つまり、逆進的な補助金を維持することで、比較的恵まれた立場にいる発言力の大きい人たち（実業界の大物などではないが、大部分のインド人とは異なり裕福な人たち）をなだめているのである。補助金の維持によって強い影響力を持つ人たちをなだめるという行為は、野党にとってはそれを「要求」し、与党政権にとってはそれを「容認」することが政治的には非常に好都合だろう。しかし、影響力ある人たちに対するこのような妥協を「大衆主義的」な政策であると表現する（実際、そのように呼ばれることもある）のはまったくの誤りである。なぜなら、補助金政策は大部分の人たちにとっては、実際のところほとんど何の役にも立っていないからである。[6]

同様の点は、長年にわたってインドの財政に大きな穴を開け続けてきた肥料への補助金についても当てはまる。二〇〇八–〇九年には、中央政府と州政府をあわせた保健分野への公的支出はGDPの一・五％以下であったのに対して、肥料への補助金はGDPの約一・五％を占めており、財政支出における優先順位の歪みがかなりはっきりと表れている。導入当初の一九七〇年代後半（緑の革命の初期）には重要な役割を担っていたのかもしれないが、環境への悪影響だけでなく、分配上の逆進的な性格を考えても、肥料への補助金（それも、これほどの規模での支給）を正当化することは今となっては難しいだろう。肥料の補助金が逆進的なのは、より大きな規模の農家が不釣合いなほど多くの恩恵を受けるからだけではなく、影響力を誇る肥料の製造会社が主な受益者だからでもある。[7] 近年になって、肥料への補助金の合理化がある程度進んでいるが、その規模は二〇一一–一二年の時点でほぼ七〇〇〇億ルピー（インドのGDPの約〇・八％）と依然として大きいままである。

とはいうものの、あらゆる補助金が不当なものであり、廃止されるべきであるなどといっているのではない。それどころか、逆進的な補助金に対する反論の根拠のなかには、それに費やされていた財源を恵まれない人たちの利益につながるようによりよく活用する方法があるという点も含まれている。補助金をめぐる最近の議論では、どの補助金から誰が便益を受けているのかをしっかりと客観的に見極めるという作業がまったく行われていない。[8] 例えば、「中間層」とか「庶民」といった言葉が誤解を招くような形で用いられているため、比較的恵まれた人たちが弱者であるかのように扱われている（この点については、第9章でさらに詳しく論じる）。その一方で、本当の弱者が議論の対象になることはほとんどないのである。

逆進的な補助金によってもたらされる悪影響は、ディーゼル燃料や肥料への補助金のように明らかに目に見えるような形のものだけでなく、隠れた補助金についても見られる。そのなかでも特に注目されるのが、財務省が「逸失歳入」と呼んでいるものである。これは、徴収できるはずだったのに、税制上の様々な控除や優遇措置のために失われてしまった税収のことである。税制上の控除や優遇措置には妥当なものもあるかもしれないが、多くの場合、それは影響力のある圧力団体、特に大企業と結びついた圧力団体への隠れた補助金以外の何物でもない。財務省が毎年公表している「逸失歳入」に関する文書では、二〇一一－一二年には、逸失歳入の額は五兆二九四三億二〇〇〇万ルピーという驚くべき水準に達しており、これはインドのＧＤＰの五％以上にあたる。[9] このなかには、「ダイヤモンドと金」の関税への優遇措置によって失われた税収も含まれており、その額はこの項目だけで五七〇〇億ルピー以上にも及ぶ。第9章で再度触れるように、二〇一二－一三年には、宝石と金を製造・販売する業界への隠れた補助金をわずかばかり削減しようというささやかな試みが政治的に悲惨な運命をたどり、この提案は声高な抗議の声の前にすぐに撤回されてしまった。[10]

すでに議論し、これからさらに詳しく見ていくように、インドという国は憲法の「指導原則」にまでさかのぼって、公平な発展の実現へ向けての取り組みを（理屈のうえでは）宿命づけられているが、比較的恵まれた人たちに権力が偏っているために、公平な発展を実現するための政策的な優先順位が大きくねじ曲げられてしまっている。説明責任を実現するための課題には様々な側面があるものの、インドの社会状況について広く見られる特徴である、比較的恵まれた人たちとそれ以外の人たちの間の権力の隔たりという全般的な問題とは、結局のところは切り離せないのである。第8章と第9章では、このような不平等をめぐる全般的な問題を主な論点として取り上げることにしよう。

エネルギーの費用、外部性、不確実性

効率的な運営が行われていないうえに、政治的な説明責任も果たされていないという深刻な問題をインドの電力部門が抱えているとすれば、異なるエネルギー源のなかからいずれかを合理的に選択することにも困難が伴わざるをえない。ただし、エネルギー源の選択に関しては、様々な圧力団体が大きな影響力を持っていることで政策の優先順位が歪められてしまう場合のようには、白黒はっきりつけることはできない。なぜなら、石炭、石油、ガス、原子力、太陽光などの異なるエネルギー源のなかから選択する際には、（すぐ後で議論するように）様々な集団の利害もからみ合ってはいるが、技術的な知識に基づいて検証してみることが必要だからである。

すぐにでも発電が必要であるという視点に立てば、許可を受けている組織（主に国営企業のインド石炭公社）によって現在採掘されている石炭の量は不十分であるとはいえ、インドには大量の石炭が埋蔵されている。しかし、石炭の採掘というのは唯一の問題でもなければ、特に長期的には、最も重要な問題でさえないかもしれない。石炭への依存による環境面でのコストはきわめて大きい可能性があり、これは石炭の採掘と使用の両方に当てはまる点である。場所や方法にもよるが、石炭の採掘は、一方では森林や天然資源、他方では人間の居住地を深刻な破壊に追いやってしまうことがある。そして、石炭の採掘から消費の問題に目を移すと、石炭の燃焼によって（局地的には大気汚染を通して、世界全体では地球温暖化という形で）環境に深刻な悪影響がもたらされる。

絶対に必要な電力を供給するという短期的な運営上の問題に加えて、インドにおいて異なるエネル

ギー源のなかからどのように合理的な選択を行うかという長期的な問題にも対処しなければならない。電力の不足に加えて、二〇一二年七月にインドを襲った大停電のような事態までもが、より多くの石炭を採掘し、石炭による発電をさらに活用することを求めているのかもしれない。しかし、その一方で、石炭への依存に伴う「全体的コスト」というより大きな社会問題もある。石炭の採掘と燃焼をさらに進めることによって、インドと世界全体で発生する外部性はその一例である。インドの電力使用は、世界の電力消費に占める割合から見るとすでに非常に大きく、インドの経済成長のスピードを考えれば、電力の使用量は急速に伸び続けていくことだろう。このような理由から、インドが（現状でもかなり深刻な状況にある）国内での環境への悪影響だけを問題にするのは、倫理的に許されないことなのである。

電力の生産と使用に伴う二酸化炭素の排出などの外部性によって、電力使用の市場コストと社会的コストが乖離する傾向にある。さらに、石炭の採掘は、人々の生活への脅威や周辺環境の破壊などと関連して社会的なコストも伴っている。ところが、このような外部性に対するしっかりとした統制は、インドではまったくといっていいほど行われていない。例えば、長い間その土地に住んでいた人たちを強制的に立ち退かせたり、さらには暴力に訴えて追い立てたりすることが頻繁に起こっており、移住や生活再建のための便宜が、ほとんどまたはまったく図られない場合も多く見られる。環境活動家などが指摘するように、インドでは意に沿わない移住によって、人々があまりにも大きな負担を強いられているのである。(11)

いうまでもなく、市場での利益が社会を望ましい方向へと導いてくれるわけではない。市場における意思決定というのは、法律や世論によって押しつけられたり、税金、補助金、規制やその他の財政的手段によって方向づけられたりしない限り、外部性の問題を考慮に入れないことが多い。もちろん、人々のものの考え方に何らかの大きな変化が起こり、自分自身の暮らしが脅威にさらされていなくても、他人の暮らしに思いを致すようになれば、それはより望ましいことだろう。しかし、今日のインドの市場文化を支配している価値観というものを考えてみれば、そういった状況が近い将来に生まれる可能性はあまり高くはない。

つまり、エネルギー生産についての市場による意思決定は、本当の費用と便益を誤って測るような社会的指標に基づいているのが普通であり、深刻な外部性の問題を見落としているのである。従来型のエネルギーの生産コストを見てみると、石炭が最も安く、それに石油などのその他の化石燃料が続き、市場価格に基づいて通常通り計算する限り、太陽光発電や風力発電はずっとコストが高くなるようである。最近の新たなエネルギー源の採取方法の一つとして、シェールガスの採掘が一部の地域（特にアメリカ）で行われている。採掘の際に用いられる水圧破砕法《フラッキング》によって、外部性を通して多大なコストが周辺地帯に発生することがあるのに、シェールガスは石炭よりもコストが低い可能性があるということで知られている。一方、原子力エネルギーのコストは、これらのエネルギー源による発電コストの間のどこかに位置する。というのも、原子力発電のコストについては、あまりにも多種多様な推定値が示されており、科学的主張を主義主張からはっきりと区別することは難しいからである。しかし、原子力発電は少なくとも石油による発電よりはコストが低く、さらに、石炭の採掘と利用に伴う二酸化炭素の排出や汚染といった外部性をコスト計算に含めると、同様に（石炭の市場コストは低いのに）石炭を採掘するよりも原子力発電のほうが低コストであるという証拠が数多くそろっている。

地球温暖化との闘いに全力を挙げている、二酸化炭素の排出削減を訴える活動家は、民生用原子力については比較的寛容な態度を示すことが多く、その理由は明らかである。しかし、二酸化炭素の排出とその他の公害だけを外部性と見なすのは、あまりにも重大な間違いを犯しているのではないだろうか。なぜなら、原子力エネルギーは固有の外部性を伴っており、その規模は非常に大きくなるというだけでなく、あまりにも膨大なものになる可能性さえ秘めているからである。例えば、原子力エネルギーには核廃棄物という深刻な問題がつきまとっており、主要なエネルギー源として原子力への依存が高まれば高まるほど、その国はより厄介な問題を抱えることになる。さらに、テロリストによって核物質が盗み出される可能性、破滅的な結果を招くような原子力事故の危険性、さらには、大きな被害をもたらすかもしれない破壊行為の恐れなどもある。[12] 放射性物質の漏洩とそれによる恐怖の実例（最近では二〇一一年の福島第一原子力発電所のケース）から、日本ほどしっかりと規制が行われている国であっても、確かなものと思われていた計画がうまく機能しないことがあるという認識が広まり、予期しないようなささいな事故の確率を事前の対策によってゼロまたはほぼゼロにできるとはなかなか信じられなくなっている。そして、二〇一二年七月に起きた悪名高い「インド大停電」のように、事故が現実のものになるまでは（つまり、なぜそのような事故を想定しておくべきだったかという理由が、後知恵の助けを借りて数多く挙げられるようになるまでは）、事故が起こるということは予想できないのかもしれない。

事実、福島第一原子力発電所の事故が起こったのは、科学分野の先進国であり、他の国々とは比較にならないほど人々が規律正しく行動する日本だったのである（例えば、一般市民の避難を整然と行うという驚くべき手際からも、日本人の規律正しさは明らかである）。しかし、この事故によって数名の死者が出ており、原子雲が日本のより広い範囲に拡散して、もっと多くの死者が出る寸前のところだったのである（東京も被害に遭ったかもしれないといわれている）。この事実は世界中のエネルギー計画に対する警鐘として受け止めるべきであり、自国の安全対策は万全であると自信を示しているフランスについても同様である。インドの原子力発電所についてはあまりにも秘密が張り巡らされているので、信頼できるような事実を確認することが難しい。しかし、国際原子力機関（ＩＡＥＡ）をはじめとする専門家の多くは、インドの民生用原子力施設が実際にはとりわけ危険であることを示す証拠は十分そろっていると警告を発している。[13]より広い視野に立てば、この問題はインドの将来にとって大きな心配の種とならざるをえず、原子力発電のコストの低さや環境への負荷の小ささといった見せかけにさらに騙されてしまう国々がますます増えていることを考えれば、全世界についても当てはまることなのである。世界中で原子力が主要なエネルギー源になっていくにしたがって、こういった危険がどの程度広がる恐れがあるのかを考慮に入れておく必要がある。ほぼ一世紀前に生物学者のＪ・Ｂ・Ｓ・ホールデンが明らかにしたように、低い確率が積もり積もって大きな可能性になることがあるために、人間の生命と生活圏が「想定外」の破滅へと追いやられるという恐ろしい予測が成り立つのである。

現在、石炭、石油、天然ガスといった従来型の燃料による大気汚染という以前からある危険を選ぶのか、それとも、不測の出来事だけでなく破壊行為やテロ活動によっても起こりうる原子力災害や核による汚染という新たな危険を選ぶのかという二者択一を迫られていることが、環境面での課題であるかのように思えてしまう。私たちが難しい選択を迫られているのは十分明らかだが、それぞれのエネルギー源について確実な要素と不確実な要素を慎重に分析したうえで（この作業は短期的には重要である）、より危険性の少ないエネルギー源を選ぶことが解決の道であるとは限らない。結局のところは、今世界を脅かしている、大気汚染と原子力災害の危険性というエネルギー供給に関連する二つの大きな外部性のどちらも引き起こさない、（太陽エネルギーと風力発電をはじめとする）その他のエネルギー源の利用可能性を高めていくことも解決策の一つなのである。

外部性の影響は、確率的な観点から見積もってみてもきわめて大きい。一方、市場の動向を踏まえれば、風力や太陽光といった代替的な電力源は、公的支援なくしてはあまり進展していかないだろう。しかし現状では、公的支援はきわめて限定的であり、それどころかインドでは特に、従来型のエネルギーへの補助金が大盤振る舞いされているという点はすでに述べた通りである。国の支援を受けた研究によって公的機関や民間組織で得られる成果に加えて、税金や補助金を通して市場が社会的ニーズに対応するよう促すような、よく考えられた強力な仕組みが必要とされている。太陽エネルギーと風力発電はこれまでのところ十分に活用されていないかもしれないが、持てる限りの創造性を人類が発揮することによって、技術開発を推し進めていかなければならない。科学分野の優秀な人材とこれまでの実績をもってすれば、今日の世界にとって最も重要なエネルギー開発の分野で、インドが新技術の研究をリードする国になりえない理由などまったく見当たらないのである。

汚職と制度変化

説明責任の問題は、インド政治をめぐる議論のなかで最近大きな注目を集めている汚職の問題と深くかかわっている。説明責任が果たされるようにするための仕組みが十分に整っていなければ、公務員は職務をないがしろにするだけでなく、実際には職務の一部として無料で提供しなければならないはずの財やサービスに高い「価格」をつけて提供するという大きな誘惑が生まれる。このような「役得」は、公職に就いていることに伴う特権を悪用した汚職の具体例であるとともに、財やサービスを享受すべき人たちではなく、便宜を図ってもらうための手段と意思がある人たちが恩恵を受けられるようにもしている。インドでは、行政やビジネスの場面に汚職がはびこるあまり、財やサービスの提供者に賄賂を握らせない限り、物事が思ったように進まない地域も一部には見られるほどである。

インドを長年悩ませ続けてきた汚職の問題が、近年になって幅広い議論の対象となり、人々の不満を大いにかき立てている。こうした変化は好ましいことであり、これはあるべき姿である。というのも、汚職は経済活動を大きく妨げる（より直接的には、人々の暮らしに悪影響を及ぼす）からである。しかし、民主主義のもとで求められるのは、悪習に対する不満の声が広く社会に行き渡るだけでなく、こうした動きが、汚職の問題を解決するためにはどういった対策を賢明なやり方で実行できるのかという点についての真剣な推論にまで結びつかなくてはならない。司法手続きを経ずに迅速に処罰を下すことに多くの人たちが関心を向けているのは、現在の訴訟に対する不満を考えれば驚くべきことではない。しかし、迅速な処罰によって「汚職を追放する」という誘惑には、あまりにも大きな逆効果が伴っているかもしれない。なぜなら、通常の司法手続きを経ている被告人や犯罪者ではなく、そういった手続きを経ていない被疑者（容疑が間違っているかもしれない）を罰する可能性があるうえに、迅速な略式の司法手続きというのは、腐敗した慣習の原因である腐敗した仕組みを変えるために何かが実行されているという幻想――危険な幻想――を作り出してしまうからである。私たちが求めるべきは、犯罪者（または、被疑者）に厳罰を科して溜飲を下げることではなく、しっかりと機能する解決策を追い求めることなのである。汚職が深刻化していくのは説明責任の仕組みがないからであり、略式の司法手続きによる懲罰という粗雑なやり方が好まれているが、それによって説明責任が向上するわけではない。（提案されている「ロークパール法案」の一部に見られるように）司法手続きによる制約を受けない圧倒的な権限を持つ、非常に強力なオンブズマンのようなものを設けたとしても、状況をより悪化させることになるかもしれない。したがって、制度的枠組みに欠陥があり、不適切なインセンティブを伴っている（具体的には、自分の職務をないがしろにして違法に利益を手にした者に対して罰則を科すような仕組みがない）場合には、改められるべきは制度的枠組みそのものなのである。例えば、輸入ライセンスや採掘許可などの免許の交付が一人または少数の公務員の手に実質的に委ねられ、それに対して監視や監督の目が行き届いていなければ、このような制度は汚職の温床になってしまう恐れがある。*4

では、どのような制度的変革を検討したうえで、実行に移すことができるのだろうか。公共サービスに蔓延している汚職の問題については、少なくとも以下の三つの点が重要である。第一に、情報が外部の目にさらされないような状況のもとでは汚職は蔓延する。というのも、その性質上、汚職は秘密裏に行われるからである。そのため、情報の透明性と情報へのアクセスを高めるような制度的変革が、賄賂や横領の蔓延を根絶する有効な対策となりうる。第二に、悪行が許されるような社会環境のもとでは、そのような行いについて「道徳的な」人たちがどのように考えているかに関係なく、汚職が根絶されることはない。汚職というのは「普通の行動」であり、悪事が完全に露見して、それがあまりにも露骨であるということでなければ、許されるべきであるという考え方が一般的である。そのため、賄賂を要求する人たちが、自らの行いを改めなければならないという圧力を（他者からまたは自分自身の良心から）受けるような状況に置かれることはないのである。第三に、起訴や制裁といった現実的な脅威があることで、汚職は抑制されうる。しかし、証言するつもりのある目撃者や文書に基づく証拠がなければ起訴にまで至るのは難しく、このことが賄賂の受け手を訴えたり罰したりするうえでの大きな障害となっている。そのため、賄賂を要求する（そして、それを手にしている）公務員は、保護されているという感覚を抱きがちである。その他にも問題はあるが（その一部についてはすでに本章で議論した）、情報の欠如、汚職に対する社会的寛容、起訴の難しさという三つの要因が、汚職の文化が生き延びることに一役買っている。

汚職の背後にあるこれらの要因のそれぞれについて、どのような手立てを講じることができるのだろうか。情報が外部の目にさらされないという第一の問題については、本当の意味での進展が見られる。二〇〇五年情報公開法は、情報の透明性と情報へのアクセスを高める大きな一歩であり、政府の活動が一般市民に対してより明らかになり、汚職の抑制と説明責任の向上に貢献している。ただし、この法律はすでに広く活用されているものの、「積極的な情報開示」の基準をより幅広く適用することや違反があった場合の罰則を義務づけることを通して、さらに大きな効果を発揮する可能性を秘めている。ま

＊4　「許認可支配」によって腐敗が生み出されたという点についての示唆に富む分析として、Das（2012）を参照。ダースは、「ここで得られる教訓は、国家の能力を高めるか、それとも国家の欲望に制限をかけるかということである」（238ページ）とまさに的を射た指摘を行っている。公共サービスが十分に機能していることが非常に重要であるという点をはじめとして、本書で詳しく論じているような理由から、インドでは前者のほうが決定的に重要な取り組みであり続けなければならない。そして、スウェーデン、デンマーク、カナダ、シンガポールのように、世界で「最も汚職が少ない」と評価されている国々のほとんどは（汚職の国際比較については、Das, 2012の226ページを参照）、経済に占める公共部門の割合がインドよりもずっと高いことから、インドが国家の能力を高めるのははじめから不可能であるとはいえないことが明らかである。

た、情報技術の急速な普及や（一部の州における）社会監査の制度化など、その他の技術的・社会的革新によっても、情報の透明性をより高めようとする動きが強まっている。(14) この点についても、重要な成果が見られるとともに、さらなる進展が大いに期待されている。

さらに、情報の透明性の向上は、間接的にではあるが、汚職に対する社会的寛容という第二の問題の解消にも役立っている。例えば、「名前を公にして、辱めを受けさせる」というやり方をする場合には、辱めを受けさせる前に不正を犯している人物を特定しなければならない。活発な社会運動と情報公開法の巧みな活用が、「ソーシャル・メディア」を含むメディアの積極的な利用とあいまって、どこまでが許容範囲なのかという人々の認識に変化をもたらすだけでなく、不正を犯している人物の特定にも大いに役立っている。このような手法は、すでに様々な領域で効果的に用いられており、その範囲は選挙の候補者の経歴（犯罪歴が含まれる場合もある）を世間の目にさらすことから、公職に就いている人たちの納税申告やビジネス上の取引の検証にまで及んでおり、これまで以上に幅広く利用されていく可能性がある。ただし、このような汚職への対抗策をもっと活用しようとする動きは鈍く、その要因としては、「社会規範の慣性」と呼ばれる現象（この点については後ほど取り上げる）と、重要な刑事訴追で厳しい判決が下され、不正にかかわった犯罪者に大きな注目が集まらない限り規範というものはあまり変わらないという思い込み（暗黙のうちにそう考えられていることが多い）の両方を挙げることができる。

一方で、不正を働いた者を着実に起訴するという第三の問題については、これまでのところほとんど進展が見られない。もちろん、起訴には根拠があるという十分な自信を持って汚職行為を明らかにし、それを立証することが往々にして難しいというのは驚くべきことではない。とはいえ、有罪にまで持ち込まれる事件が比較的少なかったとしても、判決が厳しいものであり、その内容が広く知れ渡っているのであれば、汚職を食い止めるうえで大きな効果があるだろう[15]。ところが、一九九九年に提出された第一六〇次報告書のなかでインド法律委員会が述べているように、有罪判決が下される割合が「途方もなく低い」ために、汚職防止法はこの最低限の目標すら達成できていない。したがって、第三の問題というのは、汚職に関する裁判で有罪を確定することが常に難しいという以上にはるかに根深いものなのである。

この問題には、目撃者が法廷で証言したがらない、一般的にいうならば、証拠を提供したがらないという側面がある。この点に関連して、（パスポートや住民票の発行など）もともと権利を有しているものについて賄賂を支払わされる場合のような、いわゆる「いやがらせ的な賄賂」に関しては、賄賂を支払った側はあらゆる刑罰から免除されるべきであると経済学者のカウシック・バスーは論じている。つまり、このような免除規定が設けられると、賄賂を支払う側は賄賂について通報するようになる一方、賄賂を要求する側はそのことを知っているので、そもそも賄賂を要求しにくくなるのではないかというのである[16]。偶然にも、汚職防止法にこのような免除規定がすでに含まれていると読むこともできるが、関連する条項（第一二条と第二四条）は実際には様々な解釈の余地があるため、いやがらせ的な賄賂という特定のケースには、賄賂を渡す側は起訴されないという点をより明確にしておくことには説得力があるだろう[17]。

バスーの提案は確かに詳しく検討してみる価値はあるものの、その一方で、以下のような重大な問題も考慮しなければならない。第一に、贈賄を合法化することによって、そうでなければ贈賄などしないであろう道徳的に正直な人たちが、賄賂を渡すようになってしまうのではないか。第二に、受け取る権利を有していないかもしれない便宜を得るために贈賄側が支払う賄賂といやがらせ的な賄賂を区別することは、実際には難しいのではないか。第三に、悪しき慣習に対して寛容であるとも取られかねない振る舞いをすることで、政府が自らの信用を傷つけてしまうのではないか。この点が特に問題なのは、罪に値するかどうかを――賄賂を贈る側と賄賂を受け取る側との間で――線引きする根拠についての実践的推論を多くの人たちが行わなくなってしまうからである。以上の点は、汚職防止法にすでに設けられている免除規定をさらに超える内容を提案しようとする場合に検討しておくべき疑問や懸念である[18]。

おそらくより重要なのは、司法制度の非効率性、汚職によって得られた利益の政治的供与、内部告発者を保護する体制の不備、公務員への起訴を政府が認めたがらないという一般的な傾向など、刑事訴追を有罪へと導くうえでの障害がその他にも数多く存在するということである。最後の点が特に重要なのは、現在の規則では、（驚くべきことに）政府による事前の許可なしに公務員が職務怠慢を理由に起訴されることはなく、そのような許可が与えられることもほとんどないからである。さらに、汚職防止法（第一九条）でも、公務員による同法の違反について「裁判所が審理する」ことさえも政府による「事前の裁可」が必要であると明記されている。公務員を保護するためのこうした規定は明らかに常軌を逸しており、すぐにでも撤廃されなければならない。また、大臣や議員にも全面的な訴追免除を与える同様の条項が設けられており、たとえ起訴が可能であったとしても、（インド中央捜査局のような）検察当局は政府の支配下にあり、独立した公平な訴訟手続きを行うことはきわめて難しい。現状を変えようとする様々な要求や提案にもかかわらず、国会議員は自らに免除・免責を与える仕組みを廃止しようとしたがらないのは驚くべきことではない。著名な憲法学者であるA・G・ヌーラーニは、「政党は大声で罵詈雑言を投げつけ合う一方で、説明責任を高めようとする取り組みには一致団結して反対する」と巧みに表現している[19]。

以上の点は、説明責任を高めて、汚職を防ぐことが一般的にはいかに難しいかを物語っている。この闘いに勝利できるかどうかは、必要とされる予防措置を講じるという政府の取り組みに大きくかかっているが、政府には一般の人々に対して説明責任を果たそうという動機はほとんどない。情報公開法をはじめとする、説明責任の向上を目的とした法律を制定しようとする努力が、すさまじい抵抗に遭うことが多い理由の一つはここにある。したがって、こうした抵抗を乗り越えていくことは、民主主義を実践していくうえでの大きな課題なのである。

説明責任をめぐる変化の兆し

説明責任をめぐる状況は悪化することはあっても、それ以外には変わりようがないというあまりにも悲観的な見方が、説明責任の回復を図っていくうえでの最大の障害の一つとなっている。インドではここ数十年の間、政府の活動や公的生活の様々な側面で説明責任がかなり継続的に低下していることから、こうした見方が生まれがちである。しかし、このような流れを変えることはできないという根拠があるわけではない。むしろ実際には、説明責任をめぐる状況にはよくなってきている側面もあるため、いくつかの理由から希望を抱くことができる。

第一に、教育水準が上昇していることもあり、人々がよりはっきりと声を上げて要求するようになってきている。申請手続きにやってきた無力な人たちに向かって、役人が「明日また来なさい」と繰り返すように、職務怠慢というのは一種の搾取であり、甚だしい搾取である場合もある。教育と自信を手に入れることによって、集団行動を通しても、また一人一人でも、このような権力の乱用に対して立ち向かうようになるのである。

第二に、法律や制度の変更が大きな効果をもたらす。この点を最もはっきりと示している最近の例が、すでに述べた情報公開法である。インドの情報公開法は世界にも類を見ないほど強力な法律であり、市民の情報へのアクセスという点だけでなく、公的生活のなかに情報の透明性を文化として根付かせながら、国家権力の乱用を抑えるという点でも、かなり根本的な変化をもたらしている。この法律は、ほとんどすべての政府の文書（実際には、「文書」だけでなく、より広い意味での情報も含まれる）へのアクセスを可能にし、情報公開を請求した市民に対して三〇日以内に文書が開示されなければならない。また、情報公開法は、あらゆる公共機関に対して重要な情報をすべて「積極的な情報開示」の対象とするよう義務づけている（つまり、誰かに要求されなくても、重要な情報を公にする義務がある）。そして、請求されている情報を三〇日以内に提供できなかった公務員は、罰金刑に処される。情報公開に関連する権利と義務は、強力な権限を持つ独立的な「情報コミッショナー」によって積極的に守られている。おそらく、情報公開法について最も期待が持てるのは、この法律の評判が非常によく、幅広く活用されているという点である。同法のもとでは、情報の開示を求めて一〇〇万件を超える申請が毎年行われており、請求した情報を得られているという意味では、申請の大部分は成果を上げている[20]。

ただし、情報公開法は、公的生活における汚職の抑制と説明責任の回復を目指して最近行われている、法律面や制度面での一連の取り組みの一つにすぎない。議論の的になることが多いロークパール法案もよく知られた取り組みの一つであるが、苦情の救済、司法の説明責任、公的調達制度、選挙制度改革、企業によるロビー活動、内部告発者の保護、市民の「公共サービスへの権利」といった問題を取り扱う法律や法案など、その他にも数多くの取り組みが行われている。これらの法案の多くはまだ国会を通過していないか、より穏当な内容になって法制化されている。さらに、(ロークパール法案をはじめとする)法案の一部には、現状のままでは非常に深刻な欠陥が残されている。そうであっても、以上のような取り組みはインド政治における重要な動きを示しており、大きな期待を抱かせるものである。

第三に、公務員の職務怠慢や汚職を防ぐために、最新技術をより巧みに活用する余地が大いにある。そのわかりやすい具体例の一つがコンピュータ化である。例えば、コンピュータ化によって、公的配給制度における物資の横流しを減らすことに成功している州がいくつかあり、それ以外の州もコンピュータ化の導入をいち早く進めている。[21] また、携帯電話のおかげで、自分勝手に「持ち場を離れて」ばかりいたような公務員と連絡をとることがはるかに容易になった。さらに、スマートカード(データ記録の可能な集積回路が埋め込まれたカード)によって、データの書き換えができないような形で記録を残せるようになり、生体認証が身分詐称を防ぐための有効な技術となっている。このような技術革新にはそれぞれ限界があるため、悪用されてしまう可能性もあれば、たとえ長期的にはよい影響をもたらしても、短期的には大きな混乱を引き起こす可能性もある。[22] そのため、新技術については入念な評価と国民的議論が必要ではあるが、だからといって、技術革新を積極的に活用していく余地が狭まってしまうわけではない。(すでに幅広く活用されているように)個人的な利益のためだけでなく、社会全体の利益のためにも新技術を活用できるかどうかが重要な課題なのである。

第四に、権限と意思決定の分権化は、まだ始まったばかりの段階にある。大半の州では、グラム・パンチャーヤトやグラム・サバー[訳1]といった地方自治制度が、うまく機能するような形にはまだなっていない（ケーララ州は、その注目すべき例外である）。郡開発官よりもグラム・パンチャーヤトの首長のほうが、もともと一般の村人に対してより親身であるというわけではないかもしれないが、有権者に対してより責任を果たす立場にあると同時に、村人がより接触しやすいということは少なくともいえる。さらに、パンチャーヤト制度のもとでは、女性と恵まれない集団に対して一定程度の議席が割り当てられており、この制度が「恵まれない集団に地方公共財が十分に供給されるための助けとなっている」ことを示す証拠も見られる(23)。また、パンチャーヤト制度が活発に機能している州では、人々は自分たちの要求をはっきりと表明するために、こういった制度をいち早く活用するようになっている。例えば、（インドの最も「先進的」な州には入らない）ラージャスターン州の一〇五村に暮らす二〇〇〇世帯を対象にして最近行われたある調査によると、回答者の四分の三が「公共サービスを要求するために役人とやりあう」と答え、三分の二近い回答者がグラム・パンチャーヤトのメンバーのところに最初に行くと答えている(24)。分権化という面でも、これまでのところ限られた成果しか得られていないが、将来へ向けて大きな可能性がある。

第五に、これまで述べてきた変化やそれ以外の説明責任の問題に対する民主的な取り組み（メディアによる暴露や国民的議論など）によって、社会規範、固定観念、労働文化に重大な変化がもたらされる可能性がある。実際、このような変化はすでにある程度起こっている。例えば、安全保障に関するものでもない限り、資料に「秘」を付けるような公務員は今では笑い者にされるだろう（かつては、取るに足らない情報であっても、機密扱いにすることが当たり前のように行われていた）。ただし、公務員はいやいやながら透明性という規律を受け入れているものの、その段階で足踏みしているというのが現状である。いつの日か、現在のように公務員に賄賂を支払うのが「普通のこと」ではなくなり、賄賂を要求する公務員が馬鹿にされたり、注意されたり、通報されたりするようになるのを夢見るのは、突飛なことなどではない。自分の利益のために公金を使おうという発想がほとんどの人たちの心に浮かばなくなった時にこそ、汚職との闘いに勝利が訪れるのである。

最後にもう一つ、公的部門の説明責任をめぐる政治の在り方に変化が見られるという点も重要である。最近まで、公的部門における説明責任の回復を支持するまとまりのある集団というのは存在しなかった。政治的左派は、このような問題があることをほとんど認めようとしなかった。というのも、公務員は有力な共産主義政党の支持基盤であり、公務員が公共の福祉を追求していくうえでの障害になっているなどという考えが、これらの政党に受け入れられることはほとんどなかったからである。その一方で、頑迷な政治的右派は、公的部門というのはほとんど無意味なものであると決めつけており、公的部門の効率性が少しばかり上がろうが下がろうが、それはほとんどどうでもよいことであった。そのため、右派が目指していたのは、公的部門の現状を改善することではなく、公的部門を民営化することにあった。以上のような背景から、公的部門の説明責任をめぐって、左派と右派による「無関心の連合」という奇妙なものができあがったのである。

訳1　グラム・パンチャーヤトは村落レベルの地方自治組織であり、開発事業の主体と位置づけられている。メンバーは住民の直接選挙によって選出される一方、指定カースト、指定部族、女性などへ議席が留保されている。また、グラム・パンチャーヤト内のすべての有権者が参加できる村民集会のことをグラム・サバーと呼ぶ。

しかし、人々が説明責任の向上を求めるようになるにしたがって、こうした要求を表明する様々な取り組みや社会運動に呼応する形で、公的部門の説明責任についての無関心に歯止めがかかり始めている[25]。そのなかには人々をより強く引きつけるような取り組みもあり、議員や公務員が以前よりもいちだんと人々の監視の目にさらされるようになってきたのは、確かに一歩前進である。少し前に触れた立法面での改革の動きは、公的生活における説明責任を求める市民運動が盛り上がりを見せたことによるところが大きい。

これまでに見てきた変化のいくつかが効果を発揮しているという点については、決定的とまではいえないまでも、証拠を示すことができる。メディアの報道だけから判断していると、汚職が急激に深刻化しているかのような印象を受けるかもしれない。企業によって引き起こされた汚職事件を筆頭に、特定の種類の汚職は確かにこれまでになかったほど大きな割合を占めている。しかし、汚職を明らかにするための（特に、情報公開法による）権限が新たに設けられたことに加えて、人々の監視の目が厳しくなっているため、汚職がより目に見えるようになってきているということもある程度はいえるだろう。日常生活のなかで市民が汚職に遭遇する機会が全般的に増えているという証拠は、ほとんど見当たらない。実際、メディア研究センターが発行している最新の『インド汚職調査』によると、前年に汚職が「増加した」と感じているインド人の割合は、二〇〇五年の七〇%から二〇一〇年の四五%へと減少している。一方、汚職が「減少した」と感じている人の割合は、六%から二九%へと五倍に増えている。そして、おそらくもっと重要なのは、前年に賄賂を支払ったという農村世帯の割合も大幅に減少しており、二〇〇五年には五六%だったのが、二〇一〇年には二八%になっているという点だろう[26]。とはいえ、汚職が増えているという認識は依然として多数を占めているうえに、汚職が蔓延しているという点はどちらの調査でも指摘されていることから、自己満足に浸るのは禁物である。しかし、改善の兆しがはっきりと見られ、特に賄賂を実際に払った世帯の割合が明らかに減少しているという点には注目すべきである。

透明性と説明責任の向上へ向けての闘いは勝利目前のところまで来ているなどと考えるのは無邪気すぎるだろうが、少なくとも真剣な取り組みが行われているのは事実である。少し前であれば、反汚職運動を立ち上げようとしても、何の意味もない空想主義にすぎないと見なされていたことだろう。ところが、今日では、何百万もの人たちが何らかの方法でこうした取り組みに加わっている。それがどのような結果をもたらすかは、インド市民の暮らしに政府がより積極的に影響を与える（そして、後押しする）ことができるかどうかに大きくかかっている。

行動と社会規範

説明責任や公共への奉仕が少しでも実現するように行動規範に変化をもたらすという点に関しては、制度の改革だけでなく、行動の面での変化にも重要な役割があるのはいうまでもない。ただし、政策決定や世論に訴える活動のみを通して、人々の行動様式を改めようとするのはきわめて難しいという点は否定しがたい。それには時間がかかるし、頭ではわかっていても、実際の行動が伴わないという場合もたびたびある。このような理由から、行動様式を改めようとする試みに対して懐疑的な考えを持つのももっともではあるが、だからといって、社会全体に広まっている行動様式を変えられないものであるかのように受け入れてしまう必要はない。人間の行動についての宿命論や皮肉な態度というのは、人間の行動は基本的には自己中心的で自己利益のみに基づいており、自身の行動によっていかなる社会的価値が損なわれようと関係ないという、繰り返し唱えられてきた暗黙の前提の産物にすぎない。
しかし、人間は自分自身の行動を決める際に、自らに課した様々な規則を暗黙のうちに守り、いろいろなやり方で、純粋な自己利益以外の要素も考慮したうえで実際には行動していることを示す証拠が、経済的・政治的・社会的行動のすべての領域から数多く得られる。金儲けばかり考えている犯罪者でさえも、「ギャングとして望ましい行動」という規則に従うのが普通であり、「盗人にも仁義あり」というのはまったくの絵空事ではない。つまり、ある社会のなかで、人々の行動に関してどういった規則が定着しているのかがきわめて重要になるのである。アダム・スミスは『道徳感情論』のなかで、次のように論じている。

たいていの人はごくまともにふるまい、生涯を通じてさほどひどい非難を浴びないものだ。だから、たいていの人の行動は適切な感情に促されたものとして是認される。しかし、実際にはそうではなく、行動に関して定着している規則とみなしたものに従っているだけかもしれない。

今日のインドが直面しているのは、商取引や公的生活のなかで、行動に関して定着している規則が次第に守られなくなってきており、金融機関や投資家などが違法なやり方で利益を得ることが当たり前のようになっているという問題である。しかし、悪循環をひっくり返してしまえば、それは好循環になるわけであり、経済行動に関する標準的な規則が守られるようになれば、その規則がよりいっそう守られるようになっていくということになる。[*5]

社会全体にとって有益な行動規範を提案するという場合、それは自分のことしか考えないような人たちをまったく利他的な人間に変えてしまおうとしているのではない。そうではなく、人間が行う選択の特徴である複数の目的を伴うような行動のなかで、焦点を少し変えてみることができるかどうかという問題なのである。実際、このような「さらに別の」要素というのは、社会関係（家族、友人、同僚、政治上の盟友、ビジネス上の仲間、ギャングの一味、そして、全人類までも）がからむようなあらゆる種類の人間の行動に見られる。

ただし、行動に関する規範や実践を変えようという取り組みは確かに重要ではあるが、その他の種類の制度改革の代わりとなるものではない。経済システムを確立し、ビジネスと政治の関係に関するルールを作り上げるためには、司法や制度の面からの支援が必要であり、人々の行動が改まることを期待するあまり、このような取り組みを前へ進めようとする努力をやめてしまってはいけない。実際には、制度改革と行動についての規則は補完的な関係にあると考えるべきであり、この二つの要素は互いを強め合うのである。

最後に、制度改革を求め後押ししていくという点と人間の行動に影響を与えるという点の両方について、メディアによる積極的な活動は明確な役割を担っている。人間はインセンティブに反応する。成功を収めたいと思うことは貪欲であることとは同じではないし、まったくの無私の行いが非常にまれであ

＊5　この点については、Smith（1759, 1790）［村井章子・北川知子訳『道徳感情論』日経BP社、二〇一四年］を参照。上記の引用は、同書の296ページからのものである。また、Sen（2002a）に収められている論稿も参照。

るということを認めたからといって、人間にとって不名誉なことは何もない。インセンティブというのは、金銭的な利益だけを意味しているのでない。よい影響をもたらすインセンティブとしては、まわりから得られる称賛があるし、悪い行いを抑える可能性のあるインセンティブとしては、不正を犯した者の名前を公表して恥をかかせるということがある。アダム・スミスは、道徳的判断において私たちを最も強く突き動かすのは、「称賛に値する」という点であるべきだと指摘しながらも、人間を駆り立てているのは実際に称賛されるという点である場合が多いことも認識していた。(27) メディアは、こうした点で重要な役割を果たすことができるのである。

しかし、メディアによる監視の仕組みというのは確かに重要ではあるが、それだけで説明責任を回復したり、汚職を一掃したりするのには十分ではない。また、公共的議論が理性的に行われたとしても、不正行為に対する一般市民の怒りがより大きくはっきりとした声になって伝わるようになるという点では効果があるかもしれないが、それ自体としては十分ではない。さらに、制度改革によって、不正行為による利益を引き下げ、「普通の」行いを促すようにインセンティブの在り方を大きく変えたとしても、それ自体では変化をもたらすことはできない。しかし、これらの取り組みが同時に行われれば、(徐々にではあるかもしれないが)不正を容認するような風潮を改める方向へと大きく前進していき、これまでとは異なる一連の――アダム・スミスの言葉を借りれば――「行動に関して定着している規則」へと社会を導いていくのである。

それだけで説明責任を向上させられる、魔法のような解決策など存在しない。そうではなく、複数の手段を組み合わせることを考える必要があり、例を挙げると、行政機関や捜査機関を改革し、インセンティブの在り方を変え、司法制度の改革を適切に行い、金融関連の不正に対して社会全体がより厳しい態度で臨み、情報公開法やその他の関連する法律ですでに定められている条項をさらに活用し、説明責任を果たさない不正行為が調査報道によって体系的に取り上げられるようにする、といった手段が含まれなくてはならない。その結果、状況はなかなかよくならないかもしれないが、行動の変化の好循環がその特性を発揮して勢いを増していき、予想を超えるような速さで進展が見られる可能性もある。この点は、「義務論的危機」とかつて呼ばれていた状況につい最近まで陥っていたイタリアなどの他の国々の経験からも明らかである。[*6] 改革をもってしてもどうにもならないように見える事態が、実はそれほど望みがないわけではないのかもしれないという経験は、これまでに世界で何度も繰り返されてきたのである。

＊6　本書の著者の一人は、イタリアの国会の「反マフィア委員会」の正式な顧問の役職を担うという栄誉に与った。ルチアーノ・ヴィオランテを委員長とするこの委員会は、一九九二年から一九九四年にかけて組織され、汚職が蔓延する原因と犯罪の世界と汚職とのつながりについて特に検討を行った。そのなかで、罪を犯した人たちが金融にからむ不正行為を自己弁護するために、⑴「私だけでなく、みんなやっている」、⑵「他の人たちと同じような行動規則に従わなければ、競争の激しい世界では生き残れない」という台詞をあまりにも頻繁に口にすることに大変驚かされた。汚職の問題を抱えていると長年いわれ続けてきた国においても、行動の規範が改善していくに従って、改められた行動に従おうとする姿勢が、懸念されていたよりもはるかに急速に広がっていることがわかった。

第5章　なぜ教育は重要なのか

ラビンドラナート・タゴールは当時のインドの状況を鋭く分析したうえで、次のように述べている。「インドの精神のうえに重くのしかかっている悲惨という壮大な塔は、その唯一の土台を教育の欠如に置いていると私は考えています[1]」。インドが抱える数々の問題のなかから一つの要素だけを取り出しているという意味で、この発言はやや極端ではあるが、タゴールが示した見解は大変示唆に富んだものである。

開発と社会的進歩の過程で基礎教育が果たす役割というのは、とても幅広くかつきわめて重要である。第一に、読み書きや計算の能力は生活の質に大きな影響を与える。つまり、そういった能力を身に付けることによって、世の中を理解し、しっかりとした情報に基づいて生活を送り、まわりの人たちとコミュニケーションをとり、現在起きている物事に幅広く目を向けるという自由が得られる。社会では（特に、今の世の中では）、文字による意思疎通が重要な位置を占めているため、読み書きができないということは牢屋に閉じ込められているようなものであり、そこから逃れるための扉を開いてくれるのが学校教育なのである。

第二に、経済的成功を手にする可能性や職を得られる見通しというのは、教育を通して学んだ内容や習得した技能に大きく左右される。文字情報を理解したり、ある特定の作業にかかわる数字を追いかけたりする能力は、単純労働にも必要な適性とされることがあり、生産と流通で分業化が進んでいる現在では、このような傾向はさらに強まっている。また、世界規模で商取引が行われるなかで、教育の必要性はいちだんと高まってきており、中国のような国の経済的成功は、全世界へ向けて財・サービスを提供するために必要となる品質管理や技能形成といった条件を満たす、それなりに教育を受けた労働者の能力に負うところが大きい。

第三に、読み書きの能力が広く社会に行き渡っていないと、政治的要求を訴える声が弱々しいものになるため、人々に十分な保護が与えられないような状況に直結してしまう。政治的要求の声と安全との間の関連性については、十分に認識されていないことが多い。とはいっても、多くの人々が読み書きできなくても、民主主義がしっかりと機能する可能性があることを否定しているのではない。むしろ、民主的権利は読み書きできない人たちにとっては使い道がないという、よく耳にするあまりにも時代錯誤の議論ではこの点は素通りされているため、確かに強調しておかなければならない。しかし、その一方で、新聞、雑誌、本を読む能力や互いに意思疎通する能力のような社会的エンパワーメントが政治的機会と結びつくことによって、人々が上げる民主的要求の声がより広い範囲に行き渡るようになるのもまた事実である。つまり、ここでのポイントは、民主主義がともかく機能しているのかどうかということではなく、読み書きができないために弱められていた人々の声が、不十分な学校教育によって口をふさがれているような状態から解き放たれた時に、民主主義がどれだけ機能するようになるのかということなのである。

第四に、保健にかかわる問題全般、特に公衆衛生にかかわる問題に取り組むうえで、基礎教育は大きな役割を果たす。どのように伝染病は広まるのかとか、どのようにして病気を防ぐことができるのかといった点についての専門的な衛生教育が重要なのは、容易に理解できる。しかし、一人一人の考える能力を伸ばしたり、疫学的問題が発生した場合に大きな効果が得られるよう社会全体の判断力を養ったりすることは、一般教育によっても可能である。実際、専門的な衛生教育よりも一般教育のほうが、健康な状態を保つのにより大きな効果があることを示す研究もある。また、予防接種、衛生管理、伝染病予防などに関する公衆衛生上の取り組みを行う際には、学校教育がその手助けとなることも多い。

第五に、教育面での発展が重要な原動力となって、幅広く定義された人権と呼ばれるものが持つ広がりと奥行きに関して、人々の意識に変化がもたらされることがよくある。[2] 例えば、ケーララ州（さらに最近では、ヒマーチャル・プラデーシュ州）の教育面での発展は保健医療への需要を高める大きな要因となっており、その背景には、健康を保つことの重要性や保健関連の施設・サービスの提供に果たす社会の役割についてよりはっきりと認識されるようになったという点がある。学校教育と読み書きの能力が普及することで、何を人権と見なせるのかという点についての理解が、はるかに明瞭なものになる傾向にある（現在の世界的な人権意識のなかに、保健医療は確実に位置づけられているだろう）。

第六に、法的権利を理解したり、実際に行使したりすることにも教育は影響を与える。法制化された権利をすでに手にしているかもしれないのに、市民がそれを活用できずにいるということが時としてある。読み書きができなければ、自分に与えられている法的権利を理解し、それを実際に行使する能力が大きく制約されてしまう。女性の権利を実現するうえで、読み書きができないことが最大の障害の一つとなっていたバングラデシュについて、サルマ・ショバンが何十年も前に明らかにしているように、この点は女性について特に当てはまる。(3) 学校教育を受けていなければ、恵まれない人たちは確立された法的権利の侵害に抵抗するための手段から引き離されるため、保護のない不安定な状態へとただちに追いやられてしまうのである。

第七に、若い女性に学校教育を受けさせることで、家庭内での女性の発言力や決定権が大きく向上することが様々な証拠から明らかになっている。家庭内での平等が一般的に重要であるというだけでなく、女性が発言力を持つことによって、その他にも数多くの社会的な変化がもたらされる。例えば、女性のエンパワーメントが出生率を大きく引き下げるという傾向は、詳しく検討すべき最も重要な点の一つである。とはいっても、これは驚くべきことではない。なぜなら、絶え間ない出産と育児によって最も大きな影響を受けるのは若い女性の生活であり、さらに、女性の発言力を高めたり、女性を取り巻く利害についての関心を高めたりすることであれば何であれ、あまりにも頻繁な出産に歯止めをかける傾向が全般的に見られるからである。さらに、女性が教育を受けて読み書きができるようになると、子供の死亡率が低下する傾向が見られる。実際、多くの国々で女性の識字と子供の生存が密接に関連しているという証拠が数多く存在する。(4)

第八に、教育は階級に基づく障壁を突き破る万能薬ではないが、階級やカーストによる分断と結びついている不平等を緩和するうえで大きな役割を果たす。第1章で議論したように、階層化という現象はインドの経済開発と社会開発にとって依然として深刻な障害であり、教育の普及はこうしたインド社会の病根を取り除いていくための重要な手段の一つである。

そして最後に、学習環境がしっかりと整えられ、支援が行き届いているのであれば、学ぶということはとても愉快で創造性が刺激される活動である。さらに、学校教育から得られる長期的な便益とはまったく別に、学校で教育を受けるという過程そのものが若者の生活の質を著しく向上させる。しかし、学校に通っている平均的なインドの子供たちにとっては、この点は自明のことではないだろう。なぜなら、こうした子供たちは、退屈で殺伐とした環境のなかで勉強していることがよくあるうえに、多くの場合、体罰を受けているかもしれないからである。とはいえ、大半の子供たちにとってみれば、学校へ通うということは、児童労働、家庭内労働、その他の仕事よりもずっと好ましいだけでなく、子供たち自身の生活を実り豊かで楽しいものにしてくれるのである。

基礎教育が人間の暮らしに与える影響というのは容易にわかることであり、最も貧しい世帯であってもこの点はすぐに理解できる。インドでは、子供の教育（特に、女子の教育）に親が無関心だったり、さらには反対したりするという話をよく耳にするが、それとは対照的に、すべての子供に教育を受けさせることの重要性が、最も貧しい世帯の間でさえも当たり前のように認識されているのには驚かされる。この点は、一九九九年に公表された（『ＰＲＯＢＥ報告書』として知られている）『基礎教育に関する公開報告書』、さらには、プラティチ財団などが行ったより最近の調査によって明らかにされた主な発見のうちの一つである。[5] 体系的に行われた実証研究によると、よくいわれているのとは反対に、手の届く範囲の費用でしっかりとした（そして、安全な）教育機会が家の近所で提供されているのであれば、親が（娘であろうが息子であろうが）子供を学校に通わせることを非常に嫌がるという傾向はまったく見られない。そして、子供を学校に通わせることに親があまり乗り気でない場合には、学校を取り巻く環境に問題があることが多い。例えば、両親が働いている場所からかなり離れたところに学校が位置しているとか、学校には先生が一人しかおらず、その先生も出勤しない日があるかもしれないような場合、子供（特に女子）の身の安全に不安があることなどが理由として挙げられる。[6]

開発と教育

どのようにして市場メカニズムはうまく機能するのかという点について第一級の研究を行ったアダム・スミスは、教育と開発の関連性（例えば、教育の在り方を大きく変革するために公共サービスが果たす非常に重要な役割）を二〇〇年以上も前にはっきりと認識していた。スミスは、より多くの国家予算を公教育に費やすべきであると考え、以下のように論じている。

国はごくわずかな資金を使えば、国民のほぼ全員が基礎教育を受けてこれらの能力を獲得するのを支援し、奨励することができるし、義務づけることすらできる。(7)

これまでに盛んに研究されてきた欧米の経験がはっきりと示しているように、経済開発と社会開発を後押ししつつ持続させるうえで教育が果たす役割というのは実に幅広く、それは政府による取り組みを通して発揮されるのが一般的である。

このような教訓は、一九世紀以降に経済的に台頭してきたアジアの国々にも刺激を与えた。すでに一九世紀半ばには、アジアにおける近代的な経済発展の先駆けとなった日本で、学校教育によって大きな変革がもたらされることがはっきりと見て取れた。(8) 一八六八年の明治維新の時点で、日本はヨーロッパで一世紀にわたって起きていた産業化や近代的な経済発展をまったく経験していなかったのに、日本の識字率はすでにヨーロッパよりも高い水準に達していた。そして、第2章で述べたように、一八七二年に公布された学制では、「必ず邑《むら》に不学の戸なく、家に不学の人なからしめんことを期す」ために、政府による教育への取り組みが明言されていた。したがって、すべての子供に教育を受けさせるという方針を日本で強力に推進していたのは、（権威主義的ではあるが）積極的に教育政策を行う国家だったのである。

明治期（一八六八〜一九一二年）の発展段階の初期には、教育が大変重視されていた。例えば、一九〇六年から一九一一年にかけて、日本全国の市町村では教育への支出が予算全体の四三％も占めていた。[9] そして、この時期は初等教育の進展がとりわけ目覚ましく、一八九三年には新兵の三分の一は読み書きができなかったが、一九〇六年には読み書きのできない新兵はすでにほとんどいなくなっていたため、陸軍の人事担当官たちは感銘を受けたほどだった。一九一〇年には、ほとんどの日本人は（少なくとも若年世代については）読み書きができたし、一九一三年には、イギリスやアメリカよりもはるかに貧しかったにもかかわらず、日本での出版点数はイギリスを上回り、アメリカの二倍にまで達していた。このように、政府が教育分野に集中的に取り組んだ結果、日本の経済発展と社会発展の性質とスピードが大きく方向づけられたのである。

全般的な人間開発のなかでも特に学校教育は、貧しい人たちにとって何よりも大切な味方であり、裕福な人たちだけの味方ではない。日本の経済発展に関する戦略というのは、近現代の歴史全体を通して、このような考え方に基礎を置いてきた。その後、韓国、台湾、シンガポール、香港、そしてもちろん、中国といった国々が同じような道を歩み、主に国家によって整備された基礎教育に重点が置かれた。東アジアが経済面で急速な進歩を遂げたことを説明する際に、世界規模の市場経済を巧みに活用しようとしたという点が強調されることが多い。こうした説明は確かに正しいけれども、東アジア諸国の経済面での急速な進歩は、公教育の普及に負うところが大きい。なぜなら、もし人々が読み書きできないままであったならば、東アジアの国々が世界経済の様々な分野に参入することは難しかったと考えられるからである。

取り残されるインド

実に不思議なことに、独立運動では教育を力強く後押しするような言葉が並べ立てられていたのに、インドでは学校教育の普及は非常にゆっくりとしか進んでおらず、そのスピードは東アジアの国々よりもはるかに緩慢である。実際、表5－1から明らかなように、インドは東アジアの国々から大きく後れを取っている。特に、若年層の女性をはじめとするインドの女性の間では、学校教育の普及が驚くほど進んでおらず、読み書きができない女性の割合は今日でもなお高い水準にある。このようなインドの現状は東アジアとは好対照をなしており、例えばインドネシアは、以前であれば（一九六〇年代でも）読み書きに関してはインドとそれほど違わなかったのに、現在では、ほぼすべての若年層が読み書きできるようになっている。

確かにインドでは、地域によって教育面での実績に大きな違いが見られる。例えば、ケーララ州には教育を推進する政策をとってきた歴史があり、この点では他の州に比べてかなり際立った存在であった（独立後に形成された同州には、トラヴァンコールとコーチンという二つの「藩王国」が含まれており、イギリスによる植民地支配のもとで独自の内政政策を行うことが許されていた）。また、独立後には、左翼政党による指導のもと、教育を重視する姿勢は変わることなくさらに強化されていった。その結果、学校教育の分野では、ケーララ州はインドの他の州のはるか先を行くことになったのである。独立後に新たに

表 5−1：アジア諸国の識字率

国名	成人の識字率（15 歳以上の人口に占める識字人口の割合）			若年女性の識字率（15〜24 歳の女性人口に占める識字人口の割合）	
	1960 年	1980 年[a]	2010 年[b]	1980 年[a]	2010 年[b]
南アジア					
インド	28	41	63	40	74
バングラデシュ	22	29	57	27	78
ネパール	9	21	60	15	78
パキスタン	15	26	55	24	61
スリランカ	75	87	91	90	99
東アジア					
中国	—	65	94	82	99
インドネシア	39	67	93	82	99
マレーシア	53	70	93	87	98
フィリピン	72	83	95	93	98
タイ	68	88	94	96	98
ベトナム	—	84	93	94	96

a バングラデシュ、インド、ネパール、パキスタン、スリランカは 1981 年、ベトナムは 1979 年、中国は 1982 年のデータ。
b インドは2006年、インドネシアとパキスタンは 2009 年、フィリピンは 2008 年、タイは 2005 年のデータ。
《出典》1960 年のデータについては『世界開発報告書 1980』の表 23、その他の年についてはオンライン版の『世界開発指標』（2013 年 1 月 1 日閲覧）をそれぞれ参照。本書を執筆している時点では、インドの 2011 年センサスから年齢別の識字率のデータを得ることはできないが、7 歳以上の人口の識字率は 74%と推定されている。
《訳注》原著刊行後に公表されたインドの 2011 年センサスの結果によると、成人（15 歳以上）の識字率は 69.3%、若年女性（14〜25 歳）の識字率は 81.8%と推定されている。詳しくは、Government of India（2014）、*Handbook on Census 2011 Results, India-Volume 1*（New Delhi: Office of the Registrar General and Census Commissioner）の表 32（64 ページ）を参照。

できたケーララ州の小さな一部分をなしているマラバール地方は、英領インド時代にはマドラス州に属しており、インドが独立する以前は教育の面で後れを取っていた。しかし、教育面での発展に関しては、州内のその他の地域にすぐに追いついていった。とはいえ、教育面で後進的だった独立後のインドにあって、ケーララ州は例外的な存在にすぎず、学校教育が急速に拡大した歴史を持つスリランカが例外的な存在であるのとまったく同様であった(10)。イギリスがインドを去った時点では、インド全体での成人の識字率が一八%ほどにすぎなかったように、インドの大部分には驚くほど教育が行き渡っていなかった。そして、第2章と第3章ですでに議論したように、学校教育をおざなりにするこうした姿勢は、独立後から現在に至るまで一貫して続いている。

二〇〇五–〇六年の時点でも、六歳から一四歳のインドの子供たちの約二〇%は学校に通っておらず、約一〇%は学校に入ったことがまったくないという有様であった。[11] 学校教育を軽視する傾向は女児について特に顕著であり、二〇〇五–〇六年には、インドの広い範囲（例えば、ビハール州）でほぼ半分の女児が学校に通っていなかった。学校教育に関しては、インドを含む南アジア諸国は、アジアのその他の国々よりもサハラ以南アフリカの国々にはるかに近い状態にとどまっている。そして、そのような南アジアの国々なかでさえも、インドはあまり芳しい成績を上げていない。例えば、バングラデシュはインドよりもはるかに経済的に貧しいのに、第3章で述べたように、女児の教育についてはインドに追いつき、さらには追い越している部分も見られる。また、バングラデシュよりもさらに貧しいネパールについては、一九八〇年の時点でも識字率がインドの半分以下であったが、若年世代の識字率についてはインドに追いついている（表5–1を参照）。さらに、インドが依然としてリードを保っているとはいえ、パキスタンとの間の識字率の差までもが三〇年前に比べて大きく縮小してきているようである。このように、経済開発と社会開発の進展に不可欠な基礎教育（特に女児の教育）がインドではないがしろにされ続けているという、不安を抱かずにはいられないような筋書きが浮かび上がってくるのである。

高等教育の課題

就学前教育から最上級の高等教育に至るまで、インドの教育には異なる段階で取り組まなければならない課題が山積している。本書では、学校（そして、学校教育）が軽視されているインドの現状に主な焦点が当てられているが、それはインドの教育が抱えている欠陥がそれ自体として重大な問題であるからだけでなく、大学および大学院での教育からどのような成果が得られるのか、または得られないのかという点に影響を与えるからでもある。大学教育に至るまでの段階で人口の大部分が排除され、それなりに良質な教育を受ける機会からはさらに多くの人たちが排除されているため、大学に入ることのできる学生の数は非常に限られている。このような理由から、インドの高等教育は潜在能力を十分に発揮することが難しい。しかし、それ以外の要因から生じている、高等教育に特有の問題というものがあることから、インド全体の高等教育の現状と質について簡単に見ておくことも有益である。

はじめに、高等教育の歴史について少し述べておくことにしよう。ほぼ一〇〇〇年にわたって、ヨーロッパと北米は制度化された高等教育の圧倒的な中心地である。現存する最古の大学は一〇八八年にイタリアのボローニャで創設され、それに続いて三年後の一〇九一年にはパリで大学が開設された。さらに、それから間もなくして、一一六七年創設のオックスフォード大学や一二〇九年創設のケンブリッジ大学などの高等教育の拠点が、その他のヨーロッパの国々にも姿を現すようになった。高等教育というのは欧米によって世界中に広められたものの典型であると何となく考えてしまう傾向が、インドをはじめとする世界各地で見られる。先の一〇〇〇年間の歴史がこのような見方をさらに強めがちであるが、高等教育の歴史という点では、ある意味でインドはさらに長い伝統を誇っていることを思い起こす（そして、そこから自信を得る）のも大切である。

仏教団体によって運営され（ただし、ヒンドゥーの王様などからも支援を得ていた）、アジア全域から学生が学びにやってきた大学であるナーランダー大学について考えてみることにしよう。一〇八八年にヨーロッパで最も古いボローニャ大学が設立された時点で、ナーランダー大学はすでに六〇〇年以上の歴史を誇っていた。[*1] ナーランダーは古代の高等教育の中心地であり、中国、朝鮮、日本、タイ、インドネシアなどのアジアの国々に加えて、数は少なかったものの西はトルコに至るまで、多くの国々から学生が集まってきていた。そして、最盛期を迎えた七世紀には、学生寮を備えていたナーランダー大学に一万人の学生が暮らしていた。

東アジア首脳会議との共同事業として、ナーランダー大学の再興が進められている一方で、ナーランダーではどのような科目が教えられていたのかに関する調査が現在も続いている。しかし、ナーランダーにあった文書類は、一二世紀の終わりにムハンマド・バフティヤール・ハルジー率いる軍隊によって徹底的に焼き払われてしまったため、調査は容易ではない。ナーランダーにあったすばらしい大型図書館は、九階建ての建物のなかに入っていたようで、三日間にわたって炎を上げて燃え続けた末に灰になったと今では説明されている。破壊された後、ナーランダーの再編と再建が行われ、しばらくの間生きながらえたが、以前のような規模と質と名声を回復するまでには至らなかった。現在入手できるあらゆる報告や証言、とりわけナーランダーで学んだ学生（特に、中国から来た学生）の回顧録を総合してみると、ナーランダーでは、天文学に加えて、宗教、歴史、法律、言語学、医学、公衆衛生、建築学、彫刻などの分野について教育と研究が行われていた（ちなみに、七世紀にナーランダーで学んだ中国人学者である玄奘三蔵の描写によると、朝に霧が立ち込めていても、それよりもはるかに高くそびえ立つほどの天文台がナーランダーにはあった）。また、天文学と非常に密接な関連性があるため、数学も教えられていたのは間違いなく、ナーランダーの近くにあるパータリプトラ（現在のビハール州の州都パトナ）のクスムプルには、古くからインド人の数学者が集まっていたことを考えれば、数学が教えられていたのも自然なことだろうという状況証拠もそろっている。

そして、医学と公衆衛生に関心が向けられていたという点は特に重要である。中国からナーランダーにやってきたもう一人の留学生である義浄は、中国とインドという二つの国の医療制度を比較に基づいて評価した古代における最初の著者として大変優れた人物である。ちなみに、中国の古代史を振り返ってみても、中国人の学者が高等教育を受けた中国国外の学術機関はナーランダーの他になく、ナーランダーで行われていた高等教育の質の高さをこれ以上はっきりと物語る事実を思いつくことは難しい。また、ナーランダーはインドだけでなく世界の高等教育の先駆けとなる存在ではあったが、唯一の存在ではなかったという点を理解しておくことも重要である。というのも、紀元後一〇〇〇年までには、その他にも高等教育の拠点がインドにできていたからである（ナーランダーに刺激を受けて設立された学校も数多くあった）。そのなかには、同じく現在のビハール州に位置したヴィクラマシーラという仏教学校があり、提供される教育の内容や優れた教育を行っているという評価をめぐって、ヴィクラマシーラとナー

＊1　現在のパキスタンに位置するタキシラという場所に、ナーランダーよりも早い時期に創設された仏教学校があった。この学校では、宗教的指導や仏教に関する教育が行われたが、ナーランダーが苦心して作り上げた行き届いた指導や自由な気風は生まれなかった。こうした点でタキシラは、草創期の卓越したイスラム系大学である、エジプトのアル＝アズハル大学により近いものであった。この大学はナーランダー大学より二〇〇〜三〇〇年ほど遅れて設立され、宗教と密接に関連した正規の教育法を体系化したことで、世界中でそれに値する名声を獲得した。

ランダーは互いに競い合っていた。

しかし、これはすべて遠い昔の話である。新たに再建されているナーランダー大学をはじめとして、現在インドにあるすべての大学が、インドの高等教育が誇る長い伝統に触発されるということはあるかもしれないが、その一方で、現在のインドの大学はあまりにも不十分な結果しか残していないのは事実である。高等教育の質を判断するのは難しい（そして、論争を呼ぶのは避けられない）ことではあるが、二〇一一年一〇月に『ザ・タイムズ・ハイアー・エデュケーション』（*The Times Higher Education*）によって作成されたトップ二〇〇の大学の一覧を参考にすると、世界のトップを行く高等教育機関の圧倒的多数はアメリカに拠点を置いている。実際、トップ五に並んでいるのは順に、ハーバード大学、カリフォルニア工科大学、マサチューセッツ工科大学（MIT）、スタンフォード大学、プリンストン大学となっており、すべてアメリカの大学である。そのすぐ後にイギリスが続いており、トップ一〇にケンブリッジ大学、オックスフォード大学、インペリアル・カレッジ・ロンドンが入っている。

しかし、この順位表で本当に目を見張るのは、トップ二〇〇のほとんどを欧米の大学が占めていることである。[12] トップ二〇にアジアの大学の名前はなく、それより下には、香港大学、東京大学、浦項工科大学校、シンガポール国立大学、北京大学、香港科技大学、京都大学、清華大学、その他のいくつかの大学などのアジアのエリート大学が姿を見せる。しかし、これらのアジアの大学をまとめても、世界のなかで上位に位置する大学のほんの一部を形成しているにすぎない。そして、とりわけ衝撃的なのが、世界のトップ二〇〇の大学のなかにインドの大学が一つも入っていないということである。

欧米の大学が提供する一流の高等教育から世界全体が恩恵を受けることができるため、高等教育というきわめて重要な分野で欧米諸国が優れていることを、非欧米諸国が妬むというのは理屈に合わない。

そして、欧米のすべての大学が世界中から学生を受け入れているのだから、それはおさらのことである。ただし、以上の点は、入学を許可された大学やその他の機関から奨学金などの支援を受けられない場合には、関連する費用（目が飛び出るほど高額になるのはいうまでもない）を自身でまかなえるという条件が付いている。とはいえ、インドの学術分野での潜在能力や高等教育の長い伝統を考えれば、インドの大学部門が、現在私たちが目にしているよりもはるかに優れた成果を上げられるのではないかと考えるのも当然だろう。

　この点を検討するためには、文化的な偏見を伴っている可能性を指摘されている『ザ・タイムズ・ハイアー・エデュケーション』の大学ランキングだけを参考にする必要はない。その他にも、インドの大学が抱える問題点を指摘する証拠は数多くそろっているのである。学生たち自身による評価（特に、どの大学に入りたいと思っているかという評価）でさえも、インドの大学教育の質が低いという重大な問題をさらに裏づける傾向にある。その一方で、インド人学生が世界の一流大学に入学すると、インドの大学にいたままでは難しかったような目覚ましい活躍をする。しかし、インドの大学をめぐる状況を変えることは可能であるし、すでにある程度は変化しているのかもしれない。質が低いまたは並み程度の学部があるために大学全体の実績が引き下げられているような場合でも、インドの一流大学の多くは特定の分野で優れた指導と訓練を行っている。さらに、インド統計研究所（ＩＳＩ）、インド工科大学（ＩＩＴ）、一部のインド経営大学院（ＩＩＭ）など、特定分野に特化した機関での高等教育は全般的に見て非常に質が高く、インドの大学で普通には見られないような水準を保っている。

　大学の仕組みや設備、教員の採用と待遇といったインドの大学が抱える問題点を批判的に検討することは可能であるし、検討しなければならない。学生の受け入れが限られているために、インドの高等教育は普及と成果の両面で大きな制約を受けており、こうした現状を改善するためには、インドという国の学校教育制度を全体的に改革する（もっとはっきりいえば、土台からすべて作り直す）ことがきわめて重要である。

成果と課題

近年、学校教育が軽視されている現状に取り組もうとする動きが一部で見られるのは喜ばしいことである。しかし、インドの学校教育が長年にわたってないがしろにされてきたという状況を、一朝一夕に改善することはできない。したがって、どのような改善が見られ、どのような問題が残っているのかを問うことが肝心である。インドの政府機関が公表している統計によると、女児と男児ともに就学率は着実に上昇しており、学校で利用できる設備についても同様の傾向が見られる。最高裁判所の判断に加えて、政府の決定がこのような変化を後押ししており、効果のほどははっきりとしないかもしれないが、二〇一〇年無償義務教育法の施行がインドの教育の現状を改善しようとする試みなのは確かである。さらに、中央政府の支援のもと、州政府によって実施されている「全国初等教育完全普及計画」もまた、インド全域で学校施設の拡大と質の改善を大きく後押ししている。

教育面で進展が見られるという点については、政府による報告書だけでなく（ただし、一部の報告書の信頼性については人々の間で大きな疑念がある）、政府とは独立に行われた調査からも明らかである。例えば、『PROBE報告書』を作成したチームが一九九六年に最初の調査を行った、無作為に選ばれた二〇〇村を対象とする最近の再調査もその一つである。これらの調査村は、学校の出席率や教育水準が比較的低い北インドの七つの大きな州（ビハール、チャッティースガル、ジャールカンド、マディヤ・プラデーシュ、ラージャスターン、ウッタル・プラデーシュ、ウッタラーカンド）に位置している。[13] 実は、こうした州でさえ、六歳から一二歳までの児童の就学率は、一九九六年から二〇〇六年にかけて八〇％から九五％に上昇している。[14] さらに、恵まれない集団については、就学率がとりわけ急速に上昇している。具体的には、二〇〇六年までに、同じ年齢層に属するダリト、イスラム教徒、（この二つの集団にはやや劣るが）指定部族の子供たちの就学率は、サンプル全体の平均である九五％にほとんど追いついている。完璧からはほど遠いものの、いずれの社会集団でも、すべての子供が初等教育に就学する方向に急速に向かっているというのは、やはり目覚ましい成果である。

また、PROBEチームの調査村にある学校の設備にも改善が見られた。調査対象の学校のうち、全天候型の部屋が少なくとも二つある学校の割合は、一九九六年には二六％であったが、二〇〇六年には七三％になっている。また、二〇〇六年には、六〇％の学校が自前のトイレを備えており、ほぼ四分の三の学校が飲み水の設備を持っている。さらに、二〇〇六年には、半分以上の学校で制服が無料で支給され（一九九六年には、その割合は一〇％）、ほぼすべての学校で無料の教科書が配布されている（一九九六年には、その割合は半分以下）。また、少なくとも同じくらい重要な点として、二〇〇六年までには八六％の学校で調理された給食の支給がしっかりと行われていた。このプログラムはPROBEチームによる二回の調査の間に始まったもので、空腹によって生徒が勉強に集中できなくなるのを防ぐとともに、栄養面でも非常に重要な意味を持っている。[15]

しかし、インドの学校の機能不全は依然として深刻であり、おそらく壊滅的でさえある。学校の出席簿によると、調査が行われた日に登校していた生徒は全体の三分の二にすぎず、調査員が実際に見たところではさらに少なかった。また、学校の教員についても無断欠勤の問題は深刻であり、遅れて学校にやってきたり、早く下校したりするという問題も幅広く見られる。さらに、任命を受けている常勤教員が一人しかいない学校の割合は、約一二%と高い水準のままである。このように常勤教員が常に不足している理由として重要なのが、歴代の給与委員会による勧告の結果、教員給与がインドの水準ではかなり高額になってしまい、政府機関が教員を雇いたがらないという点である。そのため、かなり低い給与で雇用されている「契約教員」によって、常勤教員の不足による穴が埋められることがある。しかし、契約教員に教師としての力量があるかどうかは定かではないし、教員という集団のなかでこのような分断的で差別的な待遇を続けていけるのかどうかもはっきりしない。

そして、常勤教員の不足だけでなく、教員の無断欠勤もまた、多くの学校に教員が一人しかいないという問題に拍車をかけている。二〇〇六年に行われた調査によると、調査対象の学校の二一%で調査当日に教員が一人しかおらず、それは常勤の教員が一人しかいないためか、他の教員が無断欠勤しているためかのいずれかであった。さらに、わざわざ出勤してきた教員のなかでも、生徒に対して指導を行う者は驚くほど少ない。実際、一九九六年と二〇〇六年のどちらの調査でも、調査員が突然訪問した際に、半分の学校で生徒への授業や指導がまったく行われていなかった。[*2] こうした現状からは、学校教育を何よりも必要としている地域に学校教育への自信を抱かせるようなイメージは、確かに浮かび上がってこない。世界のその他の地域はもちろんのこと、インドのその他の地域でさえも、生徒に対して授業や指導が活発に行われている場所はたくさんある。しかし、その一方で、調査対象の州にある学校の半数では、子供たちに教育を授けるということがほとんど行われておらず、初等教育を受けて現代社会の一員になるという幼い生徒たちの権利がないがしろにされているだけでなく、学校が果たすべき義務を怠っているのである。

授業や指導の質の低さを考慮しなかったとしても、学年を通して生徒が活発な授業や指導を何日間受けられるかを調査結果に基づいて考えてみれば、学校制度の規律と秩序が破綻していることによる悪影響がいかに深刻かは明らかである。『PROBE報告書』の対象になっていた州では、正式な通学日数は学年あたり二〇〇日前後である。しかし、一人の教員が欠勤する割合は約二〇%、一人の生徒が欠席する割合が約三三%なので、平均的な日に生徒と担任の教師がともに学校に来ている確率は五〇%をわずかに上回る程度にすぎない。したがって、実質的には、生徒が授業や指導を受ける日数は一〇〇日前後にまで落ち込んでしまう。しかし、話はこれで終わりではない。なぜなら、この一〇〇日でさえも、そのうち半分の時間については授業や指導がまったく行われていないことが、調査から明らかだからである。つまり、生徒が実際に授業や指導を受けられるのは五〇日というのが妥当な線であり、これは正常に機能している学校制度のもとでの通学日数である二〇〇日の約四分の一に相当する。

＊2　無作為抽出によって選ばれたインド全土の三〇〇〇以上の学校を対象にして最近行われた別の調査によると、平均的な日には、授業や指導を行っている教員の割合は半分以下であるという同様の結論が得られる（Kremer et al., 2005）。北インドを対象とする『PROBE報告書』の場合、さらに悪い結果が得られる（学校で授業や指導が行われていないというのは、すべての教員が何か他のことをしているという意味である）。インド全体での教員の無断欠勤については、マハーラーシュトラ州の一五%からジャールカンド州の四二%まで幅があり、全国平均は二五%である。

教育水準

インドの学校教育が抱える主な欠陥として、次の二つの点が挙げられる。第一に学校教育があまり普及していないということであり、第二に学校教育の水準が低いということである。前者の問題については、ある程度の進展が見られるものの、教育の質があまりにも低いという後者の問題は、幅広い範囲の学校に共通して見られるようである。教育方法に関しては、読み聞かされた内容を（普通は内容を理解せずに）復唱したり、掛け算の表などを繰り返し唱えたりするような無意味な丸暗記が幅を利かせている場合が多い。ところが、このような教育が行われている学校では、生徒はほとんど何も習得しないことがよくあり、前節で触れた調査の一部として二〇〇六年に行われたテストでは、第四学年と第五学年の生徒の半分近くが一桁の掛け算や五で割る単純な割り算ができなかった。また、重要な事実についての生徒の知識も全般的にあまりにも貧弱である。この調査は比較的規模が小さいものの、生徒の学力について得られた結果は、表5－2で示されているように、その他の研究全体の結果ともほぼ一致している。

教育の質が低いという点は、ほとんどの一般的な学校で行われている教育に当てはまるが、デリー、ムンバイ、チェンナイ、コルカタ、バンガロールなどのインドの大都市にある「一流校」と考えられている学校でも、同様の問題は広く見られるようである。実際、情報技術関連の一流企業ウィプロとエデュケーショナル・イニシアティブズが共同で行った調査の対象となった八三の「一流校」の生徒は、技能だけでなく知識の水準という面でも不十分なようである。例えば、「一流校」に通う第四学年の生徒のうち、マハートマー・ガンディー、インディラ・ガンディー、ラジーヴ・ガン

表5−2：初等学校での生徒の学力についての最近の調査結果

調査名	調査対象	主な調査結果
インド人間開発調査（2004−05年）	無作為に選ばれた、インド全域を対象とした大規模サンプル	政府系学校に在学している8～11歳のすべての子供たちのうち、半数しか3つの文からなる単純な1つの段落を読むことができない。
		この子供たちのなかで、2桁同士の引き算をできるのは半数にも満たない（43％）。
		3分の1以上（36％）の子供たちは、「私の母の名前はマドゥーベンです」といった単純な文章を書けない。
ASER調査（2011年）	農村部の県から多段抽出法によって選ばれた、インド全域を対象とした大規模サンプル	第3学年から第5学年に在学している子供たちのうち、58％しか第1学年の教科書を読むことができない。
		単純な2桁の引き算ができるのは、半数にも満たない（47％）。
		第5学年から第8学年では、わずか半数の子供たちしかカレンダーの使い方を知らない。
PROBE再調査（2006年）	無作為に選ばれた、ヒンディー語圏の州にある農村部の政府系学校に通う284人の生徒	第4学年と第5学年に在学している子供たちのうち、37％しか「すらすら読む」ことができない。
		20を5で割るという計算ができるのは、半数にも満たない（45％）。
		3分の1の子供たちは、繰り上がりのある足し算ができない。
CORD−NEG村落調査（2010−11年）	無作為に選ばれた、ビハール州、ジャールカンド州、オディシャ州の周縁部にある県の9つの村の政府系学校に通う生徒	第4学年と第5学年に在学している110人の子供たちのうち、2桁の数字を理解できたのは半数にすぎない。
		この110人のうち、2桁同士の引き算ができたのは4分の1以下であった。
質の高い教育に関するWIPRO−EI調査（2011年）	5つの大都市（バンガロール、チェンナイ、デリー、コルカタ、ムンバイ）にある83の「一流校」に通う2万人以上の生徒	インドの「一流校」の第4学年の読み書きと算数の能力は、国際平均を下回る。
		第4学年の生徒のうち、定規を使って鉛筆の長さを測るやり方を習得しているのはわずか16％である。
		第6学年の生徒のうち、紙をしわくちゃにしても重さは変わらないことを理解しているのはわずか22％である。

《出典》Desai et al.（2010），93ページ；Pratham Education Foundation（2012），58ページ；Pratham Education Foundation（2012），68ページ；De et al.（2011），57ページ；De et al.（2010），94～97ページ；Samson and Gupta（2012），145～148ページ；Educational Initiatives（2011），4ページ，34ページ，36ページ。

ディー、ソニア・ガンディー[訳1]の四名のなかで存命なのは誰かを正しく知っていたのは、わずか三分の一にすぎない（大変興味深いことに、存命中なのはマハートマー・ガンディーであると答えた生徒も少数見られた）。また、第四学年の生徒の約三分の二は、どのようにして定規を使って鉛筆の長さを測るのかを理解していなかった。さらに、調査対象の生徒たちには、社会問題についての認識も著しく欠けていた[16]。

インド政府は、生徒の学力に関する国際調査の対象にインドが含まれることを拒み続けているが、最近の調査のなかには、二〇〇九年に行われた「PISAプラス」調査のように、インドと他国の生徒を比較できるものもある。この調査によると、インドの成績は調査対象となった七四の国・地域のなかで最下位である[17]。そして、PISAプラスに参加していたのが、タミル・ナードゥ州とヒマーチャル・プラデーシュ州という、インドのなかでも学校教育の状態が良好な二州であったにもかかわらず、このような結果になってしまっているのである。一五歳の生徒の全般的な読解力を七四の国・地域の間で比較してみると、インドの二つの州の成績は（キルギスとともに）下から三番目に位置している。また、書く能力、理科、数学などについてのテストでも同様に、インドの生徒はPISA調査に含まれているその他の国々の生徒よりも劣っている。

PISAをはじめとするこの種のテストには文化的な要素が関係しており、「欧米的」なバイアスを伴っていると指摘されることがある。読み書きや初歩的な算数がなぜ欧米に特有の能力と見なされなければならないのか理解に苦しむが、その一方で、これらのテストで優れた成績を収めているのは、ヨーロッパの国々の生徒よりもアジアの国々の生徒であることが多いという点に注目すべきだろう。例えば、読解能力の比較では、トップ三に上海（中国）、韓国、フィンランドが入っており、トップ五には、さらに香港とシンガポールが含まれている。インドが抱えているように見えるのは、欧米諸国の一員ではないという問題でもなければ、ヨーロッパやアメリカではなくアジアに位置していることからくる文化的な問題でもない。そうではなく、アジアや欧米の多くの国々の開発の経験にとって参考になってきた、質の高い教育が果たす役割についての深い認識を活かしていないという、明らかにインド（そして、南アジア）自身の問題なのである。

　教育の質が低いという深刻な事態は幅広く見られ、インドの児童たちはそれを受け入れざるをえない。それに加えて、生徒の学力が地域間で大きくばらついているというさらなる問題もある。表5－3が示しているように、ＰＩＳＡ調査に含まれていたヒマーチャル・プラデーシュ州とタミル・ナードゥ州は、すべての主要な州のなかで生徒の学力が最も高い水準にある。国際的な視点で見れば、これらの州の教育の質はかなり低いが、その他の地域の生徒の成績はそれよりもさらに劣る（実際には、はるかに劣る）傾向にある。例えば、インドの人口の半分を占める七つの大きな州では、政府系学校に通っている八歳から一一歳までの子供のうち、非常に単純な読解のテスト（「識字」であると正式に認められる水準をわずかに超える程度の内容）に合格した割合が四分の一から半分にとどまっており、これは実に恐ろし

訳1　ラジーヴ・ガンディー（一九四四～九一）はインディラ・ガンディーの長男であり、一九八四年にインディラが暗殺されたのを受けて首相に就任した。一九九一年には、ラジーヴも爆弾テロの標的になり殺害されている。ラジーヴの妻であったソニア・ガンディー（一九四六～）は一九九七年に政界入りし、翌年からインド国民会議派の総裁を務めている。ちなみに、ラジーヴとソニアの長男のラーフル・ガンディー（一九七〇～）は同党の副総裁の座にあり、初代首相のネルーから数えて四世代目にあたる。なお、いずれもマハートマー・ガンディーとは縁戚関係にはない。

いことである。[*3]

簡単な算数や読み書きの能力のような基本的な技能の面での子供の学力については、その他にも憂慮すべき点があることが最近の調査で指摘されている[18]。第一に、生徒の学力水準がきわめて低いことに加えて、学年が上がっても学力は非常にゆっくりとしか向上していかない。例えば、生徒の学力の問題に

表 5−3：インドの主要州における生徒の学力（2004−05 年）

	政府系学校に在学している 8 歳から 11 歳の子供のうち、以下のことができる割合		
	読解[a]	引き算[b]	筆記[c]
ヒマーチャル・プラデーシュ	81	64	77
ケーララ	80	64	84
タミル・ナードゥ	78	67	82
アッサム	73	45	97
マハーラーシュトラ、ゴア	65	53	71
ハリヤーナー	63	58	61
グジャラート	60	36	64
チャッティースガル	58	31	46
オディシャ	58	48	73
パンジャーブ	54	61	65
ウッタラーカンド	53	35	62
ジャールカンド	51	54	56
西ベンガル	51	56	72
ラージャスターン	50	37	53
カルナータカ	45	48	76
アーンドラ・プラデーシュ	44	46	62
ビハール	40	43	65
マディヤ・プラデーシュ	39	25	38
ウッタル・プラデーシュ	29	22	51
ジャンムー・カシミール	26	50	67
インド全体[d]	**50 (69)**	**43 (64)**	**64 (79)**

a 3つの文からなる単純な1つの段落を少なくとも読むことができる。
b 繰り下がりのある2桁同士の引き算を解くことができる。
c 3回以上間違えることなく単純な文章を書くことができる。
d カッコ内の数字は、私立学校についての数字である。

《出典》インド人間開発調査に基づいている、Desai et al.（2010），94 ページ。一般的に、インドの子供たちが小学校に入るのは6歳または（それほど多くはないが）5歳の時点である。読解力の高い順に州を並べている。

ついて概説した最近の論文によると、（一桁の足し算のような）単純な内容のテストに合格できなかった生徒のうち、もう一年学校に通っても同じ問題を解けるようにならなかった生徒の割合は、八〇％から九〇％の間の値になるのが普通である[19]。こうした指摘は、教員がよくできる生徒に主に注意を向けがちである一方、特別な配慮を本当に必要としている生徒は無視されがちであるという一般的な見方とも合致している。第二に、生徒の学力が低いのは、政府系学校だけの問題ではない。実際、政府系学校と私立学校ではテストの点数にそれほど大きな差はなく、生徒の社会経済的背景の違いを考慮に入れると、これはなおさらのことである（表5－3の最後の行も参照[20]）。したがって、平均的な学校に比べればはるかに優れているのは確かであるが、多額の費用がかかる私立学校についても、生徒の学力を改善する余地は大いにある。そして第三に、生徒の学力が全般的に向上していることを示す証拠は、少なくとも近年ではあまり見られない。例えば、二〇〇五年に始まった『教育状況年次報告書』の調査（ＡＳＥＲ調査）によると、どちらかといえば、ここ二、三年で生徒の平均的な学力は落ちてきているというのである[21]。

＊3　小学校に通っている子供の大部分は、学校教育をはじめて受ける世代であるという観点から、生徒の学力に関するこれらの調査結果を見てみる必要がある。生徒の両親は、教育面で自分の子供をほとんどまたはまったく手助けできない。また、教育を受けるという習慣が家族のなかに根付いていないため、子供が勉強に関心を持つようにしたり、集中できるようにしたりすることがさらに難しくなる。生徒の学力を伸ばすためには、向上心を育むこともとても大切である（Hart, 2012）。そのため、学校教育をはじめて受ける世代の子供は向上心が低いことに特に注意する必要があるという点は、学校制度が急速に拡大している状況のもとで重視されるべき課題の一つになる。もちろん、だからといって、生徒の学力やインドの学校教育の質についての最近の調査結果が驚くべきものであったことに変わりはない。

ところが、気が滅入ってしまうようなこうした現状は、インドの教育に関する議論では十分に認識されていない。認知能力の面での児童の到達度、より一般的には、教育の質というのは非常に大切なものである。そして、すでに論じたように、経済、社会、政治、文化などの幅広い分野で教育は中心的な役割を担っており、階級、カースト、ジェンダー間の格差の悪影響を緩和するうえで、教育はきわめて重要である。より具体的には、経済成長や人々の社会参加を促すうえで、認知能力が大切であることも最近の研究によって明らかになっている。実際、経済成長や開発に影響を与える要因としては、学習到達度は単なる「教育年数」よりもずっと大きな説明力を持っているようである。[*4] 女性がより積極的な役割を担うようになったことをはじめとして、東アジアや東南アジアで経済活動が急速に活発化したのは、インドと比較して、この地域の国々が教育面で成果を上げたことによるところが大きい。もし、このような関連性がインドの議論では比較的軽視されているのであれば、日本で始まり、その後に東アジアで大きな成功を収め、東南アジアでもある程度成果を上げた、人間の潜在能力の発展に基礎を置く経済成長の性格について、インドでは十分な関心が払われていないことを反映しているのかもしれない。そして、ラテンアメリカをはじめとするその他の国々のより最近の経験によって、学校教育の水準は経済成長と生活の質の両方を左右するというそれまでの証拠がさらに裏づけられている。教育に関する研究が進展していくにしたがって、インドが学校制度をしっかりと機能するように整備してこなかった代償の大きさが、ますます明らかになっているのである。

光り輝く特権層、分断される社会

しかし、質の低い教育がインドで行われる一方で、十分に訓練を積んだインド人が世界各地で称賛を浴びているのは、興味をかき立てられる大きな謎である。インドの教育は深刻な限界を抱えながらも、海外から非常に高い評価を受けている。この点は、認識論の視点から面白い問題（つまり、インドの教育制度が世界で絶賛されている要因は何なのかという問題）を提起しているが、それだけでなく、インドの教育制度は全般的に十分うまくいっているという誤った満足感を生み出しているということでは、現実的な意味合いも含んでいる。[22] 十分に訓練を積んだ、高い技能を持つインド人が、以前は何の脅威にもさらされていなかった欧米人からよい仕事を奪っているという話を耳にするようになり、最近行われたアメリカの大統領選の選挙活動でさえ、こうした大げさな言説が重要な役回りを演じていた。さらに、お人好しのアメリカ人からいい仕事を横取りすることにかけては、その熱心さに匹敵するほどの成功を収めているといわれる、遠く離れたアジア（そのなかにはインドも含まれる）からやってきた有能な人材に引き離されないようにするためにも、アメリカの教育と訓練の仕組みを改善すべきであると訴える内容の記事が、アメリカの複数の一流紙に掲載された。

これは、学校教育についてひどい失敗を重ねてきたあのインドのことなのだろうか。そして、これまでの話は一体何だったのだろうか。確かに、多くのインド人（割合としては小さいが、人数としては多い）が国内ですばらしい教育を受けている。そして、一流の名門校、高等教育の先進的な拠点、そして、教

＊4　関連する研究を概説したある論文によると、「単なる学業成績よりも認知能力のほうが、個人の収入、所得の分布、経済成長とより強く結びついているという確たる証拠がある」（Hanushek and Woessmann, 2008 の607ページ）。

育面での優れた実績に対して高い評価と深い尊敬を示す社会といった要素がインドにはそろっている。また、たとえ二流の学校であっても、優秀な生徒にはすばらしい配慮や指導が与えられることがよくある。この章の前の部分でも注目したように、インド工科大学やインド経営大学院のような高等教育機関は世界最高水準の授業と指導を生徒に与えることができるし、いくつかの大学の特定の学部についてもそれは同様である。そして、十分な訓練と自信を身に付けているため、多くのインド人が海外で大成功を収め、自分が属している業界を引っ張っている。さらに、インド企業は他に負けない優秀さと割安な価格で、アメリカやヨーロッパから外部委託の仕事も引き受け、高い技術の要求されない（いわゆるコールセンターのような）仕事だけでなく、プログラミングやデザインのような複雑な技術的問題を伴う仕事も手がけることがある。

ただし、実際には、インドの教育制度は異常なほど多様であり、特権階級の子供たちからなる比較的少数のグループは、教育を受ける機会に（多くの場合、際立って）恵まれる一方、人口の大部分は、様々な面で貧弱さや欠陥のある教育環境に縛りつけられているという奇妙な状況にある。つまり、学校に入って間もない時期から専門教育に至るまで、生徒が受けられる学校教育には大きなばらつきがあり、一握りの生徒（ただし、絶対数で見れば大きなグループである）は階段の一番高いところまで進むことができるが、その他の生徒はそれよりもずっと低い段で足止めされてしまうのである。インドの教育制度は、社会的・経済的・組織的な側面をすべて合わせてみると、社会全体に広がる「特権階級とその他大勢」との間の亀裂と重なり合うように、大勢いる若者のうちのほんの少数だけがすばらしい教育をなんとか受けられるようにしているかに見える。しかし、このような選別というのは、誰かを組織的に排除することを意図して行われているのではなく、階級、カースト、性別、居住地域、社会的特権などに関連する経済的・社会的不平等によってもたらされる分化の帰結なのである。

全般的に見れば、特権階級の人たちは大いに成功を収めており、彼らの名誉のためにいっておくと、チャンスを無駄にするようなことはほとんどない。彼らは、まず教育という制度的枠組みのなかで成功を収めてから、全世界で実績を上げていくため、インド人にも外国人にも同じように強い印象を与える。そして、この「国民の勝利」をインドという国は手放しで称賛し、「先頭を行く少年たち」（そして、増えつつある「先頭を行く少女たち」）は人生で成功を収めるだけでなく、「我が国の名誉を高めた」ということで寄せられる尊敬のまなざしを（もちろん、控えめな態度をとりながら）一身に浴びることもできる。しかし、その間にも、最後尾を行く少年たち、そして、特に最後尾を行く少女たちは、まともな教育などまったく受けることなく、読み書きさえできないのである。

先頭を行く少年たち自身について、私たちは一切反対していないということをはっきり述べておかなくてはならない。学術界の活性化、経済の繁栄、科学技術の発展、医学の進歩、そして、経済・社会・行政・環境の面でインドが直面している様々な課題に対するより効果的な取り組みといった多種多様な目的のために、先頭を行く少年たちはインドにとって確かに必要である。私たちが懸念しているのは、先頭を行く少年たちが期待を裏切るのではないかと考えているからではない。むしろ、インドの社会体制が問題なのである。つまり、現在の社会体制のもとでは、教育への取り組みが少数の（そして、別個の集団を形成している）エリートの成功によって判断され、それ以外の人たちは無視されてしまっているのである。さらに、こうした見るに堪えないほどの格差に伴う不公平と不公正に対して社会全体があまりにも無関心であり、それが極端に階層化した状態からインドが抜け出せない一因となっている。

したがって、先頭を行く少年たちが大きな成功を収めているのに、教育の普及と質のどちらについても、インドの教育制度はあまりにもお粗末すぎるという点を私たちは頭に入れておかなければならない。インドでは、極端なまでの階層化が教育の分野で容認されるようになってきているが、これはあまりにも正義に反しているだけでなく、躍動的な経済と進歩的な社会の土台を築き上げていくうえできわめて非効率的でもある。貧困、カーストによる分断、階級の壁、ジェンダー間の不平等、民族や社会集団に関連する社会的格差などによって押さえつけられている圧倒的多数のインド人をないがしろにしながら、一部の人たちだけが教育の恩恵を受けている。効率性と公平性を一緒に考えてみるという構造的な視点を持てばこそ、教育をめぐるこうした現状によって、インドがどのように（そして、どれだけ多くの）代償を支払っているかが最もよくわかるのである。

学校運営と教職

読み書きの能力が世界中に広まった要因のなかでも、国家による教育の普及が圧倒的に重要である。この点は、基礎教育の発展によって読み書きと計算の能力が社会全体に広まった主要な地域のすべてに当てはまる。一九世紀に欧米諸国で起こった教育面での大きな転換は、国家による取り組みがその重要な基礎となっていたし、その後に日本で見られた教育面での進歩は、国家による取り組みと軌を一にしていた。また、ソビエト連邦（中央アジアの国々を含む）、中国、キューバ、ベトナムやその他の国々の共産主義体制のもとでも、学校教育の急速な拡大は国家によって進められた。さらに、東アジアの国々は、民間部門中心の市場経済を発展させようとする姿勢が全般的に強かったが、国家による教育への取り組みを守り抜くことに成功した。国家による取り組みと努力が同じような水準に達しなければ、インドが教育の面でこれらの国々と同等の成果を上げるとは考えにくい。ところが、実際には、私立学校に頼るべきであるという意見がインドの開発問題の専門家の間で多く見られる。そこで以下では、インドの学校教育を発展させるために、私立学校に頼ることの何がそれほど魅力的なのかは容易に理解できるが、このような普通とはいえないやり方で教育の転換を図ろうとしても、あまり多くは望めないという点を議論していくことにしよう。ただし、私立学校に頼りすぎることによる問題点を論じる前に、国家による教育が独立以来抱えている深刻な問題と、今の時点で克服されていない厄介な課題に目を向けなければならない。インドの公教育が直面している深刻な問題に対して、学校教育の民営化が真の解決策を与えてくれないとするならば（私たちはおおむねそのように考えている）、それは問題がまさしく根本的だということなのである。

政府が教育関連分野に予算を十分に回さないという問題は、インドの学校教育に長い間影を落としてきた。もちろん、この点は独立直前まで続いた英領インド時代にも当てはまっており、イギリスがインドを去った時点で、インド人の五分の四は学校教育を受けた経験がなかった。また、独立を果たしたばかりのインドの公共政策でも、教育関連分野に回される予算があまりにも不十分であるという状況は続いたが、その一方で、「教育が最優先の課題である」といったスローガンとともに、現実離れした美辞麗句が声高に叫ばれていた。今日でも予算不足の問題は解消されていないが、はるかにましな状況になってきていることは確かである。例えば、この章でもすでに述べている、教育面での限られた前進というのは、学校教育への財政支援が大きく増えたことによるものである。しかし、予算不足が少なくとも部分的には改善されているとしても、その他の問題がインドの公教育をますます制約し、大きく後退させるようになってきている。

そのなかでも最も深刻なのが、学校教育の提供についての説明責任が欠けているという問題である。インドの一部の地域で大きな広がりを見せている教員の無断欠勤については、すでに述べた。また、多くの地域で、出勤しても生徒に教えたがらない教員がいるという点についても触れた。平均的な通学日には、多くの（おそらく半数もの）インドの子供たちは、ぼんやりと教室に座っている（つまり、学びたいと思っているのに、指導を受けることはまったくなく、多くの場合、読み書きもできないまま学校教育から離れていかざるをえない）と考えてみると何だかぞっとしてしまう。もちろん、大半の子供たちには、基本的な読み書きや計算の技能を身に付ける能力だけでなく、憲法で定められている八年という最低限の教育年数を大きく超えて勉強を続ける能力も完全に備わっている。(23) インドの学校教育の仕組みが子供たちの向上心や能力に対応できていないのは、あまりにも深刻な明らかな不公正である。しかし、それにもかかわらず、この問題は何十年にもわたって手つかずのままになっている。

教員の多くが気楽に構えていられるのは、あまりにも給与が低いことと関係しているのだろうか。確かに、かつては教員の給与は低かった（著者の一人は、一九五〇年代はじめに学生だった頃、「私たちの先生にまともな給与を」という要求を訴えながら、カルカッタで抗議のための行進に加わったことを思い出す）。しかし、それは遠い昔の話であり、今日ではこの手の説明を妥当なものであると論じることは難しい。というのも、歴代の給与委員会の勧告によって、わずか数十年前であれば普通には考えられなかったような水準にまで教員（とその他の政府職員）の給与が大幅に引き上げられたからである。実際、インドの政府系学校の教員の給与は、他国の教員の給与水準だけでなく、民間部門の給与水準からも大きくかけ離れているというのが現状である。

目安となる指標の一つとして、一人あたりＧＤＰに対する初等学校の教員給与の比率を考えてみよう[24]。二〇〇一年には、一人あたりGDPに対する教員給与の比率は、中国では1前後の値、ほとんどのOECD諸国では1から2の間の値、そして、途上国ではそれよりも若干高い値であると推定されていたが、データが得られる国のなかで比率が3を超える国はインド以外にはなかった。また、より最近のデータによると、二〇〇五年と二〇〇九年の一人あたりGDPに対する教員給与の比率は同じような値を示している[25]。例えば、二〇〇〇年から二〇〇九年にかけて、OECD諸国の平均値は1.2前後でほぼ安定している。ところが、インドでは、第六次給与委員会による給与体系の改定が実施される前の時点で（改定は二〇〇九年に行われ、二〇〇六年まで遡及して実施された）、比率はすでに3前後あり、改定後には5または6前後まで一気に跳ね上がったようである（表5-4を参照）。さらに、インドの各州について見た場合には、州の一人あたりGDPを分母として計算すると、経済的に貧しく、教育の面でも後進的な州のいくつかで比率がよりいっそう高くなる（例えば、ビハール州は17前後）。教員による指導が効率的に行われていない原因をいずれに求めるにしても、教員の給与水準の低さというよく持ち出される点はまったく理由にならないのである。

また、教員給与を高くすることが、授業や指導の質を引き上げるのにとりわけ役立つという証拠はほとんどないようである[26]。給与が高ければ、より多くの応募者のなかから教員を選んだり、教員の適性を底辺から引き上げたりすることができるようになる。その一方で、給与を引き上げると、教員の仕事というものが、必要な資格を持っている誰もが（教えることにまったく興味のない人も含めて）引き寄せられるような魅力のある仕事になってしまう。しかし、おそらくもっと深刻なのは、教員の給与が高くなると、教員と生徒の父母との間の社会的な隔たりも大きくなってしまうという点である。現在、インドの多くの州で、初等学校の教員の給与は、法定の最低賃金で毎日働くことができた場合に農業労働者が得

表 5−4：1 人あたり GDP に対する初等学校の教員給与の比率

国／州	基準年	初等学校の教員給与の比率	
		対 1 人あたり GDP	対 1 人あたり SDP
OECD 諸国の平均	2009 年	1.2	—
アジア			
中国	2000 年	0.9	—
インドネシア	2009 年	0.5	—
日本	2009 年	1.5	—
バングラデシュ	2012 年	≒ 1	—
パキスタン	2012 年	≒ 1.9	—
インド			
9 つの主要州[a]	2004−05 年	3.0	4.9
ウッタル・プラデーシュ[b]	2006 年	6.4	15.4
ビハール	2012 年	5.9	17.5
チャッティースガル	2012 年	4.6	7.2

GDP は国内総生産（Gross Domestic Product）、インドの州の SDP は州内総生産（State Domestic Product）を意味している。

a アーンドラ・プラデーシュ、ビハール、グジャラート、ジャンムー・カシミール、マディヤ・プラデーシュ、マハーラーシュトラ、ラージャスターン、ウッタル・プラデーシュ、西ベンガル。この行の数値は、第 6 次給与委員会の勧告が実施される以前の初等学校の全教員（常勤教員よりはるかに給与水準の低い「契約教員」も含まれている）の給与に対応している。

b 第 6 次給与委員会の勧告に基づく給与水準による（改定は 2009 年に行われ、2006 年まで遡及して実施された）。

《注》各国の数値については、初等教育で 15 年間勤務した後の「教員の法定給与」が用いられている。異なる方法で算出されているという言及がない限り、インドに関する数値は（契約教員の給与ではなく）常勤教員の給与に基づいている。各国レベルでのより詳細な情報については、OECD（2011）の表 D3.4 を参照。

《出典》OECD 諸国の平均、インドネシア、日本は、OECD（2011）の表 D3.4（419 ページ）。中国は、Ciniscalco（2004）の図 4 と統計付録（3 ページ）。バングラデシュとパキスタンは、BRAC 大学（ダッカ）と社会科学研究のための共同体（カラチ）から提供された非公表データにそれぞれ基づいて、著者たちが推定している。インドについては、以下の通り。「9 つの主要州」は、Kingdon（2010）の表 1 に基づいて、人口でウェイト付けした平均値を計算している。ウッタル・プラデーシュ州は、『経済白書』から得られる 1 人あたり GDP と SDP を用いて、Kingdon（2010）から再計算している。ビハール州とチャッティースガル州は、教員給与について各州の教育省から得られた回答と計画委員会による 1 人あたり SDP のデータに基づいて、著者たちが推定している。

られる賃金の一〇倍以上の水準に達している。大きな所得格差も手伝って、社会的な隔たりが年を経るごとに広がっているため、学校教育がうまく機能していくうえで重要であった、教員と農村世帯の父母が互いに助け合うという関係が育まれなくなるのである。

教員の資格を持ち、実際に教員になりたいという人が数多くいるような国では、教員の給与が比較的高いことによって、学校教育の拡大にさらに多額の費用がかかってしまうという側面もある。教員の給与が比較的高いという問題は、インドの公的部門の雇用者の給与というより一般的な問題の一部分をなしていると認識しておくことが重要である。インドには、政府によって任命された給与委員会が定期的に行う見直しに基づいて、公的部門の雇用者の給与が決められるという奇妙な制度がある。給与委員会は、公的部門の雇用者の給与体系について勧告を行うが、新たな賃金体系に伴う財政負担をいかにしてまかなうかという点や、（より重要なこととして）給与委員会によって賃金が決められるわけではない人たちの生活が、公的部門の雇用者の給与の引き上げによってどのような影響を受けるかという点を周知させることに関しては、明確な責任は一切負っていない。[*5] したがって、農村部の労働者から都市部の労働者に至るまで、公的部門に属していない雇用者には何の責任も負っておらず、給与委員会のメンバーにしてみれば、彼らによって給与が決められる人たち（給与委員会のメンバー自身も含まれる）をがっかり

＊5　中央給与委員会の報告書は、厳密には助言を与えるという性質のものである。しかし、給与に関する勧告は中央政府によってそのまま承認され、短期間のうちに州政府もそれに従うのが一般的である。こうした一連の過程について反対の声が上がることはほとんどなく、給与改定から利益を得る主なグループの一つである大学教員に加えて、主要なメディアも必然の成り行きとして消極的に受け入れる場合が多い。

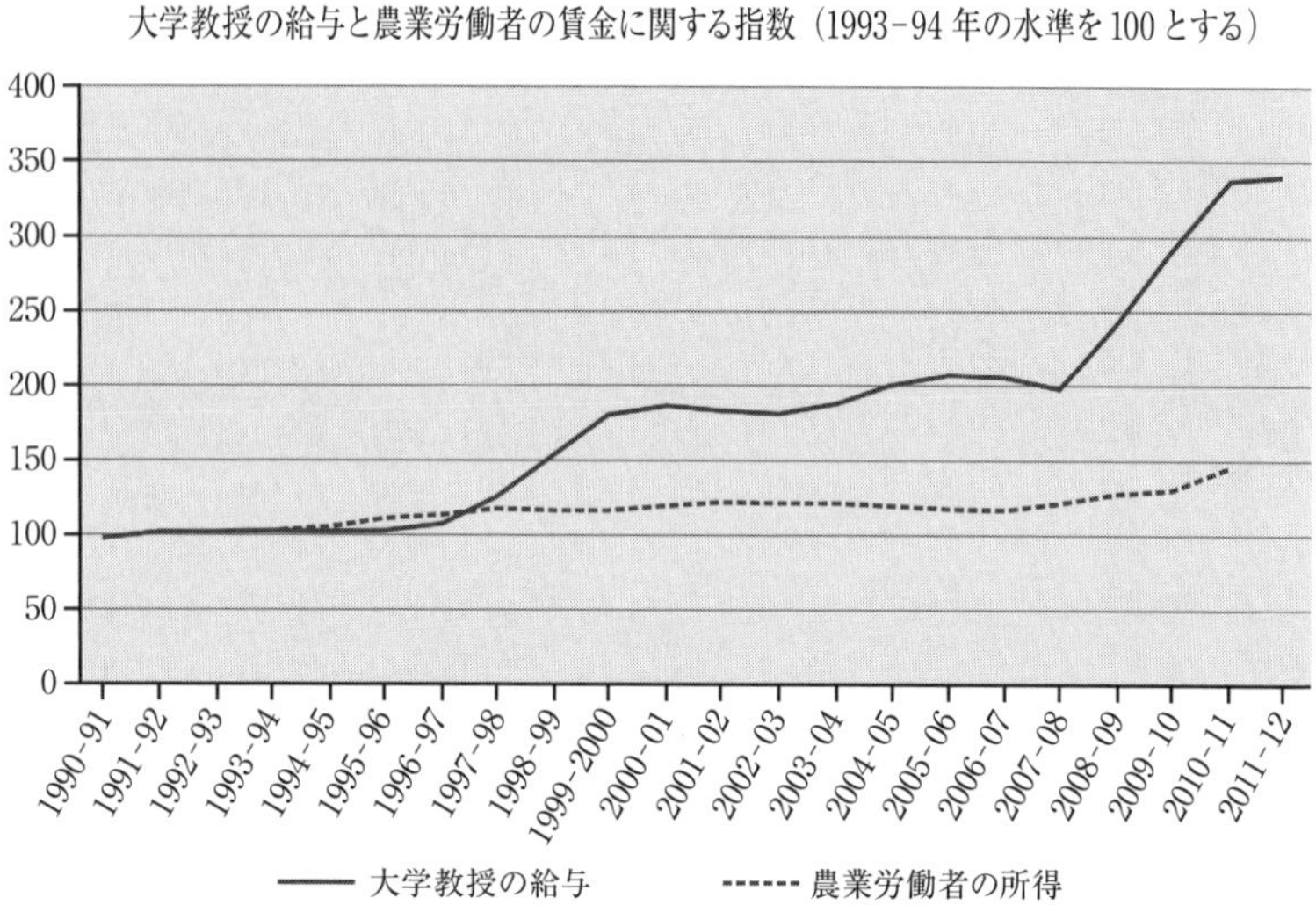

図５－１：大学教授と農業労働者の所得水準の変化

《出典》大学教授の給与の指数については、デリー・スクール・オブ・エコノミクスの教授の給与（手当などをすべて含む）の平均額を工業労働者消費者物価指数（CPI－IW）を用いて実質化している。農業労働賃金の指数については、実質賃金に関する２つの時系列をつなげて算出している。１つは、Drèze and Sen（2002）で示されている『インドにおける農業労働賃金』に基づく時系列であり、もう１つは、Usami（2012）から得られる『インド農村部における賃金率』に基づく新しい時系列である。この指数では、1999－2000年から時系列が入れ替えられている。詳細については、巻末の統計付録の注釈を参照。

させるような決定を下す理由はほとんどないのである。図５－１は、農業労働者の賃金と公的部門の雇用者の給与（具体的には、大学教授の給与）の最近の動きを比較したものである。この図から明らかなように、公的部門の雇用者の給与を決めるこの奇怪な仕組みによって、経済的な不平等は驚くほど拡大している。

　給与の引き上げに伴ってさらに費用がかさむようになったため、多くの州は常勤教員を雇用するのをやめ、「契約教員」を雇って授業をしてもらうようにますますなってきている。[27] 契約教員の給与は、常勤教員の給与のほんの少し（多くの場合、わずか五分の一ほど）にすぎないのが普通である。また、契約教員は正式な資格や訓練の面でも常勤教員に比べて劣っていることが多い。実際、大部分の契約教員はまったく訓練されていないか、訓練を受けていたとしても、大勢の受講者がいる通信教育のような怪しげな方法にすぎない。その一方で、契約教員の雇用は更新可能な契約に基づいており、地域コミュニティやグラム・パンチャーヤトの承認が契約更新の条件になっている場合もあるため、契約教員はより説明責任を果たすものと期待されている。契約教員は常勤教員よりもはるかに低い費用で済むのに、読み書きのような基本的な技能を教えることに関しては、まったく劣っていないという証拠も一部には見られる。(28) しかし、他の国々と比較してインドの学校教育の質が非常に低いというこれまでの議論から考えてみても、「まったく劣っていない」というだけでは不十分である。確かに、常勤教員の穴を契約教員で埋めるというやり方は、教員一人あたりにかかる費用を抑えることで、学校制度の急速な普及を後押しすることにはなるが、教育の質を改善していくうえでの大きな障害にも容易になりうるだろう。

そして、結果として生まれたのが、教員の間に見られる奇妙な二重構造である。つまり、専門的な訓練を受けているが、気楽に構えていることの多い「常勤教員」と、常勤教員と比べるとわずかな給与しかもらっておらず、非正規ではあるが、より活発な「契約教員」が一緒に働いている。この二重構造の中間をいくような仕組みがあればよいのにと思わずにはいられない。具体的には、それなりの給与が支払われ、十分な適性を備え、雇用がある程度保障される一方、働こうという意欲を削いだり、教師という職業の規範を台無しにしたりするような、何の制約もないうまみのある常勤の仕事というのではない、教員という職業についての新たな雇用条件が求められている。また、すばらしい働きをしている教員を見つけ出して昇進させるのに役立つ共通の「昇進制度」に、契約教員と常勤教員を組み入れようという興味深い提案もなされている[29]。しかし、このような新たな提案やその他の代替案を模索しようとする動きはあまり見られない。なぜなら、この問題をめぐる議論は、契約教員に「賛成か反対か」で真っ二つに分かれており、契約教員か常勤教員かのどちらか一つだけを選ぶという形で疑問が投げかけられることが多いからである。

最近法制化された無償義務教育法を実施していくことが、インドの教員の雇用条件について積極的に考え直すためのよい機会になるかもしれない。この法律は、学校をより密に設置することを定めているだけでなく、すべての学校で生徒と教員の比率を三〇対一以下にすることも求めている。さらに、すべての教員は、中央政府が定める最低限の資格を有していなければならない。しかし、第六次給与委員会の勧告通りの給与水準で常勤教員を増員してこれらの基準を満たそうとすれば、より多くの欠員を抱えている貧しい州にとっては特に、財政に壊滅的な悪影響をもたらすことになるだろう[30]。その一方で、訓練を受けていない契約教員を雇用して法律の基準を満たすことは、厳密にいえば違法である。そのため、多くの州は、どちらにしても不満の残る両極端の間でバランスをとりながら進んでいかざるをえない。もしそれができなければ、残念ながら、不満を抱いた親たちが政府系学校から子供を引き上げるにつれて、学校教育の民営化がさらに進んでいくことになるかもしれない（それどころか、進んでいくものと予想される）。

代替的手段としての私立学校

公教育が様々な問題を抱えているだけに、専門家が学校教育を民営化することを考えがちになるのも理解できなくはない。では、公教育に代わるより優れた手段といわれている学校教育の民営化はどれほどうまくいきそうなのだろうか。確かに、私立学校は公教育の代わりとなる機会を与えてはくれる。しかし、世界のほとんどの国の教育面での転換に公立学校が果たすべき役割と実際に果たしてきた役割が、私立学校によって引き継がれることはとうていありえないのである。

その理由としてまず挙げられるのが、私立学校は収益性を確保するために学費を非常に高額にせざるをえないので、私立学校へ通うための資金を用立てできるかどうかが大きな問題となるという点である。しかし、インドでは、貧しい家庭や恵まれない社会集団の子供たちが高額の学費を払って私立学校に行き、教育を受けることはないだろう。

第二に、政府による私立学校への支援制度や教育バウチャー制度などによって、学費の問題をどうにか解決できたとしても、その他にも問題は残っている。学校教育は情報面での制約がつきまとう典型的な領域であり、家族のなかではじめて学校に行く子供を持つ親にとっては問題は特に深刻である。また、学校当局（つまり、私立学校を経営する事業家）は、学校がどのような教育を提供できるのか（そして、提供しようとしているのか）という点について学校に通うかもしれない子供の親よりもよく知っており、その限りでは、非対称情報の問題も重くのしかかっている。教育バウチャーによる経済的支援を通して、確かな情報に基づいて親たちが行っていると思われている学校選択を後押しすることで、学費不足の問題を解消しようとするのがバウチャー制度である。しかし、学校教育というのは、こうしたバウチャー制度が理想的な働きをする分野とはとてもいえないのである[31]。

第三に、インドの農村部でよく見られるように、学校間での競争がない場合には、私立学校はそれなりの教育を提供しながらも、学費を搾り取って金儲けするようになる。学校教育についても、競争には市場を正常に機能させる役割があるという点を見逃してはいけない。また、事業の継続を図るために多少の授業料を徴収することで、非政府系の学校を普及させようという善意の取り組みが数多く行われているのはいうまでもない。ところが、インドの教育のなかで私立学校が最近経験しているのは、熱心な教育が行われているという成功例と――看板に掲げられている教育内容に実態が伴っていないと評判になる（そして、それに値する場合が多い）ような――金儲けのための教育が行われているという失敗例の両方なのである。すでに述べたように、インドの私立学校は政府系学校と比べて生徒の平均的な学力がそれほど高くないという事実は、これぞという単純な解決策などないのかもしれないことを示している。

第四に、世界中で広く認識されているように、サミュエルソン（Samuelson, 1954）が呼ぶところの「公共財」としての特徴を学校教育は数多く備えている。例えば、教育を通して習得される知識は分割不可能であるうえに、学校教育は外部性を伴っている。これらの理由から、学校教育の運営と提供に関しては、市場はまったく不十分な働きしかしない恐れがある。とはいえ、市場が持っているこうした欠点のほうが、公的部門が抱えている問題よりも重大であるに違いないということにはならない。しかし、私立学校が実際にどのような教育を行っているのかを（特に、私立学校が行うと約束している教育の内容と比較しながら）しっかりと点検してみる必要があるのは明らかであり、この点は政府系学校を監視する際にも重要な問題となることはいうまでもない。したがって、私立学校だからといって、こうした継続的な審査の対象から当然のように除外されるということにはならないのである。

そして、私立学校に過度に依存することから生じる最も目に見えにくい問題は、公立学校が義務と説明責任をより果たすことへとつながる批判や要求の声を最も上げてくれそうな親の子供が、公立学校から私立学校へと流れていく傾向にあるということだろう。つまり、公立学校での質の低い教育に悩まされている、経済的により豊かで意見をよりはっきり述べるような家族に逃げ道ができるため、私立学校への依存は公立学校が抱える問題をより深刻なものにしてしまう可能性がある[32]。インドの学校教育の全体像のなかで、私立学校はその一部分を占め続けていくことになるだろう。しかし、学費を工面できる世帯には私立学校に行く選択肢があるというだけの理由から、公立学校に頼ったり、公立学校を大幅に改革したりする必要がなくなるということにはならないだろう。

学力評価の問題

インドの学校教育を改革しようとする際に必ず直面する学校運営の課題のなかでも、生徒と学校をどのように評価すべきかという問題は特に難しい。現在、学校で行われているテストの仕組み全体が危険なほど無秩序な状態にある。二〇一〇年無償義務教育法では、生徒が何を学んだかに関係なく、ある学年から次の学年へと「自動的に進級」することが確約されており、進級のための資格試験は第八学年まで禁止されている。この法律は、（資格試験とは異なり）学校での試験を禁止してはいないが、奨励してもいない。その代わり、「包括的かつ継続的な評価」の仕組みなるものを定めている。しかし、その詳細はまったくはっきりしておらず、新しい評価方法は実質的には「評価を行わない」こととして現場では解されているとすでに不満を表明している州もある[33]。

評価をめぐる問題全体を一刻も早くある程度はっきりさせなければならない。これまでインドで行われてきた試験制度には多くの欠陥があったため、結果として、大規模なカンニングが起こり、子供たちは過大なプレッシャーにさらされ、教員の質が低下し、丸暗記のような稚拙な指導方法がいっそう幅を利かせることが多かったのは、ほぼ確かだろう。[34] その一方で、生徒の学力が低く、教員による指導が不十分な教育制度のもとで、いかなる共通テストも廃止してしまうというのは、とてもまともな発想とはいえない。

共通テストを実施する主な目的は、子供たちに勉強するようプレッシャーをかけることではなく（当然のように、教育者の多くは反対している）、それぞれの生徒や学校がどのような支援、配慮、後押しを必要としているのかを突き止めることにある。例えば、ある学校で生徒の大多数が何年も続けてほとんど何も学んでいないのならば、（退学することなく第八学年の終わりまで到達した場合に）資格試験を受験して当然のように不合格になるよりもずっと以前に、こうした状況を把握しておくことが大切である。このような考え方をすることは、包括的かつ継続的な評価を否定する根拠になるのではなく、生徒の学力について十分な情報を持つことの根拠になるのであり、これは共通テスト以外の手段ではできないだろう。[35] 実行可能でありかつ効果的な代替案を示すことなく、よく考えもせずにこうした試験を否定するというのは、学校に通うインドの子供たちが今必要としていることではまったくない。

生徒の学業成績についての情報は、教師、校長、監察官、行政官にとって重要なのはもちろんであるが、それだけでなく、生徒の両親や生徒を取り巻く地域社会にとっても重要である。生徒の親に権限が与えられていないことが、学校教育の仕組みに説明責任が欠けている大きな理由となっている。そして、子供が何を学んでいるのか（さらに、学校はどんな様子なのか）を評価するのが難しいということが、生徒の親が何の権限も持てない大きな要因になっている。生徒の学力に関して役に立つような情報を作成し、（匿名または統計という形であるならば）誰もが見られるように公表することで、生徒の親やその他の人たちが教育制度に説明責任を果たさせるようにすることに大いに役立つかもしれない。

当然のことながら、試験の性格や内容についてはしっかりと考えなければならない。例えば、暗記力よりも子供の能力（例えば、簡単な文章を単に読むだけでなく、理解する能力）を評価するような共通テストを作成することもできる。同様に、「持ち込み可」のテストを行うことによって、重視されるポイントを暗記から理解または能力へと転換することにもつながる。とはいうものの、評価の仕組みを改革しなければならないと認識することがはじめの一歩であり、現在の評価の仕組みは深刻な問題を抱えているのである。

質の伴った教育の普遍化

インドの学校教育の現状は惨憺たる有様であり、教育が担っている個々人にとっての役割と社会全体にとっての役割が幅広いものであることを考えると、このような教育の欠陥は、本書で議論しているすべての社会問題（一部の人たちだけに恩恵をもたらす経済成長や保健の面での失敗から、公的部門の説明責任、社会的不平等、民主主義の実践といった問題まで）に多大な影響を及ぼしている。開発にとって教育が重要であるということは、以前よりも今日のほうがインドでは認識されるようになっており、学校制度については普及とインフラ整備がそれなりに進展を見せている。そして、こうした初期的段階を乗り越えて、とりわけ教育の質というものにもっと注目していくことが今まさに求められている。

学校制度の説明責任を回復することが、教育に関するより大きな課題のなかで重要な一部分を占めていなくてはならない。教員の給与は（すでに論じたように）外部から決められているため、政府系学校で働く教員の現行の給与体系には、金銭面からやる気を引き出すような仕組みが組み込まれているとはとうていいえない。しかし、優れた教師であると広く知られたり、名声や尊敬を勝ち取ったりすることからも教員は喜びを得られるので、教員のやる気を引き出す方法は他にもありうる。実際、金銭面以外からやる気を引き出す仕組みによって、教員の働き方が大きく変わる可能性があることが示されている(36)。

教育の質というのは、学校のカリキュラム、指導方法、教員の能力、生徒の健康状態などの数多くの要素に左右されるため、説明責任の問題以外にも懸念すべき点がある。しかし、ここでの議論において、説明責任（教員の説明責任だけでなく、学校制度全体の説明責任）は明らかに重要な論点である。

第4章でも論じたように、どうせ何をしても無駄であるという宿命論的な考え方が、公的部門の説明責任を取り戻そうとする際の主な障害の一つとなるのが一般的である。こうした問題は、学校制度についても同様に当てはまる。過去一〇年の間に、学校教育サービスの内容、生徒の意欲を引き出すための制度、さらには無償義務教育法に至るまで、多大な努力が払われてきたにもかかわらず、説明責任の問題はほとんど無視されるか避けられてきた(37)。しかし、学校教育サービスの範囲を拡大するために費やされてきたような労力と資源が、今度は教育の質を高めることにも振り向けられたならば、多くの成果が得られることだろう。

例えば、舵のない船よりも校長のいない学校のほうが、はるかにうまく機能するなどということがあるはずもないのは容易にわかる。ところが、この章の前の部分で取り上げた、学校教育サービスについての調査によると、調査員が突然訪問した際には、半分の学校には校長の姿がなかった。その理由というのは、校長が無断欠勤していたためか、または、調査対象の学校の五分の一には校長が任命されていないためだった。すべての学校に確実に校長が任命されるようにしたり、無断欠勤を防いだりするのはそれほど難しいことではないのだから、こうした問題を見過ごすことは絶対にあってはならない。同様に、いかなる学校制度にも、監察官による学校の視察（ただし、必ずしも懲罰的ではない）を積極的に行う体制が欠かせないのは明らかである。実際、定期的な視察には授業や指導の質を高める効果があるという調査結果もある[38]。ところが、インドの教育政策では、「視察」という言葉はタブー視されているようである。インド政府の国家教育政策では、この言葉は一度しか触れられておらず、視察は「学校複合体の先進的システム」へと徐々に置き換えられていくものと予想されると述べられているが、このシステムがどのようなものかという点についてはあまり説明がない（なお、国家教育政策が出されたのは一九九二年である）[39]。さらに、二〇一〇年無償義務教育法も視察については触れていない。

前節で議論したように、生徒や学校を評価する体制をよりよいものにすることで、生徒の親やその他の人たちが学校制度に説明責任を果たしてもらうことがずっと容易になるだろう。そして、教員の選定、昇進の規則、ＰＴＡ、苦情処理の制度など、説明責任を高めるためのその他の様々な手段が活かされるようになる。一つ一つの手段だけでは十分ではないかもしれないが、すべてを組み合わせることで、大きな効果を生み出す可能性がある。

また、これに関連して、学校制度のなかの労働文化を改善するために教員組合と協力していく必要があるという、それなりに重要な問題もある。学校教育に限らずより一般的に、公的部門の説明責任の向上を妨げる要因としてではなく、促すものとして労働組合をとらえるべきであるという明確な理由がある。インドでは、労働組合に対する姿勢や労働組合自身の考え方というものが、あまりにも狭い視野のもとで政治問題化されている。組合を重視する左翼は、自分たちの利害しか考えていない一部の組合を批判したがらないように見えるし、その一方で、自由市場を唱道する人たちは、組合を単なる邪魔物と考えがちである。このような議論の在り方は、少なくとも長期的には、教員たち自身の利害や福祉に悪影響を及ぼすし、さらには生徒たちの利害や福祉にも悪影響を及ぼす。労働組合に社会的責任を自覚させるよう努めるとともに、排除されるべき（または、徹底的に弱体化させるべき）障害としてではなく、協力者として労働組合を見なすというのは非常に大切なことである。社会のなかでの協力関係を築いていくという課題に対しては、様々なアプローチの仕方がある。[*6] しかし、労働組合を不倶戴天の敵と見なすのは、社会のなかで協力関係を築いていくことには役立たない。

学校の説明責任と教育の質の問題が本当に十分に考慮されなければならないのであれば、これまで議論してきた事柄は、さらに多くの議論とより幅広い関心が向けられるべき数ある問題のうちのほんの一部にすぎない。教育の質の問題によりいっそう重点を置きつつ、学校教育に関する国民的議論の影響力と説得力をはるかに高めていくための取り組みが、インドにはまさに求められている。この点は、開発問題についての公共的議論をより幅広いものにすべきであるという、本書で私たちが展開している主張の一つの側面なのである。

教育関連予算の増額、説明責任の回復、教育の質を高めるための教員と教員組合との協力関係の構築、そして、その他の数多くの改善策といった個別の問題すべてに対して、私たちは関心を向けなければならない。なぜなら、インドの教育全般（特に学校教育）が抱えている問題をすべて解消してくれる魔法のような解決策は存在しないからである。しかし、何よりも優先されるべき課題は、インドの学校制度の質を高めるためにもっと積極的な取り組みを行う必要があるという点である。そのため、就学していない子供がたくさんいるというよく知られた問題は解消されつつある（そして、この問題はより迅速に解決されなければならない）が、インドの学校教育の質があまりにも低いという現状を改善することが、現在のインドの教育計画における最重要の懸案事項でなければならない。この章では、具体的な問題点とそれを解決する可能性のある方法を示してきたが、これほどまでに困難な状況を克服しようとすれば、公共的議論と社会的推論のなかで教育に対する関心をさらに高めていくことが求められる。インドのすべての子供たちが良質な教育を受けられるよう学校教育の在り方を再構築すること以上に、インドにとって差し迫った課題があるとはとうてい考えられない。

＊6　プラティチ財団は、これまで数年間にわたって全ベンガル初等教員連盟と西ベンガル州のその他の初等学校の教員組合とともに、教員としての職務上の責任に関する取り組みを行い、非常に前向きで励みになるような結果を得ている。この点については、Rana（2012）を参照。また、Sarkar and Rana（2010）および Majumdar and Rana（2012）も参照。

第6章　保健医療の危機

人生で最も大切なことが、最も話題にのぼらないということが時としてある。例えば、人間の福祉と生活の質にとって、健康よりも大切なものを思い浮かべることは難しい。それにもかかわらず、インドでは、保健の問題が国民的議論や民主政治のなかで取り上げられることはほとんどない。

その具体例として、主要メディアの報道では、健康や保健医療の重要な側面についての扱いがきわめて小さいという点が挙げられる。これは、インドの二流紙とでも呼ぶべき新聞（ただし、軽蔑の念を込めるつもりはまったくない）だけに限った話ではなく、報道活動に最も真剣に取り組んでいるメディアについても当てはまることである。以前出版した著書のなかで私たちは、社会問題を幅広く取り上げることで信頼を得てきた最も優れたインドの新聞でさえ、保健に関する問題はほとんど報じないということを明らかにした。例えば、二〇〇〇年一月から六月にかけてインドで最も質の高い新聞の論説欄に掲載された三〇〇以上に及ぶ記事のうち、保健に関するものは一つとしてなかった。[*1] さらに、二〇一一年下半期にインドの複数の主要英字紙の論説欄に掲載されたすべての記事（その数は五〇〇〇以上にのぼる）を調べることで、この点を再度検証してみるという作業を最近行った。一二年前の状況に比べれば、やや改善の兆しが見られるものの、論説欄の議論のなかでの保健に関する問題の扱いは全体的に見てあまりにも小さいままであり、すべての論説に占める割合は一％程度にすぎない（保健に関連する事柄を非常に幅広く定義しても、このような低い値にしかならない）。調査対象になっている新聞のほとんどは、この六ヶ月間で論説欄のトップに保健に関する論説を二回以上据えることはなかった。ところが、その一方で、第一二次五ヶ年計画で保健が主要な優先課題の一つになるのではないかという期待が大いに膨らんだことに加えて、草稿段階で示された保健政策の枠組みに深刻な疑問が生じたこともあり（この点については後述）、二〇一二年下半期は保健政策にとって非常に重要な時期であった。このような背景を考えれば、保健に関する論説が論説欄のトップに置かれることがあまりなかったという事実は特に注目に値する。つまり、保健分野の活動家や専門家が大きな懸念を抱いていたのに、こうした保健政策の枠組みに対する疑問は、幅広い公共的議論の対象にはならなかったのである。

インドの主要メディアの報道や民主政治のなかで保健の問題を目にする機会が少ないというのは、子供の保健の問題にも当てはまる点であり、このことが政治的議論のなかで子供の存在が全般的に軽視されているという現状をより深刻なものにしている。例えば、国会質疑について最近行われた分析によると、質疑のうち（人口の四〇％以上を占める）子供に関連する内容はわずか三％にすぎず、さらに、子

＊1　Drèze and Sen（2002）の300～303ページを参照。興味があったため、同じような作業を三年後の同じ時期（二〇〇三年一月から六月）についても行ってみたところ、今回は保健に関する記事を一つだけ見つけることができた。ただし、その記事の内容というのは、中国での「ＳＡＲＳ危機」は「アジア経済にとって潜在的な脅威」であるというものであった。

表 6–1：予防接種率（2012 年）

	予防接種を受けている1歳児の割合（%）				
	BCG ワクチン	三種混合ワクチン	ポリオワクチン	麻疹ワクチン	B型肝炎ワクチン
インド	87	72	70	74	37
南アジア	88	76	75	77	51
サハラ以南アフリカ	84	77	79	75	74
中東・北アフリカ	92	91	92	90	89
ラテンアメリカ・カリブ諸国	96	93	93	93	90
東アジア・太平洋地域	97	94	96	95	94
中東欧（CIS を含む）	96	95	96	96	94
先進工業国	—	95	95	93	66
世界平均	**90**	**85**	**86**	**85**	**75**
「後進開発途上国」	84	80	80	78	78
バングラデシュ	94	95	95	94	95
インドよりも予防接種率の低い国の数[a]	26	16	13	25	0
アフリカ諸国以外でインドよりも予防接種率の低い国	アフガニスタン	アフガニスタン	アフガニスタン	アフガニスタン	なし
	アゼルバイジャン	ハイチ	ハイチ	アゼルバイジャン	
	コロンビア	イラク	イラク	ハイチ	
	コスタリカ	パプア・ニューギニア	パプア・ニューギニア	イラク	
	ハイチ			ラオス	
	イラク			レバノン	
	ラオス			パプア・ニューギニア	
	パプア・ニューギニア			イエメン	
	タジキスタン				
	イエメン				

a データが入手可能な人口 200 万人以上の国を対象としている。それぞれのワクチンについて、対象となる国は 150 ヶ国ほどある。

《出典》UNICEF（2012）の表 3（96 ～ 99 ページ）。

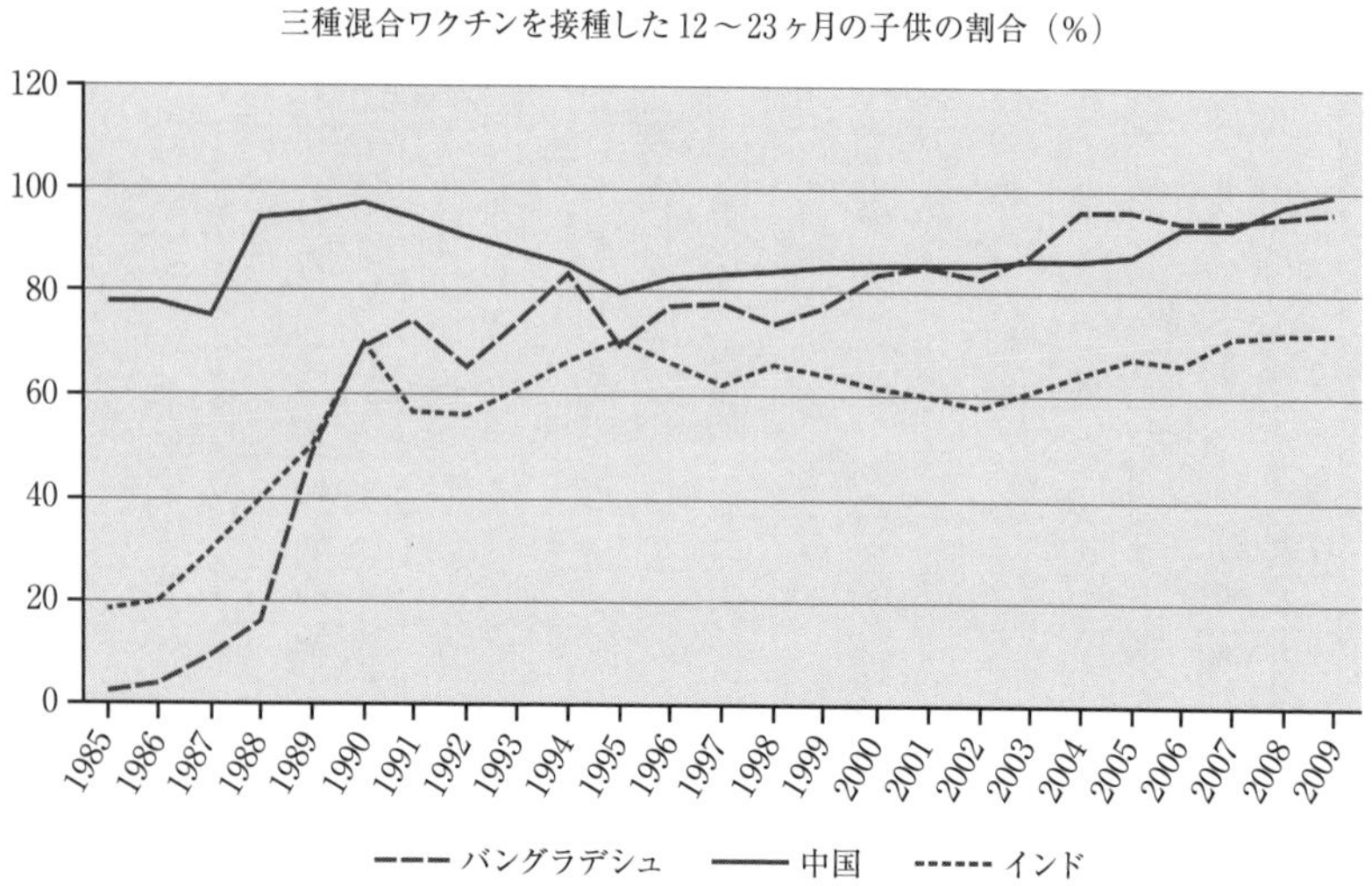

図6－1：インド、中国、バングラデシュの予防接種率の推移（1985～2009年）

《出典》オンライン版の『世界開発指標』（2013年1月1日閲覧）。同じく『世界開発指標』からデータが得られる麻疹ワクチンの接種率についても、同様の傾向が見られる。

供に関連する質疑のうち、乳幼児の保育や教育に関するものは五％にも満たなかった。また、メディアの報道が子供に関連する内容をどのように扱っているのかという点について最近行われた同様の分析では、主要メディアは乳幼児に対してほとんど関心を向けていないことが明らかになっている[1]。

事態の深刻さをとりわけはっきりと示しているのが、子供の予防接種である。インドの予防接種率が世界で最も低い部類に入るということは、インドでは一般にはあまり知られていない。ユニセフ（国連児童基金）が刊行する『世界子供白書』の最新版に掲載されている国際比較可能なデータを用いて作成した表6－1が、この点を明らかにしている。BCGワクチン以外は、サハラ以南アフリカの国々や「後進開発途上国」の平均と比較して、インドの予防接種率は一様に低い。また、ネパールやパキスタンをはじめとするすべての南アジア諸国の予防接種率の推定値と比較しても、インドの予防接種率は（BCGワクチンも含めて）一様に低い値を示している。さらにそれどころか、サハラ以南アフリカの国々を除くと、アフガニスタン、ハイチ、イラク、パプア・ニューギニアのような紛争によって荒廃した国でなければ、インドの予防接種率を下回ることはないのである。(2) これとは対照的に、バングラデシュはすべての予防接種について九五％前後の接種率を達成している。インドとバングラデシュとの間にこうした違いが生じているのは、一九九〇年代から二〇〇〇年代はじめにかけて、インドでは子供の予防接種率が非常に緩やかにしか上昇しなかったのに対して、バングラデシュではワクチンの未接種の問題がほぼ解消されたためである（図6－1）。(3)

ただし、ここで問題となるのは、インドでは子供の予防接種率が非常に低いという点だけでなく、これほどまでに悲惨な状況が放置されたまま、ほとんど何の取り組みも行われてこなかったという点にもある。きわめて深刻な保健の問題を含んでいるにもかかわらず、子供の予防接種についての国民的議論がここ二、三年の間に盛り上がったことを示す証拠はまったく見つからない。*2 パキスタンでターリバー

＊2　この問題は、一部の医学分野の学術誌のような専門的な出版物で取り上げられることは時折あったが（例えば、Vashishtha, 2009 を参照）、一般のメディアではほとんど無視されてきたようである。麻疹だけをとってみても、インドでは毎年一〇万人以上の子供が死亡していると推定されている（John and Choudhury, 2009）。二〇〇〇年代には、多くの貧しい国々が麻疹による死亡件数を劇的に減らすことに成功したが、インドでの進展はあまりにも緩慢であったため、全世界での麻疹による死亡件数に占めるインドの割合は、二〇〇〇年の一六％から二〇一〇年の四七％へと増加したと推定されている（Simons et al., 2012）。この期間には、「インド以外の国々はすべて、麻疹による死亡件数を減らすための戦略を実行に移した」ようである（Duclos et al., 2009）。

ンがポリオの予防接種に反対していることに注目が集まっている（当然、注目されるべきである）が、ターリバーンが活動していないはずのインドでは、（近年、ポリオの撲滅などの成果をある程度上げているものの）予防接種という非常に重要な分野で進展が見られないことが、ほとんど議論の対象になっていないのである。(4)

民主主義の実践は、どのような問題が公共的議論の対象として取り上げられるかに大きく左右される。そのため、メディアが保健医療についてあまり取り上げようとしないことによって、インドの保健医療が抱える問題を解決することがますます困難になってしまっている。つまり、インドの保健医療が直面しているのは、(1)インドの保健医療には重大な欠陥がある、(2)保健医療の欠陥について公共的議論がほとんど行われていない、という互いに関連する二つの課題なのである。

保健医療の現状を診断する

もしインド人の健康状態が良好であり、十分な保健サービスが提供されているのであれば、インドの保健医療の問題が話題にのぼらないことも許されるのかもしれない。しかし、実際の状況はまるで正反対であり、インド人の健康状態は良好でもなければ、十分な保健サービスが提供されているわけでもない。第3章ですでに指摘したように、インドの健康や栄養に関する指標は非常に悪く、豊かな国か貧しい国かにかかわらず、多くの国々と比べてもかなり劣っている。例えば、インドの一人あたりGDPはバングラデシュの約二倍に達しているのに、インドよりもバングラデシュのほうが平均寿命は長く、乳幼児死亡率は低いという有様である。インドの保健医療が困難な状況からなかなか抜け出せないのは、政府が保健の問題に有効な手立てを講じてこなかったことが少なからず影響している。

インドでは過去二〇年のほとんどの期間、保健分野への公的支出が対GDP比で一%前後の水準で推移しており、保健医療への支出が対GDP比で見てこれほど低い国は他にはほとんどない。二〇〇四年にインド国民会議派を中心とする統一進歩連合（United Progressive Alliance: UPA）が政権に就いた際に、この連合政権による国家共通最小綱領の中心的な取り組みの一つとして、保健分野への公的支出を「今後五年間で最低でもGDPの二〜三%の水準」にまで引き上げることが挙げられていた。ところが実際には、保健分野への公的支出は、二〇〇五年に対GDP比で〇・九%へと落ち込んだ後、最近になって公的部門で給与が引き上げられたこともあり、再び緩やかに上昇している。対GDP比で一・二%という現在のインドの保健分野への公的支出は、他の国々と比較すると依然として異様なほど低い水準にあり、インドを下回るのは世界でも九ヶ国のみである。具体的には、インドの一・二%と比較して、中国は二・七%、ラテンアメリカ諸国は三・八%、そして、世界平均は六・五%となっている（この世界平均には、保健分野への公的支出の対GDP比が平均で八%前後である欧州連合〈EU〉の加盟国のように、国民健康保険制度を備えている国々も含まれている）。さらに、絶対的水準（二〇〇五年購買力平価に基づくドル換算）で見てみると、インドの保健分野への公的支出は一人あたり年間で三九ドルであるが、スリランカは六六ドル、中国は二〇三ドル、ブラジルは四八三ドルとなっている。

保健医療に取り組もうという政府の姿勢が不十分であることを示す関連する兆候として、保健支出全体に占める公的な保健支出の割合が三分の一以下であるという点が挙げられる。インドよりも保健支出全体に占める公的な保健支出の割合が低い国は、アフガニスタン、ハイチ、シエラレオネなど数えるほ

表6－2：保健分野への公的支出（2010年）

	対GDP比（%）	保健支出全体に占める割合（%）	絶対的水準（2005年購買力平価に基づくドル換算）[a]
インド	1.2	29	39
南アジア	1.2	30	36
サハラ以南アフリカ[b]	2.9	45	66
東アジア・太平洋地域[b]	2.5	53	167
中東・北アフリカ[b]	2.9	50	199
ラテンアメリカ・カリブ諸国[b]	3.8	50	424
ヨーロッパ・中央アジア[b]	3.8	65	585
世界平均	**6.5**	**63**	**641**
欧州連合（EU）	8.1	77	2,499

a 1人あたりの保健支出と保健支出全体に占める公的な保健支出の割合から求めている。
b「開発途上国」のみが含まれる。
《出典》オンライン版の『世界開発指標』（2013年1月1日閲覧）。

どしかない。この点をより広い視野に立って眺めてみると、ＥＵ諸国や北米の国々のほとんどでは、公的な保健支出が保健支出全体の七〇％から八五％を占めており、ＥＵ諸国の平均は七七％である。その一方で、五〇％を少し下回っているアメリカは注目すべき例外であり、公的な保健医療に関しては「開発途上国」のような特徴を若干残している。とはいえ、アメリカの比率でさえもインドを大きく上回っている。さらに、世界全体の平均は六三％であり、サハラ以南アフリカ諸国の平均（四五％）や「後進開発途上国」の平均（四六％）までもが、二九％というインドの値を大幅に超えている（表6－2を参照）。このように、特に以上で示したデータから、インドの保健医療制度は世界で最も商業化されているものの一つであることが明らかである。

インドでは、公的な保健施設が非常に限られているうえに、まともに運営されていない場合が多いことが主な理由となり、民間の保健医療に過度に依存するようになっている。例えば、ムンバイにある国際人口科学研究所が二〇〇三年に実施した保健施設に関する調査からは、インド全土にある公的な保健センターがあまりにも悲惨な状況にあることが明らかである。具体的には、少なくとも一つのベッドが設置されている基礎保健センター（Primary Health Centre）は全体のわずか六九％であり、電話が備え付けられているのはほんの二〇％、「定期的な整備」が行われているのはたったの一二％であった。これらの数字は全国平均であるため、より貧しい州についてはさらに悪い結果が出ている。例えば、ビハール州では、大部分の基礎保健センターには電力や体重計どころかトイレさえ備え付けられておらず、そういったぜいたくなものなしで運営していかなくてはならない。しかし、基礎保健センターというのは、平均して約五万人（これよりも多いことがよくあり、ビハール州では約一五万八〇〇〇人）を対象とする、ある程度の重要性を帯びた保健施設でなければならないという点はよく覚えておくべきである。

保健施設にアクセスできたとしても、その施設が有効に活用されているかどうかという点で多くの課題が残されている。最近行われたある研究によると、二〇〇二－〇三年時点での医療従事者の無断欠勤率は、州によって三五％から五八％までの値をとっていた。[5] また、ラージャスターン州ウダイプル県の保健サービスに関する別の研究からも、同じようなイメージが浮かび上がってくる。具体的には、半分以上の分院は通常の就業時間でも閉まっており、基礎保健センターや地域保健センターでさえも、平均すると三六％の職員が出勤していなかった。その一方で、地域住民の健康状態はきわめて劣悪であり、全成人の三分の一は調査が行われる以前の三〇日間に風邪を引き、四二％は体に痛みを感じ、三三％は熱があり、二三％はめまいを覚え、一一％は胸に痛みを感じ、半分以上が貧血を患っているという有様だった。さらに、三分の一近くの回答者は井戸から水を汲み上げることが難しいと感じ、五分の一の回答者は座っている状態からなかなか立ち上がることができないというのである。[6]

当然ながら、このような問題から最も大きな打撃を受けるのはより貧しい人たちである。ところが、インドの保健医療に見られる民間施設への過度の依存は、比較的経済的に余裕のある人たちにも影響を及ぼしており、手の届く範囲の費用でしっかりとした医療を受ける機会がかなり限られてしまう場合があまりにも多い。つまり、技術と専門知識を伴った医療はあることにはあるが、一方では、公的な保健施設は著しく非効率かつ無秩序であり、さらに他方では、民間の保健サービスはほとんど規制を受けておらず、患者が悪徳な医療従事者の食い物にされてしまうことが非常に多いのである。詐欺行為、薬物の過剰投与、法外な価格設定、不必要な手術などは、民間の保健部門ではかなりありふれているようである。具体例を挙げると、タミル・ナードゥ州チェンナイでの保健サービスについて最近行われた研究では、民間施設での出産に占める帝王切開の割合は四七％にのぼり、世界保健機関（ＷＨＯ）が定める一五％までという基準を大きく上回っていることが明らかになった（なお、チェンナイにある公的施設では、帝王切開による出産の割合は二〇％であった）[7]。また、デリーとマディヤ・プラデーシュ州の保健医療について最近行われた別の研究によると、公的施設でも民間施設でも非常に問題のある保健サービスが提供されており、ほとんどの場合、容易にわかるような病気が正しく診断されなかったり、適切に処置されなかったりしている[8]。したがって、改革が求められるのは、公的保健サービス（つまり、貧しい世帯が受ける保健サービス）だけでなく、保健部門全体ということになるのである。

民間保険の罠

第1章で論じた、過去二〇年間にわたるＧＤＰと公的歳入の急激な増加によって、インドは保健政策の分野での抜本的な取り組みに着手するためのチャンスを与えられた。ところが、最近になってよい方向へと流れが変わってきているようではあるものの、こうしたチャンスはほとんど活かされてこなかった。過去二〇年間にわたって、インドのGDP成長率は非常に高い水準にあるのに、公的な保健医療はあまりにもゆっくりとしたペースでしか改善していない。そのため、保健に関していうならば、一九九〇年代は「失われた一〇年」といっても過言ではなく、二〇〇〇年代の大半についても状況はあまりよくなっていない。

すでに述べたように、第一次統一進歩連合政権（二〇〇四〜〇九年）は国家共通最小綱領のなかで、保健分野への公的支出を大幅に増やすことを約束したが、それは実現されなかった。その一方で、国家共通最小綱領は、二〇〇五–〇六年に始まった全国農村保健ミッション（National Rural Health Mission）という大規模な新計画へとつながっていった。しかし、全国農村保健ミッションが開始されてから最初の五年間の支出額は、年間一〇〇〇億ルピーを下回る（GDPの〇・二%にも満たない）あまりにも小さな規模であったため、インド国内で大きな影響を及ぼすには至らなかった。全国農村保健ミッションは優れたプログラムになる可能性を大いに秘めているものの（この点については、後ほど説明する）、財源・資金と政治的関与の面で政府や一般国民からさらなる大きな支援が受けられなければ、限られた成果しか得られないだろう。

インドの公的保健サービスを強化しようとする動きがなかなか軌道に乗らない一方で、民間部門による保健医療の提供と健康上のリスクに対応する民間保険をよりいっそう活用しようという、まったく異なるタイプの別の動きも見られる。例えば、全国健康保険計画（Rashtriya Swasthya Bhima Yojana）は、そうした方向へ向けての一歩である。二〇〇八年に始まったこのプログラムのもとでは、「貧困線以下」

(below poverty line: BPL)の世帯が民間の健康保険に加入し、政府はその保険料を肩代わりする。そして、ＢＰＬ世帯は、認可を受けている病院や保健センターの一覧表のなかから医療機関を自ら選び、そこで三万ルピーまで治療を受けることができる。

予想通りというべきか、こうした動きに対して産業界からは歓迎の声が上がっている。数年前に、『ウォール・ストリート・ジャーナル』が肯定的な見方を示す記事のなかで、この「ビジネス・モデル」を称賛しつつ述べているように、全国健康保険計画は「保険会社にとって売り込みと知名度向上のチャンスを与えてくれるものである」。そして、「このプログラムは患者の数を増やし、病院にとっても顧客層の拡大につながる可能性がある」ため、民間の病院もその分け前にあずかることができる。つまり、全国健康保険計画というのは、インド経済で最も急速に成長している部門の一つである民間の保険部門を後押ししてくれる都合のよい存在なのである。

当然ながら、全国健康保険計画のもとで補助金を得ながら民間の健康保険に加入することは、対象となっている世帯にとってはある程度の助けになるかもしれない。(9) 現在のように、保健医療の大部分を民間の医療機関から現金で購入するという、「自腹を切らなければならない仕組み」よりもよいのは確かである。しかし、補助金をもらって民間の健康保険に加入するというこの仕組みは、どのような保健制度へとつながっていくべきであり、どのような保健制度の一部分であるべきなのだろうか。一つには、民間の健康保険がインドの将来的な保健制度の中核を担うことが期待されているという解釈が成り立つ。ＢＰＬ世帯の保険料は政府が支払い、それ以外の世帯は民間の保険会社からそれぞれ健康保険を購入する。そして、認可を受けている(公的または民間の)医療機関で保健医療サービスを受け、治療にかかった費用は民間の保険会社から払い戻してもらう。*3 このような保健医療のモデルは魅力的に聞こえるかもしれないが、大きな懸念を抱かせる深刻な理由が隠れている。

効率性にかかわる問題　民間の健康保険（より正確には、営利目的の健康保険）が抱える限界としてまず挙げられるのが、よく知られている一連の「市場の失敗」のなかでも、特に逆淘汰とモラル・ハザードに関する問題である。逆淘汰とは、簡単にいってしまえば、健康保険にはとりわけ病気になりやすい人たちが引き寄せられる恐れがあるため、それが保険料を押し上げる要因となり、健康保険に加入したいと考えるのは病気になる可能性の高い人たちだけに限られてしまうということを意味している。保険会社は保険加入者を「選別」することで、こうした事態を避けることができるが、これでは保健医療における公平性の原則に反することになる。つまり、病気になる可能性の低いグループのみが健康保険に加入する一方、健康保険を最も必要としている人たちが排除されることによって、本末転倒になってしまうかもしれないのである。

次に、モラル・ハザードについて見てみることにしよう。健康保険に加入している患者（さらには、医療供給者）には、費用を抑制するインセンティブがほとんどないという点に、モラル・ハザードが何よりもはっきりと表れている。このような問題の「解決策」はいかなるものであれ、必ず何らかの別の

＊3　このような政策は、少なくとも今の時点では、はっきりと明言されているわけではない。しかし、「保健サービスの提供、健康保険、医学教育などの分野で、民間市場が規制されずに多くの利益を生み出すような方向へと保健制度を動かそう（または、動かし続けよう）とする数多くの力が強く働いている」とGita（2012）は述べている（52ページ）。こういった不安の声は、保健問題に関心を持つ人たちの間で第一二次五ヶ年計画の準備段階においてさらなる広がりを見せた。この点については、例えば、Gaitonde and Shukla（2012）、Varshney（2012）、Varshney et al.（2012）を参照。

問題を引き起こしてしまう。例えば、ある種の「推測」に基づいて保健医療にかかる費用を返金する（例えば、分娩や結核の治療といった具体的な処置について固定額を返金する）ようにすれば、費用を抑制しようとするインセンティブが働くようになる。ところが、今度は医師や病院などの医療供給者が、たとえ患者の利益に反してでも、それぞれの処置について最も安上がりな方法で治療を施そうとするインセンティブが生まれてしまう。また、あまり費用をかけずに治療できる患者だけを選び、それ以外の患者は追い払うという「いいとこ取り」によって儲けようとする誘惑に医療供給者が駆られるかもしれない。以上は、民間の健康保険をめぐる複雑な効率性の問題のごく一部にすぎない。そして、こうした問題は厳格かつ複雑な規制によって軽減するのがせいぜいであり、インドの現状では、この種の規制を実施することはきわめて困難だろう。

予防医療の軽視にかかわる問題　営利目的の健康保険というのは、何よりもまず病院での治療を念頭に置きがちである。そのため、営利目的の健康保険に基礎を置く保健制度は、病気の予防を目的とする保健サービス（より一般的には、入院を伴わない医療）を軽視する恐れがある。こうした問題は、民間の健康保険に基礎を置く保健制度すべてに共通するものだろうが、疾病負荷の大半が感染性疾患によって引き起こされるインドには特によく当てはまる。[10] また、入院による治療を主に念頭に置いた制度のもとでは軽視されているかもしれないが、早期の（入院前の）治療は、糖尿病、循環器系の疾患、ガンなどの様々な非感染性疾患を対象とする保健医療を行ううえでも最も効果的である。この点は、全国健康保険計画のような政策にますます傾いている結果として予想される、公衆衛生と予防医療サービスの全般的な弱体化という問題をさらに深刻なものにしている。さらに、民間の健康保険は、保健サービスの民営化をさらに推し進めることになったり、公的な保健サービスを強化するために割かれる資源、時間、労力、熱意といったものに悪影響を及ぼしたりするだろう。そして、その結果として、（ヨーロッパ、日本、東アジア、ラテンアメリカ、カナダ、さらには、アメリカも含む）世界各地の健康転換がたどってきた経路がまさに掘り崩されてしまいかねないのである。インドが参考にすることのできる、世界各地での健康転換の成功例には大切な教訓が含まれているが、インドでは、他の国々の成功例には関心が向けられていないようである[11]。

ターゲティング（政策の受益者の絞り込み）にかかわる問題　保健制度のなかに貧困世帯を確実に取り込むために、政府が貧困世帯の保険料を肩代わりするという着想は、「貧困線以下（BPL）へのターゲティング」にかかわるあらゆる問題を引き起こすことになる。そのなかには、BPL世帯の認定作業は信頼できるものではないとか、人々の間に分断をもたらすといった点も含まれている（より詳細については、第7章を参照）。保健に関していえば、BPLへのターゲティングにかかわる問題は二つの理由からとりわけ深刻である。第一に、思いがけない病気や事故などによって、家族全体が突如として貧困へと「追いやられる」可能性がある。そのため、昨日は「貧困線以上」にいた世帯が、今日は貧困線以下にいるということがあるかもしれない。その一方で、BPL世帯の名簿というのは柔軟に変更できるものではないので（ほとんどの州では、五年程度おきに改訂することさえ大変難しいということがわかっている）、不慮の病気や事故によって貧困へ追いやられた人がいる場合でも、BPL世帯の名簿に変更を加えることは一切できない。したがって、BPL世帯の名簿というのは、意図した目的を果たしているとはいいがたいのである。第二に、人々の健康状態を考慮に入れると、一人あたり消費支出という基準やその代理的指標に基づいて現在行われている、BPL世帯に対する政策実施という理屈全体に問題が生じてしまう。例えば、障害を抱えているが、それほど所得は低くないという人は、障害から派生する費用と剝奪のために恵まれない生活を余儀なくされ、健康保険を何よりも必要としているかもしれない。それにもかかわらず、こうした人がBPLに認定されることはない。[*4] そのため、BPL世帯の保険料を肩代わりするというやり方は、普遍主義的な保健医療の提供（ユニバーサル・ヘルス・カバレッジ）を実現するための方法としては、不十分かつ不完全である。

平等性にかかわる問題　BPL世帯だけに保険料を補助するような仕組みに基づく保健制度では、保健医療における公平性の基本的な規範を満たすことにはまずならないだろう。なぜなら、不平等を生み出す四つの異なる要因が互いを強め合っているからである。具体的には、(1)本来であれば補助対象となるべき世帯がターゲティングの過程で除外される、(2)保険加入者になる可能性のある人たちを保険会社があらかじめ選別する、(3)健康保険制度をいざ利用しようという時に貧困層が（特に、影響力や発言力がなく無力である、教育水準が低い、社会的差別を受けているなどの）壁に突き当たる、(4)保険の対象とはならない部分が常に幅広く残る保健制度であるため、そうした部分については、保険料をどの程度まで支払えるかによって保健医療へのアクセスが左右される。

不可逆性にかかわる問題　最後に、民間の健康保険に依存する枠組みには、一方通行の道のように、事実上は後戻りできなくなる恐れがある。というのも、健康保険業界は強力なロビー団体へと姿を変え、保険政策に関して絶大な影響力を握ることが容易にできてしまうため、民間の健康保険に依存する枠組みが効果的なものではないとわかった場合でも、そうした枠組みから抜け出すことは非常に難しくなる。公的な保健医療の基盤を整備しないまま、民間の健康保険の比重が着実に増している最近のインドの傾向には、このような問題のある特徴が（その他の特徴とともに）見受けられる。

民間の健康保険に依存する枠組みというのは、本質的にはアメリカ・モデルである。アメリカ・モデルのもとでは無保険者が多数存在するという現状を改善するために、オバマ大統領（それ以前には、クリントン夫妻）が懸命な取り組みを行い、近年ではある程度の成果を収めている。[*5] アメリカの最高レベルの保健医療は非常に高い水準を誇っているものの、民間の健康保険に依存する枠組みが採用されているため、保健医療へのアクセスが制約される（つまり、多くの国民が保健医療から排除される）という大きな代償をアメリカは支払っている。先進工業国のなかでも、アメリカの保健医療制度は最も多額の費用がかかるのに、最も低い効果しか得られないものの一つである。具体的には、アメリカの一人あたり保健支出はヨーロッパの二倍以上の水準に達しているのに、保健関連の成果については、アメリカはヨーロッパに比べて劣っている（例えば、平均寿命でのアメリカの順位は世界五〇位である）。また、アメリカの保健医療制度は非常に不公平でもある。人口の二〇％近くが無保険者であり、剝奪に悩まされている集

＊4　保健医療についての公正性が満たすべき条件を理解しようとする場合、障害の問題を避けて通ることはできない。この点については、Sen（2009）［池本幸生訳『正義のアイデア』明石書店、二〇一一年］の「障害、資源、潜在能力」に関する節を参照（258～260ページ）。

＊5　アメリカ以外のＯＥＣＤ諸国の保健医療制度では、多くの場合、保険も重要な役割を担っている（そのなかにあってイギリスは顕著な例外であり、国民保健サービスが「治療に際して」直に普遍主義的な保健医療を無料で提供している）。しかし、保険の提供は国または（ドイツや日本のように）規制を受けている非営利機関によって行われるのが普通である。保険が重要な役割を担っているＯＥＣＤ諸国のうち、わずかな国だけが営利目的の健康保険に大きく依存しており、その範囲内で、健康保険は厳しい規制のもとに置かれている。ＯＥＣＤ加盟の一三ヶ国の保健医療制度についてまとめた有益な報告書として、The Commonwealth Fund（2010）を参照。

団は悲惨なほどの健康状態と病気の危険にさらされている。さらに、アメリカの保健医療制度を改革しようとする試みは、きわめて困難であることが明らかになっており、その理由として、健康保険業界が影響力を持っているという点、そして、「社会主義化された」保健医療という考え方に対する反発が、健康保険を提供する民間企業によって大いに助長され、政治の世界に根付いているという点などが挙げられる。アメリカと比較すると、いわゆる「社会主義化された医療制度」を持つカナダは、国が提供する標準的な保健医療を実施しているため、はるかに低いコストを支払いつつ、より多くの成果を上げている。そしてこの点から、アメリカは世界の国々（特にインド）にとって見習うべき「モデル」となる以前に、乗り越えなければならない課題を抱えていることが明らかなのである。とはいえ、カナダがそのまま完璧なモデルになるなどといっているのではない。なぜなら、非常に限られた目的を除いて、民間の健康保険を一切認めないのは、極端すぎるように見えるかもしれないからである（富裕層が豪華な休暇やヨットにお金をかけることは大いに自由なのに、保険を買い増しすることがなぜ許されるべきでないのかははっきりしない）。そして、民間の健康保険を排除することなく、国民健康サービスと社会保険に依拠しているヨーロッパの仕組みからは、確かに多くのことを学べるのである。

インドでは、（公的保健サービスを提供するための強固な基盤をはじめとする）保健医療への政府の積極的な関与が根本的に必要であるという考え方は、少なくとも一九四六年のボーレ委員会報告にまでさかのぼる。そして、インドの普遍主義的な保健医療の提供に関する上級専門家グループによる報告書でも、この点は（若干違った形ではあるが）再確認されたばかりである。(12) ところが、インドの保健部門が実際に歩んできた道のりはまったく異なるものであり、時には正反対の方向へ進むことさえあった。つまり、「儲からない患者」は相手にしないような、民営化された保健医療と保険の仕組みへとますます傾いているのである。利潤追求型の保健医療の仕組みを普遍主義と平等という目的の達成へと向かわせるためには、提案されているような規制の枠組みではあまりにも不十分だろう。現時点では、インドの保健政策はやや混乱した状態にある。具体的には、(全国農村保健ミッションや、さらに最近では、ジェネリック医薬品の公的供給へ向けての動きなど)保健関連の公共サービスを強化するための積極的な取り組みが一部で見られる一方、(保健関連業界からの活発な働きかけにより)民間保険への依存が強まるという流れは徐々に定着してきており、将来的にインドの保健制度がどういった原理原則に基礎を置くのかはあまりはっきりしない。しかし、そうしている間にも、中国だけでなく、ブラジル、メキシコ、タイ、ベトナムなども含む多くの途上国が、普遍主義的な保健医療の提供へ向けて確かな意志を持ちつつ歩みを進めている。このような動きの背後には、公的財源によってまかなわれる普遍主義的な保健医療制度と、しっかりと機能する保健医療サービスを実現しようという明確な姿勢が見て取れる。*6 インドがきわめて重要な決断をいまだに下していない公共政策の一つが、まさにこの点なのである。(13)

＊6　メキシコは普遍主義的な保健医療の実現へ向けて歩みを速めている。その背後にあるのが、二〇〇三年に導入された保健社会保護制度と「市民性に基づく普遍的権利としての有効な保健医療」の提供を目的として政府が運営する「大衆保険」(Seguro Popular)と呼ばれる無保険者向けの国民健康保険制度である。そして、二〇一二年までにメキシコは普遍主義的な保健医療を達成した(または、ほぼ達成した)ようである。二〇一二年七月一四日付の医学雑誌『ランセット』に掲載された'A Crucial Juncture for Health in Mexico'および Horton (2012) を参照。また、Knaul et al. (2012) は、保健社会保護制度と大衆保険の役割について優れた議論を展開している。

劣悪な栄養状態

インドの栄養摂取に関する指標は、独立当時の極端なまでに悪い状況から始まり（第1章を参照）、この六五年間で目覚ましい改善を遂げてきた。例えば、マラスムスやクワシオルコルといった極度の栄養不良の臨床的特徴を目にすることは、以前に比べてはるかに少なくなっているし、子供の身長と体重はゆっくりとではあるが着実に向上している。しかし、インド（そして、多くの南アジア地域）の栄養状態は現在に至ってもきわめて劣悪なままであり、世界中のほぼすべての地域よりも深刻な状況にある。[14]

具体的には、栄養摂取についての最近のデータが入手可能な国のなかで、インドよりも低体重児の割合が高い国は一つとしてない。[15] 四三％というインドの低体重児の割合は南アジア地域の平均値に近いが、サハラ以南アフリカや「後進開発途上国」について推定された平均値（それぞれ、二〇％と二五％）よりもはるかに高い。また、世界のその他の主要地域について推定された平均値はいずれも一二％を下回っており、インドよりも低い水準にあることはいうまでもない（表6－3を参照）。さらに、中国における低体重児の割合に関する最新の推定値は、四％とインドの一〇分の一程度の水準である。一方、（年齢相応よりも身長が低いことを意味する）発育不全についても、ほぼ同じような傾向を見て取ることができる。ただし、インドとその他の地域との間の違いは低体重の場合ほど極端ではなく、四八％というインドの水準よりも発育不全の子供の割合が高いと推定されている国は（例えば、ブルンジのように）一つか二つある。

微量栄養素の著しい不足は、子供だけでなくインドの人口全体にとっても深刻な問題であり、女性と子供の大部分に見られる鉄分の不足はその一例である。ただし、表6－4で示されているように、その

表 6−3：子供の栄養摂取に関する指標（2006～10 年）[a]

	5 歳未満の子供に占める栄養不良の割合（%）		出生時の体重が低い乳児の割合（%）
	低体重	低身長	
インド	43	48	28
南アジア	42	47	27
サハラ以南アフリカ	20	39	13
東アジア・太平洋地域	10	19	6
中東・北アフリカ	11	28	11
ラテンアメリカ・カリブ諸国	4	15	8
「後進開発途上国」	25	41	16

a この期間のうち、データが得られる直近の年。
《出典》UNICEF（2012）の表 2 と表 3。地域ごとの推定値は、データが入手可能な「開発途上国」のみを対象として求められている。

表 6−4：微量栄養素の不足と補助的栄養プログラム

	微量栄養素の不足（%）				補助的栄養プログラム（%）	
	未就学年齢の児童に占める貧血症の割合	妊婦に占める貧血症の割合	未就学年齢の児童に占めるビタミン A 欠乏症の割合	就学年齢の児童に占めるヨウ素欠乏症の割合	ビタミン A 補助の普及率（6～59ヶ月）、2010 年	ヨウ素が十分に添加された食塩を使用している世帯の割合、2006～10 年
南アジア						
インド	74	50	62	31	34	51
バングラデシュ	47	47	22	43	100	84[a]
ネパール	78	75	32	27	91	63[b]
パキスタン	51	39	13	64	87	—
スリランカ	30	29	35	30	85	92[a]
中国	20	29	9	16	—	97
サハラ以南アフリカ	68[c]	56[c]	44[c]	41[c]	86	53

a データが一般的な定義とは異なっている、または、ある国の一部のみを対象としている。
b Micronutrient Initiative and UNICEF（2009）の付録 A に基づく 2002～07 年の数値。
c 各国の数値を人口比でウェイト付けして求められた平均値。
《出典》「微量栄養素の不足」については、Micronutrient Initiative and UNICEF（2009）の付録 A。「補助的栄養プログラム」については、UNICEF（2012）の表 2。

他の必要不可欠な栄養素の多くも不足している。[16] 全国栄養監視局のデータによると、四～六歳の子供の「一日あたり推奨栄養所要量」に対する摂取量の平均値は、二〇〇〇年代のはじめには、ビタミンAがわずか一六％、鉄分が三五％、カルシウムが四五％であった。栄養素の不足に関しては、今日でも状況はほとんど変わっておらず、表6－4からもわかるように、栄養素補給プログラムが十分に普及していないことがその理由の一つとして挙げられる。例えば、ビタミンAの補給プログラムの対象となっている五歳未満の子供の割合は、インドでは三分の一にすぎない。その一方で、インド以外のすべての南アジアの国々に加えて、サハラ以南アフリカの多くの国々でさえも、ほぼすべての子供がビタミンAの補給プログラムの対象になっている。

インドの子供は遺伝的に身長が低く、身体計測に関する国際的な基準をインドに当てはめることはできないのだから、インドにおける子供の栄養不良というのは「神話」にすぎないという意見を耳にすることがある。しかし、最近になって復活を果たしている、いわゆる「小さいけれども健康」仮説（これはまさしく仮説にすぎない）は、科学的な支持をまったく得られていない。[17] さらに、この仮説は、身長と体重について同一の身体計測の基準を世界中の子供に適用してよいかどうかについて最近行われた再検討の結果とも矛盾している。つまり、世界保健機関（ＷＨＯ）の指揮のもとで実施された多角的発育基準調査では、インドの子供がその他の国々の子供よりも遺伝的に身長が低いことを示す証拠は、一切見つからなかったのである。*7 ただし、もし仮にこの仮説がそれなりに正しかったとしても、インドでは栄養不良の水準がきわめて高い（間違いなく世界で最も高い）という基本的な事実を覆すことはできないだろう。[18]

所得水準がさらに低く、健康状態に関する指標でも劣っているサハラ以南アフリカの多くの国々と比較しても、（インドに限らず）南アジア諸国における子供の栄養不良はきわめて深刻である。こうした現象は「南アジアの謎」として知られており、その始まりは、全インド医科大学（ＡＩＩＭＳ）で理事を務めていたブリミリ・ラーマリンガスワミの研究チームが一九九六年に発表して大きな反響を呼んだ論文である。[19] この原論文によって、南アジアの謎を説明する可能性のある要因として、南アジアでの女性の地位の低さの様々な側面に注目が集まるようになり、その後の研究によってこの仮説が裏づけられている。[20] 女性の福祉と子供の栄養状態との間にある関連性のなかには、出生時の低体重を経由するものがある。つまり、女性が不十分な栄養摂取やその他の剥奪を（特に妊娠中に）被っていることが、胎児の発育不全や出産時の低体重の原因となり、出産直後だけでなく妊娠中から子供の栄養状態に悪影響を及ぼしているのである。例えば、ラーマリンガスワミらの論文は、アフリカでは妊娠中の体重増加は一〇キロ近くにまで達するのに、南アジアでは平均で約五キロと半分程度にすぎないのではないかと述べている。

これに関連して、インド（そして、南アジア諸国）では、子供だけでなく成人女性についても栄養不良がほぼすべての国よりも深刻であることを思い起こさなくてはいけない。人口保健調査によると、「体

＊7　この調査のインドに関する部分は、南デリーに住む裕福な家庭の子供からなる大規模なサンプルを用いている。調査対象は、教育水準の高い人（一七年間教育を受けた人）が少なくとも一人いて、乳幼児の育児がしっかりと行われているなど、その他の恵まれた条件がそろっている世帯である。このような望ましい環境で育ったインドの恵まれた子供たちに関しては、このＷＨＯによる調査の対象となったその他の国々（ブラジル、ガーナ、ノルウェー、オマーン、アメリカ）の子供たちと同一の「軌道」（各年齢での身長と体重）に沿って成長していることが明らかになった。WHO Multicentre Growth Reference Study Group（2006）を参照。

表６−５：子供の栄養摂取の動向

	3 歳未満の栄養不良の子供の割合（%）				
	NCHS による旧基準			WHO による新基準	
	1992-93 年	1998-99 年	2005-06 年	1998-99 年	2005-06 年
低体重					
2 標準偏差未満	52	47	46	43	40
3 標準偏差未満	20	18	—	18	16
低身長					
2 標準偏差未満	—	46	38	51	45
3 標準偏差未満	—	23	—	28	22

《注》ここでの標準偏差とは、基準母集団における標準偏差のことである。中央値からマイナス 2 標準偏差未満が中重度の栄養不良、中央値からマイナス 3 標準偏差未満が重度の栄養不良にそれぞれ対応している。

《出典》International Institute for Population Sciences（2000），266～267 ページおよび International Institute for Population Sciences（2007a），274 ページ。いずれも、これまでに実施された全国家族健康調査に基づいている。NCHS（National Centre for Health Statistics）の旧基準に基づく 2005-06 年の数値は、「インドについての概況報告書」によるものである（International Institute for Population Sciences, 2007b）。WHO 児童発育基準という新基準が 2006 年に出されるまで、全国家族健康調査では NCHS の旧基準が用いられていた。さらに詳細については、Deaton and Drèze（2009）の表 11 を参照。

格指数」（body mass index: BMI）が（従来から慢性的なエネルギー欠乏と関連づけられてきた一般的な基準である）一八・五を下回る成人女性の割合は、インドでは二〇〇五－〇六年に三六％に達している。この数値は、人口保健調査のデータが入手可能な国々のなかでも最も高く、一四％というサハラ以南アフリカについての推定値のほぼ三倍の水準である[21]。

以上の点は、インドの栄養状況の特徴ともいうべき悲惨な事実のほんの一部にすぎない。さらに、子供の予防接種についてすでに論じたのと同様に、栄養状況に改善が見られないという深刻な問題もある。実は、（インドの保健や栄養摂取についての包括的な家計調査であり、本書を執筆している時点で直近の）二〇〇五－〇六年に行われた第三回全国家族健康調査が明らかにしている重要なメッセージの一つが、まさにこの点なのである。例えば、二〇〇五－〇六年時点での低体重児の割合は、第一回全国家族健康調査が行われた一九九二－九三年と比べてあまり減っていないし、低身長児の割合の減り方は若干速くなっているようではあるが、全体的に見れば、この期間には非常に限られた進展しか見られなかった（表6－5を参照）。一三年間というのは短い期間のように思えるかもしれないが、一九八〇年代のタイや一九六〇年代と一九七〇年代の中国が証明したように、実際には、大胆な政策によって子供の栄養状態を大きく改善するためには十分な時間である。また、第三回全国家族健康調査では、女性の身長と体格指数の向上は緩慢であり、貧血症の蔓延はまったく解消されていないことも明らかになっている。ところが、同じ時期に停滞していた子供の予防接種と同様、専門家以外の間では、こうした憂慮すべき傾向に関心が向けられることはほとんどなかったのである。*8

社会的責任としての保育(22)

自分が育てている花を誰でも踏みつけられるような状態にしておきながら、後になってからいつも以

＊8　栄養摂取の動向への無関心によって大きな被害を受けている事柄の一つとして、栄養摂取の監視体制それ自身が挙げられる。第三回全国家族健康調査で得られたデータはすでに八年も前のものであり、その後の栄養摂取の動向については（本書を執筆している時点で）ほとんど情報が得られない。第四回全国家族健康調査はまだ行われておらず、その結果は早くても二〇一五年までに入手できるとは考えられない。このように、栄養摂取に関するデータに一〇年間もの時間的隔たりが生じると、インドの栄養問題に対処するためにタイミングよく効果的な手立てを講じることができなくなってしまう［訳注：二〇一五年八月末の時点で、第四回全国家族健康調査は終了しておらず、一部の州では始まってさえいない］。

上に世話をしたり、大量に水と肥料を与えたりすることで、適当に花を育てていた自らの過ちを改めようとする庭師を思い浮かべてみてほしい。実は、これに類するようなことを政府はインドの子供たちに常に行っている。というのも、子供が就学年齢に達する（つまり、いよいよ子供たちが学校に集められ、もし運がよければ教育や保育が行われるようになる）まで、政府が子供の養育に関与することはあまりないからである。しかし、人生の最初の六年間（とりわけ最初の二年間）は、健康、福祉、様々な能力、そして、将来の可能性に決定的かつ長期的な影響を及ぼす。[*9]

幼児の養育は家庭に任せておくのが一番よいと一般的に考えられてきたこともあり、インドでは保育関連の公共サービスが長年にわたっておざなりにされてきた。確かに、幼児の面倒を見るのに最も適した立場にいるのは親であり、実際に親が育児をするのが普通である。しかし、育児をしようという気持ちがあり、どうすべきかを知っていたとしても、十分に育児をするための蓄え、気力、体力、時間を親が持ち合わせていない場合もよくある。そのため、親が子供に何をしてあげられるかは、保健サービス、保育施設、母性保護に関する権利などの様々な形の社会的支援に左右される。さらに、育児や栄養について限られた知識しか持ち合わせていない親も数多くいる。一例を挙げると、ウッタル・プラデーシュ州で最近行われた調査では、調査対象となった子供の半分が栄養不良であったが、その一方で、九四％の母親は子供の栄養状態は「正常」であると答えていた。また、授乳についての長年の知恵というのは、何千年にもわたって受け継がれてきたものなのに、かなり一面的であったり、単に間違っていたりすることさえある。例えば、真実はまったく正反対であるのに、分娩直後の母乳（初乳）は子供によくないという誤った迷信があるために、乳児に母乳を与え始める時期が先延ばしされるということがよくある。同じくウッタル・プラデーシュ州では、大多数の赤ん坊は出産後二四時間にわたって何も与えられず、出産後一時間以内に母乳を与えるという、医学的に推奨されているやり方で育てられている赤ん坊は、わずか一五％しかいない。(23) 公共活動を通してよい影響をもたらすような社会的規範は、親が子供のために何をするのか（例えば、子供にワクチンを接種させるか、妊婦がどのような食事をしているかなど）ということも大きく左右するのである。

このような理由から、幼児の養育を家庭だけに任せておくことはできない。つまり、家庭のなかで親が子供をよりよく養育できるようにするとともに、公的施設を活用して、保健、栄養、幼児教育や関連するサービスを直接供給するというように、社会全体が幼児の養育にかかわっていく必要がある。

こうした社会全体による養育というのは、原則としては、六歳未満の子供を対象とする唯一の全国規模のプログラムである「総合的児童発育サービス」(Integrated Child Development Services: ICDS) の枠組みのなかで大いに可能である。ＩＣＤＳは、各地域にある（アーンガンワーディーと呼ばれる）保育センターを通して、六歳未満の子供に保健、栄養、幼児教育といったサービスをまとめて提供することを目的としている。しかし、ＩＣＤＳは資金が不足気味であり、関心や政治的な支援を得られないことが多く、息を吹き返すようになったのはつい最近のことにすぎない。その要因として大きいのが、権利という視

＊9　この点に関しては、アルビナ・ドゥ・ボワールヴレイが切り開いたアプローチに刺激を受けて、スディール・アナンドらが「何もしないことによる費用」(Anand et al., 2012) と呼んでいる要素を考慮に入れることが様々な意味で必要である。何の行動も起こさないことによって生まれる費用（つまり、損失）が大きなものになることがある。さらに、何の行動も起こさないことによる費用が、問題を放置したことから生じる損失を防いだであろう行動を起こすための費用を大幅に上回ることがよくある。

点に立ってICDSを再構築するよう政府を強く促す命令が最高裁によって出されたことである。現在では、ICDSのすべてのサービスは、法的権利として六歳未満の子供たち全員に提供できるようになっていなければならない[24]。

ICDSのもとで現在運営されている保育センターの役割については、激しい批判が浴びせられている。実際、ICDSに予算を投入するのは、機能不全に陥っているプログラムという底なしの穴に資金をつぎ込むのと同じだと非難する人たちもいるほどである。現状では、ICDSに数多くの欠陥があることは間違いない。しかし、入手可能な情報を公平な観点から検討してみると、最初から失敗であるかのように決めつけるこの手の予想は支持されないのである。確かに、（これまでのところ）多くの州では、ICDSは実際の運用面ではきわめて質が低いが、そうした状況はあらゆる場所に当てはまるわけでもなければ、まったく変えようがないわけでもない。チャッティースガル州、ヒマーチャル・プラデーシュ州、マハーラーシュトラ州、ラージャスターン州、タミル・ナードゥ州、ウッタル・プラデーシュ州という六つの州にある二〇〇の保育センターについての調査をもとにした『FOCUS報告書』の知見から、この問題について有用な視点が得られる。

この調査では、ICDSについて積極的に関心を示してきた三州（ヒマーチャル・プラデーシュ、マハーラーシュトラ、タミル・ナードゥ）とそうでない三州（チャッティースガル、ラージャスターン、ウッタル・プラデーシュ）がそれぞれ含まれるように六州が選ばれていた。調査対象の母親たちの意見の概要を示している表6-6では、前者のグループを「活発な州」、後者のグループを「不活発な州」としている。さらにこの表では、それぞれのグループの平均に加えて、ICDSのプログラムの実施に関して六州のなかで最も成果を上げているタミル・ナードゥ州と最も成果を上げていないウッタル・プラデーシュ州

表 6-6：FOCUS 調査における母親の ICDS に対する認識

	タミル・ナードゥ	「活発な州」[a]	「不活発な州」[a]	ウッタル・プラデーシュ
調査対象の母親の全般的な認識（「はい」という回答の割合、%）				
近所の保育センターは定期的に開業しているか	100	99	90	87
自分の子供が定期的に通っているか[b]	86	75	52	57
補助的栄養が保育センターで提供されているか	93	94	93	94
自分の子供が保育センターで定期的に体重測定を受けているか	87	82	47	40
保育センターで予防接種を受けることができるか[c]	63	72	49	44
保育センターで未就学児向けの活動が行われているか[b]	89	55	41	36
ICDS は自分の子供の福祉にとって「重要」か	95	88	57	59
補助的栄養プログラムについての認識[d]（「はい」という回答の割合、%）				
食料の配給が定期的に行われているか	100	95	72	54
子供が「規定通りの食事」を提供されているか	100	87	48	32
食事の量が不十分か	2	13	54	69
食事の質はあまりよくないか	7	15	35	55

a「活発な州」にはヒマーチャル・プラデーシュ、マハーラーシュトラ、タミル・ナードゥが含まれる。一方、「不活発な州」にはチャッティースガル、ラージャスターン、ウッタル・プラデーシュが含まれる。

b（質問に関係する）3～6歳の子供が少なくとも1人いる母親からの回答。

c 各地の保健センターでは、保育センターの担当者の助けを借りて（例えば、担当者が子供たちを引率するなど）、ワクチンの集団接種がよく行われる。そのため、ICDS のもとでの予防接種に関する活動が過小に評価されている可能性がある。

d 保育センターで補助的栄養が提供されていると答えた母親からの回答。

《出典》『FOCUS 報告書』（Citizens' Initiative for the Rights of Children Under Six, 2006）の 42 ページおよび 59 ページ。地元の保育センターに通っている子供が少なくとも1人いる母親からなる無作為標本に基づいて、上記の数値を得ている。

の値も示されている。

まず、最初に注目すべき点は、すべての州で圧倒的多数（九〇％以上）の保育センターが定期的に開業しており、「補助的栄養プログラム」が盛んに行われているということである。現在、インドにある村落のうち九〇％以上が保育センターを備えているという点を考えれば、以上の事実から、非常に大きな可能性が浮かび上がってくる。つまり、六歳未満の子供たちに支援の手を差し伸べることを（理屈のうえでは）可能にするような、正常に機能している全国規模のインフラがすでにインドには整備されているのである[25]。

ただし、表6－6からも明らかなように、保育センターがどの程度うまく機能しているかという点については大きなばらつきがある。ICDSに活発に取り組んでいる三州、特にICDSの質が模範となるような水準に達しているタミル・ナードゥ州については、それなりによい評価を与えることができる（同州については、後述する）。その一方で、ICDSへの取り組みが活発でない州については、保育センターは単に食事を支給するだけの場所になってしまい、補助的栄養プログラムでさえもうまく機能していないことがよくある。しかし、ICDSが抱えるこうした課題を診断したり、さらには解決したりすることでさえ、多くの場合はそれほど困難ではないという重要なポイントが、『FOCUS報告書』から浮かび上がってくるのである。

例えば、補助的栄養プログラムを考えてみよう。三歳から六歳の子供にはその場で調理した栄養のある給食、それより年齢の低い子供には（栄養指導とともに）適切に設計された「自宅用食料の配給」を組み合わせるのが最適なやり方であるという証拠が数多くそろっている。しかし、調査を実施していた時点では、ICDSの栄養摂取に関するプログラムを改善するために、こうした単純な措置さえとろうとしない州が数多く存在した。例えば、ラージャスターン州やウッタル・プラデーシュ州では、三歳から六歳の子供に同じ「インスタント」の味気ない食品（パンジリやムルムラ）を毎日食べさせ、三歳未満の子供には何も与えていなかった。したがって、この二州で調査対象となった母親たちが補助的栄養プログラムに対してよく不満を抱いているというのは、何の不思議もないのである。

なお、インスタント食品からその場で調理した給食に置き換えようという方針に対して、一部の州で抵抗する動きが見られるのは、直接利害がからんでいる食品の請負業者が大きな影響力を持っていることと無関係ではなく、こうした点にも注目すべきである。というのも、第8章で議論するように、子供の補助的栄養プログラムへの商業的利害の浸透を防ごうとする闘いが、過去一〇年間にわたってずっと続いているからある。

さらに、三歳から六歳の子供に提供される給食が別の面でも重要な役割を果たしていることが、『FOCUS報告書』によって指摘されている。その役割というのは、子供たちを常に保育センターに来るよう強く後押ししているということである。この点に関しても、（インスタント食品ではなく）その場で調理した給食を出すことが、ICDSを改善するための単純だが効果的な方策であることがはっきりと示されている。その他にも、『FOCUS報告書』は興味深い具体例を取り上げている。例えば、保健員――ANMという略称で知られる「准看護助産師」（auxiliary nurse midwife）など――が、複数の保育センターの巡回について明確かつ固定されたスケジュールを与えられている場合のほうが、自分の都合に合わせて「立ち寄る」ことができる場合よりも、保健員による保育センターへの訪問がはるかに規則正しいことも同じ調査からわかっている。

全国家族健康調査のデータを用いてICDSについて分析を行った最近のある研究は、ICDSが効果を発揮する可能性（一部の州については、実際の効果）があることをさらに裏づけている。この研究を行ったモニカ・ジャインは、二歳未満の子供に栄養補助を毎日与えることで、身長の伸び（特に、女児の身長の伸び）に大きな効果があったことを明らかにしている。先に触れた三つの「活発な州」をはじめとして、ＩＣＤＳのもとで幼児へ毎日食事を提供することが幅広く定着している州では、特に効果が大きい（女児の場合、身長の伸びは約二センチに及ぶ）。さらに、費用と便益の試算に基づいて純粋な経済的利益の観点から見た場合（つまり、栄養摂取、生産性、賃金の関連性を考慮に入れた場合）でも、二歳未満の子供に毎日食事を与えることはきわめて効果的であるともジャインは結論づけている。[26] 幼児の保育というのは、子供自身の権利や福祉という観点から欠かせないだけでなく、経済的にも理に適ったものであるという認識を促すうえで、この点は重要である。[27]

以上の点を踏まえると、インド全域を対象とした全国家族健康調査のサンプルに含まれている二歳未満の子供のうち、ＩＣＳＤのもとで食事の提供を毎日受けている子供は約六％とごく少数にすぎない（そして、この少数の子供たちは、プログラムを積極的に活用している一部の州に集中している）というのは、大変残念なことである。これは、ＩＣＤＳが対象としている〇歳から六歳の年齢層のうち、プログラムの対象が三歳から六歳の子供たちに全般的に偏っていることの一つの表れである。ただし、給食プログラムだけでなくＩＣＤＳのその他の側面についても、このような偏りは修正可能であるということが、先に触れた活発な州の一部によって証明されている。[28] 将来の栄養状態や健康状態は二、三歳までに大方決まるという科学的証拠が蓄積されていることを考えると、幼児に対してもっと大きな関心を向ける必要性はいちだんと差し迫っている。*10 そのため、栄養補助だけでなく、ＩＣＤＳのもとでの取り組みとそれ以外の取り組みの両方を含むその他の政策（様々なニーズのなかでも、栄養指導、安全な水、衛生管理、予防接種、母性保護に関連する権利、保育施設などに関連する政策）も必要とされているのである。

ＩＣＤＳについていうならば、認知度の低さ、期待の低さ、ニーズの弱さ、実施面でのいい加減さという悪循環を断ち切ることが大きな課題である。ＩＣＤＳに関して計画委員会が最近行った評価によると、ＩＣＤＳのもとで子供が食料を受け取る権利についての女性の認知度は、州によって大きく異なっている。具体的には、ケーララ州は九六％、タミル・ナードゥ州は八八％と高い値を示す一方、補助的栄養プログラムを本当に必要としている貧しい州のほとんどでは、二〇％を割り込んでいる（例えば、ビハール州では一六％、ウッタル・プラデーシュ州では一二％）[29]。しかし、たとえそうであっても、「より質の高いサービスを求める地域社会の期待に応えること」が主な課題の一つであると保育センター職員が回答しているのは興味深い。もし保育センター職員が地域社会の期待に敏感に反応していて、なおかつ「不活発な州」では、ＩＣＤＳのもとで認められている権利についての認知度が二〇％以下から八〇％以上にまで上昇していくとするならば、ＩＣＤＳには望みがあるのではないだろうか。実際、このような期待を裏づけているのが、インド全域で近年見られるようになっているいくつかの経験であり、その

＊10　子供がかなり小さい段階で政策介入を行う必要性を重視するという点は、ジェームズ・ヘックマンと共著者たちが人間の潜在能力を決定づける早期の要因について最近行った研究の主要なメッセージの一つである。この点は、研究が増えつつある、児童発育の経済学についての文献でも強調されている。例えば、Heckman（2008）、Conti and Heckman（2012）およびこれらの論文のなかで言及されているそれ以前の文献を参照。

重要な事例の一つがタミル・ナードゥ州である[30]。

タミル・ナードゥ州の公共サービスから何を学べるのか

インドの大半の州とは異なり、タミル・ナードゥ州は、すべての人に無料で保健医療を提供するという方針を明確に打ち出している。このような姿勢は、保健医療のあらゆる側面にまで行き渡っているわけでは決してないが、保健関連の設備やサービスの幅広い分野にまで及んでいる。私たちが前著のなかで論じたように、タミル・ナードゥ州によるこうした取り組みは、保健サービスが比較的優れていることにはっきりと表れており、さらに、保健の面で大半の州よりも大きな成果を上げることにもつながっている[31]。最近の研究によると、タミル・ナードゥ州は、過去一〇年ほどの間に保健の分野でさらに急速な前進を遂げているだけでなく、こうした保健分野での成果は、他の州よりも積極的・創造的・包摂的な社会政策を実行するというより大きな方向性のなかに位置づけられるのである。

前著では、出版当時に一人あたり所得や一人あたり消費支出がタミル・ナードゥ州と同じような水準にあった州（例えば、「規模の大きい北部の州」）と比較することで、タミル・ナードゥ州が保健の分野で先んじていることを明らかにした[32]。現在では、タミル・ナードゥ州はこれらの州の大半よりも経済的にかなり豊かになっており、それは、近年になって同州が比較的高い経済成長率を達成しているためである。一人あたり消費支出で見てみると、タミル・ナードゥ州はハリヤーナー州などには依然として遠く及ばないものの、グジャラート州などと同じグループに属している。ところが、表6-7で示されているように、保健関連の指標に目を向けると、タミル・ナードゥ州はグジャラート州とハリヤーナー州の

表6-7：保健関連の指標の比較

	ケーララ	タミル・ナードゥ	グジャラート	ハリヤーナー	インド全体
1人あたり消費支出、2009-10年（月あたり、ルピー）					
農村部	1,835	1,160	1,110	1,510	1,054
都市部	2,413	1,948	1,900	2,321	1,984
乳児死亡率、2011年（出生1,000件あたりの死亡数）	12	22	41	44	44
妊産婦死亡率、2007～09年（出生10万件あたりの死亡数）	81	97	148	153	212
平均寿命、2006～10年（年）					
女性	76.9	70.9	69.0	69.5	67.7
男性	71.5	67.1	64.9	67.0	64.6
5歳未満の子供に占める栄養不良の割合、2005-06年（%）					
低体重	22.9	29.8	44.6	39.6	42.5
低身長	24.5	30.9	51.7	45.7	48.0
助産専門技能者の立ち会いによる出産の割合、2005-06年（%）	99	91	63	49	47
各種の母性保護を受けて出産（生児出生）した女性の割合、2005-06年（%）					
少なくとも1回の産前ケア	94	99	87	88	76
産後検診	87	91	61	58	41
12～23ヶ月の子供に占める予防接種の割合、2005-06年（%）					
すべて接種	75.3	80.9	45.2	65.3	43.5
接種なし	1.8	0.0	4.5	7.8	5.1
過去6ヶ月の間にビタミンAを少なくとも1回服用した12～35ヶ月の子供の割合、2005-06年（%）	46.5	44.8	20.6	15.9	24.8
3歳未満の子供に占める授乳開始時期の割合、2007-08年（%）					
出産後1時間以内	64.6	76.1	48.0	16.5	40.5
出産後24時間以降	3.2	6.6	22.2	44.6	29.1

《出典》統計付録の表A-3。

両方をかなり大きく上回っている（例えば、タミル・ナードゥ州の乳児死亡率と妊産婦死亡率は、この二州のほぼ半分の水準にある）。実際、グジャラート州とハリヤーナー州の保健関連の指標は、インド全体の平均とあまり違わない場合がほとんどであり、その一方で、保健の分野ではタミル・ナードゥ州はケーララ州にはるかに近く、その差は年々縮まってきている。

タミル・ナードゥ州の保健医療制度の基盤というのは、様々な社会的背景を持つ患者が日常的に訪れる基礎保健センターの体制が幅広く整備されていることにある。同州の基礎保健センターは組織運営、人員配置、基本的な医薬品の準備といった点でそれなりに優れていることが、最近行われた一連の実地調査から明らかになっている。(33) ディーパ・シンハによる以下の引用は、かなり典型的な描写である。

タミル・ナードゥ州の基礎保健センターは、非常に生き生きとして活気にあふれていた。私が訪れた時はいつでも、基礎保健センターの職員が誰かしら必ずいた。午前中の基礎保健センターは慌ただしく、患者は整理券をもらうために列を作り、医者の診察を受け、そこから薬局や「注射室」へと移動するという一連の流れが当たり前のように進んでいく。基礎保健センターの業務が行われている間は、職員の注意を引くことは不可能である。というのも、職員はみな忙しく、自分の仕事にまじめに向き合っているので、私のような物好きな訪問者は待っているようにといわれてしまうからである。（中略）医薬品の代金、診察代、その他の料金を請求されるかどうかを列に並んでいる人たち全員に訪ねてみたが、いつも決まって「いいえ」という答えが返ってきた。*11

このような印象は、独自に作成されたその他の報告や（少なくともある側面については）二次データによっても裏づけられている。例えば、全国標本調査のデータによると、公的な保健施設で保健医療サービスを受けた場合の患者個人の負担額は、タミル・ナードゥ州のほうがその他の州よりもずっと低い（農村部では、外来患者には治療費がかからない）[34]。さらに、単位面積あたりの保健センターの数、人口に対する医師と看護婦の比率、（医師を含む）医療スタッフに占める女性の割合といった指標についても、保健医療への政府の取り組みを表すその他の指標とともに、タミル・ナードゥ州はほとんどの州よりもはるかに高い値を示している[35]。

第3章で（そして、本章でも）議論したように、インドの大部分では、保健の「基本」となる事柄があまりにもおろそかにされてきたが、タミル・ナードゥ州はその「基本」となる事柄の多くに集中的に取り組むこともできている。例えば、病気の治療よりも予防に焦点を当てた公的活動という専門的な意味での「公衆衛生」に関して、継続的な取り組みが行われてきた[36]。それ以外にも、保健の基本へ目を向けた結果として、子供の予防接種率が高いという点が挙げられる。タミル・ナードゥ州での子供の予防接種率はインドのすべての主要な州のなかでも最も高く、二〇〇五－〇六年には、八〇％以上の子供がすべての予防接種を受けている[37]。同様に、政府が運営する保健センターで無料の医薬品を時間通りに供給できるようにするために、州が医薬品関連の公社を設立し、コンピュータ化された記録を伴う高度なサ

＊11　この著者は、ウッタル・プラデーシュ州でも同様の調査を行ったが、基礎保健センターはほとんどの場合閉まっており、「調査対象の村では、回答者である村人が一番近い基礎保健センターの場所を知らなかった」（Dipa Sinha, 2013）。

プライ・チェーンを開発した。そして、この点についても、タミル・ナードゥ州の状況はその他の多くの州とはまったく異なっている。これらの州では、政府が運営する保健センターに行くと、患者は処方箋を渡され、自分で薬を買う（多くの場合、近くの薬局で買う）よういわれるのが普通である（薬局が処方箋を出した医者と利益を分け合っているという非難は、残念ながらよく聞かれる）。一方、タミル・ナードゥ州の保健センターでは、医薬品を無料で提供することが義務づけられており、医師は患者に処方箋を渡して保健センター以外の場所に行かせるようなことはできない。

先に述べた『FOCUS報告書』の調査に基づいて、タミル・ナードゥ州ではICDSの保育センターが十分に機能しているという証拠をさらに示しているのが、表6-8である。ICDSのインフラ、子供の出席率、幼児教育の質、予防接種率、母親の認識のいずれの項目でも、タミル・ナードゥ州はその他の州（特に北部の州）を上回っている。おそらく、タミル・ナードゥ州のICDSが真の成果を上げていることを最もよく象徴しているのが、同州で調査対象となった母親のうち九六%が子供の福祉にとってICDSは「重要である」と考え、半数が「大変重要である」と考えているという点であろう(38)。

ICDSをめぐるタミル・ナードゥ州の経験のなかで最も重要な特徴というのは、先進性と創造性にある。中央政府が定めた指針を受身の姿勢で実施している多くの州とは異なり、タミル・ナードゥ州はICDSを「所有」し、財政的・人的・政治的な資源を大量にICDSに投じてきた。例えば、北部の州では、保育センターは平均で一日三時間開いているのがやっとであるが、タミル・ナードゥ州では、一日六時間以上開業しているのが普通である。同様に、〇歳から三歳の子供の出席率が高い（表6-8を参照）ということは、タミル・ナードゥ州の保育センターの多くが幼児のための保育施設を備えてい

表6－8：タミル・ナードゥ州の保育センター

	タミル・ナードゥ	北部州[a]
保育センターに占める所有割合（%）		
専用の建物	88	18
台所	85	30
貯蔵設備	88	58
医薬品キット	81	22
トイレ	44	17
保育センターの平均開業時間（調査対象の母親への聞き取りによる）	6時間半／日	3時間半／日
「定期的に」保育センターに来ている子供の割合[b]（%）		
0～3歳	59	20
3～6歳	87	56
調査対象の母親の評価（%）		
保育センターで未就学年齢の児童への教育が行われている	89	48
保育センター職員の意気込みが「高い」	67	39
保育センター職員が自宅を訪れたことがある	58	22
最後の妊娠の前に少なくとも1回出産前検診を受けた女性の割合[c]（%）	100	55
「予防接種をすべて受けた」子供の割合[d]（%）	71	41
保育センター職員が訓練プログラムに参加してからの期間の平均月数	6	30
過去3ヶ月間に給与が支払われていない保育センター職員の割合（%）	0	22

a チャッティースガル、ヒマーチャル・プラデーシュ、ラージャスターン、ウッタル・プラデーシュ。
b 各地の保育センターに登録している子供に占める割合。調査対象の母親への聞き取りによる。
c 過去12ヶ月間に出産した女性に占める割合。
d 訓練を受けた調査員による評価に基づいている。

《出典》2004年のFOCUS調査。Drèze（2006a）の表6とCitizens' Initiative for the Rights of Children Under Six（2006）を参照。

ることを物語っている。さらに、同州は緻密な訓練プログラムを開発しており、具体的には、訓練を行うための活動的なチームを郡レベルで設け、ＩＣＤＳと保健省の職員を合同で訓練し、保育センターの職員に対して再教育講習を定期的に行い、ＩＣＤＳの業務を担当する職員向けに他県の状況の視察を実施している。ちなみに、タミル・ナードゥ州のＩＣＤＳは上から下まですべて女性によって運営されている(39)。

興味深いことに、創造的な取り組みを積極的に行っていくというこうした姿勢は、タミル・ナードゥ州で実施されているその他の多くの社会プログラムにも見られる。例えば、全児童を対象とする無料の給食を初等学校にはじめて導入したのは、タミル・ナードゥ州である。この新たな取り組みは、当初は「大衆迎合的」な政策であると大いに嘲笑されたが、後には、インド全土で行われるようになった給食制度のモデルとなったのである。現在、タミル・ナードゥ州では、学校に通っている子供たち（より正確には、政府系の学校に通っている子供たち）には、給食だけでなく、制服、教科書、文房具、健康診断も無料で提供されている。さらに最近では、公的配給制度や全国農村雇用保証法といった主要な社会プログラムでも、創造性と先進性が発揮されている（なお、この二つのプログラムについては、次章で詳しく論じる）(40)。タミル・ナードゥ州の公的配給制度は、定期的に配給が行われ、汚職が比較的少なく、農村部の貧困削減に大きな効果があることから、学校給食プログラムや保育センターのようにインド全体にとっての模範となっている(41)。また、全国農村雇用保証法の実施面についても、同州はインドのなかで最も高い水準を誇る州の一つである(42)。

タミル・ナードゥ州が行政の分野で発揮してきた革新性と創造的思考の能力は、インド全体にとって重要なモデルとなっている。例えば、保育センターの機能を高めたり、公的配給制度の腐敗を防いだり、さらには、保健センターで医薬品が時間通りに供給されるようにしたりするための新たな取り組みのなかには、実にすばらしいものがある。公共サービスの全般的な質に関して、タミル・ナードゥ州がインドの主要な州のなかでトップに立っているというのは、何ら偶然ではないのである。[43]

タミル・ナードゥ州の経験について注目すべきもう一つの特徴として、第3章ですでに指摘したように、すべての人を対象にする包括的な社会政策を行うという姿勢が挙げられる。この点に関する最も際立った具体例が、同州の公的配給制度である。すべての世帯は、最低割当量（現在は二〇キロ）の米を市場価格よりも低く設定された価格で毎月買うことができ、米以外の必需品についても同様の仕組みがある。同州では、一九九七年に中央政府の政策に従って、（何らかの基準に基づいてプログラムの対象者を絞り込む）ターゲティングを取り入れた公的配給制度を行おうとしたが、「あまりにも多くの抗議の声が上がったのを受けて」一週間で撤回することになった。[44] すべての人を対象にするという同州の社会政策の原則は、公衆衛生、学校給食（さらに、児童の通学を促すためのその他のプログラム）、保育、雇用保証、公共交通、そして、電気や水道といった基盤インフラにも当てはまる。こうした取り組みの結果、表6‐9から明らかなように、生活に必要な基本的要素が奪われるような状況がタミル・ナードゥ州で起こることは驚くほど少ない。

どのようにして、そして、いつタミル・ナードゥ州は、すべての人を対象とした正常に機能する公共サービスを実現しようとする姿勢を育んでいったのかという疑問が浮かんでくる。この点に関しては様々な解釈が提示されており、いくつかの例を挙げると、（一九二〇年代にペリヤールが興した「自尊運動」などの）初期の社会改革の試み、恵まれないカースト集団への政治的権利の付与、大衆主義的な政治の影響、タミル社会に見られる積極的な女性のエージェンシー（行為主体性）などの要因に焦点が当てられている。タミル・ナードゥ州の社会史のこうした側面とその他の側面、さらには、これらの要因が今

表 6-9：タミル・ナードゥ州における公共サービスへのアクセス（2005-06 年）

	タミル・ナードゥ	インド全体
世帯に占める所有割合（%）		
電力供給	89	68
衛生的な給水源	94	88
配給カード[a]	94	83
公的配給制度は「信頼できる」と感じる人（2001 年）	73	23
成人女子に占める割合（%）		
産前ケアの受診	99	76
妊娠中の破傷風ワクチンの接種	96	76
助産専門技能者の立ち会いによる出産	91	47
産後検診の受診	91	41
幼児に占める割合（%）		
すべてのワクチンの接種	81	44
一切のワクチン接種なし	0	5
保育センターの対象範囲内に居住	97	81
政府系学校に占める所有割合[b]（%）		
飲料用水	100	92
電力	92	31
給食	98	88
健康診断	94	55
基礎保健センターに占める所有割合[c]（%）		
必須医薬品	98	70
医務官	85	76
薬剤師	94	69
恒常的な電力供給	87	36
正常に機能する手術室	90	61
低温保存設備	95	67

a 2004-05 年。
b 2009-10 年。
c 2007-08 年。

《出典》International Institute for Population Sciences（2007a）：産後検診については表 8.22（220 ページ）、保育センターの対象範囲については表 9.19（254 ページ）。Desai et al.（2010）：配給カードについては表 A.13.1.b（206 ページ）。Paul et al.（2006）：公的配給制度への信頼性については 87 ページ。その他の指標については統計付録の表 A-3 を参照。特に表記がない場合は、2005-06 年が対象年である。

日の同州の成功とどのように関連しているのかという点については、現在でも活発な研究が行われている。ここで興味深いのは、このような様々な解釈が、民主的活動が持つ力というものを何らかの形で指摘していることである。

その一例として、保健に関する問題を浮き彫りにし、新しいものの見方を提示するという点で公共的推論や社会活動が発揮する力というものが挙げられる。社会健康保険の必要性をタミル・ナードゥ州で最初に訴えたK・S・サンジーヴィ博士のような先見性のある人たちは、インドでこの問題が盛んに議論されるようになるはるか以前に、保健医療には公的支援が必要であると主張していた。*12 社会全体にかかわるような問題についての公共的議論を喚起するという点では、タミル・ナードゥ州は全般的に大きな役割を果たしてきた。例えば、同州では、学校給食の提供などの保健関連のプログラムはかなり早い時期から活発な公共的議論の対象となっており、その多くは他州に先駆けて実施されていた。さらに、タミル・ナードゥ州の選挙戦では、保健に関する問題が一貫して重要な役割を果たしていた。こうした状況は、インドの他の州のなかでも、保健（または、基礎教育や子供の栄養摂取などのその他の基本的ニーズ）に関する問題が政治上の争点としてあまり重視されないように見える北部の州とは、とりわけ大きく異

*12　サンジーヴィ博士は、一九五八年に奉仕保健サービス病院というすばらしい施設を創立した。この取り組みは、（とても支払えないような金額になることの多い）医療費をまかなえる患者だけを相手にするような医者に健康にかかわる問題を任せておくのではなく、保健医療の分野での社会的共同（例えば、累進構造を備えている、所得に基づく健康保険など）によって、どれだけ大きな成果が得られるのかを示している。二〇〇三年一二月二八日付の *The Hindu* に掲載された 'The Great "Little" Man' を参照。

なっている。

タミル・ナードゥ州の公共サービスについてヴィヴェク・スリニヴァサンが最近行った研究（Srinivasan, 2010）では、同州が保健の分野で成功を収めていくうえで、（ダリトが住む小さな村から全州規模の社会政治運動に至るまでのあらゆる規模の）民主的活動がどのような役割を果たしてきたのかが浮き彫りになっている。スリニヴァサンが述べているように、「公共サービスを求めて異議申し立ての声を上げるというタミル・ナードゥ州の文化は、（中略）過去三〇年ほどの間に形成されたものである」[*13]。さらに、このような流れは、カースト、階級、性別に基づく抑圧からの解放を求める闘いと密接に関連している。その過程で、すでにケーララ州では顕著に見られていたように、公共サービスの提供が政治問題として大きな注目を集めるようになったのである。おそらく、タミル・ナードゥ州の経験から得られる一番大切な知見というのは、民主的活動を一般市民の関心事へと向かわせることが可能であるという点、そして、よりよい公共サービスを求める集団的要求は社会的平等を求めるさらなる闘いへとつながっていくという点であろう。

保健医療の危機を乗り越えるために

では、現在インドを最も悩ませていると思われる、保健の危機的状況から抜け出す道とは、一体何なのだろうか。突きつけられている問題は確かに大きいが、その大きさに圧倒されてしまってはいけない。そうではなく、危機的状況を生み出している原因についてのこれまでの分析と（原因の分析とも密接に関係する）同様の問題をインドよりもはるかに巧みに解決してきた途上国の経験から得られる教訓の両方を活かしながら、この困難を乗り越えるための方策を見つけ出さなければならない。また、その他の州よりも人々の健康に配慮している州（特にケーララとタミル・ナードゥ）が上げている成果からも多くを学ぶことができる。さらに、世界の国々ということであれば、インドにとってそのまま参考になる教訓を与えてくれる国として、（最も重要な）中国をはじめとして、ブラジル、メキシコ、タイなどが挙げられる。

まず、正しく理解しなくてはならない第一の点（そして、最も重要な点）は、インドという一国の保健医療の全体的な方向性のなかで、普遍主義的な保健医療を目指すという姿勢を明確にすることが大切であるという点だろう。タイ、ブラジル、メキシコは、最近になって普遍主義的な保健医療を達成し、国民に保健医療が広く行き渡るようになった。また、中国の経験はとりわけ興味深いものである。というのも、一九七九年に経済改革が開始された当初、中国は普遍主義的な保健医療への取り組みの必要性を否定しようとしたが、それまでの普遍主義の方針を放棄したことによって、寿命の伸びや全般的な健康状態の向上といった面で大きな代償を払うことになったからである（以上の点については、第1章で論じた）。結局、中国は普遍主義的な保健医療への取り組みを否定したことを誤りであったと認め、二〇〇四年から普遍主義的な保健医療への回帰を急速に進めていき（すでに国民の九五％が保健医療の対象となっ

＊13　Srinivasan（2010）の156ページを参照。このなかに収められている、ダリトのある村についての事例研究は、異議申し立ての声を上げるという文化の出現とその影響を次のように生き生きと描いている。「手押しポンプ式井戸、街灯、道路、その他の公共サービスといったものはすべて、請願、デモ活動、異議申し立て、交渉という一連の活動を通して確保される」（177ページ）。

ている）、このような取り組みが実を結んでいる。中国の現状をしっかりと理解しないまま、インドは中国のやり方に従うべきだと考えている中国崇拝者といわれる人たちが話す内容とは異なり、中国は保健医療を民間の健康保険に委ねるようなことはしておらず、そうした方向性をより確かなものにするために、国家が主要な役割を果たしているのである。(45) これまでにも議論したように、このような他の国々の経験というのは、経済的推論から予想される内容とも完全に一致しており、その理由として、(1)人々の健康が備えている「公共財」的性質、(2)非対称情報による影響、(3)地域社会や国といった単位での保健分野全般の成果に不平等が及ぼす影響、という三つの点が特に重要である。

普遍主義的な保健医療を目指そうするならば、インドの保健医療は少なくとも二つの点で大きく変わらなければならないだろう。第一に、いかなる実証的証拠によっても支持されていないにもかかわらず、民間部門が提供する保健医療と保険によって、インド人の健康状態を容易に改善できるなどと信じるべきではない。もちろん、だからといって、保健医療の分野では民間部門には何の役目もないということにはならない。大半の国の保健医療制度には、民間部門が保健医療サービスを提供する余地が何らかの形で残されており、インドには民間部門は必要ないというもっともな理由は見当たらない。また、インドで保健に関する計画立案を行う際には、国による保健医療の提供をはじめとする公的部門の運営に影響を及ぼす説明責任の問題やその他の課題（第4章で論じた）を無視することはできない。しかし、（普遍主義的な保健医療という大原則をボーレ委員会が何十年も前に適切に述べているように）「支払い能力にかかわらず、社会に属するすべての人々」に保健サービスへのアクセスと健康を保つために必要なその他の条件を保障するという何よりも重要な目標は、本来は公的責任に属するものである。(46) さらに、保健医療の分野では市場取引や民間の保険には限界があるため、国による保健サービスの提供というのは、普遍主義的な保健医療を実現するうえでの基礎となる重要な役割を担っているのである。
そして、普遍主義的な保健医療を目指すうえでインドが変わらなければならない第二の点は、基礎保健センター、村レベルの医療従事者、予防の視点に立った保健対策、保健医療の提供をタイミングよく定期的に行えるようにするためのその他の手段などに改めて着目しながら、国による（予防と治療の両方を含む）保健医療サービスの提供について「基本に立ち返る」必要があるということである。全国健康保険計画（この創設されて間もない貧困世帯向けの補助付き保険プログラムについては、すでに述べた）は思いやりのある政策であるし、保健医療がないがしろにされ、治療費が高すぎるために貧しい人たちが死んだり、病気を患ったりするのをそのままにしておくよりはよほどましである。しかし、早期の保健医療をすべての人に定期的に提供する（そして、より体系的な早期医療を誰もが受けられるのに、多額の費用のかかる治療が必要になった場合には、それを追加的に提供する）ことによって、はるかに低い費用でより大きな成果を上げることができるのである。[47]
政府による取り組みが特に必要とされるのは、病気の治療よりも病気の予防を目的とする様々な活動であり、具体的には、予防接種、衛生設備、衛生管理、ごみ処理、疾病管理、感染症予防、保健教育、食品の安全にかかわる規制などが含まれる（すでに述べたように、この分野は専門的には「公衆衛生」という名称で知られている）。一般的には、病気の治療とは異なり、病気の予防は社会や国家が特に責任を負うべき事柄であると見なす傾向が強い。*14 したがって、こうした分野での集合行為の拡大はきわめて急を要する課題であり、すでに論じたように、インドが予防接種や衛生設備などの面であまりにも悲惨な結果しか残していないことを考えれば、この点はなおさらである。[48]
インドでは近年、特に全国農村保健ミッションのもとで、国による保健サービスの提供（公衆衛生に関する部分も含む）を改善しようという重要な試みが、限定的ではあるが進められている。こうした試みのなかには、すでに成果を上げていると思われるものもある。例えば、各村の「公認社会保健活動家」（accredited social health activist: ASHA）が予防接種プログラムにかかわることで、子供の予防接種率が大幅に上昇し、長年にわたってほぼ停滞していた状態から抜け出したようである[49]。同様に、母性保護計画（Janani Suraksha Yojana）のもとで行われている、保健施設での出産を促進する運動のおかげで、助産専門技術者が出産に立ち会う割合が急増している[50]。さらに、公的な保健施設がより広範囲にわたって改善していることを示す暫定的な証拠さえ出てきており、全国農村保健ミッションが始まる前の五年間では、一年につき何とか一ポイント減少しているにすぎなかったインドの乳児死亡率が、全国農村保健ミッションの開始から五年間では、一年につき約三ポイント減少しているのは、単なる偶然ではないだろう[51]。

ただし、全国農村保健ミッションがインドの保健制度の危機を解決してくれるなどといいたいのではない。実際、この危機を克服するためには、全国農村保健ミッションではあまりにも規模が小さすぎる（さらに、全国農村保健ミッションは短期のプログラムとして計画され、二〇一二年で終わることになっていた。現在、実施期間が延長されている）。そうではなく、ここで得られる教訓というのは、教育や早期保育の場合と同じく、よく練られた計画に従って公的施設（長い間あまり機能していなかった施設も含めて）の改善に努めていくことが大きな成果につながる可能性があるという点である。さらに、先に挙げたような成果からは、貧困国一般、そして、特にインドにとって重要な教訓である「低コストで良質な保健」をさらに推し進めていくことが一般的に可能であるという強い裏づけが得られる（また、他の国々の多くの経験からも、この点は明らかである[52]）。

このような新たな試みをより確かなものにしつつ、国内外の様々な経験から得られる教訓を活かしていくという課題が、インドの行く手には待ち受けている。つまり、制度を変えることでよりよい保健サービスの提供を実現することに加えて、本節で名前を挙げたすべての国がそうしているように、より多くの財源（対GDP比）を保健への公的支出に振り向けることが求められるのである。[53] さらに、こうした取り組みは、公共サービス全般について効率性と説明責任をさらに高めていくことと一緒に進められなければならない。そして、公共サービスの効率性と説明責任については、（タミル・ナードゥ州、ケーララ州、ヒマーチャル・プラデーシュ州などの）インドの一部の州の経験からすでに多くの教訓が得られている。

最後に、健康や保健医療の問題は、民主政治の中心的な関心により近いところに位置づけられるべきであるという点も重要である。これまで見てきたように、インド全体では保健は公共的推論の対象にはほとんどなっていない。しかし、その一方で、タイ、ブラジル、メキシコといった国やインド国内のタミル・

＊14　このような領域で集合行為の必要性がきわめて高い理由には、公衆衛生を向上させようという誘因が個々人にとっては非常に弱いという点もある。過去にヨーロッパ、日本、アメリカで起こった寿命の伸び、そして、中国を含む東アジアや（よりインドに近い国として）スリランカでより最近になって見られた平均寿命の急速な上昇は、公衆衛生によるところが大きい。ところが、インドでは、公衆衛生は保健政策のなかで最もないがしろにされている側面の一つである。実際、過去五〇年ほどの間に、公衆衛生サービスは「はるかに大きな政治的関心や一般的関心を集める医療サービスに徐々に侵食されてきている」と的確に指摘されている（Das Gupta et al., 2010 の48ページ）。インドでは公衆衛生が全般的に軽視されてきたという点については、Das Gupta（2005）も参照。

ナードゥ州やケーララ州では、保健の問題について民主的な取り組みを進めていこうとする姿勢が、保健政策を転換していくうえで非常に重要な役割を果たしてきた。[*15] さらに、より権威主義的な中国の政治体制のもとで、政府が示した保健医療への取り組みから得られる教訓はあまりに重いものであるが、そういった教訓でさえも、複数の政党が競合するインドの民主主義体制のなかで活かすことは可能である。ただし、それは、中国の教訓をインドの民主的な対話のなかに取り込むことでしか可能ではない。民主主義のおかげで、インドは世界中のどの国からも自由に学ぶことができる。だからこそ、人間にとって何よりも大切な健康について体系的な推論を行わずに、厳しい状況のなかで身動きできないままでいるのではなく、民主主義の実践のなかで十分な知識に基づく推論をよりいっそう活用していくのは至極もっともなことなのである。

＊15　この点について示唆を与えてくれるその他の経験のなかでも、二〇〇七年国民健康法に基づいて設立された、タイの「健康会議」から大変多くを学ぶことができる。健康会議では、保健医療に関する公共政策の機能について、市民が不満を述べたり、広範囲にわたって評価を行ったりするための会議が定期的に開催される。タイは、保健分野での取り組みを徹底することで、普遍主義的な保健医療の実現へ向けて急速に大きな前進を遂げている。そして、保健医療を提供する側の公務員の問題だけでなく、受け手の側の一般市民が直面する問題についても、互いに協力し合いながら検討を行っていくことが、タイの保健医療の前進に一役買っている。

第7章　貧困と社会的支援

「誰も聞く耳なんか持ってくれないよ。力にものをいわせられるような立場の人間じゃないからね、私たちは」。チャッティースガル州サルグジャ県にあるジャパールという人里離れた村に住む部族民の女性の口から出た一言である。この言葉を耳にしたのは、二〇〇一年一〇月のことであった。彼女の怒りの矛先は、公的配給制度（Public Distribution System: PDS）がこの地域ではまったく機能していないことに向けられていた。一番近い配給所までは徒歩で三時間もかかるうえに、市場価格よりも安い値段で月々配給される米を得るためには、さらにいくつもの障害を乗り越えなければならなかった。そのため、配給所で米にありつけるのはほんのわずかの人たちであり、配給されるべき米の大半は闇市場に横流しされるという有様だった。

ところが、二〇一二年六月にジャパールを再び訪れてみると、まったく違う光景を目の当たりにした。配給所は村の真ん中に設けられ、地元の人たちによって運営されていた。さらに、ほとんどの世帯が配給カードを持っており、いつも月の初めに配給の上限である三五キロの米をほぼ無料で手にしていた。家に食料が確実にあるということが、村人たちにとても大きな安心感を与えているのは明らかだった。しかし、チャッティースガル州からウッタル・プラデーシュ州へと州境を越えて、その村からわずか数キロしか離れていない場所に赴くと、一〇年前にジャパールで目にしたのとまったく同じ光景がいまだに広がっている。

公共サービスが十分に機能することで、人々の暮らしは大きく改善される。本章に先立つ二つの章で教育と保健に焦点を当てたのは、開発というものの核心である人間の潜在能力の形成と真の自由の拡大に、教育と保健が大きく貢献するからである。また、教育と保健というのは、市場によって生み出されるインセンティブの限界や公共活動の必要性がとりわけ大きい、一人一人の生活と社会関係にかかわる分野でもある。そして、（政治的なイデオロギーに基づく議論では、国家機関の必要性は多くの論者によって否定されるが）この点は主流派経済学の文献でもはっきりと認識されている。公共サービスの必要性は、教育と保健の他にも、生活条件を構成する多くの側面についても当てはまる。例えば、環境保全、雇用の拡大、食料安全保障、そして、市場メカニズムが規制されない場合に効率性や公正性が大きく制約される、その他の多くの分野が挙げられる。実際、インドのような国では、貧困層の生活の重要な側面はすべて何らかの形で公共政策に左右される。そして、この点は、（技能形成、保健医療、雇用支援のように）関連する活動の多くが社会的な側面だけでなく経済的な側面も備えているにもかかわらず、「社会政策」と呼ばれることの多い領域について特によく当てはまる。ある取り組みが「社会的」であるといわれるのは、それが市場メカニズムだけでなく、それ以外の数多くの社会制度を活用しているからである。本章では、このような広い意味での社会政策について論じる。

公共サービスの提供と社会的責任

インドで繰り広げられる議論には、政治的信念に応じて「市場嫌悪症」と「市場偏執症」のそれぞれの考え方を支持する人たちがある程度おり、世界各地で行われている議論と同じような様相を呈している。しかし、市場はその一部であるべきだが、唯一の構成要素などではないという、様々な制度を必要とする世界では、賛成であれ反対であれ、市場というものに衝動的な反応を示すのは特に意味のあることではない[*1]。インドでは近年になって、市場嫌悪症が大きく後退している。これは都合のいいことではあるのだが、今度は、可能な限りすべてを市場に委ねてしまおうという市場偏執症に囚われないようにすることが大切である。中国は一九七九年頃にこの段階を経験し、その際に行われた経済改革によって、市場が大きなプラスの効果をもたらす可能性のある分野（特に農業と工業）だけでなく、市場が非常に限られた役割しか果たせない分野（例えば、保健医療）についても市場化が進められた。そして、改革が行われて以降、前者については大きな成果が得られたものの、後者については惨憺たる結果に終わったのである。その後、中国は政策の再構築を図り、すべてを市場化しようとする段階から抜け出していった。例えば、この一〇年間で、国による健康保険の整備はかなり幅広い範囲で元の姿に戻ってきており、すばらしい成果を上げている（第1章を参照）。つまり、現実主義的になることがとても大切であり、市場を否定することに伴う圧倒的な非効率（例えば、ソ連経済の脆弱さがこの点をよく示している）とイデオロギーに基づく市場化の異常性（ソ連が崩壊して間もない段階ですべてを一気に市場化したために、ロ

＊1　市場嫌悪症と市場偏執症の危険性に加えて、市場制度と非市場制度の両方が必要であるという点についてのより詳しい議論として、Sen（1999）および Drèze and Sen（2002）を参照。

シアが経済的・社会的混乱に見舞われたことがこの点を示している）の両方を避けなければならないのである。

インドでは、市場メカニズムに対するあまりにも大きな期待から、市場に頼るだけで十分であるという考えが声高に主張されるようになってきている。しかし、こうした市場への過度な期待は、主流派経済学から得られる結論に対する誤解に基づいている場合が多い。実際、外部性、公共財、非対称情報、分配の不均衡が存在する場合には、市場はうまく機能しないと主流派経済学では考えられている。[1] したがって、市場には何ができるのか（そして、何がうまくできるのか）という点に加えて、市場には何ができないのかという点を理解するためには、「経済学の新しいパラダイム」などというものをわざわざ探し求める必要などないのである。[*2]

市場原理が公共政策に見境なく適用されている例については、これまでにも本書で論じてきた。例えば、一九八〇年代はじめに保健制度が突如として民営化された（そして、公的な保健医療を受ける権利が大きく狭められた）という、反省せずにはいられない中国の経験については、少し前に述べたばかりである。インドでは、このように権利が突然奪われてしまうような事態に対して、民主主義が予防手段となりうる（ただし、そもそも権利がある場合の話である）。ところが、これまでの章で見てきたように、保健や教育の提供が営利目的で行われる傾向はますます強まってきている。

また、基礎的サービスには公的支援が必要とされているという限りでは、政府によってまとめてサービスが提供されるようにするよりも、人々が市場からサービスを購入できるようにすることに公的支援が向けられるほうがよいという考え方も影響力を持っている。その基本的な論拠となっているのが、競争によってコスト削減と質の向上へ向けての圧力が生まれるので、公的部門よりも民間部門のほうがより効率的にサービスの提供を行えるという点である。そのようなケースも確かによくあるが、これまでにも（特に、第5章で「教育バウチャー」の利用について）論じたように、このようなやり方には深刻な限界もある。教育バウチャーの問題をもう一度取り上げることはしないが、公的機関を通じて基礎的サービスを提供するのではなく、それぞれが基礎的サービスを購入できるようにするというやり方を支持する一般的な議論については、もう一度考えてみる価値がある。

公的提供を直接行ってニーズに対応するのではなく、購買力を引き上げて、人々が必要な物を購入できるようにして市場を活性化することに確かな根拠があるような状況の一例として、飢饉の救済を挙げることができる。以前出版した著書のなかで私たちは、食事の提供や食料品の配布よりも（例えば、現金で賃金が支払われる、各地域で実施される公共事業を通しての）「現金による救済」のほうが、飢饉の救済としてはより効果的であることが多いと主張した。[2] その動かしがたい論拠として挙げられるのが、飢餓が差し迫り、飢饉が姿を現そうとしている状況では、スピードが決定的に重要であるという点である。そして、現金という形で所得を生み出すことによって、民間の商業・流通部門が有する物品調達のため

＊2　市場がうまく機能するような場合であっても、特定のタイプの個人間の関係はそもそも市場化されるべきかどうかという、より道徳的な問題については、重要であるとも考えられるが、本書では立ち入らないことにする。これは、奴隷として売買されることを自ら望んでいる場合であっても、奴隷所有は道徳的には認められないとするジョン・スチュアート・ミルによって提起された問題として知られている。Mill（1859）［山岡洋一訳『自由論』日経BP社、二〇一一年］の第5章を参照。また、Sandel（2012）［鬼澤忍訳『それをお金で買いますか――市場主義の限界』早川書房、二〇一二年］および Skidelsky and Skidelsky（2012）によって提起されている重要な問題も参照。

の手段が活用されるようになり、始動するまでに時間がかかったり、組織上の問題に直面したりするかもしれない公的な提供体制だけに頼らずに済むようになるのである。

とはいっても、これが間違いのないアプローチというわけではない。なぜなら、飢饉が発生している場合（特に、最近よく見られるように、同じ地域で武力紛争が起きている場合）には、市場取引そのものが妨げられたり、うまく機能しなかったりするかもしれないし、民間業者が独占状態を作り出して、そこから利益を得る危険性は常に存在するからである。しかし、全般的に見れば、現金による救済というやり方を支持する根拠は確かなものであり、独立以降のインドの飢饉防止の歴史の大半についても見られるように、比較的うまく機能することが実際に多かった。また、現金による賃金の支払いは、公共事業を通して雇用と購買力を生み出すという点でもよい影響を及ぼす（本章で後から取り上げる全国農村雇用保証法は、その一例である）。そして、現金を用いるほうがはるかに簡単で費用もかからないことが多いうえに、政府によるチェックが適切に行われている場合には、監視もよりしやすくなるのである。

ただし、こうした点を筋道立てて考えるためには、基礎教育、保健医療、水の供給、衛生設備、予防接種、そして、その他の「基礎的ニーズ」を満たすために必要な数多くのサービスを提供する際に、その他の様々な要因によって、市場取引の活用が常に効果的であるような状況からは大きく離れてしまうということも考慮に入れなくてはいけない。このような問題の多くは、（市場原理主義者が信じていると思われる内容に反して）主流派経済学ではよく認識されており、本書でも他の文脈ですでに論じている。例えば、はるかに多くの知識と情報を有しているであろう医者とは異なり、患者は必要な治療や実際の治療についてほとんど何も知らないかもしれないという状況のように、情報の非対称性が広範に見られる場合には、市場取引による配分が異常をきたしてしまうという点が挙げられる(3)。そして、「外部性」（例えば、伝染病や公衆衛生に関連する外部性）がある場合には、私的費用と社会的費用（さらには、私的便益と社会的便益）が大きく乖離してしまうという問題もある。また、購買力や資産の分配が不平等であることから、「分配」の問題も見られる。厚生経済学の文献では、市場経済によってもたらされる帰結というのは不公平であることが多く、貧困層は取り残されてしまうという点が幅広く論じられている。さらに、伝統的な慣習や行動規範を改めるよう政府が促すことも時には必要である。

経済学の分野では、この最後の点についての認識（というよりも再認識）は比較的ゆっくりと進んでいるので、ここで詳しく説明しておく必要がある。主流派経済学の一部では、いわゆる「消費者主権」がやや大げさに強調されることがよくある。この「消費者主権」というのは、人々は自分自身の利益を誰よりもよく判断できる（広い意味での功利主義的な議論）という考え方と、いかなる場合でも人々が行った選択はそのまま受け入れられるべきである（広い意味でのリバータリアン的な議論）という考え方のことである。したがって、二つの異なる考え方が合成されて、「消費者主権」という概念が形作られていることになる。しかし、一世紀に及ぶ経済学の蓄積は、実験経済学や行動経済学の研究によって近年より豊かなものになってきており、人々が自分自身（または自分の家族）の利益を最大化するようには行動できないかもしれない場面が数多くあることに関心が集まっている。例えば、手遅れになって後悔するまで、親は子供に予防接種を受けさせるという決断を先延ばしし続けるかもしれない。また、家族の他のメンバーのために女性が自分自身の栄養摂取や健康状態をおざなりにすることがあるかもしれない。さらに、大勢順応主義、群衆行動、誤った楽観的見通し、先延ばし、そして、その他の心理的な要因による影響などを受けて、多くの決定が行われているかもしれない。もちろん、高い知性を持ち、十分な情報を有している意思決定者であっても、「疲れている、空腹である、集中力を切らしている、イライラしている、酒や薬物の影響で正常ではない、重圧があると考えられない、重圧がないと考えられない、理性よりも感情から影響を受けるといったことがあるかもしれない」とロバート・オーマンは述べている(4)。したがって、自分の目標に近づくような選択をしたり、慎重に吟味することで目標を再検討したりするための支援が役に立つことも大いにありうる。一方、こうした目的を達成するためには、何の支援も受けずに市場に任せるのはあまり効果的ではないかもしれない。というのも、このようなやり方は、慎重に吟味することなどあまりないまま、人々が偶然行ったあらゆる選択に大きく左右されるからである。実際、市場取引の過程には賢明な意思決定を促すのではなく妨げるような要素があり、人目を引くような派手な宣伝というのはその顕著な一例である。

インドでは、子供への食事の提供に関連して、こうした問題が非常に重要になってきている。前章で論じたように、子供への食事の提供が効果を上げるかどうかは、母親向けの指導や栄養教育などの様々なタイプの社会的支援にかかっている。ところが、粉ミルクや関連商品の販売（さらには、売り込み）を行っている営利企業は、乳幼児の栄養面での健康にあまりにも冷淡であることが多いため、「IMS法」として知られる「乳児用調製粉乳、哺乳瓶、乳児用食品（製造・供給・流通に関する規制）法」などの法律によって、政府は悪影響を及ぼしている営利追求の動きに歯止めをかけざるをえないのである。これほどあからさまに人間の福祉が侵されていない場合でも、「消費者主権」がいかなる領域でも最良の結果をもたらすなどという見方には、しっかりと疑いの目を向けなくてはいけない。

そして、このようなかなりありふれた論点だけでなく、より気づきにくいその他の論点にも注意が必要である。例えば、公共的推論によって到達する可能性はあるが、個人間の取引を通して通常通り市場でサービスを購入する場合にはおそらく入り込む余地のないような社会的結果を新たにもたらすチャンスというのは、市場を介して公共サービスが提供されると消えてしまうかもしれない。保健や教育といった分野での政府の活動のなかには、公共サービスを提供していく過程で、市場を介してサービスが提供される場合には得ることが難しいであろう様々な便益を伴うようなものもある。その具体例として、最高裁での公益訴訟をはじめとする継続的な社会運動に対応する形で始まった、初等学校における調理給食の提供について考えてみることにしよう。社会全体の利益という視点からこうした活動が行われる場合、いくつもの有益な目的を同時に達成することができる。具体的には、学校への出席を促す、子供の栄養状態を改善する、子供の集中力をより長時間持続させるのに役立つ（空腹では集中力の持続は難しい）、農村部に暮らす恵まれない女性のための雇用を生み出す、学級活動がより活発になる、栄養についての教育を施す、食事を共にすることで生徒たちのカーストに基づく偏見を和らげるなどといった点が挙げられる。[5] もし食料品を配るというだけの話であれば、業務全体を民間に委託してうまくいくことは、大いにありうるだろう。しかし、こうした活動の背後にある様々な動機の間でバランスをとりながら、食料品の配布以外の関連する目的を後押しするのは、商業活動の一部として行うには難しいかもしれない。そして、初等学校での調理給食の他にも、保健（特に公衆衛生）、栄養、学校教育、これらに関連する分野などを対象とする数多くの政策について、同様の点を指摘することができる。

保健や教育を提供する最善の方法は、市場を介して民間事業者から購入できるようにすることであるという考え方は、ヨーロッパ、アメリカ、日本、東アジアといった場所でそれぞれ生活水準が大きく向上したという歴史的経験とはまったく相容れないものである。このような考え方は、より身近なところでいえば、ケーララ州やスリランカが発展の初期段階において保健や教育の分野で急速に大きな成果を上げていった道筋とも違うし、タミル・ナードゥ州やヒマーチャル・プラデーシュ州が今日のケーララ州を足早に追いかけている道筋とも違っている。第3章で述べたように、これらの国や地域の経験は、民間部門による保健や教育の提供によって後押しされたのでもなければ、官民連携（public-private partnership: PPP）、教育バウチャー、営利目的の健康保険、または、その他の市場を介した枠組みによって後押しされたのでもない。むしろ、政府系学校、保健センター、少年補導員、公衆衛生検査官、集団予防接種、公衆衛生キャンペーンなど、ずっと以前からある枠組みのほうがはるかに重要な役割を果たしたのである。

また、ブラジルやメキシコで行われている条件付現金給付の最近の経緯や今日見られるその他の成功例についても、誤解しないようにすることが同じく肝心である。ラテンアメリカの国々では、保健、教育、その他の基礎的サービスの公的提供に代わるものとしてではなく補うものとして、条件付現金給付がその役割を果たしているのが普通である。本章でさらに詳しく論じるように、条件付現金給付というのは基本的にはインセンティブである。ただし、ラテンアメリカの国々では、そもそも基礎的な公共サービスが十分定着しているからこそ、このようなインセンティブが公共サービスを補うように機能している。例えば、ブラジルでは、予防接種、産前ケア、助産専門技能者の立ち会いによる出産といった基礎的保健サービスは、ほぼすべての国民を対象としている。第3章で見たように、政府はやるべきことをしっかりとやり、正常に機能していて、幅広く利用される公的な保健医療施設を整備している。このような状況のもとでは、保健医療をすべての国民に行き渡らせるために金銭的なインセンティブを与えるというのは、実に理に適ったことなのかもしれない。ところが、インドにはこうした基礎的保健サービスが大きく欠けたままであるため、条件付現金給付は（インセンティブを与えるという意味では有効かもしれないが）保健サービスの問題を解決することにはならないのである。

とはいうものの、政府が主体となって行われる基礎的サービスの提供が、きわめて非効率的であったり、腐敗していたりする可能性があるという点を否定しているのではない。公的提供の有効性を主張するためには、それが十分に機能するということがある程度保証されていなければならない。例えば、正常に機能している公的保健センターは、利潤追求型の保育施設や開業医よりも、人々の福祉の向上にははるかに大きな貢献を果たす可能性があるものの、ほとんど閉まったままの保健センターであれば、村のインチキ医者と大して変わらないだろう。だからこそ、第4章で論じた公的部門における説明責任の回復が、よりいっそう速やかに求められるのである。民営化というのは魅力的な近道ではあるけれども、それは一つの深刻な問題を同じくらい深刻な別の問題に置き換えているにすぎないのである。

貧困線について

最近、インド政府が定める「貧困線」をめぐって、活発な議論が行われるようになってきている。論争のきっかけとなったのは、二〇一一年九月に計画委員会が最高裁に提出した宣誓供述書であった。これは、貧困線相当の一人あたり消費水準で必要最低限の栄養が摂取可能かどうかという点に加えて、貧困線を設定するために用いた手法について最高裁から出された質問に答えたものである。

計画委員会は宣誓供述書のなかで、貧困線を推定する際に用いているテンドゥルカル委員会報告（二〇〇九年）に基づく推定手法についてつまびらかにしている。ところが、この宣誓供述書には、政府による貧困線（二〇一一年六月時点の価格で、都市部では一日あたり一人三二ルピー、農村部では一日あたり一人二六ルピーという消費水準）によって、「貧困線付近での食料、教育、保健への一人あたりの実際の私的消費が十分な水準になる」という奇妙な文言も見られる。このような不適切な意見が述べられたことから、すぐさま大きな騒ぎが起こり、政府の貧困線は実際には「困窮線」であり、何とか生きていける生活水準を超えるものではないという点が多くの専門家によって指摘されることとなった。実際、この点を示すのは難しいことではない。例えば、都市部の貧困線の基準となっている生活費のもとでは、一ヶ月あたり「履物」に約一〇ルピー、保健医療に四〇ルピーというほんのわずかな金額しか割り振られていない。そのため、前者については、サンダルの鼻緒を月に一回交換することくらいしかできないだろうし、後者については、アスピリンを一日一錠買える程度の金額にすぎないだろう。同様に、「家賃と交通費」には月々三〇ルピー割り振られているが、何日かおきに短距離バスを片道乗るのが精一杯であり、帰りのバス賃など残っていない。さらに、家賃に類する金額を支払うことなどとうていできないのはいうまでもない。

こうした取るに足らない金額が生活費の基準として設定されているのは、圧倒的多数のインド人にとって生存可能な最低限の生活さえままならなかった何十年も前に、貧困線の基準が設けられたという事実を物語っている。もちろん、貧困線は物価上昇に応じて定期的に引き上げられているものの、尊厳ある暮らしの条件としてより多くが求められるようになっているという点は、貧困線の改訂には反映されていない。したがって、誰もが絶対に享受すべきであると私たちが考えるだろう最低限の消費水準から、今日の貧困線が大きくずれてしまっているように見えるのは、実にもっともなことなのである。

貧困線をめぐる論争が繰り広げられる過程で、関連する様々な論点について混乱や誤解が見られるようになった。例えば、貧困線の水準があまりにも低いのは、計画委員会によって引き下げられたためであるという見方が強まっていった。ところが実際には、そうしたことはまったく起こっておらず、テンドゥルカル委員会報告にしたがって、農村部の貧困線は（引き下げではなく）引き上げる形で改訂が行われた。つまり、信じられないかもしれないが、以前は貧困線がさらに低い水準に設定されていたのである。また、公的配給制度（PDS）のもとで支給される食料の量と貧困の推定値との間の関連性に加えて、政府が定める貧困線の目的などのその他の論点についても混乱が広がっていった。

こういった混乱は別にしても、貧困線をめぐる論争は肝心な点を素通りする結果となってしまった。つまり、政府が定める貧困線があまりにも低い水準にあるという点ではなく、これほど低い水準に設定されているにもかかわらず、あまりにも多くの人たち（二〇〇九－一〇年の時点で、人口の三〇％にも相当する三億五〇〇〇万を超える人たち）が貧困線以下で暮らしているという点こそが、本当に驚くべきことなのである。貧困線以下にいる人たちは、一体どうやって生きていけというのだろうか。貧困線以下の消費水準では、尊厳ある暮らしを送るのは無理であるという驚くべき事実が明るみになったことで、インドの貧困層の劣悪な生活条件に注目が集まっているが、この点が公共的議論で注目されることはほとんどなく、（より恵まれた人たちの間では）ほぼ気づかれることもない。この背景には、貧しい人たちが剥奪のなかで不安定ながらも生活を送るようになり、ある程度は宿命と受け止めつつ目立たないように暮らしているということも、少なくとも理由の一つとしてはある。そして、その恐ろしさにもかかわらず知られることのなかったおびただしい貧困の実態についてのこうした重要なメッセージが、貧困線をめぐる最近の騒動のなかでかき消されてしまっているのである。

このような認識に立つと、経済成長によって貧困世帯の賃金や所得が上がっていくのを我慢強く待つのではなく、貧困世帯への直接所得補助を拡充するための可能な方策を探ることがよりいっそう重要になる。実際、現在のインドでは行政面や財政面での資源に限りがあるにもかかわらず、多種多様な所得補助、経済的再分配、社会保障が人々の生活水準にすぐさま大きな効果をもたらすという証拠が、以前にも増して見られるようになってきている。直接所得補助というのは、これまでの章で議論した保健や教育に関する政策と同じくらい重要なものである。というのも、これらの政策は互いを大きく支え合っており、人々の基本的な潜在能力を育んでいく助けとなるだけでなく、深刻な人的被害を減らし、さらには経済成長にまでつながっていくことも実際には多いからである。

ターゲティングをとるか、社会的連帯をとるか

社会政策を行ううえでの原則として、インドで「ターゲティング」が広く受け入れられていたのは、それほど遠い過去のことではない。ターゲティングの考え方というのは、信じられないくらい単純なものである。つまり、政府の予算を貧困層に振り向けるということなのである。貧困削減という観点から見れば、限られた資源がしっかりと活用されるようにするやり方としては、常識に適っているように思える。しかし、実際には、ターゲティングに基づく社会的支援の在り方には深刻な問題がある。

ターゲティングというのは、一般的には悪い考えではないのはいうまでもなく、様々な状況のもとで非常に有効である。例えば、第3章で論じたように、ボルサ・ファミリアのようなターゲティングに基づく社会的支援プログラムは、ブラジルの貧困削減に大いに貢献している。ボルサ・ファミリアが比較的うまくいっているのには、プログラムの対象となる集団がかなりはっきりと特定されているからである。つまり、通常の社会保障制度の範囲外にいる、インフォーマル部門で働く貧困層を対象としているのである。これに関しては、ブラジルの都市化率は約八五％であり、人口の大部分がフォーマル部

門の職に就き、広範に及ぶ社会保障制度の恩恵を受けているという点を頭に入れておくと理解の助けになる。さらに、かなり経験豊かな行政組織と豊富な人材がインフォーマル部門からの応募者を「選別」し、どういった支援が必要なのかを決めている。このような状況のもとであれば、ターゲティングが公平かつ効率的なものであるということも大いにありうる。

その一方で、これまでにインドで行われてきたターゲティングを好意的に評価することはとうていできない。「貧困線以下」（below poverty line: BPL）の世帯という概念は、総合農村開発計画においてはじめて導入され、一九九七年以降はＰＤＳでのターゲティングに用いられている。つまり、ほとんどの州では、ＰＤＳは実質的にＢＰＬ世帯に限られているのである。一方、「貧困線以上」（above poverty line: APL）の世帯については、ＡＰＬ世帯向けの配給価格が引き上げられたことで、二〇〇一年にはＰＤＳから実質的に除外されている。しかし、このようなやり方には、以下の二つの理由から大きな問題があることがわかってきている。

第一に、ＢＰＬ世帯を特定することはきわめて難しく、裕福な世帯をＢＰＬと認定してしまう間違いに加えて、貧しい世帯をＡＰＬと認定してしまう間違いが大規模に起きることはよくある。ＢＰＬ世帯を特定する作業は、ある種の点数化によって世帯を順位付けする「ＢＰＬセンサス」に基づいて行われる。例えば、二〇〇二年のＢＰＬセンサスでは、（職業、住居、教育などに関する）一三の指標についてそれぞれ〇点から四点までの段階があり、合計得点が〇点から五二点の間で決まるような点数の付け方が採用されていた。そして、この得点に応じて全世帯を順位付けしたうえで、各州の貧困世帯数が計画委員会による貧困の推定値に合致するように、この順位にＢＰＬ世帯とＡＰＬ世帯の「境界」が州ごとに引かれることになっていた。例えば、ビハール州の貧困率の推定値が五五％であるとすると、同州については、五五％の世帯の得点がそれを下回るように、境界となる得点が決められることになっている。一方、貧困率の推定値は、政府による貧困線（これについてはすでに議論した）を全国標本調査の一人あたり家計消費支出に関するデータに当てはめることで求められる。このように、ターゲティングの手法を全体的に見てみると、やや整合性に欠けるところがある。というのも、計画委員会は貧困者数を数えるためにある手法を使い、その一方で、BPLセンサスは貧困層を特定するために違う手法を用いているからである。そして、用いられる指標に明確さや立証可能性がなく、不正や誤りやえこひいきが起こりうるような場合には特に、調査の実施面に重大な問題があることによって、こうした概念上の混乱にさらに拍車がかかるのである。また、今日の時点では貧しくなくても、（病気、不作、失業、強盗による被害、その他の理由で）来年には貧しくなっているかもしれないし、その逆もありうるといったように、貧困というのは固定的な状態ではないという点については、第6章で述べた通りである。一方、BPL世帯のリストについては、一〇年にもわたって更新されていない場合が多い。つまり、BPL世帯を特定する作業は、BPLであるはずの世帯が認定されなかったり、BPLでないはずの世帯が認定されたりすることが非常に多い、いい加減なものであるという傾向が強い。実際、二〇〇五年の時点でインドのすべての貧困世帯のおよそ半分はBPL世帯に支給される配給カードを持っていないことが、少なくとも三つの個別の調査（全国家族健康調査、全国標本調査、インド人間開発調査）から明らかになっている。(6)

第二に、ターゲティング（特に、いい加減に行われるターゲティング）は争いの種となりやすい。BPL世帯の割合は計画委員会による貧困率の推定値と一致していなければならないため、BPL世帯は少数派になるのが普通である（ただし、すぐ後で述べるように、このようなアプローチそのものをやめている州もある）。また、比較的裕福な世帯がBPL世帯のリストに含まれるという誤りはあるが、全体的に見れば、

BPL世帯は恵まれない少数派でもある。したがって、APL世帯との間に連帯意識が生まれない場合には、BPL世帯の交渉力は非常に弱いものになりがちである。実際、既得権益を得ている集団によって、BPL世帯は容易に搾取の対象となってしまう。そして、異議申し立てを効果的に行う力をはじめとする政治的影響力がBPL世帯にはないということが原因の一つとなり、BPL世帯へのターゲティングに基づく社会プログラムや公共サービスがあまりうまく機能しない傾向にある。PDSはその典型例である。

ターゲティングが抱える二つの問題点（貧困世帯が排除される可能性と社会的連帯が損なわれる恐れ）は、前節で議論したように、政府による貧困線が低い水準に設定されていることによってさらに深刻なものとなってしまう。一日につき一人あたり二六ルピー以上支出している農村世帯をすべて社会的支援から除外するという原則を正当化するのは、十分難しいことである。そして、受給世帯を特定するのはきわめて困難なうえに、ターゲティングは人々の間の結束を損なってしまうことで、ターゲティングに基づく社会的支援という原則が抱える問題はよりいっそう深刻なものになる。とはいっても、ターゲティングという手段がいつも間違っているといっているのではない。しかし、どういった状況のもとでターゲティングが適切なのかという点については慎重な判断が求められるし、近年の経験に照らしてみれば、ターゲティングにふさわしい状況というのは、普通に想定されているよりもずっと限られているようである。

その一方で、「自己選択」を伴う普遍主義という新しい原則に沿った公的プログラムには、比較的うまくいっているものが数多くある。興味深い例の一つとして、すでに本書でも触れている、学校給食プログラムが挙げられる。このプログラムでは、政府系学校または政府から補助を受けている学校に通うすべての生徒が、栄養豊富な給食を無料で支給されることになっている（最高裁の命令を受けて、政府の政策として取り入れられた）。社会的給付は貧困線以下に位置する世帯だけに制限すべきだと主張する人たちにとってみれば、一億二〇〇〇万人以上の子供たちを対象とする学校給食プログラムは、「対象の絞り込み」に失敗しているように見えるだろう。しかし、学校給食から恩恵を受けている子供たちは、私立学校ではなく政府系学校を選んだ世帯という自己選択に基づくグループの出身であるため、比較的恵まれない階層に属していることが多い。こうした子供たちの大半は、世帯が「貧困線以下」に位置するかどうかにかかわらず、学校に通うためのよりよいインセンティブと栄養面での支援を必要としている。さらに、学校給食プログラムが包摂的な性格を備えているということが、その成功に大きくつながっている。ターゲティングに基づいて学校給食プログラムが行われていたならば、これほどうまくいったかどうかはきわめて疑わしいのである。(7)

また、もう一つの例として、全国農村雇用保証法（National Rural Employment Guarantee Act: NREGA）が挙げられる。この法律も自己選択の原則に基づいており、誰でも作業に応募することができる一方、裕福な世帯はNREGAの作業場では自ら働くことはないものと想定されている。興味深いことに、この法律の原案が起草され議論が行われている時に、政府は対象をBPL世帯に制限しようとしていた。(8) しかし、ターゲティングが行われるべきでない政策にそれを取り入れるという見当違いの試みは撤回され、最終的な法律の文案では、一八歳を超える農村在住者すべてが雇用の対象となっている。本章でこれから議論していくように、自己選択の原則はとてもうまく機能しているようであり、NREGAのもとで作業に従事している労働者は、恵まれない階層に属しているのが普通である。

ただし、政府による取り組みのなかには、自己選択があまり向かないものもある。例えば、市場価格よりもかなり割安に米や小麦を販売している限り、ＰＤＳの利用を「やめるという選択をする」世帯が多くなることはない。（例えば、米や小麦の代わりにキビや強化小麦粉を支給することなどを通して）ＰＤＳにより自己選択的な要素を取り入れるための提案がいろいろとなされているが、どのような利点があるにしても、関係する政府機関を納得させるまでには至っていない。しかし、その一方で、ＢＰＬ世帯へのターゲティングがうまく機能しているわけでもない。最近になって、アーンドラ・プラデーシュ州、チャッティースガル州、ヒマーチャル・プラデーシュ州、オディシャ州、ラージャスターン州、タミル・ナードゥ州をはじめとする多くの州が、より包摂的で「普遍主義的」でさえあるようなＰＤＳへと舵を切っている。その背景には、ＰＤＳをめぐる苦い経験や（場合によっては）ターゲティングに対する人々の不満というものがある。さらに、このような新しいアプローチが、ＰＤＳをめぐるその他の改革とともに、ＰＤＳの機能を以前よりも高めるうえで大きな助けとなっているようである（この点については後ほど触れる[9]）。

また、第3章と第6章でも論じたように、ヒマーチャル・プラデーシュ州、ケーララ州、タミル・ナードゥ州といった先進的な州で見られる社会開発の面での成果も、普遍主義的または包摂的な社会政策に負うところが非常に大きく、受益者を絞りこむようなやり方とは異なる取り組みを行っている。とはいっても、すべての人をプログラムの対象にするというやり方は当然ながら多額の費用がかかり、自己選択をうまく活用できないような領域についてはなおさらのことである。そのため、無条件に使える一般的な解決策でもなければ、あらゆる領域に適応可能な原則でもなく、この点は発展の初期段階において特によく当てはまる。しかし、普遍主義的な公的サービスの提供は貧しいインドでもうまくいく場合が多いということが、いくつかの州の経験から明らかであり、この点は今よりももっと認識されてしかるべきである。普遍主義という原則が重要な理由として、プログラムの実施がより簡単（そして、多くの場合にはより効率的）であるという点をさらに挙げることができる。そして、この重要な政策課題について世界中で行われている研究の内容だけでなく、現在インド国内で実施されている普遍主義的な公的サービスの提供を支持する証拠にもっと注目しながら、インドでは議論がなされなければならないのである。*3

給付とインセンティブ

基礎的サービスの提供や社会保障がなぜ政府によって行われる必要があるのかという点について、これまで論じてきた。しかし、だからといって、ある状況のもとで現金給付が果たす有効な役割が損なわれてしまうわけではなく、実際には、政府の取り組みのなかで積極的な役割を果たす可能性もある。例えば、インドの多くの州では、寡婦、障害者、高齢者のための社会保障年金制度が創設されており、それなりの成果を上げている（ただし、制度としては限定的なものである）(10)。同様に、恵まれない子供たちのための奨学金は、学業を続けられるようにするうえで大きな助けとなる。こうした現金給付制度は、限られた範囲のなかで大きな貢献を果たしている。

一方で、しっかりと検討することなく見込みだけを頼りにして、早まって熱狂するようなことがないように注意しなければならない。最近、条件付現金給付はますます大きな関心を集める話題になってきており、インドの社会政策の「将来的な方向性」とみなされることさえあるため、条件付現金給付の役割というものを位置づけるのは役に立つことである。子供を学校に通わせるとか、子供に予防接種を受けさせるなど、積極的な行動をとることを条件として現金が支給されるという意味では、条件付現金給付の考え方は比較的単純である。そして、条件付現金給付は、一つの政策によって二つの目標を実現するのに役立つ。つまり、貧しい人たちが所得補助を手にするのと同時に、彼ら（とその家族）が貧困から抜け出す助けとなるような行動（例えば、子供を学校に通わせること）をとるようになるのである。

条件付現金給付というのは基本的にはインセンティブであり、うまくいく可能性は十分にある。つまり、とにかく自分にとって利益になることをやってお金が支払われるのであれば、人々はそれを行う場合が多い。しかし、これまでにも述べているように、条件付現金給付という方法を意味あるものにするためには、給付条件を満たすことを可能にする（学校や保健センターといった）サービスがまず存在しなければならない（または、速やかに改善しなければいけない）し、それなりにうまく機能していなければならない。というのも、条件付現金給付は、こうしたサービスを整備すること（または、サービスが急速に

＊3　このなかには、普遍主義の原則が社会政策において大きな影響力を誇ってきたヨーロッパの福祉国家についての研究が含まれる。トニー・ジャットが指摘するように、普遍主義の原則は福祉国家に対する中間層の政治的支持を確かなものにするうえできわめて重要であった。「それを実現したのは、多くの場合、『ユニヴァーサリズム（全国民一律主義）』の魔力でした。所得を勘案して恩恵が与えられるのでは、報酬が十分の専門職と繁盛している商店主にとって、自分たちにあまり利点のない社会サービスのために課税されるので大いに不満だったでしょうが、教育のある『中流連中』にも勤労者大衆や貧困者と同じ社会的扶助や公共サービスが提供されるようになったのです。無償教育、低額あるいは無償の医療、公的年金、失業保険などがそれです」。Judt（2010）［森本醇訳『荒廃する世界のなかで——これからの「社会民主主義」を語ろう』みすず書房、二〇一〇年］の52ページを参照。

発展するよう条件を整えること）の代わりにはならないからである。最近の研究によると、インドの条件付現金給付政策は、「供給サイドを重視していた政府のアプローチが、需要主導型のアプローチへと変わってきていることを象徴している」ということである。[11] この文言が政府の見方を正しくとらえているとするならば、そこから浮かび上がってくるのは、あたかもどちらか一方だけでうまくいくかのように、「供給サイド」に基づくアプローチと「需要主導型」のアプローチの違いが強調されすぎているという点である。さらに、（学校教育や基礎的な保健医療のような従来の社会政策の多くの分野では、そもそも市場の限界があるにもかかわらず）市場制度を通して需要を満たすことが理屈のうえでは可能であるとしても、実際に市場制度を作り出すのは容易なことではないかもしれない。市場を活用するような形でインセンティブが与えられれば、すぐにでも市場制度が形成されると想定するような間違いを犯すべきではなく、一九九〇年代のロシアに大きな被害をもたらしたのはこのような過ちだった。これは、すでに議論した市場制度そのものの限界とはまた別の問題なのである。

インセンティブを与えるという条件付現金給付の役割は、条件付「現物」給付によっても果たすことができるのはいうまでもない。その一例として、初等学校での給食プログラムが挙げられる。つまり、生徒たちは学校に来た場合にのみ給食を食べることができるので、すでに論じたように、規則正しく通学するよう生徒を促すという点で給食プログラムが持つインセンティブ効果はきわめて大きいようである。さらに、栄養面や共食に伴う社交面での効果など、給食プログラムにはその他の利点もある。[12] 条件付現物給付がそれなりに成果を上げているもう一つの興味深い事例として、一定の学年（例えば、第八学年）に達した女子生徒に無料で自転車を供与するという、いくつかの州で導入されている政策が挙げられる。このプログラムは非常に人気が高く、現時点では確固とした証拠はあまりないものの、大きなインセンティブ効果があるものと思われる。[13] また、自転車のおかげで、女子生徒たちは第八学年を修了した後でも学校に通い続けられるようになり（中等学校は後期初等学校よりもさらに遠く離れた場所にあることが多い）、貴重な移動手段と自由を手にすることができるのである。（学校への出席を条件に）女子生徒の親に対して条件付現金給付を行っていたならば、社会開発の面で同じような成果が得られることはおそらくなかっただろう。

したがって、条件付現金給付が役立つ場面というのは多いのかもしれないが、（初等学校での学校給食のような）条件付現物給付または（PDSのような）条件付きではない現物給付に加えて、（寡婦や高齢者向けの社会保障年金のような）条件付きではない現金給付など、給付の枠組みというのはその他にも存在する。インセンティブを与えるという意味での条件付現金給付の重要性について、他の国と地域、特にラテンアメリカでの近年の経験から、インドは確実に何かを学び取ることができる。しかし、このような教訓というのは、成功から得られるものにしろ、失敗から得られるものにしろ、インド国内外での異なる種類の給付についての経験から得られた教訓と一緒に考え合わせてみなければならないのである。

そして、現金によるインセンティブが適切に組み込まれるとその効果を発揮するという最近になって得られた教訓は、それとは「逆」の状況（つまり、不適切な費用負担のもたらすマイナスの効果）とも合わせて考えてみなければならない。例えば、初等学校で授業料を徴収するのはよい考えではない場合が多いという点は、かなり認識されるようになってきている。授業料を徴収することによって、無償で教育を受ける権利を侵害しているだけでなく、出席率を押し下げるという形でより大きな損害を引き起こす危険を冒しながら、微々たる金額を稼ぐだけに終わるだろう。また、保健分野にも同じような点が当てはまる場合が多いということが、最近の研究によって示されている。具体的には、たとえ少額でも「利用者負担」が課されると、駆虫、殺虫効果のある蚊帳、浄水などの保健関連の財またはサービスの需要に大きな悪影響を及ぼす可能性がある[14]。ちなみに、この重大な発見は、目指すべき事柄がはっきりしている場合でも、その実現が難しいことがよくあるという点を示すもう一つの具体例として見ることができるため、社会的支援が必要であるということこれまでの議論を後押ししている。少額の利用者負担がプログラムを利用するインセンティブを大きく引き下げる場合や、各世帯に補助金を出して市場での購入を促すことが難しい場合には（実際にそうなる場合が多い）、他によい選択肢がない以上、政府が関連する財・サービスの提供を行うというのが最良の選択肢となるだろう。

最後に、ある特定の状況のもとでは、現金によるインセンティブ付けが逆効果になる可能性があるという点に注意することも大切である。人は（自分自身のために、または、自分以外の人たちと分け合うために）お金を手に入れたいと思う限り特定の行動をとるという動機付けに基づいているのが、現金による報酬である。ところが、人は様々な動機を併せ持っている場合が多いため、ある動機を利用しよう（そして、より強めよう）とすると、その他の価値観と激しく衝突するということが起こりうる。大半の人は利己的な動機と利己的ではない動機の両方を持ち合わせているため、利己的な動機だけに訴えかけるようなことをすると、損得を超えて行動をとろうとする姿勢全般と衝突を起こすことも時には起こるかもしれないのである[15]。例えば、そもそも金銭とは関係のない動機に基づいているため、お金が支払われた途端、ある行動をとろうとする動機が失われてしまうという例が数多く見られる。イギリスでの実証研究に基づいてリチャード・ティトマスが指摘しているように、献血に対して現金で報酬を支払うことが逆効果になりうる。つまり、公共心から喜んで献血しただろう人たちは、（金を稼ぐために献血をしようとする人たちが新たに現れる一方で）血液を「売る」という考え方を好ましく思わないかもしれないというのである[16]。同様に、成果主義による給与制度のような現金によるインセンティブ付けを公務員に対して行うと、「公共サービス・モチベーション」として知られる動機付けを損ねてしまう場合がある。サミュエル・ボウルズが、多くの経済実験から導かれた結果を一般化したうえで指摘しているように、「実験から得られる証拠によると、利己心に訴えかけるようなインセンティブが与えられると、本来の動機付け、相互利益、その他の市民としての動機付けといったものの重要性が弱められかねない[17]」。現金によるインセンティブ付けが逆効果になる可能性が深刻な問題になるかならないかは、状況次第である。しかし、インセンティブに関する経済学や社会学の優れた研究に目を向けることなく、人間の動機付けと意思決定について粗雑で単純すぎる見方をしないようにすることが肝心である。

その一例として、性選択的中絶を抑制するためにインドの多くの州で最近導入されている、現金給付によってインセンティブを与える政策を考えてみることにしよう[18]。こうした政策は、女児の出生の届け出に対して報奨金が支払われ、成長するに従って、ワクチンの接種や学校への通学などに対してさらに報奨金が支払われていくという仕組みになっているのが一般的である。これによって、女児をより出産するように経済的インセンティブが方向付けられるのは確かである。しかし、女児の出産に報奨金が支払われることによって、家族計画というものを金銭面の損得から考える傾向や、経済的な観点から家族計画について計算すれば女児は重荷でしかない（そして、その重荷を補償してくれるのが報奨金である）という認識が強められることにもなりかねない。さらに、報奨金は経済的な側面とは関係のない動機にも影響を及ぼすことになるだろう。例えば、性選択的中絶が（女の子はいらないから、報奨金もいらないという）ある種の「公正な取引」のようにみなされるようになることで、報奨金が性選択的中絶につきまとう社会的な不名誉を軽減してしまうかもしれない。また、二番目の女児については報奨金の額が低くなり、それ以降の女児については報奨金が支払われないのが一般的であるというのも、誤解を招くようなメッセージを発している。要するに、女児を対象とした報奨金というのは、女児の地位や価値についてどういったメッセージを送るつもりであり、性選択的中絶に対する社会全体の姿勢にどういった影響を与えるつもりなのかが、あまりはっきりしないのである。すでに述べているように、価値観や行動が関係するような領域では、社会的規範の役割というものがきわめて重要になる。そのため、現金給付が経済的な自己利益という側面だけでなく、社会的規範やその役割に対してどのような影響を及ぼしうるのかを考えることは大切なのである。

以上の点は、社会政策において市場の役割を過度に重視する考え方に対して先に挙げた反論をさらに補強するものである。インセンティブを生み出すという理由から、市場が称賛の対象になるのはごく普通のことであり、市場によってインセンティブが生み出される場面というのは確かに非常に多い。しかし、現金支給によるインセンティブ付けの有効性と効果に関しては、不都合な面も考察されている（この点については、インド各地で様々な経験が積み重ねられているだけでなく、世界中で幅広い研究が行われている）。最も必要とされているのは、個々の事例について賛成と反対の議論を客観的な視点から吟味することであって、人間の動機付けや異なるインセンティブ構造によってもたらされる社会的帰結についてのあまりにも単純化された見方を頼りにすることではない。インセンティブというものをほとんど顧みることのなかった経済計画の時代の状況から抜け出したというのに、インセンティブに関して人間が考えうる最も粗雑な枠組みに囚われてしまっているのは、悲しむべきことだろう。

雇用とエンパワーメント

二〇〇五年半ばに全国農村雇用保証法（NREGA）が制定された瞬間というのは、陶酔するような感覚に満ちあふれていた。八月二二日から二三日にかけて、インドの国会では、提案された法案をめぐっていくつもの感動的な演説が行われ、時刻はとうに一日目の真夜中を回っていた。そして、長時間にわたる議論に引き続いて発声投票が行われた。法案に対して「反対」の声を上げるための順番が回って来ると、議場は水を打ったように静まりかえっていた。

ところが、その一方で、NREGAに対して警鐘を打ち鳴らす人たちも存在した。例えば、「金のかかるおいしいお仕事」「金の浪費」「多額の費用がかかる冗談」「崩壊寸前のアイデア」といったセリフは、経済紙や保守系メディアの論説でNREGAをけなすために使われた派手ない回しのほんの一部にすぎない。また、それまで「経済改革のシンボル」として持ち上げられていたある大臣は、NREGAを支持したことで「裏切り者」呼ばわりされたうえに、この大臣に失望したあるコラムニストに、「最近、彼はマリファナでも吸っているのだろうか」と疑問を投げかけられる始末だった[19]。

今から振り返ってみると、おそらくどちらの側も興奮しすぎていたのだろう。権力関係が抜本的に変わるとか、貧困削減が劇的に進むといった大きな期待はあまり現実のものとはならなかったし、財政破綻や経済的混乱といった破局を迎えるという予言も現実のものとはならなかった。その背景には、法律の条文と精神が十分に実行に移されていないという理由がそれなりにあるが、これは十分予想できたことである。しかし、たとえそうであったとしても、NREGAが制定されたことで様々な面で非常に大きな進展が見られた。

この法律の基礎となる経済学的な考え方というのは、特に目新しいものではなかった。インドでは、公共事業は社会的支援のための手段として長年活用されており、特に干ばつの際にはよく用いられてきた。こうした戦略は自己選択の原理に基づいており、作業現場にやってくる人はすべて社会的支援を必要としていると見なされる。また、この政策は農村部に有効な資産を建設する機会も与えている。このようなアプローチは、主に飢饉の救済という文脈で活用されてきたが、その一方で、様々な状況のもとでは開発戦略と見なすこともできる。例えば、インドの著名な経済学者であり、経済計画の立案者でもあったスカモイ・チャクラヴァルティは、経済的再分配と農村開発を組み合わせる手段として、(農業改革とともに)農村部での公共事業の実施を強く後押ししていた。

ところが、司法的権利(要求に応じて働ける権利だけでなく、最低賃金、一五日以内の賃金の支払い、作業現場に設けられる基礎的設備などに対する権利)という枠組みに沿って定義し直すことで、NREGAはこれまでの公共事業とはまったく異なる様相を呈することになった。[20] インド西部のマハーラーシュトラ州は、法的拘束力のある「雇用保証事業」をすでに一九七〇年代はじめから実施していたため、こうした試みはまったく新しいわけではない。[21] しかし、その他の経験のなかでも、特にマハーラーシュトラ州の事例を参考にしながら、その考え方をさらに先へと推し進めていったのがNREGAなのである。

さらにこの法律は、雇用機会の提供や農村部での生産的資産の整備といった従来の目的をはるかに超えて、雇用の保証という社会的な目的を実現するという広い視野のうえにも成り立っている。例えば、女性が家の外で働き、自分自身で収入を得て、自らの銀行口座を持ち、自己の権利を主張するようになり、グラム・サバー(すべての村民が参加する村民集会)に参加するといった行動を可能にすることを通して、男女間の不平等に歯止めをかけ、農村部の女性のエンパワーメントを実現するための機会としてもＮＲＥＧＡはとらえられていた。同様に、地方自治制度に大きな財源と明確な目的をはじめて与えることで、活力がもたらされるという期待がＮＲＥＧＡにはあった。また、マハーラーシュトラ州の雇用保証事業のように、ＮＲＥＧＡは農村部の労働者（その大半は「非組織部門」に属する労働者）が組織を立ち上げて団結する重要なきっかけになるとも考えられていた。[22]

そして最後に、ＮＲＥＧＡは、法律に基づいて農村開発プログラムを運営していくうえでの新たな原則と規範として、参加、透明性、説明責任といった要素を取り入れることを目指していた。ＮＲＥＧＡの事業は、グラム・サバーによって計画され、グラム・パンチャーヤト（直接選挙でメンバーが選ばれる村の評議会）によって主に実施されなければならない。また、ＮＲＥＧＡ関連のすべての記録は、誰でも閲覧できるように公表されなければならず、さらには、利用しやすい形で積極的に一般公開されなければならない。[23] 説明責任に関する規定には、雇用機会が与えられなかった場合の州政府による失業手当の支払い義務、賃金が時間通りに支払われなかった場合に補償を受ける権利、そして、法律で定められた義務を果たさなかった公務員に対して罰金を科す罰則条項といったものが含まれている。

農村部の労働者にとっては、ＮＲＥＧＡは困難な状況から抜け出すための足がかりを与えてくれる法律であった。第2章で見たように、一九九〇年から二〇〇五年までの期間、農村部の労働者は大きく取り残されていた。一人あたりの農業生産はかろうじて増加している程度であり、農業労働者の実質賃金は徐々に頭打ちになり、農村部の雇用は政策上の優先課題ではなくなっていったのである。ところが、二〇〇五年にＮＲＥＧＡが制定されると、政府の優先課題として雇用創出に向けての取り組みが再び真剣に行われるようになり、さらにその過程で、農村部の労働者の交渉力も強められていった。

実際、ＮＲＥＧＡが上げた第一の成果は、二〇〇六年二月に同法が施行されるとすぐに、農村部での

表 7-1：2000年代の農村部における実質賃金の成長率（年平均成長率）（単位：%）

	2000-01年～2005-06年（NREGA実施前）		2005-06年～2010-11年（NREGA実施後）	
	男性	女性	男性	女性
農村労働者全体	0.01	-0.05	1.82	3.83
農業労働者	0.10	-0.05	2.67	3.67
非農業労働者	-0.04	-0.04	1.21	4.34
非熟練労働者	-0.01	-0.04	3.98	4.34

《出典》労働局（ヒマーチャル・プラデーシュ州シムラー）によって集計され、『インド農村部における賃金率』にも収録されているデータに基づくUsami（2012）から算出。詳細については、統計付録の冒頭にある「統計についての注釈」を参照。

公共事業計画が大きな規模で拡大していったことであった[24]。政府のデータによると、NREGAがインド全土で実施されるようになった二〇〇八-〇九年以降、毎年五〇〇〇万世帯がNREGAのもとで労働に従事しており、雇用水準の平均は一年につき一世帯あたり約四〇人日となっている。政府によって公表されている数字に過大報告による大きな誤差があったとしても、これはすばらしい成果である[25]。

NREGAが上げた第二の成果（これは第一の成果とも関連している）は、賃金をめぐる労働関係に目覚ましい変化が立て続けに起こったことであり、農村部の臨時雇い労働者についてはそれが特に顕著であった。具体的には、公共事業での労働に対する法定の最低賃金が実際に支払われること、最低賃金についての認識が人々の間で大きく向上したこと、農業労働者（特に女性）の賃金が著しく上昇したことなどが挙げられる。その結果、NREGAが実施されるまで長い間続いていた賃金の停滞に終止符が打たれた（表7-1を参照[26]）。そして、こうした変化（特に、三番目の変化）が起きたことによって、NREGAのもとで実際に働いている労働者だけでなく、農村で働くすべての労働者にも恩恵が行き渡り、NREGAによる所得創出効果はきわめて大きなものになったのである[27]。

一方、NREGAで働いている人たちに目を向けると、彼らの多くは農村人口のなかの貧しい階層に属している。[28] これは予想通りの結果ではあるものの、（特に、以前触れた「BPLターゲティング」とは対照的に）自己選択の原理がかなりうまく働き、NREGAの再分配機能を高めているという点で注目に値する。このような自己選択の過程に見られる特徴として、NREGAのもとで働く労働者の大半は比較的貧しい世帯から来ているという点に加えて、労働者の約半分が女性であり、指定カーストや指定部族の世帯が全体の半分を占めているという、同じくらい重要な点も挙げられる。[29]

NREGAのジェンダーに関する側面は、ここで特に強調しておくべきである。NREGAの雇用全体のうち、女性が占める割合はここ数年にわたって一貫して五〇％前後である。そして、おそらくもっと重要なのは、ビハール州、ヒマーチャル・プラデーシュ州、ウッタラーカンド州、西ベンガル州をはじめとする、以前はNREGAのもとで働く女性が非常に少なかった州の大半で、女性の参加が着実に増加してきているという点である。[30] ここで名前が挙がっているのは、農村部の女性が自分の力だけで現金収入を手にする機会がほとんどない州であり、特にこうした点において、NREGAは本当の意味での前進といえるのである。例えば、NREGAのもとで働く北部六州の労働者について最近行われた研究では、直近三ヶ月にNREGAの賃金以外に何らかの現金収入を得ていた女性労働者の割合は、わずか三〇％にすぎなかった。[31] その他にも多くの研究が、農村女性（特に、北インドの農村女性）にとって、NREGAが特別な価値を持っていることを明らかにしている。[32]

以上が、少なくともこれまでのところ、貧困削減や社会的平等についてNREGAが上げてきた成果の一部である。さらに、農村部での生産的資産の整備（詳細については後述）や村会をはじめとするパンチャーヤト制度の再生など、程度の差こそあれ、その他にも成果が見られる。もちろん、こうした成果がどの程度上がっているかは州によって大きく異なり、まさに目を見張るような結果を残している州（例えば、アーンドラ・プラデーシュ、ヒマーチャル・プラデーシュ、ラージャスターン、タミル・ナードゥ、シッキム）もあれば、効果が現れるほどにはNREGAが機能していない州（例えば、ビハール、カルナータカ、マハーラーシュトラ）もある。

その一方で、NREGAのマイナス面ということでは、主に二つの点から批判がなされている。第一に、汚職が深く根を張っているため、資金の大半が「ドブに捨てられている」のではないかという批判である。第二に、NREGAのもとで整備される生産的資産には、ほとんど何の価値もないという批判である。

まず第一の批判については、実際にはまったく違った見方をすることができる。つまり、NREGAは実のところ汚職を抑える武器になりうるのである。プログラムが始まってから数年間は、横領が大規模に行われていたのは確かであり、こうした問題が解決されたなどということはまったくない。しかし、NREGAは反汚職に向けた取り組みを行うための活気あふれる実験場でもあり、他のプログラムにも徐々に取り入れられつつある様々な新しい試みが行われている。具体的には、インターネットを活用した重要な記録（例えば、労働者や作業現場ごとのすべての賃金の支払い）の一般公開、口座を通しての賃金の支払い、定期的な社会監査の実施などが挙げられる。そして、NREGAの資金の使い込みが（少なくとも、支出全体のなかで大きな割合を占める賃金支払いの部分については）、時間の経過とともに大幅に減ってきているという証拠もある。インド全体で汚職が広がりを見せているという認識が人々の間で幅広く共有されている時期だけに、これは目覚ましい成果といえる(33)。また、NREGAでの汚職を抑止するためにある程度有効な手立てを講じることができるという点は、アーンドラ・プラデーシュ州とタミル・ナードゥ州をはじめとする一部の州によって立証されている。そして、現在では、これらの州で得られた成果を他の州へも広めることができるという自信が持てるほど、幅広い経験が十分に蓄積されているのである。

第二の批判は、(NREGAに批判的なある人物が「泥んこ遊び」にすぎないと発言したように) NREGAで行われる事業のほとんどは何の意味もないという根拠のない言説に基づいている。何度も繰り返されてきたために、この言説は一定の影響力を持つに至っているが、ほとんど事実に基づいていないうえに、NREGAで働く人たちや地域社会の認識とも相容れないものである。実際、NREGA事業は価値あるものであると前向きに評価する人たちがほとんどであることが、いくつかの研究によって明らかになっている。[34] とはいっても、すべてのNREGA事業が生産的であるとか、十分に質が高いといっているのではない。実際、独自に行われた調査によると、不十分な内容の事業に加えて無駄な事業も数多く存在する一方、生産的資産の整備(例えば、水路からの沈泥の除去、ため池を掘る作業、地ならし、沿道への植樹、土壌保全、井戸の建設)がそれなりにうまくいっている事例がたくさんあるように、NREGA事業に対する評価はまちまちである。[35] したがって、この点については、さらに多くの証拠を積み重ねていかなければならない。一方で、現時点で入手できる証拠からは、NREGA事業は何の価値もないと一方的に否定することはできないし、実際にはそのようなことはまったくないのである。むしろ、技術支援をはじめとする十分な体制が整えば、NREGAは生産的資産の整備の面で大きな可能性を秘めているといえるのである。

NREGAというアイデアそのものに対する批判には説得力はないものの、その一方で、法律の内容や実際の運用については、妥当な批判が数多くなされている。[36] NREGAというのは、堅固でもなければば熱意にも欠けるような仕組みのもとで実施される複雑なプログラムであるため、よりよい環境のもとであれば得られたであろう成果に実際の結果が及ばないのはしかたのないことである。こうした問題があるために、NREGAで働いている人たちにとってみれば、求めに応じて雇用機会を得られる権利をはじめとする法的に保証された権利が、常に破られる結果になってしまうのである。さらに、賃金の支払いが大幅に遅れているために、最近のNREGAは深刻な打撃を受けており、労働者は大きな困難を強いられている。

そして、このような問題の原因となっているのは、多くの場合、NREGAの実際の運用について説明責任が果たされていない側面があるということである。公共事業を法律の枠組みのなかに据える理由として重要なのは説明責任を生み出すという点にあり、すでに述べたように、この目的に沿った具体的な規定（例えば、失業手当についての条項、補償についての条項、罰則についての条項など）がNREGAには盛り込まれている。ところが、こうした規定はほとんど使われないままになっている。その原因の一つとして挙げられるのが、そもそもNREGA事業を運営しているのに、人々に対して説明責任を果たすことに何の関心もない行政機構が、これらの規定を施行することになっているという点である。[37] NREGAの将来は、説明責任に関するこれらの規定が機能するようになるかどうか、そして、苦情処理のための効果的な枠組みを整備することができるかどうかに大きくかかっている。[38] こうした点で失敗するようなことがあれば、これまで危惧されてきたように、NREGAは権利を基礎とした需要主導型のプログラムではなく、上意下達式に実施される欠陥のあるプログラムへと次第に変質していくことになるだろう。

本書を執筆している時点では、NREGAの将来的な見通しはややはっきりしないように映る。厄介な「疲労因子」が定着しているようにも見えるが、その一方で、このプログラムには（量の面でも質の面でも）さらに成長を遂げていくチャンスが大いに秘められている。具体的には、運用面での新たな試み、NREGAの説明責任に関する規定の活用、NREGAで働いている人たちの集団組織化の進展などの点を挙げることができる。このように、現在はっきりと特定されている有望な分野において、積極的な取り組みを進めていく余地は大きく広がっているのである。

公的配給制度——新しい視点？[39]

NREGAを除くと、現在インドで行われている経済支援プログラムのなかで最も規模が大きいのは、公的配給制度（PDS）である。PDSのもとでは、各世帯は所有する配給カードの種類に応じて、補助金によって市場価格よりも低い値段に設定された商品を買うことができる。その他の食料品（例えば、豆類や食用油）も取り扱うようになった州があるものの、PDSを通して販売されるのは主に米と小麦である。[40]

中央政府はPDSを運営するために、米と小麦を州政府に供給している。各州への供給量は、政府による貧困率の推定値に基づいて決められる。また、州の予算を使って米や小麦をさらに調達している州もある。[41] 州によってはその他のカテゴリーを設けている場合もあるが、配給カードは主に「貧困線以上」（APL）と「貧困線以下」（BPL）の二種類であり、どの世帯にどのカードを支給するかは州政府の専管事項である。[42] 一部の州では、すべてまたはほとんどの世帯がかなりの量の食料を得る権利を有している（ただし、すべてのカテゴリーが同じ権利を有しているとは限らない）という意味で、PDSは普遍主義的かまたはそれに近い。一方、その他の州では、PDSは実質的にBPL世帯だけに絞り込まれており、APL世帯には配給を受ける権利は（たとえあったとしても）ほとんどない。

単純化しすぎているかもしれないが、時とともに問題点が明らかになってきている「旧型」PDSと形成段階にあるように見える「新型」PDSとに分けて考えることができる。旧型PDSの基本的特徴としては、狭い適用対象（BPL世帯へのターゲティングが行われている場合が多い）、本来適用対象となるべき世帯の大規模な除外（すでに議論したように、これはBPL世帯のリストが十分に信用できないためである）、定期的に行われない食料供給（対象世帯が発言力や影響力を持っていないことを反映している場合が多い）、そして、深刻な汚職といった点が挙げられる。一方、新型PDSは、このような互いに関連する問題への対処とともに、幅広い適用対象、低く抑えられた適用世帯の除外ミス、定期的な食料供給、比較的少ない食料の横流しなどの実現へ向けての重点的な取り組みにその基礎を置いている。こうした違いが生まれるのは、PDSをめぐる政治の在り方が州によって異なっているからである。少し誇張しているかもしれないが、旧型PDSは腐敗した中間業者によって取り仕切られる傾向にある一方、新型PDSでは、最終的な受益者が以前よりもはるかに重要な位置を占めている。ただし実際のところは、州によって立ち位置は異なっており、ある程度は、旧型PDSから新型PDSへと移行していく途中の異なる段階にある。

数年前までは、インドのほとんどの州で旧型PDSが主流を占めていた。そして、旧型PDSが配給制度というものに悪いイメージを植えつけることになり、配給制度はやたらと費用がかかるわりに非効率であると（特に経済学者の間で）広く見なされるようになった。つまり、段階的に廃止するか、おそらくは現金給付に切り替えるのが最適であろう、手の施しようがないほど機能していない事業として、P

DSは認識されるようになったのである。[43]

しかし、このような考えとは裏腹に、最近になって多くの州でPDSが大きく息を吹き返してきている。[44]（すでに見てきたように）その他の多くの分野と同様、PDSでも先駆的な取り組みを行ってきた州の一つにタミル・ナードゥ州がある。同州のPDSは全世帯を対象とし、規則正しく運営され、汚職による被害を比較的受けていない。また、その他の南インドの州も、新型PDSへ向けていち早く取り組んできた。しかし、著しい躍進を見せたのは、チャッティースガル州であった。同州のPDSは、（大規模な汚職をはじめとして）旧型PDSのあらゆる欠陥を抱えており、手の施しようがないと広く考えられていた。ところが、二〇〇〇年代の中頃以降、PDSを機能させようという確固たる政治的意志を背景に、チャッティースガル州のPDSは数年のうちに「好転を見せる」ようになる。今日では、同州の農村世帯の大多数（約七五％）が、配給カードの種類に応じて、一ルピーまたは二ルピーという象徴的な低価格で毎月三五キロの米の配給を受けている。[45]現在では、チャッティースガル州の食料配給は非常に規則正しく行われており、大半の対象世帯が決められた割当量を正規価格で毎月手にしているということが、最近になって数多く報告されている。[46]一月あたり三五キロの米（これは平均的な五人家族の穀物必要量の約三分の二に相当する）で貧困から抜け出せるなどということはまったくないが、家計のやりくりにいつも追われている人たちにとってみれば、配給があるかないかでは大違いである。二〇一一年の時点では、毎月の米の割当量は、NREGAのもとで得られる賃金の一週間分と大体同じ価値があり、これを得るために労働に従事する必要はない。

チャッティースガル州でPDSをめぐる状況が好転したことには、とりわけ重要な意味がある。なぜなら、そうした現象が起きたのが（第3章で論じたように、ガバナンスが欠如していると一般的に知られてい

表 7−2：旧型 PDS と新型 PDS の比較

	ビハール	チャッティースガル
過去 3 ヶ月間に PDS から食用穀物をまったく受け取っていない BPL 世帯の割合（%）	35	0
過去 3 ヶ月間に PDS から購入した食用穀物についての平均値		
1 月あたりの絶対量（キログラム）	11	33
PDS における割当量に占める割合（%）[a]	45	95
PDS における割当量を「普段は」すべてもらっていると回答した BPL 世帯の割合（%）	18	97
配給カードの記載内容に同意する BPL 世帯の割合（%）	25	94
過去 3 ヶ月間に食事を抜いたことがある BPL 世帯の割合（%）	70	17
PDS から相当額の現金給付が受けられる制度への移行を支持する BPL 世帯の割合（%）	54	2

a 1 世帯の 1 月あたりの割当量は、ビハール州とチャッティースガル州でそれぞれ 25 キロと 35 キロである（米と小麦の合計）。

《出典》2011 年に実施された PDS に関する調査（Khera, 2011c を参照）。ビハール州とチャッティースガル州の 24 村（各州から 2 県、各県から 6 村）にある、無作為に選ばれた 264 世帯を対象としている。

る）「北部の中心地帯」であり、ＰＤＳは極度に腐敗して「ほとんど機能していない」という評価を受けていた州だったからである。[47] 実際、数々の重要な改革が行われているのに、ＰＤＳについてはほとんど手付かずのままのビハール州をはじめとして、多くの州でＰＤＳの腐敗と機能不全は依然として解消されていない。ビハール州の旧型ＰＤＳとチャッティースガル州の新型ＰＤＳの違いを示しているのが、表7−2である。二〇一一年五月から六月にかけてＢＰＬ世帯を対象に行われた調査では、過去三ヶ月の間に食事を抜いたことがあると答えた回答者の割合は、チャッティースガル州の一七％に対して、ビハール州では七〇％にまで達していた。この二つの州は、一人あたり消費支出という標準的な尺度で測った農村部の貧困がほぼ同程度の水準にあることを考えれば、この結果は単なる偶然などではないだろう。

ＰＤＳを立て直そうという決断は、チャッ

ティースガル州政府の思いやりから生まれた行動などではなく、選挙で票を獲得しようという非常にあからさまな狙いからきている（こうした行為は、民主主義の機能の一つの側面であるのだから、民主国家では恥ずべきことと見なす必要はない）。州政府が決断を下してから、配給所の運営を民間業者からグラム・パンチャーヤトや自助グループなどの地域組織へ移管することをめぐって二年にわたって争いが続き、最終的には法廷で決着がつけられた。さらに、PDSの透明性と説明責任を回復することを目指して、その他にも幅広い改革が行われた。一連の改革に着手したラーマン・シン政権が、二〇〇八年の州議会選挙での勝利を受けて再任された際には、そうした見立てが正しいかどうかはともかく、PDSをめぐる状況が好転したことが選挙での勝利に大きく貢献したと広く信じられていた。そして、これが引き金となり、PDSの改革に取り組もうとする州がその後現れるようになった。

さらに、PDSの配給価格は据え置かれるか、一部の州では引き下げさえ行われる一方、米と小麦の市場価格は急上昇したため、正常に機能するPDSを求める機運がインド全土で大いに高まった。つまり、食料価格の高騰によって、PDSで配給される食料品の価値が大幅に上がり、人々にとってのPDSの重要性がいっそう増すこととなったのである。さらに、食料価格の高騰は、多くの州でPDSの適用対象の拡大を求める圧力を生み出し、適用対象の拡大がPDSにおける説明責任の回復を後押しすることにもつながった。そして、制度の改善と汚職の防止のために、（アーンドラ・プラデーシュ州、ヒマーチャル・プラデーシュ州、オディシャ州、ラージャスターン州などの）多くの州が、チャッティースガル州のように多岐にわたるPDS改革に着手した。

PDSが広範囲にわたって改善していることを示す兆候がまず現れたのが、二〇〇九－一〇年に行われた第六六回全国標本調査であった。（直近に行われたサンプルサイズの大きい調査の年である）二〇〇四－

〇五年から二〇〇九－一〇年の間に、世帯あたりのPDSからの米と小麦の購入量は五〇％増加した。また、PDSから何がしかの米または小麦を購入した世帯の割合は、二〇〇四－〇五年の二七％から二〇〇九－一〇年の四五％へと上昇した。そして、PDSがインドの農村部の貧困削減に大きく貢献しており、タミル・ナードゥ州やチャッティースガル州のような「新型PDS」をしっかりと整備している州では、そうした傾向が特に顕著である（ただし、そのような州だけに限ったことではない）ということも、全国標本調査のデータによってはじめて示されている。(48)

二〇一一年五月から六月にかけて九つの州で実施された、無作為に選ばれた約一二〇〇のBPL世帯を対象とした調査でも、最近の取り組みが目覚ましい成果を上げていることが示されている。具体的には、調査対象となっている世帯は、過去三ヶ月間にPDSで配給を受ける権利のある食料の八四％に相当する量を受け取っている。規定の量よりも配給される食料が少ない世帯は、ビハール州、ジャールカンド州、ウッタル・プラデーシュ州にほぼ集中する一方、その他の州（アーンドラ・プラデーシュ、チャッティースガル、ヒマーチャル・プラデーシュ、オディシャ、ラージャスターン、タミル・ナードゥ）では、BPL世帯は規定の量を定期的に手に入れている。また、ビハール州やジャールカンド州でさえも、著しい改善の兆候がはっきりと見て取れる。というのも、この二つの州については、二〇〇四－〇五年というつい最近でも、中央政府から配分されたPDS向けの食用穀物の八〇％以上は闇市場へ「転用」されていたという推定があるからである。(49)

とはいえ、PDSがすべてうまくいっているなどといっているのではなく、それからほど遠いのが実情である。PDSのもとでBPL世帯に認められている配給量の一六％が対象世帯に届いていないという事実でさえとうてい受け入れられるものではなく、それが積もり積もって、インド全体では大きな損失となっている。さらに重大な点として、APL世帯への配給の割り当ては透明性に欠け、深刻な汚職が依然として解消されていないようである。[50] もちろん、たとえ配給されるべき食料の漏出が少なかったとしても、穀物の買い上げ・輸送・貯蔵にかかる取引費用が大きいため、PDSというのは多額の費用がかかる仕組みになっている。そして、まさにこの点こそが、PDSから現金給付制度へと仕組みを変えるべきであるという主張が多くの経済学者によって強く打ち出され続けている理由なのである。

しかし、PDSから現金給付へ完全に移行するという将来的な方向性については、懸念すべき点がいくつかある。第一に、PDSは単なる所得補助ではなく、少なくとも所得補助以上の役割を果たす可能性がある。一部の州では、豆類、食用油、強化食塩などの栄養のある食料品がPDSで配給されるようになり、こうした取り組みは、（PDSでの食料の配給が栄養のある食事を摂取するよう促す「ナッジ」として機能する限りでは）現金給付よりも効果的に貧困世帯の栄養補給に大きく貢献している。[51] したがって、PDSが十分に機能すれば、栄養摂取を改善するという有益な役割をインド全域で果たすことができるのである。

第二に、現物による収入は現金による収入とは同じように使われないことが多いため、PDSが担っている所得補助としての役割でさえも、現金給付と同じような働きをするとは限らない。食料品は毎日慎重に消費される傾向にあり、（まったく均等ではないにしても）家族全員が分け前を得ることができる。もちろん理屈のうえでは、現金も同じように慎重に使われる可能性はあるが、よくないことに使ったり、浪費したり、不公平な使い方をしたりするという恐れもある。さらに、栄養不良の女児やその他の子供たちをおざなりにする一方で、家族のなかの大人（特に男性）が主に消費する財の購入のために現金が振り向けられやすい。確かに、各世帯に配給された食料であっても、大人がそれを消費してしまうのと同じくらい、配給所の店員に売りさばかれるという可能性はあるが、その一方で、無料または補助金によって割引された食料を悪用することには、心理的な抵抗感を伴う場合が多い。

第三に、食料の配給に代わるものとして現金給付が十分な役割を果たすかどうかは、各地域の食品市場が機能しているかどうかに左右される。食品市場がどの程度有効に機能しているかは、インド国内でも大きなばらつきがある。特に、（インド中央部の指定部族が多く住む地域のような）遠く離れた地域は、市場までの距離の遠さや売り手による一方的な値段設定といった深刻な問題を抱えており、食料不足への不安も広く見られる傾向にある。また、それ以外の地域についても、ＰＤＳの解体が各地域の食品市場を不安定化させてしまう恐れがあるだろう。

第四に、現金給付を実施するために必要な準備がどの程度整っているのかという疑問がある。インドのほぼすべての村には、正常に機能しているＰＤＳの配給所（「公正価格店」とも呼ばれる）がある。一方、現金給付を行うためにはそれ専用のインフラが必要となるが、例えば、有効に機能する銀行システムはインドの大部分には依然として存在しない。この点に関して思い出されるのは、必要なインフラを整備しないまま、二〇〇八年の中頃にＮＲＥＧＡの賃金の支払いを銀行（と郵便局）経由で行うという変更が急遽なされた結果、ＮＲＥＧＡをめぐる混乱が長い間続いたという苦い経験である。

第五に、物価上昇によって現金給付の実質価値が目減りしてしまうかもしれない。理屈のうえでは、物価水準に応じて現金給付額を調整するという単純な解決策があるのはいうまでもない。ところが、この単純さが落とし穴になる。確かに、全般的な物価水準に応じて現金給付額を調整することは可能であるが、地域的な物価上昇によって、現金給付の価値が目減りしてしまう可能性はそれでもなお残っている。さらに、支出削減を行うよう財務大臣に圧力がかかっているような状況のもとで、物価に応じた給付額の調整を定期的に行うことが政治的にはＮＲＥＧＡの賃金を物価水準に応じて調整することを約束したのに、その実施をこれまでに何度も怠っており、現金給付の問題を考える際にも、この経緯についてもう一度思い起こしてみるべきである。

現金給付についての以上の懸念やその他の不安は、仮にＰＤＳが現金給付に置き換えられたらどのように感じるかを回答者に尋ねている、先に触れた実態調査からはっきりと浮かび上がっている。回答者のなかには、現金給付に対して偏見を持っていない人や、現金給付のほうがＰＤＳよりも好ましいと考える人さえいたが、配給制度が比較的うまく機能している限りＰＤＳをより強く好むという傾向が全般的に見られる。(52) 一方、ＰＤＳに代わるものとして、過半数の回答者が現金給付を支持したのは、ＰＤＳがほとんど機能していないビハール州だけであった（表7－2を参照）。

もちろん、こうした回答というのは慎重に解釈しなくてはならないし、これによって議論に決着がつくわけでもない。しかし、人々が抱いている懸念を認識し、しっかりと吟味してみなければならない。人々は自分たちにとって何がいいことなのかを一番よく知っている（ので、現金の代わりに特定の商品を与えることで、人々を「支援する」必要はない）というのが、現金給付を支持する議論の前提の一つとなっている。しかし、もし人々が一番よく知っているというのであれば、現金給付について彼らが抱く懸念は、当然それなりに尊重されるべきである。

そして最後に、もしＰＤＳから現金給付に移行するのであれば、政府が毎年買い上げている米と小麦の有効な使い道を考え出さなければならなくなる。穀物の買い上げシステムにはそれ独自の役割があるため、すぐに解体されるということはないだろう。ＰＤＳから現金給付へ移行した場合、莫大な「食料補助金」が節約できるという楽観的な見通しは、穀物の買い上げをやめる（または規模を大幅に縮小する）

ことを実質的には仮定している。ところが、こうした仮定が議論されることはほとんどない。さらに、穀物の買い上げをやめることが政治的な観点からどれだけ実現可能であり、どれだけ望ましいのかという点もまったく考慮されていない。

要するに、ＰＤＳから現金給付に移行すべきであるという議論は、よくいわれているほど説得力のあるものではないのである。もちろん、すでに議論したように、現金給付が大きな効果を発揮する場合もある。しかし、何百万人もの貧困層にとって大きな助けとなっている、正常に機能するＰＤＳをやめて、期待に応えられるかどうか定かではない現金給付に慌てて乗り換えた結果、大きな犠牲を払って失敗に終わるということになるかもしれない。長い目で見れば、現金給付のほうがより適切な役割を担っていくようになるのかもしれないとしても、現金給付にひと思いに飛びつくよりも、すでにあるプログラムを強化していくほうがむしろ理に適っている。

しかし、本当に重要なのは「現金か、現物か」という点ではない。現金給付とＰＤＳのどちら（または両者の組み合わせ）に基づいていたとしても、所得補助と経済的安定を効果的に実現できるような体制を整えることが肝心なのである。なぜなら、貧しい人たちをそのまま放っておくのは、公共政策として社会的に公正でもなければ、賢明でもないからである。

第8章　不平等の呪縛

世界中のすべての国々には、様々な形の不平等が見られる。しかし、あまりにも激しい分断と格差が交錯しているという点で、インドは非常に希有な存在である。というのも、カースト、階級、ジェンダー間の深刻な格差に加えて、経済的にも大きな不平等があるように、これほど様々な側面で極端なまでの不平等と向き合わなければならない国というのは、ほとんど存在しないからである。カーストがインドで果たしている役割は独特のものであり、それがインドと他の国々とを隔てている。確かに、狭く仕切られた箱のなかに人々を閉じ込めるようなカーストに似た制度は、過去に多くの国々で見られた（現在でも、ある程度は見られる）。しかし、カースト差別の慣習を全面的に禁止する様々な法律が制定されているのに、カーストに基づく階層制が重要な意味を持ち、それが現代社会で影響力を持ち続けているという点で、インドはきわめて特異な存在のように見える。そして、カーストに基づく階層化によって階級間の不平等がさらに強められ、より克服しがたいものになってしまう場合も多い。また、インドではジェンダー間の不平等も著しく、特にインドの北部と西部の大部分では、かなり幅広い領域で女性が従属的な立場に追いやられている。幾重にも層をなす格差の底辺にいる人たち

表8−1：カースト間、ジェンダー間での識字率の格差（1901年）

地域（州または藩王国）	ブラーマンの識字率[a]（%）		「指定カースト」の識字率[b]（%）	
	男性	女性	男性	女性
バローダ藩王国	73.0	5.6	1.2	0
マイソール藩王国	68.1	6.4	0.9	0.1
ボンベイ州	58.0	5.4	0.7	0
マドラス州	57.8	4.4	1.0	0
連合州	55.3	4.6	0.2	0
中央州	36.5	0.9	0.4	0

a 連合州については、カヤスタの識字率。
b 連合州と中央州についてはチャマール、バローダ藩王国についてはデードとマハール、マドラス州についてはパライヤ、マイソール藩王国についてはホラヤ、ボンベイ州についてはデードとマハールとホラヤ（合計）。カーストの分類は時間とともに変化しているため、1901年時点での「指定カースト」（後にこの名称で知られるようになる）全体の識字率を推定することは不可能である。そのため、1901年センサスで取り上げられているカーストのなかから、各地域の主要な指定カーストを特定したうえで識字率を集計している。
《出典》1901年センサスの付表、表Ⅵ（Risley and Gait, 1903を参照）。

がまったく無力な存在として生きているような、極端なまでに抑圧的な社会制度が生まれるのは、異なる種類の深刻な不平等がお互いを増幅し合っているからなのである。

過去から連なる数々の不平等がインドに重くのしかかっていることを示しているのが、表8−1である。この表では、二〇世紀初頭の英領インドの各地域について、ブラーマン（バラモン）とダリトの識字率を比較している（なお、ダリトはかつて不可触民と呼ばれていたが、現在では「指定カースト」として知られ、法律によって一定程度の社会的機会が保証されている）。ほとんどの地域では、当時すでにブラーマンの男性の大半は読み書きができた（バローダ藩王国では、七三％にまで達している）。一方、識字率が最も低い集団に目を向けると、ダリトの女性の識字率はほとんどの地域でゼロであった。この結果は、それぞれの社会集団の内部に大きなジェンダー間格差があったことを物語っている（各集団内では、男性が教育を実質的に独占していた）。また、当時はいずれの地域でも、ダリトの男性の識字率でさえせいぜい一％とブラーマンの男性の識字率の一〇〇分の一の水準に何とか届く程度であったように、カースト間格差が際立っていたことも浮き彫りにしている。

インド社会に見られるこうした極端なまでの格差は、異なる種類の不平等（この場合は、カースト間とジェンダー間の不平等）が互いに強め合うことによって生まれている。もしこれに階級という側面がさらに付け加えられると、格差をめぐる状況はよりいっそう悪化するように見えるだろう。つまり、カースト間とジェンダー間の不平等が互いに強め合う傾向にあるのとまったく同じような事態が、カースト間と階級間の不平等などについても起こりうるのである。例えば、カーストによる分断があることで、経済的に恵まれない人たちがよりよい待遇を求めて団結したり交渉したりすることがはるかに難しくなってしまう。B・R・アンベードカルが鋭く指摘しているように、「（前略）カースト制度というのは、単なる労働の分業ではない。労働者の分断なのである」[*1]。

今日であれば、表8－1に示されているような数字は、特に若年層についてずいぶん違った様相を呈しているだろう[(1)]。実際、インドの若年層の識字率が一〇〇％に近づくにつれて、カースト間や男女間の識字率の差は確実に縮小していく。また、歴史的な視点から眺めてみると、実質的に教育機会を「上位

＊1　Ambedkar（1936）［山崎元一・吉村玲子訳『カーストの絶滅』明石書店、一九九四年］の47ページを参照（傍点は引用者による）。アンベードカルはさらに続けて、「カースト制度は、分業とはまったく異なる労働者の分断であるだけにとどまらず、ある職業集団は別の職業集団の上に位置すると等級づけするような階層制なのである」と述べている。（アンベードカルが呼んだ）「等級化された不平等」のシステムとしてのカーストに基づく階層制のこうした特徴は、カースト制度による労働者の分断をより深刻なものにするとともに、カースト制度の変革をさらに困難にしてしまう。

カーストの男性が独占」するような事態が終わりを迎えることは、重大な転換点であるとともに、全体的に考えてみれば、インドで大きな社会的変化が起きていることをはっきりと示してもいる。しかし、長年の不平等が解消されてきているなどと考えるのは、まったくの誤りだろう。その理由としてまず挙げられるのが、第3章で見たように、インドの子供たちの大部分（主に恵まれない家庭の子供たち）は学校ではほとんど何も学習しておらず、単なる読み書きの能力以上のより高いレベルの学習達成度について見れば、階級、カースト、ジェンダー間での格差がやはり浮き彫りになるだろうという点である。さらに、もう一つの理由としては、近代的な法律、規範、制度などのおかげで、長年の不平等が以前よりもはっきりとは姿を現さなくなってきているが、その背後にある社会的規範や価値観は今なお生き続けているという点も挙げられる。

また、こうした点に加えて、教育の不平等がそれ自体としても重要であるということも理解しておかなければならない。教育の不平等というのは、階級、カースト、ジェンダー間の不平等を反映しているが、それは部分的なものにすぎない。教育の不平等はそれ自体からも影響を受けており、学校教育へのアクセス、学習能力、親の教育程度などの違いを映し出しているのである。例えば、性別が同じで、（同じ家族に属しているので）カーストや階級も当然同じである兄弟または姉妹の間でも、学業成績に大きな差が出るということがよくある。そして、教育の不平等（全体的な教育格差と兄弟または姉妹の間の教育格差の両方）に関しても、インドは他の国々よりもかなり深刻な状況にあるように見える。(2) 例えば、インドでは、特定の年齢層のなかで就学年数が非常に大きくばらつきがちであり、女性についてはそうした傾向がとりわけ顕著である。(3)

インドには、重大な意味を持つ社会的分断がその他にも見られ、これまでに議論した社会的分断をさらに強めていることもよくある。例えば、英語を知っている人と知らない人との間に分断があるというのは、社会主義の思想家であったラームマノーハル・ロヒアなどによって強調された点である。さらに、ロヒアは「高カースト、富、英語の知識は必要不可欠な三つの要素であり、いずれか二つを手にしていれば、支配階級に属することになる」とさえ論じている。(4) 確かに、その他の点では特に優れた能力を持っていないかもしれない人でも、英語を知っているためにあらゆる機会が開かれるということがインドでは起こりうる。裁判所（高等裁判所と最高裁判所）、高等教育、現代ビジネス、重要性の高い公的文書で用いられる言語は英語であり、インターネットの世界でも依然としてその傾向は顕著である。さらに、英語で授業が行われるエリート学校とその他の学校との間には隔たりがあるため、インドの学校教育制度には英語をめぐる断絶がますます色濃く反映されるようになってきている。そして、英語能力の有無によって生まれる断絶は、すべての子供を共通の教育制度のもとに組み入れようとすることへの大きな障害となっている。この場合にもまた、ある種類の不平等に取り組もうとすると、別の種類の不平等がその前に立ちはだかっているのである。(5)

階級、カースト、ジェンダー間などの不平等が互いを強め合う状況は、北部に位置するインドの中心地帯でとりわけ根強い。そのため、この地域がインドの他地域に比べて様々な面で後れを取っている理由を見つけるための重要な手がかりは、きっとこの点に隠れているだろう。(6) 一方、その他の地域では、異なる不平等が互いを強め合ってきたという歴史的な重荷に対して様々な取り組みが行われ、幅広い領域にわたって急速な社会的進歩が近年起こっている。例えば、第3章では、ケーララ州、ヒマーチャル・プラデーシュ州、タミル・ナードゥ州で近年見られる急速な開発の経験を手がかりにこの点を論じた。ただし、インド全体を眺めてみると、社会の分断を解消するというこの大仕事は、いまだに完成にはほど遠い状況にある。

所得不平等と経済的分断

所得分配に関して、インドはどれほど不平等なのだろうか。この点についての経済学による従来の解釈は、他の国々と比べてもインドはとりわけ不平等なわけではないというものであった。このような一般的な印象は、インドの一人あたり消費支出のジニ係数と他の国々の一人あたり所得のジニ係数との比較に基づいている場合がほとんどである（インドについては信頼できる所得のデータがないため、このような比較が行われている）。ところが、一人あたり消費支出の分布が一人あたり所得の分布よりもより平等になる傾向というのは世界各国で見られるため、上記のような比較は不正確である。ただし、二〇〇四－〇五年に行われたインド人間開発調査には所得に関するデータが含まれているため、インドについて一人あたり所得のジニ係数を推定することは可能である。このデータによると、インドの一人あたり所得のジニ係数は、（一人あたり消費支出のデータから得られることの多い〇・三五前後の値よりもはるかに高い）〇・五四となることが明らかになった。世界銀行による調査が結論づけているように、この結果から「インドの不平等は、不平等の大きい国であるブラジルや南アフリカと同程度の水準にあるように見える」ということになる。(7) この結論は一つの調査から導き出されたものなので、さらに検討を重ねる必要がある。ただし、他の途上国と比較して、インドの所得分布はより平等であるという広く信じられている言説には、大いに疑問の余地があることが明らかである。

また、インドではここ数十年の間に経済格差が拡大しているという証拠も数多くそろっている。例えば、一人あたり消費支出のデータによると、都市部で不平等が拡大しているだけでなく、都市部と農村部との間でも格差が広がっている。したがって、インドで近年見られる急速な経済成長の恩恵に浴しているのは、主に都市部に暮らす比較的豊かな階層なのである。同様に、一人あたり所得のデータを見ても、所得全体に占める最上位層の所得の割合が上昇している。さらに、不完全なものではあるが、資産に関するデータからも経済自由化以降に格差が拡大していることが示されている。(8)

仮に、不平等が進行するのではなく、所得や消費支出の分布に変化がない（または改善している）のであれば、貧困層は実際よりもはるかに大きな恩恵をインドの急速な経済成長から得たことであろう。しかし現実には、経済成長は大きく加速したのに、貧困削減のペースは相変わらず緩慢なままであり、これまでとほとんど同じように推移している。(9) たとえ継続的な貧困削減が同時に起きているとしても、このような思わしくない傾向に加えて、インドの経済格差について懸念を抱かせる理由は他にも見られる。実際、経済格差をはじめとする不平等それ自体が社会に様々な悪影響を及ぼしていることが、世界各国で行われている最近の調査で明らかになっている。例えば、経済格差が大きいところでは、貧しい階層だけでなく人口全体についても、保健分野で思わしい成果が得られない傾向にある。(10) また、経済格差が大きくなると、犯罪がより起きやすくなるという証拠もあり、社会的な連帯意識や人々の間の協力関係が経済格差によって阻害される傾向も見られる。さらに、富の集中が高まることによって、特権的な少数派があまりにも大きな政治権力を握るようになり、公共政策や民主政治がエリートだけを優遇するような方向へとさらにねじ曲げられてしまうことがよくある。(11) そして最後に、カースト間の不平等やその他の不平等が生きながらえるかどうかは、経済格差とどの程度重なり合っているかに大きくかかっており、異なる種類の不平等が互いに強め合っている。以上のような理由およびその他の理由から、インドで所得格差が深刻化していく事態を食い止め、さらには、所得格差を縮小させるための取り組みを（よりいっそう）押し進めていくべきなのは明らかである。そして、（近年、不平等が増大するのではなく減少している）ラテンアメリカ諸国での経済的再分配に関する最近の経験に加えて、（前章で議論した）インド国内での所得補助プログラムの最近の経験も、不平等の解消へ向けて様々な取り組みを行う余地があることを示している。

しかし、そうはいいながらも、最も重要なポイントは、最近になって経済格差が深刻化しているという点ではなく、これまで続いてきた不平等（階級間の不平等だけでなく、カースト間やジェンダー間などのその他の不平等）の大きさと性質がいかなるものであるのかという点であるといえる。すぐ後で論じるように、様々な不平等が互いに強め合うことによって、特権集団とそれ以外の人たちとの間に横たわる消し去りがたい亀裂が、インド社会のなかに生まれているのである。

経済的な側面に関する限り、インドで平等の原則が最も侵害されているのは、金持ちや大金持ちが度を超した資産を持っているという点ではなく、尊厳のある生活を送るうえでの必要最低限の条件（食料、家、衣服、衛生設備、保健医療、子供のための学校）にも事欠く人たちがいまだに多くいるという点である。そして、おびただしい数の貧困層が抱えている剥奪と対比してみると、富裕層のぜいたくな暮らしぶりというのはとりわけ異様に映る。実際、中国の経済格差それ自体はインドの経済格差と大差ないものであるが、中国の貧困層は生活するうえでの基本となる快適な環境を手にしているという点でインドの貧困層とは大きく異なっている（この問題については、最後の章で再び論じる）。したがって、あまりにも多くの人たちが日々の暮らしのなかで剥奪に悩まされ続けている状況を放置しておくのではなく、すべての人に必要最低限の条件を保障することが、インドで社会正義の実現をさらに推し進めていくための第一歩となるのは確かなのである。

終わりなきカーストの呪縛

二〇世紀に入って、カーストによる差別は大きく後退したとよくいわれる。[12] 過去のインドでのカースト差別の激しさを考えれば、現在の状況がとりたてて平等に近づいてはいなくても、そうした議論は確かにもっともである。以前はインドの大部分で、サンダルを履いたり、自転車に乗ったり、寺に参拝したり、より高いカーストの人がいる前で椅子に座ったりすることは、ダリトには許されていなかった。このような例は、カースト制度をめぐって展開していた、屈辱と抑圧という悪循環の体系のほんの一部にすぎない。[13] 経済発展に加えて、教育の普及、社会改革を目指す運動、憲法上の保障、そして、もちろん差別の被害者からの政治的抵抗といった要因によって、このような差別的な慣習の多くは廃れたり、消え去ったりしている。

ただし、こうした流れがカースト差別をめぐるあらゆる側面で一様に進んでいるわけではまったくない。カーストに基づく偏見のなかには、異なるカースト間の結婚が多くの社会集団の間で認められていないなど、今日でもかなり根強く残っているものもある。また、インドという国や社会の大部分では、カーストによる分断が後退してきているものの、以前には見られなかったところ（例えば、先住民、イスラム教徒、シク教徒、キリスト教徒などの様々な集団の間）にカーストによる分断が入り込んできている。しかし、より重要なのは、カースト制度が以前のような野蛮性と残忍性を失いつつあるのに、インド社会ではカーストが力の源泉として大きな意味を持ち続けているという点なのである。

表 8-2：アラハバードにおける各集団内での上位カーストの割合（%）

対象となる集団[a]	上位カースト		ブラーマンとカヤスタ	
	集団全体に占める割合	カーストが「特定」できた人全体に占める割合	集団全体に占める割合	カーストが「特定」できた人全体に占める割合
アラハバード記者クラブの役員（16）	100	100	75	75
教員組合の指導者（17）	100	100	76	76
広告代理店の所有者（11）	91	91	55	55
高い地位に就いている医師（99）	89	94	37	39
法律家協会の執行委員（28）	86	96	68	76
有名出版社の発行人（12）	83	100	42	50
GB パント社会科学研究所の教員（15）	80	80	60	67
弁護士協会の執行委員（14）	79	100	57	73
NGO の代表（30）	77	88	47	54
労働組合（事務員および作業員関連）の指導者（49）	76	88	55	64
アラハバード大学の教員（112）*	76	77	54	55
主席開発官および郡開発官（20）	75	88	40	53
アショーク・ナガールの居住者（62）訳注	74	82	32	36
メディア企業の報道記者（62）	74	85	53	61
アラハバード大学学生組合の元委員長（79）	73	89	44	54
著名な芸術家（55）	71	89	47	59
アラハバード記者クラブの会員（104）	71	80	56	63
県および郡レベルの警察官（28）	68	100	39	58
インド情報技術大学の教員（47）	68	100	36	56
高等裁判所の裁判官（75）	68	81	32	38
高等裁判所の弁護士（100）*	67	88	44	58
取引業協同組合（6）	67	80	0	0
カレッジの校長（16）	56	69	19	23
アラハバード自治体所属の下級技術者（20）	55	79	30	43
合計（1,077）	**75**	**87**	**46**	**54**

a カッコ内の数字は、各集団の人数を表している。* はサンプル調査に基づいていることを示しており、その場合には、カッコ内の数字は観測数を表している。

《注》1 列目は、上位カーストであると（ある程度確かに）特定された人が集団全体に占める割合。2 列目は、各集団内でカーストが特定できた人全体に占める上位カーストの割合。1 列目と 2 列目で示されている値は、各集団内に占める上位カーストの割合の下限と上限にそれぞれ対応していると解釈できる。また、3 列目と 4 列目は、ブラーマンとカヤスタについて同様の集計を行った結果を示している。

《訳注》アショーク・ナガールとは、アラハバートの高級住宅街のことである。

《出典》アンキタ・アガルワル、ジャン・ドレーズ、アーシーシュ・グプタによって 2012 年 8 月に行われた調査で収集したデータ（Aggarwal et al., 2013 を参照）。

公的機関が高カーストによって支配され続けていることを示しているのが、表8-2である。この表は、インド北部の大都市であるアラハバードでの調査で収集したデータに基づいている。表に記載されている数字は、権力や影響力を伴うような地位（記者クラブ、大学教員、法律家協会、警察の上層部、労働組合の指導部、非政府組織、メディア企業などの公的機関）に占める高カーストの割合を示している。高カーストがウッタル・プラデーシュ州の全人口に占める割合は二〇％ほどにすぎないのに、権力や影響力のある地位に占める高カーストの割合は七五％ほどであることが明らかである。さらに、（アラハバードで最も地位の高い二つのカーストである）ブラーマンとカヤスタだけで役職のほぼ半分を占めており、この二つのカーストが州の全人口に占める割合の四倍以上にまで達している。(14) 苗字からカーストを類推している場合も一部あるため、ここで挙げられている数字は大まかなものでしかないが、高カーストによる圧倒的な支配が公的機関で続いているという傾向は十分はっきりと読み取れる。一方、その他のカースト（または宗教）に属する人たちは完全に排除されているわけではない。しかし、これほど大きな勢力を誇る多数派を形成しているのであれば、高カーストがあまりにも強大な権力を握っているというのはそれほど驚きではない。また、調査対象となっている公的機関でダリトが相当数の役職を占めているという証拠はまったく見つからない。ただし、一定数の役職をダリトに留保することが法律で義務づけられていることもあり、大学教員にはそれなりの数のダリトがいるという例外も一部には見られる。

高カーストによる支配は、政府機関よりもどちらかといえば「市民社会」を代表する組織でさらに深刻なようであるという点に注意が必要である。例えば、アラハバードでは、非政府組織（NGO）の代表と労働組合の指導者の約八〇％、弁護士協会の執行委員のほぼ九〇％、記者クラブの役員に至っては一〇〇％が高カースト（実際には、そのほとんどはブラーマンとカヤスタ）によって占められている。主に低カーストに属する労働者によって構成されている労働組合でさえ、高カーストの指導者の支配下に置かれている場合が多い。インドでは反体制運動までもが、その政治活動のなかで古くからある分断のイメージを再生産する傾向にあるという点については、真剣に考えるべきものがある。

高カーストの権力と影響力の大きさということでは、アラハバードはとりわけ保守的であるのかもしれない。さらに、アラハバードが一つの都市にすぎないのはいうまでもない。しかし、アラハバードはれっきとした権力の中心地であるという点については、はっきりと述べておく必要がある。例えば、インドで最も長い歴史を誇る大規模な大学の一つであるアラハバード大学の卒業生の多くは、インド全土で政府機関やその他の公的機関の職に就いている。[15] とはいえ、より多くのデータを偶然持っているというだけの理由から、アラハバードにばかり焦点を当てようとしているのではない。要するに、程度の差はあるものの、インドの多くの地域、特にインド北部で見られる全般的な傾向を描き出すことを意図しているのである。

実際、最近のいくつかの研究では、メディア企業、企業の取締役、司法、さらにはクリケットやポロのチームでも、高カーストの支配が続いている（その一方で、ダリト、先住民、その他の恵まれない集団はほとんどいない）ことが同様に明らかになっている。[16] 例えば、デリーに拠点を置く活字メディアと電子メディアで編集者やその他の重要な役職に就いている三一五人を対象として、発展途上社会研究センター（CSDS）が最近行った調査では、指定カーストや指定部族の出身者は一人もいなかった。それどころか、調査対象者の約八五％は高カーストという（インドの全人口のわずか一六％を占めるにすぎない）小さなグループに属し、全体の約半分はブラーマンであった。[17] このようなメディアの現状は、公的討論（その他にもあるが、特に留保政策のような問題についての公的討論）にダリトや先住民の関心事や視点が十分反映されることにつながらないのは明らかである。また、インド企業の取締役について最近行われた研究でも、非常によく似た傾向が浮かび上がっている。具体的には、取締役の九〇％以上は高カーストに属しており、ほぼ半分（正確には四五％）がブラーマンで占められている。興味深いことに、企業の取締役の場合には、（伝統的に商取引に従事していて、バニアとしても知られる）ヴァイシャの占める割合が四六％とブラーマンを若干上回っている。[18] 一方、指定カーストと指定部族が企業の取締役に占める割合は三・五％にすぎず、インドの人口全体に占める割合（約二四％）から見ると低い水準にとどまっている。そしてさらに、すべての取締役が一つのカーストに属しているという意味で、大多数（七〇％）の企業には「多様性」がまったく見られなかったのである。

カーストによる差別を是正していくうえでの障害の一つとなっているのが、インドの上流社会では、カーストに関する事柄がほとんど話題にのぼらなくなっているという点である。その背後には、カーストに基づくいかなる慣習も訴訟の対象にならざるをえないという理由に加えて、あらゆる種類のカースト意識が社会の流れに逆行する反動的なものであると受け取られてしまうという理由がある。カーストに関する話題が避けられていることについては、カースト意識を消し去るのに役立っているともっともらしく正当化することもできるが、実際には、社会の変革に結びつかないどころか、社会の実情を理解することにも役立っていないのである。

同じような問題は、インドに暮らすイスラム教徒の貧困層についても見られる。もちろん、実業界の大物、政治指導者、専門職階級などのインド社会の上層部の一部分は、多数のイスラム教徒によってしっかりと占められている。インドの政治は概して世俗的であるうえに、英領インドよりも前の時代には上流階級に占めるイスラム教徒の割合が高く、その多くは一九四七年の分離独立の際にパキスタンへ移住しなかったという歴史的事実があるため、イスラム教徒がインド社会の上層部の一部分を形成していることは想像できるだろう。しかし、その対極に位置する貧しいイスラム教徒は、イスラム教に改宗した低カーストのヒンドゥー教徒の子孫であることが多く（カーストによる差別から逃れるために改宗した場合もある）、低カーストのヒンドゥー教徒と同じように経済的・社会的に恵まれていないこともある。[19]さらに、指定カーストと指定部族を（公務員への採用や高等教育機関への入学などの）様々な分野で優遇するという、独立後に設けられた差別是正のための法規定には、貧しいイスラム教徒という分類は設けられていない。カーストによる差別をヒンドゥー教徒だけの問題として取り扱っていることからくる、このような甚だしい不公正はある程度は是正されてきている。ただし、この点についてはさらに迅速な取り組みが必要とされているだけでなく、アファーマティブ・アクション（差別是正措置）の枠組みをもう一度見直してみることも必要である。そして、その際には、貧しいイスラム教徒とそれよりは豊かなインドの人々（イスラム教徒とそれ以外を含む）との間の不平等に加えて、カーストに基づく不平等が今後続いていくかどうかは、社会的階層化が経済的不平等とどの程度重なり合っているかによって大きく左右されるという点に注意しなければならない。

ジェンダー間の不平等——変わる側面、変わらない側面

ジェンダー間の不平等は、多くの人たち（女性自身に加えて、より十分な情報に基づいて、積極的かつ平等な形で女性が社会生活や一般生活に参加することで便益を得る男性や子供）を「新しいインド」の片隅へと追

いやっている社会的格差の一つである。カースト関係と同様、ジェンダー関係も最近になって変化が見られ、一部ではジェンダー間の不平等が大幅に解消している。例えば、一〇〇年前であれば女児は（たとえ高カーストに属していても）教育制度から事実上除外されていたが、今ではインド全域で多くの女子生徒が学校に通っているという点はすでに述べたとおりである。その結果、就学についてのジェンダー間の偏りは、初等教育レベルでは比較的小さく、その他の教育レベルでも急速に縮小してきている。

このような角度から眺めてみると、インドは従来からあるジェンダー間格差を解消する方向へと着実に進んでいるかのように見えるかもしれない。さらに、インドでは、政治、文学、美術、音楽に加えて学問や専門職のような数多くの職業で女性が重要な位置を占めている。そのため、インドの女性は男性よりもはるかに深刻な剝奪に苦しんでいるという言説は、インド社会を外側から眺めている人たちにはまったくありえないことのように映る場合も多い。しかし、ジェンダー間の不平等は、インド社会の現実の重要な一側面なのである。

ジェンダー間の不平等に関してインドが以前から抱えている問題の一つとして、女児のほうが男児よりも死亡率が高いという点が挙げられる。ただし、これは女児の間引きや何らかの故意の殺人によるものではなく、保健医療や栄養摂取の面で女児の利害がひっそりと（そして、はっきりと意識されることなく）無視されていることが大きく影響している。女児がどのように育てられているかという点に関しては、インド国内で大きな地域差があるものの、インド一国の数値から浮かび上がってくる平均的イメージはまさに衝撃的なものである。[20] 平均で比較すると、インドでは女児の死亡率は男児よりも格段に高く、推定値が入手可能な大半の国々よりも死亡率の男女差（男児の死亡率のほうが低い）が大きい。[21] この点に関するインド国内での地域差のなかでも、北部と西部の州では死亡率の男女差はさらに大きく、東部と南部の州の多くではより小さいか男女差がまったく見られない。こうした地域差を考慮に入れると、ジェンダー間の偏りがとりわけ大きい州（主にインドの北部と西部）では、男児に比べて女児を取り巻く状況がいかに不利なものであるかが、インド全体の平均的なイメージから明らかである。また、北部と西部の州では、女児に対する「出生率の差別」も気が滅入るほど深刻である。この問題については、また後ほど触れることにしよう。

インドでは、その他にも多くの点でジェンダー間の不平等が根強く残っている。例えば、インドは他の国々と比較して、女性の労働参加（家庭での家事労働は除くという従来の定義による）が依然として極端なまでに低く、上昇する兆しはほとんど見られない。[22] こうしたインドの現状は、女性の雇用機会が大幅に増加することの多い、急速な経済成長の段階にある多くのアジア諸国（第3章で見たバングラデシュを含む）の経験とは著しい対照をなしている。[*2] このような大きな違いは、第2章で論じた「雇用なき成長」というインド全体にかかわる問題をある程度は反映しているが、女性が家庭を離れて外で働くことをよしとしない社会的通念が世の中に大きく広がっていることも反映している。実際、インドでは、所得や教育水準の上昇に伴って女性の労働参加が低下することがよくある。

第3章で（さらには、第5章と第6章でも）議論したように、バングラデシュは人間開発の様々な分野でインドよりもはるかに前進を遂げているだけでなく、女性のエージェンシー（行為主体性）の役割が大いに発揮されたことによって、こうした進歩がバングラデシュにもたらされている。そして、女性のエージェンシーが特に重要な役割を果たしてきたのが、家族計画や保健医療から学校での教育までを含む、公共サービスの提供と活用および社会部門であった。女性のために何をしてあげられるかという点だけではなく（この点は確かに重要であるが）、女性がインドのために何をできるかという点にもインドは関心を向けなければならない。女性による貢献というのは、インドを大きく変革する可能性を秘めた手つかずの資源なのである。

ジェンダー間の格差がいまだに解消されていないことを示すもう一つの例として、女性の政治的代表の問題を挙げることができる。ただし、これまでの経緯には、評価できる部分とそうでない部分がある。一方では、パンチャーヤト制度のもとで選挙によって決められる議席のうち、最低三三％（一部の州では、五〇％もの議席）が女性に留保されるようになっており、これは非常に前向きな変化である。[23]女性への議席留保のおかげで、何百万人もの女性たちが地方レベルの政治に積極的に参加できるようになり、パンチャーヤト制度のもとでの優先事項や活動内容、さらには、パンチャーヤト制度についての認識といった点で大きな変化がもたらされたという研究結果もある。[24]ところが、他方では、インドの連邦議会と州議会は男性議員によって占領されたままである。連邦下院の全議席に占める女性議員の割合は一〇％前後を上回ったことはない（これまで女性比率が最も高かったのは、二〇〇九年時点での一〇・九％である）。また、州議会における女性議員の割合も一〇％を下回っている場合がほとんどであり、データが入手可能な主要な州についていては、いずれも女性議員の比率が一四％を超えたことはない。[25]

インドではその他にも、社会的・文化的関係が家父長的な性格を帯びて現れることが多い。財産につ

＊2　『世界開発指標』で女性の労働参加率のデータが得られる一八四ヶ国のうち、「女性の労働参加率」（一五歳以上）がインドの二九％という極端に低い値を下回っている国は、わずか一七ヶ国しかない。そして、その大半は北アフリカと西アジアの国々である。

いては父系相続が徹底されており、結婚した夫婦は今でも夫の実家で生活することが圧倒的に多く、女性の移動の自由は大きく制限されたままであり、（家庭内暴力を含む）女性に対する暴力は社会の至るところでいまだに残っている。さらに、こうした家父長的な規範のなかには、消え去るどころか拡散する傾向にあるものもある。例えば、持参金《ダウリー》の習慣は、以前にはそのようなものがなかった社会集団へと二〇世紀の間に着実に広がっていった（なお、持参金の習慣は、「男児選好」というよく知られた現象や十分な額の持参金を持ってこなかったという理由での嫁いびりなど、ジェンダーに関係する社会問題を数多く引き起こしている）。このような現象が生まれる理由として、持参金をはじめとする、かつては上位カーストの一部だけに限られていた家父長的な規範の多くが、社会的地位の高さや地位の上昇の象徴と見なされているという点を挙げることができるだろう[26]。インドにおける経済的・社会的・政治的な生活のきわめて重要な側面について、ジェンダー間の平等のようなものを成し遂げるまでには確かに長い道のりが残されている。

レイプ、暴力、抗議

ジェンダー間の不平等について最も激しい非難の声を最近集めているのが、女性に対する暴力、特にレイプ事件の頻発に関する側面である。この問題は、以前には見られなかったほど瞬く間に非常に重要視されるようになってきている。その転機となったのが、首都デリーで二〇一二年一二月一六日に密室状態のバスのなかで起きた、残虐きわまりない集団強姦事件であった（結局、被害者の女性は命を落とすことにもなった）。デリーやその他の都市では、女性を狙った暴力に反対する大規模な抗議活動が何日間にもわたって続き、ジェンダー間の不平等に反対するためにこれまでに行われたあらゆる抗議活動とは比べものにならないほどの数の参加者を集めた。そして、警察との間でも大規模な衝突が起きた。大きな不満のなかには、警察が女性に対して十分な保護を行っていないという声があり、さらに今回の場合は、レイプの被害者と殴打された男友達が道端に倒れていたのに、警察が迅速な対応を一切とらなかったことへも非難の声が上がった。安全が十分に確保されておらず、女性がレイプや嫌がらせの標的になりやすいという問題が、これまでにはありえないような経緯で、一夜のうちに重大な論点としてインド全域へと波及していったのである。

この出来事が女性の身の安全を高めるうえでの長期的な転換点になったかどうかは、まだはっきりとはしていない。予想されたように、被害女性に難癖をつけるという形で男性の偏見や性差別があらわになることもあった。具体的には、女性はもっと控えめな格好をすべきであるとか、誘惑に弱い男性を引きつけるようなことをすべきではないとか、夜に出歩くべきではないといった、失礼きわまりない内容が語られていた。ただし、こうした男性目線の弁明が公共的議論のなかで大きな反論の声によってすぐさま打ち消されたことが示すように、女性に対する暴力へ厳しい視線が向けられているという流れは、少なくとも今のところは、依然として理性に基づいている。さらに、こうした類いのレイプ事件が起きるのは、「(ヒンディー語でインドを意味する) バーラトではなく、(英語でインドを意味する) インディア」と呼ばれることもある現代的なインドだけの話であり、農村部ではそれほど頻繁には起きない(または、一切起きない)という意見もあった。しかし、高カーストの男性(地主である場合が多い)によるダリトの女性に対する凌辱、そして、妻が嫌々ながら夫の望みに従うという夫婦間のレイプについて知られている事実を考え合わせてみれば、当然のことながら、こうした意見には実証的な根拠など何もないのである。性的な残虐行為やレイプがインド各地で起きているという点、そして、女性への凌辱という現象が広く知られていたのに、これまでほとんど注目されない傾向にあったという点に関心が集まっているのは、あまりにも悲惨で残忍なこの事件によってもたらされた前向きな影響の一つである。例えば、レイプ事件について報道する媒体として新聞が生まれ変わったことで、インド各地の新聞の多くが、レイプ事件をひとまとめにして取り上げるために大きな紙面（毎日数ページに及ぶこともよくある）を割くようになってきており、このような報道姿勢は以前であれば決して見られなかった。

では、インドではどの程度の頻度でレイプが起きているのだろうか。全国各地で発生したレイプについての報道が何ページにもわたって新聞に掲載されているのであれば、レイプ事件は頻繁に起きているに違いない。ところが、ほんの少し前の時点でさえ、まったくこのようには考えられていなかった。レイプについての認識が十分ではなかった理由の一つとして、被害件数が実際よりも過少に報告されているという問題があることは間違いないだろう。被害者に対して警察があまりにも親身でないことが多く、裁判所による審理は遅々として進まず、有罪を確定することは難しいために、被害の報告が過少になるというのは一般的なことである。そして、大部分のレイプは報告されないので、実際の発生件数は警察によって記録されている数の五倍とか一〇倍に達しているだろうと推測されることがよくある。きっとこれが実態なのであり、多くの専門家がそうしているように、インドは確かに「レイプ問題」を抱えていると結論づけるのは正しいことなのかもしれない。

しかし、インドではレイプが極端に高い頻度で起きているのかどうかという問題は別として、被害者が警察や司法制度からほとんど支援を得られていないというもう一つの問題は確かに存在する。警察によって記録されたレイプの件数を参考にすると、国連薬物犯罪事務所は、二〇一〇年のインドについて一〇万人あたり一・八件という数字を挙げており、これは世界で最も低い水準にある。一・八件というインドの数字と比較すると、例えば、アメリカは二七・三件、イギリスは二八・八件、スウェーデンは六三・五件、南アフリカは一二〇・〇件という値になる。[27] インドで記録されているレイプ被害の件数は実際よりも大幅に少ないのは確かであるが、たとえインドの数字を一〇倍してみても、この修正後の数字はやはりアメリカ、イギリス、スウェーデン、南アフリカのいずれにも及ばない（これらの国々ではレイプ被害は過少報告されていないという仮定までしている）。もちろん、インドで見られる過少報告を修正するためには、（実際どうなのかはわからないが）一〇よりももっと大きい数字を掛けなければならないということも十分ありうるだろう。他の国々には見られないレイプの問題にインドが悩まされているのかどうかは定かではないが、レイプの問題について監視と通報がしっかりと行われていないという深刻な課題をインドが抱えているということは、予防的措置の不備という状況が十分に示唆するように、あらゆる証拠によって示されている。つまり、インドを悩ませている重大な問題というのは、異常なほど頻繁にレイプが起きているということよりも、警察は思いやりに欠け、安全対策はおざなりにされ、司法制度は機能せず、そして結局のところは、社会全体が同情心を持ち合わせていないことにこそ見出される可能性があり、これは私たちの認識とも一致している。したがって、インドが厳しく断罪されるべき理由というのは、「レイプの世界的中心地」であるという点だけではないのである。

さらに、インドのその他の巨大都市には見られないであろう特別な問題をデリーが抱えていることも確かである。二〇一一年に記録された人口一〇万人あたりのレイプ被害の件数は、デリーで二・八件であったのに対して、ムンバイで一・二件、バンガロールで一・一件、チェンナイで〇・九件、コルカタで〇・三件となっている。デリーが他の都市よりもはるかに効率的にレイプ被害を記録しているという証拠は見当たらないため、デリーで記録されたレイプ被害の件数がコルカタの九倍以上に達しているというのは確かに注目すべき点である。インド社会が女性に対してどれほど敵対的であろうとなかろうと、少なくともインドの大都市の一部がすでに達成している程度の安全性をデリーが実現できない理由などない。行政、治安維持、裁判、社会的無関心といった問題はインド全域でいまだに深刻であるが、女性の安全についてより大きな問題を抱えている地域がインド国内には存在する。そして、インドに見られる巨大な多様性は、ジェンダー間の不平等のその他の領域についても見出すことができるのである。この点については、後ほど論じることにしよう。

協力的対立と女性のエージェンシー

女性のエージェンシーにどれだけの効果があるかは、社会からもたらされる様々な影響によって左右される。そして、その重要な要素の一つに家族の在り方というものがある。家族というのは、利害の一致と優先事項の不一致という二面性を併せ持った協力的関係である。そのため、家庭内の亀裂は、協力(一緒に暮らすことで家族全員が便益を得るだろう)と対立(一緒に暮らすことで生まれる便益と負担をどのように分かち合うかは様々であり、この点に関しては、男性と女性は利害が共通しているというよりも、むしろ対立している)が組み合わさったものとして考えることができる。したがって、「協力的対立」という考え方は、家庭内の亀裂を説明する際には非常に有効である。(28)

伝統的な家族の在り方のもとでは、女性はより少ない便益しか得られない(例えば、より少ない保健医療や教育しか享受できない）のに、はるかに多くの負担を強いられる傾向にある（特に、家事や子供と老人の世話といった負担をすべて背負わされることが多い）。しかし、読み書きができるとか教育を受けていたとか、（報酬を得られない家事や正当に評価されない骨折り仕事などではなく）実入りがいいとはっきりわかる仕事に就いているといった理由で、女性（特に若い女性）により大きな発言力がある場合には、家庭内での便益と負担は男女の間でより公平な形で分かち合われるようになることが、実証研究によって示されている[29]。

これに関連して、誰がどの程度「生産的な」仕事をしているのかとか、誰がどの程度家計に「貢献」しているのかといった認識はとても重要である。ただし、その一方で、家計への貢献や生産性というものを評価するための基礎となる「理論」について、表立って論じられることはほとんどないだろう[30]。各個人の貢献と男女それぞれにとって適正な分け前についてのこうした解釈は、家族全体の便益をどのように分け合うかということに大きな影響を及ぼす。さらに、各個人の貢献と適正な分け前についての認識に影響を与える周囲の状況（例えば、女性が自分で稼ぎを得たり、家庭以外の場所で働いたり、教育を受けたり、財産を所有したりすることが可能かどうかといった点）が、家族全体の便益の分け方と密接に関係している場合も多い。そのため、女性のエンパワーメントとエージェンシーの向上には、男性よりも女性の生活や福祉に悪影響を及ぼす不公正を取り除くという効果もある。例えば、ビーナー・アーガルワルは、『自分自身の農地』という優れた議論が展開されている著書のなかで、ジェンダー間の農地所有の非対称性（女性は農地をほとんど持っていない場合が多い）は様々なジェンダー間の不平等に重大な影響を及ぼすことを示している[31]。同様に、広範に見られるジェンダー間の不平等に対抗するうえで、女性の教育が非常に大きなプラスの効果を持つこともわかっている[32]。

ジェンダー間の非対称性は、その他の人たちの生活にも関係してくるため、ジェンダー間の不平等という領域をはるかに超えて影響を及ぼす可能性がある。これに関連して特に重要なのが、女性のエージェンシーは子供の死亡率を引き下げるとともに出生率を抑えるという点を理解することである。どちらも開発を進めていくうえで非常に重要な事柄であるため、女性の福祉にもはっきりと影響を与える一方で、その影響ははるかに幅広いものであるということに疑問の余地はない。

出生率が高いことによる悪影響の一つとして、出産と育児を繰り返さなければならないために、それ以外のことをする自由が女性には許されないという問題があり、これによってアジアやアフリカに暮らす多くの女性が苦しみ続けている。そのため、出生率の低下が女性の地位や権利の向上につながることが多いというのも驚きではない。出産と育児があまりにも頻繁に繰り返されることで生活上の制約を最も受けるのは若い女性であり、そうした若い女性が出産に関する意思決定についてより大きな発言力を得られるような社会の変化には、出産回数を減らす効果があるものと考えられる。

さらに、女性のエージェンシーとエンパワーメントには子供の死亡率を引き下げる効果があることも、最近の人口統計学の研究から明らかになってきている[33]。このような効果は様々な経路を通じて作用しているものの、最も直接的な経路としては、母親は概して子供の福祉を重視するという点、そして、女性のエージェンシーが尊重されかつ強化されると、家庭内の意思決定を子供の福祉を重視するような方向へと導いて、成人男性の生活様式だけに左右されないようにするためのチャンスを女性が手にするという点が挙げられるだろう。

女性のエージェンシーによってもたらされるプラスの効果は、女性のエンパワーメントと人口統計上の変化との間に見られる関連性だけにとどまらず、それをはるかに超えたものになるかもしれない。第

3章で論じたように、バングラデシュで近年見られる数多くの側面での生活条件の向上に加えて、インド（特に、ヒマーチャル・プラデーシュ州、ケーララ州、タミル・ナードゥ州）で最近起きている比較的速いペースでの社会開発の進展でも、女性のエージェンシーはきわめて重要な役割を担っているようである。このように、女性のエージェンシーによってもたらされる幅広い影響には様々な側面があり、そのことがますますはっきりと見えるようになってきているのである。

性選択的中絶、社会、啓発

女性のエージェンシーが及ぼす影響は非常に幅広いものである。しかし、社会の不公正についての理解が不十分であったり、伝統的な価値観（例えば、「男児選好」）を再検討しようという姿勢を持ち合わせていなかったりすることによって、いかにして女性のエージェンシーが及ぶ範囲も制約を受ける（さらには、抑制されることもある）のかを理解しておかなければならない。しっかりとした認識と姿勢がこのように欠けてしまっているのは、女児は男児よりも劣るという考え方がおかしなものであるという意識がない（例えば、このようなジェンダー間の不平等がない国や地域の実情をあまりよく知らない）ことによる影響なのかもしれない。しかし、たとえ知識が増えたとしても、人とは違った考え方をする勇気と大胆さが求められるという理由から、女性のエージェンシーは限られた範囲にしか及ばないかもしれない。というのも、人とは違った考え方をする勇気と大胆さがなければ、「自然の秩序」なるものの本質と見なされることの多い、深く根付いた不公正な慣習と社会の在り方をひっくり返すほどの威力を女性のエージェンシーが発揮することはないかもしれないからである。

女性のエージェンシーが抑制されている例として、（読み書きの能力や経済的な自立など）女性のエンパワーメントへとつながる通常の道のりを歩むことで大きな成果を上げてきた中国と韓国を挙げることができる。こうした進展が中国と韓国の社会的進歩の多くの側面に貢献してきたのは確かであり、死亡率の男女差などの一般的なジェンダー間の不平等を取り除くことに大いに役立っている（韓国と中国では、男性に比べて不自然なほど高い女性の死亡率が大幅に低下してきている）。しかし、「出生率の差別」と呼ばれることのある、女児胎児を狙い撃ちにした性選択的中絶の流れを断ち切るためには、女性のエージェンシーだけでは不十分である。一九八〇年代に胎児の性別を判定するための科学技術が進歩したことで、韓国と中国では、性選択的中絶による出生率の差別が驚くべき広がりを見せた。その結果、男児だけでなく女児を子供に持つことのすばらしさを広めるための取り組みが両国で意識的に行われるようになっている。これには、啓発されたエージェンシーという複雑な問題が関係しており、エージェンシーを発揮できるよう女性により大きな力を与えるという点だけにとどまらない、さらなる議論へとつながっていくのである。

インドでも、女児であると判明した胎児を中絶するために新しい技術を用いる傾向が、多くの地域（特に北部と西部の州）で強まってきており、女性の教育だけでは時代に逆行する風潮に対抗する強力な歯止めとはなりえない[34]。実際、性選択的中絶を行うことを決めるのは母親自身である場合が多いという証拠もある。したがって、この問題を考える際に非常に重要になるのが、リーラー・セート判事が「家父長支配的なものの見方」と巧みに表現している状態から抜け出すことなのである[35]。

この点は、女性のエージェンシーとそれが社会に及ぼす影響をどのように解釈するべきかという疑問へとつながっていく。エージェンシーという概念には、じかに決定を「下すことができる」という以上の内容が含まれているという点を理解することが大切である。例えば、「エージェンシー」という重要な概念の意味全体のなかには、その他の要素とともに、定着している価値観や従来からある重要な事柄に対して疑問を投げかけるということも含まれなければならない[36]。実際、押しつけによる順応主義や他地域に広まる慣習と自分の地域の慣習の違いについての無知などによって厳しく制約されることなく、思いのままに考えられるという自由が、エージェンシーの自由の一部でなくてはならない。出生率の差別や性選択的中絶に見られる恐ろしいほどの歪みを解消するうえで特に重要なのが、何の疑念も抱かれずに受け継がれてきた価値観や考え方を克服する女性の力をはじめとする、十分な知識に基づく啓発された女性のエージェンシーの役割である。このようなジェンダー間格差の新たな（そして、先端技術に関する）側面に対応するにあたって大切になると思われるのが、社会に受け入れられて根付いている規範による支配に対抗しようという意志と能力と勇気なのである。母親たち自身がさらされているかもしれない、昔ながらの家父長的な価値観の影響が、今日見られる女性差別に反映されている場合、行動する自由に加えて、考えたうえでそれを実践する自由も不可欠なものとなる。十分な知識に基づいた批判的なエージェンシーというのは、あらゆる種類の不平等と戦ううえで重要であり、ジェンダー間の不平等もその例外ではない。

インドにおける性選択的中絶の地域的パターンは、家父長的価値観（さらに、そういった価値観に抵抗する女性の自由の有無）が及ぼす影響についての私たちの考え方とも一致している。まず、インド全体に目を向けると、驚くべき状況にあるように見える。よく知られているように、〇歳から六歳の年齢層での男児数に対する女児数の比（以下では、「子供の性比」）は時間の経過とともに低下しており、最近一〇年間では、二〇〇一年に男児一〇〇〇人に対して女児九二七人であったのが、二〇一一年には男児一〇〇〇人に対して女児九一四人とさらに下落している。また、最近の子供の性比の落ち込みは、性選択的中絶の普及によるところが大きいという証拠もある。一九九〇年以降のセンサスと全国家族健康調査のデータを人口統計学的に分析した最近の研究によると、一九八〇年から二〇一〇年の間に性選択的に中絶された女児の数は、四〇〇万人から一二〇〇万人の間であり、現在では、性選択的に中絶される女児の数は、一年あたりで三〇万人から六〇万人ほどである（これは全妊娠のおよそ二～四％に相当する）[37]。インドのなかで性選択的中絶の影響を最も受けている県（例えば、ハリヤーナー州のジャジャール県、マヘーンドラガル県、レワリ県）では、子供の性比は、男児一〇〇〇人に対して女児が八〇〇人を下回っているのが現状である[38]。

出生時の性比を直接算出できるような、出生に関する信頼できる統計はインドには存在しないが、その代わりとして、〇歳から六歳の年齢層の性比を参考にすることができる。〇歳から六歳の年齢層の性比については、より信頼できるデータが得られるうえに、出生時の性比に非常に近い傾向がある。ただし、乳幼児死亡率が男女間で違うため、出生時の性比と子供の性比の間には当然ある程度のずれがあるものと思われる[39]。〇歳から六歳の年齢層の性比はインドのセンサスから入手する一方、各性別の乳幼児死亡率を用いてセンサスから得られる子供の性比を「修正する」ことで得られる、出生時の性比の推定値は最近の人口統計学の研究から入手した（Kumar and Sathyanarayana, 2012）。以下の議論では、〇歳から六歳の年齢層の性比、および、乳幼児死亡率を加味して推定された出生時の性比の両方を用いることにする。

では、男児に対する女児の割合の適切な基準値というのは、どのようにして特定するべきなのだろうか。理に適ったやり方で基準値を特定するために、ヨーロッパの人口統計を活用することができる。しかし、ヨーロッパの国々のなかでも性比にはばらつきが見られる。そのため、インドのある州で女児胎児が性選択的に中絶されている可能性があるということを見極めるための適切な基準値を定められるようにするには、新生男児一〇〇〇人あたりの新生女児の数には世界中で人口統計的なばらつきがあるという点を理解しておくことが必要である。

世界各地で女児よりも男児のほうが多く生まれており、胎児の時点では男児の比率はよりいっそう高くなっている（男児胎児一〇〇〇人に対して女児胎児九一〇人というのが、標準的な性比であることが多い）。しかし、性別にかかわらず胎児が分け隔てなく育てられた場合には（実際、子宮内ではそうなることが多い）、女児胎児のほうが男児胎児よりも生存する確率が高い。例えば、ヨーロッパ諸国では、分娩が行われるまでに性比は男児一〇〇〇人に対して女児九四〇人から九五〇人前後の値になる。そして、二〇〇五年から二〇一〇年にかけてのヨーロッパ全体での出生時の性比の平均は、男児一〇〇〇人に対して女児九四三人であった。すでに述べたように、ヨーロッパの国々のなかでも性比にはばらつきが見られるが、これを性選択的中絶が根付いている可能性と結びつけることはできない。したがって、インドの特定の州の性比が、その州で性選択的中絶が広く行われていることを示しているとそれなりに自信を持って判断するためには、ヨーロッパ諸国のなかで女児の割合が低い国々の性比と一致するような水準に基準値を設定しなければならない。

比較的規模の大きいヨーロッパの国々のなかで下位に位置しているのは、出生時の性比が九四一のイタリア、九四〇のスペイン、九三九のギリシャ、九三五のアイルランドといった国々である。なお、マケドニア（九二六）やモンテネグロ（九二六）などをはじめとして、さらに性比が低い国々も見られるが、データや低い性比の背後にある因果的影響には一部疑わしいところがあるようだ。いずれにしても、イ

表 8−3：子供の性比と出生時の性比（男児 1,000 人あたりの女児の数）

州	0〜6 歳の子供の性比（2001 年）	0〜6 歳の子供の性比（2011 年）	出生時の性比の推定値（2011 年）[a]
ハリヤーナー	819	830	842
パンジャーブ	798	846	854
ジャンムー・カシミール	941	859	870
ラージャスターン	909	883	889
マハーラーシュトラ	913	883	902
グジャラート	883	886	891
ウッタラーカンド	908	886	890
ウッタル・プラデーシュ	916	899	911
ヒマーチャル・プラデーシュ	896	906	916
マディヤ・プラデーシュ	932	912	917
ビハール	942	933	941
オディシャ	953	934	936
アーンドラ・プラデーシュ	961	943	942
ジャールカンド	965	943	953
カルナータカ	946	943	944
タミル・ナードゥ	942	946	946
西ベンガル	960	950	947
アッサム	965	957	952
ケーララ	960	959	959
チャッティースガル	975	964	963
インド全体	**927**	**914**	**919**

a センサスから得られる性比のデータと標本登録システムから得られる年齢・性別ごとの死亡率の推定値を組み合わせて算出した値。

《出典》Government of India（2011b）の表 13。出生時の性比の推定値は、Kumar and Sathyanarayana（2012）による。2011 年の 0〜6 歳の子供の性比（2 列目）が低い州から高い州に順に並べている。

タリアとスペインとギリシャの平均値を採用して、性比の基準値を九四〇に定めることには確かな根拠がある。

この性比を基準値として採用したうえで、二〇一一年センサスで得られた〇歳から六歳の子供の性比に当てはめてみると、東部と南部の州全般とは異なり、北部と西部のすべての州で性選択的中絶が重大な影響を及ぼしていることがはっきりと見て取れるようである（表8-3を参照）。まず注目すべきは、（性選択的中絶が行われているというはっきりとした証拠がある）西部と北部の州と（オディシャ州を除いて、そのような証拠のない）東部と南部の州というように、インドを二つのグループに分ける境界線を引くことができるという点である。[40] 二〇一一年時点での性比が九四〇を下回っている前者のグループには、パンジャーブ州、ハリヤーナー州、グジャラート州、ヒマーチャル・プラデーシュ州、ウッタラーカンド州、ラージャスターン州、ウッタル・プラデーシュ州、マハーラーシュトラ州、マディヤ・プラデーシュ州、ジャンムー・カシミール州、ビハール州が入る一方、性比が九四〇を上回っている後者のグループには、アッサム州、西ベンガル州、ケーララ州、ジャールカンド州、チャッティースガル州、アーンドラ・プラデーシュ州、タミル・ナードゥ州、カルナータカ州が含まれる。なお、オディシャ州は、その他の東部と南部の州と同様、北部と西部のすべての主要な州よりも性比が高い水準にあるものの、男児一〇〇〇人に対して女児九三四人という同州の性比は、後者のグループに入るための基準値をぎりぎりのところで満たしていない。

出生時の性比を間接的に推定した値を代わりに用いても、同じような傾向が浮かび上がってくる（表8-3の一番右の列と次ページの地図を参照）。ただし、ビハール州は、〇歳から六歳の子供の性比の低さでは上位にいるものの、出生時の性比の推定値については九四一と基準値である九四〇を上回ってい

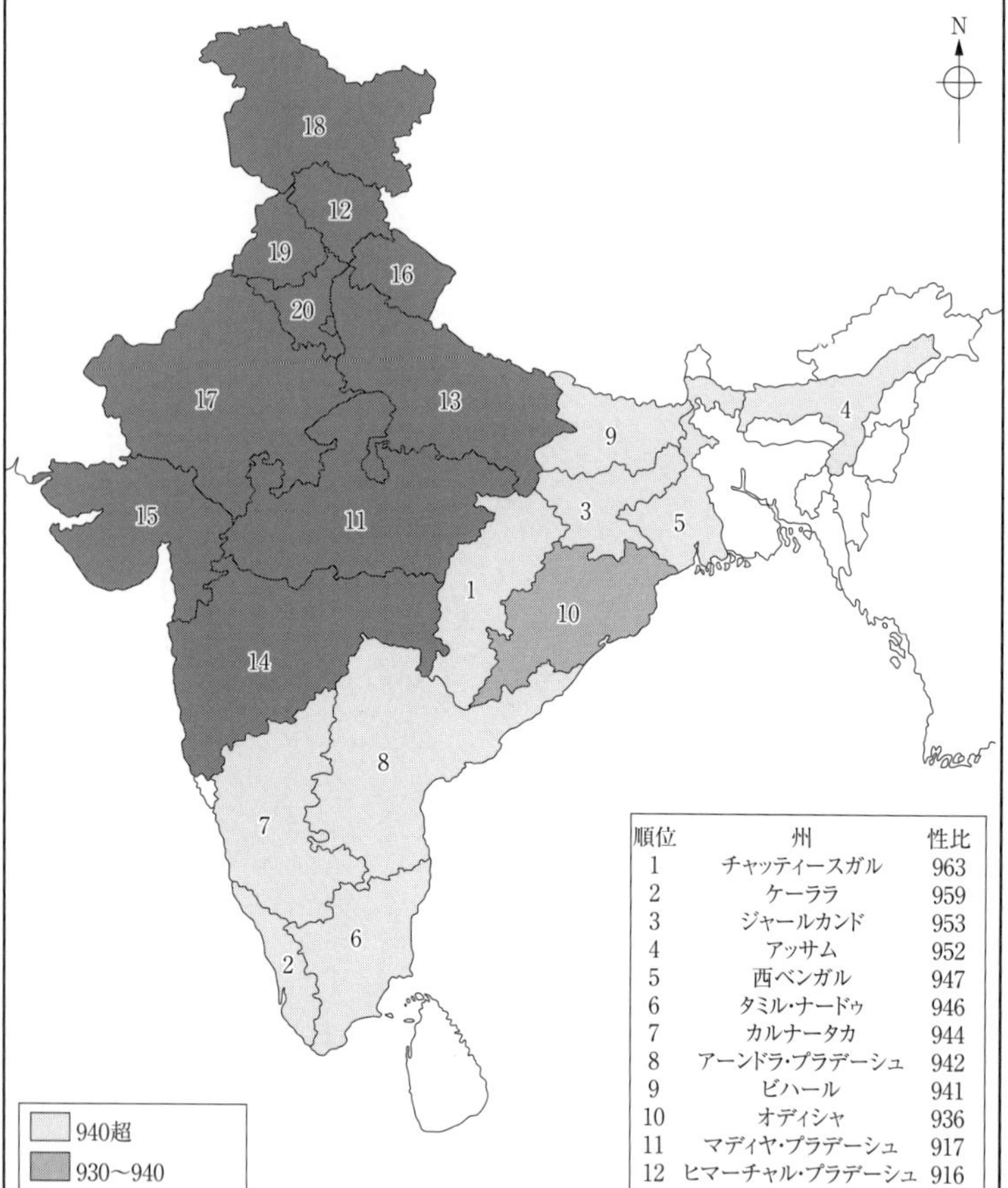

順位	州	性比
1	チャッティースガル	963
2	ケーララ	959
3	ジャールカンド	953
4	アッサム	952
5	西ベンガル	947
6	タミル・ナードゥ	946
7	カルナータカ	944
8	アーンドラ・プラデーシュ	942
9	ビハール	941
10	オディシャ	936
11	マディヤ・プラデーシュ	917
12	ヒマーチャル・プラデーシュ	916
13	ウッタル・プラデーシュ	911
14	マハーラーシュトラ	902
15	グジャラート	891
16	ウッタラーカンド	890
17	ラージャスターン	889
18	ジャンムー・カシミール	870
19	パンジャーブ	854
20	ハリヤーナー	842

出生時の性比の推定値（男児 1000 人あたりの女児の数）

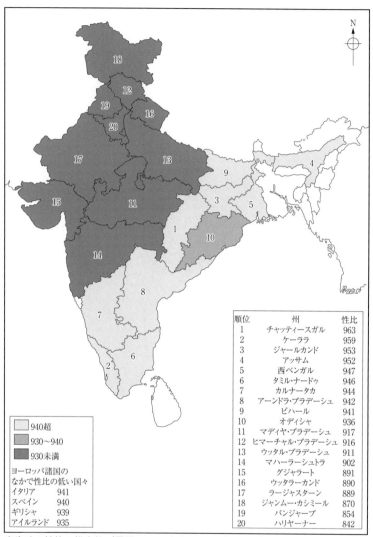

る（したがって、「東部と南部の州」からなるグループに入る）ため、ちょっとした例外と見なすことができる。一方、オディシャ州については、出生時の性比の推定値が九三六と基準値を依然として下回っている。このように、全体的な傾向には若干の例外が見られるものの、南部および東部の州と北部および西部の州との間に横たわる基本的な違いが大きく変わることはない。そして、その要因として特に重要なのが、〇歳から六歳の子供についての信頼性の高い人口統計で見ると、東部および南部に位置するすべての主要な州の性比は北部および西部に位置する各州の性比よりも高くなっているという点である。

このような地域間での性比の違いは、二〇〇一年センサスでも明らかになっていた[41]。実際、表8－3で示されているように、すでに二〇〇一年の時点で、北部および西部に位置する各州の性比は南部および東部に位置するすべての州の性比よりも低かったのである。しかし、その一方で、子供の性比の絶対的な水準に関しては、二回のセンサスの間に大きな変化も見られる。具体的には、その他の変化とともに、二〇〇一年から二〇一一年にかけて、南部および東部に位置する一部の州を含む多くの州で子供の性比が大きく低下しているのである。例えば、オディシャ州の子供の性比は、二〇〇一年の九五三から二〇一一年の九三四へと落ち込んでおり、性選択的中絶が集中していると考えられる都市部では、二〇〇一年の九三三から二〇一一年の九〇九へと減少幅がとりわけ大きくなっている。また、ジャールカンド州の都市部でも同様に、子供の性比が二〇〇一年の九三〇から二〇一一年の九〇四へと落ち込んでいる。そして、性選択的中絶がインドの北部や西部を越えてさらに広がっているかもしれないという兆候が見られる[42]。これは、インドで性選択的中絶がさらに拡大していく危険性があるという重大な警鐘であり、そうした事態がインド全域で一様に進行しているなどということはまったくない（例えば、南部のタミル・ナードゥ州では、子供の性比は下がるのではなく上がっている）にしても、真剣に受け止めなければならない。

ますます普及の進んでいる、胎児の性別を識別するための新しい技術を用いながら、個々の家族が持っているあらゆる「男児選好」に応じて、性選択的中絶を活用しようとする人たちは、いずれの州にも（南部や東部の州でさえも）確実に存在するように見える。このような見方は、子供の性比の落ち込みのわずかな部分を説明するかもしれないが、その一方で、本当に問われるべきは、性選択的中絶の利用は南部や東部の州ではいまだに例外的なことなのかどうか、または、（ジャールカンド州やオディシャ州の都市部で起きているると見られるように）こうした小さな兆しが性選択的中絶の広範な利用へと変貌していくのかどうかという疑問である。性比の大きな地域差を説明すること自体は、取り組みがいのある問題であり、その理由としては、二〇一一年センサスでも、南部および東部に位置する各州の子供の性比は北部および西部に位置するすべての州の性比よりも高い水準のままであったという点が特に重要である。

では、なぜこのような性比の地域差（これほどまでに著しい地域的差異）がインドにはあるのだろうか。この点は、即座に回答できるような答えを持ち合わせていない数多くの疑問のうちの一つにすぎないが、文化の違いというのは確かに検証してみる価値のある問題である。実際、性比と関連性のあるジェンダー関係の側面について研究が行われており、そうした研究では、北部および西部と南部および東部との間に幅広く見られる差異に類する点をはじめとして、性比と同様の地域的差異に焦点が当てられている。[43] しかし、そういった研究から浮かび上がってくるのは、インドを地域的に二分割してできたグループの間にはとりわけはっきりとした相違が認められるという点であり、明確な説明を得ることはできないのである。ちなみに、〇歳から四歳の年齢層の子供の性比が九七二であるバングラデシュのデータは、インド国内の「東部」地域のパターンとしっかりと一致しているだけでなく、性比がより高い水準にあることを示している。

性比をめぐる話題をどのように切り取ってみたとしても、女児の価値が低く見られているという大きな問題をインドが抱えていることに変わりはなく、インドの北部と西部については、それをはっきりと示す証拠がある。[*3] ジェンダー正義の実現に向けて長年にわたって貢献してきた女児の教育が、女児胎児に対する出生時の差別を緩和することにはあまり役立っていないようであるという点には、何よりもがっかりさせられてしまう。しかし、だからこそ、あらゆる種類の偏見から自由な、啓発された公共的推論の重要性にとりわけ大きな関心が向けられるのである。そして、この点こそが本書全体を貫くテーマの核心部分であることはいうまでもない。

権力の不均衡——古い形、新しい形

これまで本章では、階級、カースト、ジェンダーといった従来からある不平等に主な焦点を当ててき

＊3　二〇〇一年から二〇一一年にかけて、女児の割合が最も低かった四つの州（パンジャーブ、ハリヤーナー、グジャラート、ヒマーチャル・プラデェーシュ）で、〇歳から六歳の子供の性比に改善が見られるというのは、いくぶん弱々しいものではあるが、若干の希望の光である。ただし、これらの州の子供の性比は、女児胎児の性選択的中絶が影響力を保ち続けているということを依然としてはっきりと示している。

た。このような以前から存在する根深い不平等は、インドの社会と政治にこのうえないほど深刻な影響を及ぼし続けているものの、前にも触れたように、そのなかには重要な側面で影響力を失いつつある不平等もある。しかし、その一方で、不平等が新たに生まれたり、拡大を続けたりすることによって、発言力や影響力のない無力な状態と人間性を奪われた状態との間に見られる悪循環がいっそう強められてもいる。例えば、この二〇年の間にインドでは大企業の影響力が目を見張るような勢いで大きくなっており、尊敬に値するような例外もあるものの、抑制のない利潤追求がその大きな原動力になっている。企業部門の利害が公共政策や民主主義制度にますます大きな影響を及ぼすようになると、恵まれない人たちのニーズを満たすような形で政策の優先順位が新たに方向づけられるようなことはあまりなくなってしまうのである。*4

企業部門という要素が公共政策の在り方に影響を及ぼすという認識を持つことは大切ではあるが、企業部門の影響力を抵抗できない自然の力であるかのようにとらえてしまうのは間違いだろう。なぜなら、インドの民主主義体制は、企業の圧力によって生じるかもしれない新しい形の歪みに抵抗するための手段を与えてくれるからである。ビスケットの製造会社がインドの学校給食プログラムを乗っ取ろうとしたという長大な物語は、定着している公共サービスを破壊しようとする露骨な企てがあるというだけでなく、そういった企てを打ち破る可能性があるということも示す教訓に満ちた事例である。(44) インドの学校給食プログラムは、各地域に住んでいる女性が調理した温かい食事を約一億二〇〇〇万人の子供たちに提供し、栄養摂取と学校への出席に大きな効果をもたらしていたが、袋詰め加工食品の製造業者、特にビスケット業界はこのプログラムに前々から目を付けていた。数年前、調理して出される給食を有名ブランドの袋詰めビスケットに代えようという大型キャンペーンが、「ビスケット製造業者協会」

(Biscuit Manufacturers' Association: BMA) によって始められた。BMAはすべての国会議員に手紙を出して、給食をビスケットに代えるべく担当大臣に嘆願するように依頼し、製造ラインで生産されたビスケットのすばらしさを手際よくまとめた疑似科学的な内容のメモで議員たちによる嘆願を後押しした。その結果、(共産主義政党という注目すべき例外を除く) ほぼすべての政治的立場を代表する数十名の国会議員が、すぐさま賛意を示して大臣に書簡を送り、そのなかには、嘘にまみれたBMAの主張を焼き直しただけの書簡も多数あった。ある政府高官は、同様の内容の手紙が人的資源開発省に殺到していたと述べており、そのうちの二九通は情報公開法によって後に入手することができた。幸運にも、州政府および栄養専門家に対して照会が行われて以降、人的資源開発省はこの提案をきっぱりと拒絶し、さらに、こうした動きを社会が警戒していたおかげで一連の出来事が明るみになった。実際のところ、ビスケット業界のロビー活動に共感を示していたある州首相への手紙のなかで、担当大臣は「調理済み食品の導入へ向けての要求が強まっているのは、袋詰め加工食品の供給業者や販売業者からそうした声が主に寄せられているためであり、調理済み食品の市場への浸透というのがその根本的な狙いである。私たちはこうし

＊4　企業部門が今日のように大きな影響力を振るうようになるはるか以前の一七七六年の時点で、アダム・スミスは商業的利害が公共政策に干渉することに警鐘を鳴らしていた。「しかし商業と製造業のどの業種でも、雇い主の利害はつねに、社会全体の利害とは何らかの面で違っており、正反対ですらある。(中略) 雇い主の階級が商業に関する新しい法律や規制を提案した場合には、かならず十分に注意すべきであり、時間をかけて注意深く検討した後でなければ、それも細かい検討にとどまらず、最大限疑い深く検討した後でなければ、採用すべきではない」。Smith (1776) [山岡洋一訳『国富論 (上)』日本経済新聞社、二〇〇七年] の第一編第一一章、292ページを参照。

た事態に大変困惑している」と述べていたのである。

そして、さらに大きな闘いは現在もなお続いている。ＢＭＡ自身は人的資源開発大臣から非難された後も諦めることなく、今度は女性・児童開発大臣へ書簡を送り、総合的児童発育サービス（ＩＣＤＳ）を受けている六歳未満の子供たちにビスケットを提供するという同様の提案を行っている。また、その他の食品製造業者も似たような動きを見せており、活動家（さらには、最高裁判所）による盛んな警戒や抵抗にもかかわらず、いくつかの州では、子供への栄養摂取プログラムに食品製造業者が大きく食い込むようになっている。

同様の懸念は、社会政策のその他の領域についても当てはまる。例えば、保健分野で活発な活動を展開している民間の保険会社が影響力を増してきていることは、しっかりと機能する公的保健医療制度を作り上げていく可能性を高めることにはつながらないだろう。第６章で議論したように、インドの保健制度はすでに世界で最も民営化が進んだものの一つであり、費用は高く、成果は乏しく、不平等は大きいという予想通りの結果を招いている。民間の保険会社が販売する保険を基礎として保健医療の提供を行うアメリカ型モデルは、比較的成果が上がっていないのに費用はきわめて高いということが保健分野の専門家の間では世界中で知られている。それにもかかわらず、インドではアメリカ型の保健医療を受け入れさせようとする大きな圧力が働いている。

ただし、最近の一連の出来事は、ビスケット業界のロビー活動で見られたように、企業部門が行使する不当な影響力に対する個別の闘いで勝利することができるという点だけでなく、企業部門による影響力の乱用に対して制度的な歯止めを設けることができるという点も示している。例えば、情報公開法は私企業が保有する情報には直接適用されないが、国家と企業の結びつきを監視したり、抑制したりするための強力な手段となることは、ビスケット業界の事例が示している通りである。また、社会正義という基本的な規範を企業部門にしっかりと守らせるようにするうえで、政党への企業献金、企業部門によるロビー活動、金融の透明性、環境基準、労働者の権利といった事柄に関する規制や法律も、重要な役割を担っている。

特権階級とその他の人々

インドには様々な不平等があふれているという点については、これまで議論しつつ幅広い具体例を挙げて説明してきた通りである。比較的豊かなインド人がいる一方で、大部分のインド人はそれほど豊かではない。十分な教育を受けている人たちがいる一方で、読み書きできない人たちもいる。何の心配もなく暮らしている人たちがいる一方で、わずかな報酬のために身を粉にして働いている人たちもいる。大きな政治権力を握っている人たちがいる一方で、自分が直接関係する領域の外では何の影響力も持たない人たちもいる。立身出世のチャンスが大きく開けている人たちがいる一方で、そういったチャンスには一切縁のない人たちもいる。どんな前歴があったとしても、警察から敬意をもって扱われる人たちがいる一方で、罪を犯しているとほんの少しでも疑われただけで、クズ同然に扱われる人たちもいる。このように、人々の間に様々な側面で隔たりが見られるのは、インドに異なる種類の不平等が存在するということを反映しているからであり、それぞれの不平等にしっかりと目を向けなければならない。

しかし、さらにもう一歩踏み込んでみるとわかるように、所得や資産などの経済的な面で貧しく、読み書きができずに質の低い学校教育しか受けておらず、一生懸命働いてもわずかな稼ぎしか得られず、国の行政機構に対してほとんど何の影響も与えられず、立身出世できるような社会的・経済的チャンスはなく、階級意識の強い警察から残酷なほど冷淡な扱いを受けるという状況は同時に起こることがあまりにも多く、この点はインドの不平等の特徴を理解するうえできわめて大切である。インドでは「持てる者」と「持たざる者」の間に境界線が引かれているというのは、単なる大げさで陳腐な決まり文句などではない。むしろ、こうした見方は、インドの現状診断を通して得られる重要な分析結果の一つであり、インド社会を理解するうえできわめて重要な深刻な亀裂というものを教えてくれるのである。そして、様々な側面での剝奪が重なり合うことによって、恵まれた人たちとそれ以外の人たちとの間の個々の面での格差は押し広げられていく一方となり、異なる集団はまったく別の仕切り部屋に押し込められてしまうことになる。まさにこの点こそが、インドで平等を実現していくうえでの本当の課題なのである。

第9章　民主主義、不平等、公共的推論

民主主義は、様々な経験と実験を踏まえながら、現在私たちが知っているような形へと長い年月をかけて発展を遂げてきた。女性や奴隷などは蚊帳の外に置かれ、少数の成人男性の市民しか参加していなかったとはいえ、紀元前約六世紀以降の古代ギリシャに民主政治の実践の重要な原型を見ることができる。ギリシャの他にも、インド、ペルシャ、バクトリアなどのいくつかの国々では、民主的な統治を地域レベルで行おうとする試みが、二〇〇〇年以上前に少しずつ進められていた。また、仏教徒であった聖徳太子によって六〇四年に公布された「十七条憲法」では、国家によってなされる決定は幅広い協議の対象となるべきであると説かれていた。このように、世界各地では何世紀にもわたって、総意に基づく決定などの様々な民主的手段も限られた範囲のなかで活用されてきたのである。

しかし、民主主義が誕生してから現在のような形になるまでには長い年月がかかっている。一二一五年にイングランド王国で制定されたマグナ・カルタ、一八世紀に起こったフランス革命とアメリカ独立戦争、そして、一九世紀と二〇世紀初頭に欧米で見られた成人の投票権の拡大（最初は男性だけに適用され、最終的には女性にも拡大された）などの数々の歴史的展開を経て、民主主義は鍛え上げられていった。

その一方で、ヨーロッパ、アメリカ、アジア、アフリカといった地域にかかわらず、すべての国が政府の形態として民主主義を採用することができるという考え方が定着したのは、二〇世紀後半になってからのことであった。[1] そして、民主主義の実践とその範囲が拡大していく過程は、今もなお続いているのである。

ヨーロッパからやってきた植民地支配者は、植民地から独立したインドに民主主義が定着する可能性はほとんどないと考えていた。ところが、一九四七年にイギリスが去っていくと、独立したインドは強固な民主主義体制へと一足飛びに移行していった。インドの民主主義はどの程度うまくいっているのかと問うのは自然なことである。インドでは、民主主義の基本的な規範は全般的によく守られていて、（一九七〇年代に非常事態が宣言されていた時期に起こったように）政府が民主的権利を停止しようとすると、選挙での投票によってすぐに拒絶され、停止されていた民主的権利はすべて回復されるというのは明らかかである。すぐに目につくような側面についていえば、インド政治史に大きな成果を認めないというのは難しい。なぜなら、欧米諸国以外ではインドが民主的統治に徹底的に取り組んだ最初の国（かつ世界で最初の貧困国）であり、計画的に実施された複数政党による選挙、文民政権に対する軍の服従、司法の独立、少数派の権利と言論の自由の擁護などが実践されているという事実があるからである。こうした点でインドがある程度の成果を収めているのは確かである。

民主的な統治制度を備えることそれ自体が目的であるならば、大いに喜ぶこともできる。だが、インドの民主主義の成果というものに真剣に疑問を投げかけることができるのは、社会をよりよくする（特に、不正と社会的不平等を取り除く）ための社会的手段としての民主主義の役割についてなのである。これまでの章で論じたように、インドでは異なる種類の不平等がまったく衰えを見せることなく、時には強まることさえあるため、インドの民主主義は結果から判断して十分に成功しているとはいえないと強く裏づけられている。

インドの民主主義が抱えるこうした深刻な欠陥というのは、本書で焦点が当てられている重要な部分である。そして、本書の中心的な課題は、インドの民主主義がこれまでに成し遂げてきた以上に、私たちが民主主義から（特に、一般市民の生活に潜む不正と大きな格差を緩和することに関して）もっと多くの成果を引き出すためにはどうしたらよいのかという疑問に取り組むことなのである。しかし、この疑問に挑むよりも前に、民主主義の実践に関する制度的規則が守られているかどうかという観点だけから判断しても、インドの民主主義には欠陥があるという点を簡単に述べておくべきである。

踏みにじられる民主主義の実践

『ガンディー後のインド――世界最大の民主主義の歴史』という魅力あふれる本のなかで、ラーマチャンドラ・グハは独立後のインドの歴史をいくつかの期間に分けている。グハは、独立後の最初の二〇年間を立憲民主制の時代と見なしている。そして、様々な変動が起こり、立憲民主制から（政治的圧力が統治に常に影響を及ぼす）現在の「大衆」民主主義の時代へと移行していく二〇年がそれに続く(2)。

インドの民主主義が時代とともに様々な圧力を受けてきたことは確かである。ネルーが首相を務めていた時期（とその直後）には、民主的憲法の原則はむしろより守られていたが、一九七〇年代でも特にインディラ・ガンディー政権によって非常事態が宣言されていた時期には、民主的憲法の原則からの逸脱（そして、定められた手続きを省こうとする誘惑）が顕著に現れるようになった。また、ここ二〇年の間に、組織化された政治活動を通して強く打ち出される要求から、政府と国会議員が圧力を受けるようになってきているのも事実である。政治的圧力がより大きな影響力を持つようになっているというのは、現代インドの重要な特徴であるが、そうした圧力を受け入れることを本当に「大衆主義的」であるとみなしてよいのかどうかは疑問である。というのも、強力に組織化された要求というのは、一般市民（特に社会の底辺にいる人たち）の利害や関心事からあまりにも大きくかけ離れている場合が多いからである。この点については、後ほど詳しく述べることにしよう。

グハによる基本的な時代区分からさらに一歩踏み込んでみると、実際には、インドの立憲民主制の実践には独立後一貫して欠陥があり、ネルーの時代もその例外ではなかったという点を強調しなければならないだろう。例えば、ネルーが首相在任中のより「通常」の時期でさえ、カシミールの人々にとって最も重要な指導者であった（そして、カシミールは世俗的であるべきだという揺るぎない信念を持っていた）シェイフ・アブドゥッラーは、一九五三年から一〇年以上も投獄されていた。また、ナガランド州では、独立運動が残忍なやり方で抑圧されていた。その手段として、ベトナムで実施されていた同様の作戦から影響を受けたと思われる、「グループ分け」と呼ばれる反乱鎮圧戦術が用いられ、人々は収容所へ集められ、それに従わない場合には執拗に追い回された。(3) さらに、同じように重要な事例として、ケーララ州では、有権者の投票によって選ばれ、民主的規範から逸脱することなく懸案の社会改革を次々と成し遂げていた共産党主導の州政府が、治安問題を名目に中央政府から突然解任された。しかし、実際には、同州の治安状況が緊迫したのは、中央で与党の立場にあったインド国民会議派が積極的な役割を果たした――そして、おそらくは扇動活動も行っていた――ためであるという証拠が数多くそろっている。

インドにおける民主的規範の実践――と侵害――について調査しようとすれば、本書で私たちが行っているよりもはるかに入念な取り組みが求められる。とはいえ、（アジア、アフリカ、ラテンアメリカなど、世界各地で権威主義が出現したことと比べると特に）インドの民主主義が上げてきた成果は重要ではあるけれども、それは完全なものではないということを示すためにも、民主主義の実践からの逸脱についていくつかの事例を手短に論じなければならない。例えば、カシミール州およびインド北東部の一部地域のように安全保障上の懸念がある（または、懸念があるといわれる）その他の地域で、公民権や政治的権利が侵害されていることを認め、それに対して疑問を投げかけるということが十分に行われていないのは、長年にわたって続いている問題の一つである。

実は、この点に本当の問題が潜んでいる。メディアは、安全保障の問題に口出ししないことを「自制」であるかのように考えているのかもしれない。ところが、危機的状態にある地域での公民権と民主主義の問題についてメディアが結果として何も報じないようでは、インドは民主的プロセスが全般的に活発に機能している状態から大きく逸脱してしまっているのである。メディアによる報道がおとなしいのには様々な理由がある。具体的にカシミール州については、特にインドとパキスタンの間に横たわるより深刻な緊張関係ともかかわってくるため、同州の政治情勢というのは本当に厄介なテーマであると考えられている。しかし、その根底にある問題に対して求められているのは、沈黙することではなく、自由な議論と民主的な取り組みを行うことなのである。

厄介な問題だからといって、カシミール州やその他の地域での人権や市民的権利の侵害について率直に報道したり、厳しく非難したりすることが重要ではないということにはならない。粗暴な扱いを受けることで地元の人たちの気持ちはさらに離れていってしまうので、人権をより尊重するよう求めることは、カシミール州での平和的な政治解決の邪魔になるとは限らず、むしろそれを促すことにつながるだろう。このような民主主義の実践に関する非常に重要な問題について批判的な検討を加える（例えば、過激派組織による残虐行為だけでなく、警察や軍隊による残虐行為についても報じるなど）ということも、メディアに課された責務の一つである。最近になって中央政府は、こうした人権侵害を抑制するための取り組みをある程度行うとともに、選挙で選ばれた州政府に対してより大きな自律性を認めているものの、もっと大胆な措置をとることが求められている。そして、カシミール州における統治と人権の問題を人々の目に見えるようにすることで、メディアはこうした動きを大いに後押しすることができるのである。

民主的規範の侵害という点では、カシミール州はインドのなかで最も際立った存在であるが、これは同州だけの問題ではない。その他にも、強力な軍隊が（特にインド北東部での）反乱行為や分離独立運動の対処にあたるということがよくある。こうした反乱行為の政治的性格については、より真剣な研究と原因の究明がこれまで以上に必要であるものの、これだけが和平の障害になっているわけではない。予防的措置と考えられている対策の一部である、国家による組織的暴力が非常に粗暴なものであり、時には逆効果になるような性格のものであるという点も、和平の障害となっている。そして、容赦ない弾圧を計画的に行えば、様々な基本的人権を侵害することになるだけでなく、さらなる事態の悪化を招いてしまう場合も多いのである。

最も重要な例として、カシミール州と問題を抱えているインド北東部では、一九五八年軍特別権限法によって軍隊に圧倒的な権限が与えられ、それが幅広く活用されているという点が挙げられる。ＡＦＳ

PAという略称で知られるこの法律は、イギリスによって施行されていた一九四二年軍特別権限令を植民地支配下の権威主義的な時代からそのまま再現したようなものである。この法律で認められている権限には、人権侵害を理由には起訴されないという事実上の保証に加えて、その場での発砲や令状なしでの逮捕といった幅広い自由裁量が認められていた。こういった権限はきわめて暴力的なやり方で行使されることが多く、対立を解消するどころか、むしろ悪化させてしまいがちである。インド情報局の特別長官をかつて務めたR・N・ラヴィが述べているように、「二〇年にわたって戦域を間近で見ていると、北東部で交戦状態が続いているいくつかの理由のなかで最も重要なのは、一九五八年軍特別権限法が不当に適用されていることにあるという確信がますます強くなっている」[4]。このような批判やその他の批判がある（例えば、政府によって任命された委員会だけでなく、国連からもAFSPAを撤廃するよう求められている）にもかかわらず、政府の対応は法律を改正するという約束を時折するくらいにとどまっている。さらに、扇動法などのその他の非民主的な法律についても、同様の点を指摘することができる。この法律も植民地時代の遺物であり、すでに一九五一年の時点でジャワハルラール・ネルーによって「不快きわまりない」と表現されていたが、この法律は現在でも有効であり、政府によって頻繁に用いられている[5]。

　こうした問題は、毛沢東主義者《マオイスト》による活動が盛んなインド中央部でも大きな広がりを見せている。毛沢東主義者は農村部の貧困層の間で沸き立つ不満に拠って立ちながら、時にはきわめて暴力的な手段を用いることがあり、「正しくない側」に味方していると疑われた一般市民には情け容赦をしない。一方、正式には「極左勢力の影響を受けている県」と現在呼ばれているこの地域では、政府は民主国家インドの規範とはとても相容れないような暴力によって報復を行っている場合が多い。

毛沢東主義者による反乱というのは、社会の不満を最も暴力的な形で表している。そして、不満の矛先は社会秩序だけでなく、政治支配層に対しても向けられており、人々の間で広まっている中央政府や州政府に対する不満よりも広範に見られる。こうした現状がインドの民主主義の将来に投げかける不安を、パンカジ・ミシュラは巧みに表現している。

中国は不安定な権威主義国家であるが、インドは揺るぎない民主主義国家――まさしく、世界最大の民主主義国家――である。よく耳にする決まり文句はこのようなものであり、ある程度までは真実である。（中略）しかし、インドの政治支配層に対する一般市民の怒りはさらに激しく、鉱物資源の豊かな森林地帯に潜む土着の毛沢東主義集団が治安部隊と戦闘を繰り広げているインド中心部での内乱のように、より暴力に訴えるような形で不満が噴出する。また、政治王朝が何十年にもわたって常態化しているインドでは、「小君主」の数も中国よりずっと多い。実際、国会議員のほぼ三〇％は政治家の家系の出身者である。理性的な異議申し立てに対して取り締まりを強化し、保健分野での国際的目標の達成で遅れをとるにしたがって、インドは中国の権威主義的な傾向と腐敗をそっくり真似している。ところが、一般市民が抱える困難を和らげるという点では、インドは中国ほどの成果を上げていない。つまり、「新しいインド」というのは、中国の劣化版コピーに成り下がってしまう恐れがある。(6)

この引用部分は、私たちが本書で扱うことのできる内容よりもはるかに幅広い問題を取り上げている。しかし、ミシュラが（その他の論者とともに）はっきりと述べている、インドの民主主義の将来に対する当然ともいうべき不安に目を向けることなしには、私たちが検討している疑問を十分に理解することはできないのである。

現代の基準からすれば、インドの民主主義は全般的に成功を収めており、「世界最大の民主主義」と自分の国が称されているのをインド人が喜ばしく感じるのも当然である。しかし、安全保障やその他の懸念事項があるということで、特定の状況のもとでは民主主義の実践がないがしろにされているというのも、インドの民主主義という全体像の一部分なのである。結局のところ、こうした点が民主主義の実現へ向けての取り組みと慎重な検証を進めていくうえで、特に重要なポイントとなる。そして、いついかなる場所で民主的権利が脅威にさらされようとも、社会全体が意を決して民主的権利を擁護することができるかどうかに、インドの民主主義の将来は大きくかかっている。

民主的制度とその機能

民主的規範のもう一つの側面に目を向けようとすると、インドの民主主義を形作っている諸制度の役割について簡単に議論しなければならない。制度的仕組みを立法、行政、司法という三つの構成要素に分解したうえで、中央と州の立法府（それぞれ連邦議会と州議会）から始めることにしよう。行政の長（つまり、合衆国大統領と州知事）が選挙によって選ばれ、多くの階層で裁判官も同様に選挙によって選ばれるアメリカとは異なり、インドでは、選挙民である市民がかかわれるのは、主に連邦議会と州議会の議員を選出するための選挙である。

民主主義とは選挙だけを意味するわけではないが、選挙の過程がその重要な一部であることは明らかである。理屈のうえでは、選挙の過程というのは変革をもたらす大きな力となるかもしれないが、それから得られる結果が必然的に決まっているなどということはまったくない。時代や国を超えて比較してみても、選挙制度に関する限りでは、インドはある程度うまくやっている。具体的には、（現代世界における民主主義の意欲的な先導者である）アメリカと比べて、インドは多くの点でより優れた実績を上げている。例えば、投票率はインドのほうがはるかに高く、アメリカの投票率は世界でもほぼ最低水準にある。また、インドでは、社会的に恵まれない集団に対してより幅広く政治的代表が与えられているし、「多額の資金」が選挙政治に及ぼす影響力はより小さい。さらに、インドではアメリカに比べて選挙結果をめぐって争いが起こることはない（論争の的になった二〇〇〇年大統領選挙で見られたような、「パンチカード式の投票用紙に穴が開ききらず、切り離されないままになった紙くず」をめぐる騒動やその他の票の集計をめぐる対立を考えると、アメリカの選挙をインドの選挙と同列に扱うことはできないようである）。そして、インド政治はアメリカ政治に比べてはるかに多元的でもある。インドの連邦議会では、極右から極左まで、何十もの政党から議員が選出されており、（多くの論点できわめて立場の似通っている）政党が二つあるにすぎないアメリカの連邦議会とは好対照をなしている。*1 あらゆる面でインドのほうが優れているというわけではないが（例えば、アメリカ政治のほうが各政党の内部はより民主的である）、今日の世界的な基準に照らしてみれば、インドの選挙制度はそれなりに優れているように見える。

とはいえ、インドの政治には改善の余地が多分にあることはいうまでもない。例えば、インドの議員の労働文化には残念な点が見られる。まず、議員が「議会内」で過ごす時間があまりにも少ないという点が挙げられる。具体的には、議会調査サービスという調査機関から関連するデータが得られる九つの州のなかで、二〇〇〇年から二〇一〇年までの州議会の平均開催日数は、一四日（ハリヤーナー州）から四八日（西ベンガル州）の間の値をとっている[7]。また、州議会の会期中にすべての議員が出席しているわけではないことはいうまでもない。議場のなかでも議員の行動は褒められたものばかりではなく、「州議会、大混乱のうちに延会」といった新聞の見出しを目にすることは多い（二〇一一年だけでも、アーンドラ・プラデーシュ、ジャンムー・カシミール、オディシャ、ラージャスターン、ウッタル・プラデーシュ、トリプラの州議会についてこの見出しが使われた）。そして、この見出しというのは、議員たちが椅子や扇風機やマイクなどを投げつけたり、たたき壊したりして、議場で大立ち回りを演じたことを意味するのが一般的である。さらに、カルナータカ州議会の開会中に、最前列に座っていた一部の議員が携帯電話でワイセツ動画を観ているところを見つかるという「ポルノゲート事件」をめぐるスキャンダルが最近明るみに出て、議員の怠慢ぶりはこれまでにない新たな段階にまで達している。もちろん、このようにあまり好意的とはいえない調子ですべての議員に汚名を着せるのは公正ではないだろう。そして、社会全体のことを考え、一生懸命働き、非常に高い能力を持っている議員も数多く存在する。しかし、普段の議会の状況を全般的に眺めてみると、改善できる余地が残されているのは確かである。

ただし、誰が「選ばれた代表者」であり、誰の利害を彼らが代弁しているのかということへのいらだちと皮肉な態度（愉快な風刺漫画から政治家へ向けて投げつけられる片方の靴に至るまで）をたびたび目にするという点はさらに重要である。人々のために行動し、その利害を代表してくれるような人物を選ぶ機

＊1　一九八九年から二〇〇九年までの間に、連邦下院選挙で候補者を立てた政党の数の平均は一九九にのぼる（Kaushik and Pal 2012 の78ページ）。

会を人々に与えるというのが、選挙による代表の基本的な考え方である。しかし、票をめぐる競争のなかでは、一般市民のために何をしてきたのか（またはこれから何をするのか）という点は、考慮すべき要素のうちの一つにすぎず、必ずしも重要なわけではない。票をめぐる競争の第一歩は、政党の公認候補になること、つまり、政党指導層のご機嫌をとることである（インドでは、政党内部の民主主義はまったく不十分なものであることが多いため、政党の党員のご機嫌をとることではない）。したがって、説明責任を果たすべき対象は党の上層部であって、その末端ではないということになる。そして、票をめぐる競争で重要なもう一つのステップは、金を稼ぐことである。現職議員にとって金を稼ぐ最も簡単な方法は、資金援助を受ける代わりに地元の土建業者などを特別扱いすることである。つまり、公的な資金を流用するという汚い仕事を土建業者が誰にも気づかれないように行い、その庇護者である政治家が分け前にあずかるのである。こうした行為から犯罪活動までの距離は、ほんのわずかしかないといえる。民主改革協会によると、二〇〇九年の時点で、連邦下院の全議員のうち三〇％が犯罪に関する容疑で係争中であり、ビハール州とジャールカンド州に限ってみると、その割合はそれぞれ四五％と五七％にまで上昇する。興味深いことに、二〇〇九年の連邦下院選挙については、全候補者（一五％）よりも国会議員（三〇％）の間で犯罪容疑者の割合がはるかに高かった。つまり、かなり奇妙なことではあるが、いかなる理由であれ、犯罪を行ったとして訴えられている候補者のほうがそうでない候補者よりも実際には選挙で当選していたということを示しているのである。(8)

しかし、前述した内容というのは、インドの民主主義そのものに対する非難ではない。インドでは、選ばれた代表に対して皮肉な見方をする人たちであっても、民主主義の原則を尊重しようという意識はかなり強い。例えば、発展途上社会研究センター（ＣＳＤＳ）が最近実施した二〇〇九年全国選挙調査によると、回答者の七〇％が「民主主義はその他の政府の形態よりも優れている」と感じており、この質問に対して意見を示さなかった回答者を除くと、その割合は八八％にものぼる。また、半数を大きく上回る回答者（全回答者の約六〇％、意見を示さなかった回答者を除くと七八％）が、自分が投じた一票は「この国で物事がどのように進んでいくかに影響を与える」と感じている点も興味深い。このような考え方は客観的には正しいかもしれないし、そうではないかもしれないが、人々が選挙制度に加わっているという前向きな意識を持っていることを示す、注目すべき結果なのは確かである。

民主主義の原則は、少なくともいくつかの点では、恵まれない人たちの間でとりわけ大きな共感を呼んでいるようだという点にも目を向けるべきである。例えば、連邦下院選挙では、ダリトの投票率のほうが高カーストの投票率よりも一貫して高い水準にある。[9] あるダリトの知識人が述べているように、「政治制度は腐敗にまみれて非効率であるにもかかわらず、ダリトは政治制度とともにあり、必ずといっていいほど投票する。国家の枠組みの外にある制度というものは、カープ・パンチャーヤト（特定のカースト集団内での慣習や規律について決定を行う長老会議）の寄せ集めにすぎないということをダリトの若者はよく知っているのである」（Prasad, 2011）。厳密にいえば、この発言には若干の誇張が含まれている（ダリトの投票率は有権者全体の投票率よりもわずかに高いだけであるし、最後の一文は「国家の枠組みの外にある制度」の多様性を見逃している）。しかし、アンベードカル博士から後のダリトの思想家の多くが、同様の意見を表明している。

おそらく、インドの選挙政治が抱えている限界から得られる最も大切な教訓は、民主的制度――そして、民主的文化――を作り上げていくというのは、終わりのない道のりであるということである。幸いなことに、選挙制度や民主主義制度の改革は、社会全体を巻き込むような議論と活動の対象としてますます盛り上がりを見せてきている。市民生活に透明性をもたらしたり、十分な知識を持ったうえでの民主主義プロセスへの参加を促したりする可能性を著しく高めた二〇〇五年情報公開法のような大きな前進もすでに起きている。その他にも、民主主義制度改革についての重要な側面の多くが、活発な議論の対象になっている。いくつかの例として、女性の政治的代表、選挙資金、政党内の民主主義、司法の説明責任、住民投票に基づく解職権、「立法に先立つ協議の過程」(審議前の法案の内容を市民に伝え、意見を収集するという規定)などが挙げられる。こうした取り組みは、多くの場合、具体的な変化にはまだ結びついていないが、時間の経過とともに、インドの民主主義制度をより広い範囲に影響を及ぼすより効果的なものへと大きく変えていく可能性があるだろう。

次に、政府の行政部門に目を転じてみることにしよう。連邦政府であれ州政府であれ、インドの内閣はアメリカの大統領や知事や市長のような独立した立場にはない。例えば、(インド政府の頂点に立っている)首相と内閣が連邦議会で得られる支持によってのみ選ばれたり生き残れたりするように、行政府の責任者は立法府によって選出される。そのため、議会における変則的な事態(例えば、選挙での敗北)は行政府にも影響を及ぼし、議会での支持を失うのと同時に行政府は権力の座から放り出されてしまう。もし政権が過半数の支持を失った場合、それに代わる過半数を有する勢力が新しい協力関係のもとで築き上げられる(怪しげな裏取引が行われているかもしれないし、そうではないかもしれない)ため、インドの連合政治においては、協力関係の変遷という要素が特に重要になってきている。そして、このような変化が起きた結果、「行政府の政治」とでも呼べるような政治の在り方に、既得権を持つ集団がより大きな影響力を及ぼすことができるようになっているのである。

したがって、私たちが本書で主張している新たな政策の方向づけを実現するためには、行政府を説得するだけでは不十分であり、変革が必要であるということを立法府にも納得してもらわなくてはならないだろう。なぜなら、変革を実現するためには新しい法律が求められるかもしれないというだけでなく、行政府が権力の座にあることの拠り所は、立法府で支持を得ているという点にしかないからである。首相のような行政府の指導者層だけを説得するのでは、重要な政策に変更をもたらし、それを維持するには不十分である。この点を理解しておくことがなぜ重要なのかというと、政策の失敗の責任が時の政権にあるとされている場合でも、その失敗は政府の意思を反映しているかもしれないし、反映していないかもしれないのである。というのも、権力の座にある首相や州首相が政策の変更をやり遂げたいと思っているのに、その力がないということかもしれないからである。例えば、二〇一二年の初旬には、大きな影響力を誇る宝石商などによって抗議活動が行われた結果、貴重な歳入を大いに生み出したであろう、金とダイヤモンドへの少額の輸入関税を導入するという試みが、政府によってすぐさま撤回されてしまった（輸入関税の導入を支持すべき理由については、後ほど述べる）。この場合の最大の問題は、金の輸入に対して関税を課そうとする意思が政府になかったことではなく、実行するつもりであった政策の変更を政府が最後までやり遂げられなかったことにある。つまり、私たちが主張している方向へ政策を変更するためには、権力の座にある政府の支持を得るだけでは不十分なのである。そのため、内閣や首相も含めた行政府に対して専門的な助言を与えるだけにとどまらず、公共的議論がよりいっそう重要なものになる。そして、私たちが本書を通して、政府に専門的な助言を与えることよりも、メディアでの議論をはじめとする公共的推論に貢献するという目的をはるかに強く意識している理由の一つは、まさにこの点である。

インドの司法府は、行政府とは異なり比較的独立している。このような司法の独立性と民主主義の実践との間には何の矛盾も見られない。むしろ、アメリカの司法制度の一部をなしている裁判官の直接選挙というのは、民主主義の目標の一部でもある客観性と不偏的正義の必要性との間に緊張を生み出しかねない方向へと、司法の役割を政治化してしまいがちである。司法府が独立していることによって、公平や正義にかかわる数多くの重要な課題について、裁判所（特に最高裁判所）が何からも影響を受けない確固とした立場をとることができるようにもなる。そのなかには、教育を受ける権利や食料を得る権利のように、インド憲法の指導原則で定義されている経済的・社会的な様々な権利に加えて、基本的権利の保障も含まれている。

指導原則をはじめとする憲法で掲げられている遠大な目標のなかでも、特に経済的正義と政治的・社会的公正への全般的な関心に沿うような形で裁判所が介入を行っているという点については、これまでにも本書のなかで述べてきた。裁判所による先駆的な取り組みが、連邦議会での新たな法律の制定による後押しを得なければならないことも時にはあるものの、裁判所が果たしてきた指導的な役割については、それ相応の評価をしなければならないだろう。さらに、裁判所（特に最高裁判所）の判断に追随するような形で議会から支持が与えられてはじめて、裁判所による先駆的な取り組みがよりよく機能するという場合であっても、裁判所の役割は評価されるべきだろう。[*2] 裁判所によるこうした介入の多くは、正義をさらに促していくような性質のものである一方、司法プロセスに見られる遅れや硬直性のせいで、インドの裁判所が悪影響を及ぼしている場合もよくある。前章では、納得できるような期間内に、混乱や下劣な妨害などを受けることなく、レイプ事件で有罪判決を勝ち取ることが困難なために、いかにレイプ被害者の多くが裁判所に訴えることを思いとどまっているかという点を論じた。そして、それによって、治安維持の限界というもう一つの側面を持つ、行政の機能不全の問題がさらに深刻なものになってしまう。一般的には、裁判所の仕事ぶりの遅さと取り扱う訴訟の多さのために、法的な救済を受けるための道のりはかなり険しいものになっており、この点は確かにインドの民主的司法の大きな限界である。

不平等と民主主義への取り組み

インドの経済開発と社会開発によってもたらされる影響の広がりと大きさが、多くの点でまったく不十分なものでしかないことをこれまで本書で述べてきた。そして、その大きな要因となっているのが、様々な不平等が解消されないままであるということなのは確かである。そのため、特権的な地位にいる人たちとそれ以外の人たちとの間に横たわる深い亀裂を取り除けないでいるということが、このような全体像のなかの大きな一部分を占めている。民主主義の実践について検討する場合、こうした失敗に

＊2　インド最高裁が果たしているこうした役割というのは、「司法積極主義」と呼ばれるものに対してアメリカ国内で非難されている点とは大きく性格が異なっていることに注意すべきである。インド流のアプローチでは、憲法規範についての最高裁の考え方は、アメリカ国内でよく見られる（ただし、常に見られるわけではない）合衆国憲法の規範についての考え方（特に、いわゆる「原意主義的」解釈）とはまったく異なっている。（アントニン・スカリアをはじめとする数名の最高裁判事によって唱えられている）アメリカにおける「原意主義的」アプローチの内部での対立については、本書の著者の一人がハーバート・ハート講義で議論しており、その内容は『オックスフォード・ジャーナル・オブ・リーガル・スタディーズ』に掲載されている（Sen, 2011）。

よってもたらされる課題に対して、インドの民主主義がどの程度まで対処できるのかを問わなければならない。インドの民主主義制度は、開発の面での失敗に対処するうえでは確かに大きなチャンスを与えてくれるが、不平等と不公正の解消ということになると、民主主義の上げてきた成果は非常に限られたものでしかない。民主主義によって与えられるチャンスがうまく活かされることで、政策の内容と実際の運用が適切な方向へと改められる場合がある（例えば、下層カーストの人たちに正当な司法的権利を与えたり、アファーマティブ・アクションのための幅広い枠組みを作ったりする）一方で、（例えば、教育や保健医療での機会の不平等、警察や公務員による不公平な扱いといった事態が続いているように）民主主義によって与えられる解決のための手段では十分に対処しきれないような問題が数多く存在する。

今から六〇年以上も前に制定されたインド憲法は、表現の自由、結社の自由、法の下の平等、差別からの自由といった一連の「基本的権利」をすべてのインド国民に対して法的にしっかりと保障している。これらの権利には法的拘束力があり、実際、基本的権利として最後に挙げられているのが、いかなる基本的権利が侵害された場合でも、最高裁に対して補償を求めることができるという権利である（第三二条）。つまり、「本編によって与えられている権利の実現を求めて、適切な手続きによって最高裁判所に提訴する権利が保障されている」のである。

しかし、インドの民主的な憲法の起草者たちは、受け入れがたい不平等がインドの法制度（例えば、裁判所の活動など）によって部分的にでも取り除かれることを期待していたにしても、そこで立ち止まるようなことはなかった。憲法の起草者たちは、深刻な不平等の解消という目的を達成するために、選挙過程などの民主的手段の役割についても言及しているのである。憲法の「指導原則」には、基本的権利とは別に、一連の経済的権利と社会的権利が挙げられている。そのなかには、例えば、第四一条にある

「労働、教育および公的扶助の権利」が含まれている。ただし、これらの権利には法的拘束力はなく、通常の法的な意味で裁判に付されるべきものとはされていなかった。実際、指導原則の直前に置かれている第三七条は、「本編に収められている規定は、いかなる裁判所によっても強制されるものではない」と明記しているのである。

しかし、そのすぐ後に続けて憲法は（第三七条のなかで）、指導原則は「それでもなお国の統治にとって基本的なものであり、立法にあたってこれらの原則を適用することは国の義務である」と表明している。では、政府が義務を果たせなかった場合にはどうなるのだろうか。この点について、インド憲法を作成した中心人物であるB・R・アンベードカルは、憲法制定議会での議論のなかで、民主主義国インドの投票制度が必要な手当てを施してくれることを望んでいると明かしている。さらに、アンベードカルは、政府は「義務に従わなかったことを裁判所で罰せられないとしても、選挙の際に有権者の前で罰せられるのは確かだろう」と論じている。[10]

ここで私たちが検討しなければならないのは、憲法が（そして、独立と民主主義国家インドのために戦った人たちが）民主主義に対して抱いていた信頼に応えるような形で、明らかな経済的・社会的不平等と不公正が続いているような状況に対処するために必要とされる手段が、インドの民主主義制度によって実際に与えられているのかどうかという点である。この疑問に対する答えはある程度は「イエス」のようだが、悲しいことにほとんどの場合は「ノー」のようである。中国で大躍進が頓挫した際に（約三〇〇〇万人と推定される犠牲者を出した）巨大な飢饉を引き起こしたように、政府による政策運営が突然の失敗に見舞われる事態は確かにインドでは回避されてきたという点については、第1章で議論した通りである。インドでは政府が常にメディアに監視されているうえに、活発な野党からの質問にも答えなくてはならないため、大躍進に伴う飢饉やその後の文化大革命の際に中国で見られたように、政治指導者や与党が市井の人々の生活から切り離されてしまうことはない。

インドでは、大きな注目を集めるような問題を伴う大規模災害に関しては、飢饉などの大惨事を防ぐうえで重要な基本的な説明責任が、民主主義によって生み出される傾向にある。さらに、文化大革命の時期に中国でも見られたように、政府が社会全体を恐怖に陥れながら人々を強制的に移住させるような事態も民主主義によって防がれてきた。そして、このような民主主義に対する肯定的な評価は、より大きな成果を求める次のような疑問へとつながっていく。つまり、飢饉ほどは衝撃的ではないかもしれないが、それでもインドに暮らす一般市民の生活にとってはきわめて重大な剥奪や格差といった別の種類の問題については、説明責任の範囲はどの程度まで及んでいるのだろうか。

直接的には、この質問への答えは明白かつ非常に残念なもののように見える。これまでの章で議論してきたような問題（例えば、学校教育の提供、すべての人への基礎的保健医療の提供、信頼できる効果的な体制のもとでの公共サービスの提供などの問題）については、民主主義によってすぐにでも解決策が得られるというわけではない。それとは対照的に、インド政治につきまとう興奮と喧騒のなかでは不可能な集中的かつ積極的な取り組みを社会的ニーズと剥奪について行うことで、中国の指導者はここ数十年で先に挙げたような分野の多くでより大きな成果を上げるようになった。ただし、第1章でも論じたように、国民の福祉のためには何が必要とされているのかという中国政府の認識は、時と共に大きく揺れ動いてきた。

すでにこれまでの章で論じたように、経済と社会の分野でインドが抱えている課題に対して、インドの民主主義の実践はいろいろな面で対処できていないといわざるをえない。特に、一般市民が日常的に悩まされている説明責任の欠如に加えて、根本的な不平等が一向に解消されないという問題への対処については、この指摘がよく当てはまっている。そのため、民主主義の実践にこうした欠陥が見られる理由とインドの民主主義の影響範囲を広げるのに有効な手段について、より詳しく検討してみなければならないのである。

公共的推論と民主主義

このような課題を検討する場合、「民主主義とは一体何なのか」という初歩的ではあるが決定的に重要な疑問に答えなくてはならない。主に選挙と投票から民主主義をとらえるという、従来からある（狭義の制度的な）見方がある。「開かれた自由で公正な選挙は、民主主義には絶対に欠かすことのできない要素である」と述べているサミュエル・ハンティントンをはじめとする多くの著者が、このような見方を支持してきた。[11] しかし、現代の政治哲学では、民主主義についての理解ははるかに広いものになってきており、有権者の票を求めるという視点だけからとらえられることはもはやなく（限られた文脈では、確かに重要なのかもしれないが）、ジョン・ロールズが呼ぶところの「公共的理性の使用」というはるかに幅広い視点からとらえられている。[12] ロールズは『正義論』のなかでこの点に焦点を当て、民主主義は公共的討議と最も強く結びついていると考えるべきだと説いている。

熟議民主主義についての決定的なアイデアというのは、討議を行うという考えそのものである。市民が討議を行う場合、社会全体にかかわる政治的問題について、自分たちの意見をやりとりし、そ

れを支える理由を議論する。(13)

また、民主主義に対するこのような見方をいちだんと豊かなものにしたユルゲン・ハーバーマスは、公共的推論が影響を及ぼす範囲には、「正義についての道徳的な問題」と「権力と強制力についての手段的な問題」の両方が含まれなければならないという重要な点に注意を促している。(14)

大変興味深いことに、インドでは、歴史的に早い時期から公共的議論の重要性が非常にはっきりと認識されていた。この点は、今日のインドの民主主義と正義について考える際にも依然として重要である。*3 紀元前六世紀に始まったいわゆる仏教評議会は、インド各地（さらには、それ以外の地域）から来た参加者によって構成され、異なる考え方について組織化されたやり方で議論を行うという形態をとっており、公共的推論を社会全体で行おうとする試みのなかでも最初のものである。また、それまでで最大級の仏教評議会を催したこともあるアショーカ王によって、紀元前三世紀のインドで公共的議論が擁護されていたことは、典型的な具体例である。

アショーカ王は、個人の行いと公共統治の両方に関して石に刻まれたある布告のなかで、公共的議論を行ううえでの望ましい規則を成文化することまでしている。(15) また、文化的に多様な支配領域内での宗教上の違いについて公共的議論を行う場を設けるという、一六世紀のアクバル帝による新たな試みは、インドにおける組織化された公共的議論の豊かな歴史の一部とみなすこともできる。ただし、国家制度についていえば、アショーカ王もアクバル帝も民主的統治を提案していたわけではない。さらに、インドには公共的議論の長い歴史があることをそれなりの誇りを持って記憶にとどめておくべき理由はあるものの、現代の民主主義のもとでは、アショーカ王とアクバル帝によって主張されていたよりも、民主主義の実践の一部としての公共的推論にははるかに多くのことが求められている。

民主主義を「議論による統治」としてとらえるアプローチは、ジョン・スチュアート・ミルが細心の注意を払って多くの洞察を得ながら探求した見方であり、「民主主義とは一体何なのか」という疑問に答えるための近道を示してくれる（ただし、「議論による統治」という表現は、ウォルター・バジョットが後に具体化したものである）。民主主義を自由な選挙と投票を行う制度としかとらえないような見方には（または、そのような制度として主にとらえるような見方であっても）限界があり、その背後には、取り組むべき課題についての理解や他の人たち（そして、自分自身）にとって追求するだけの理由がある事柄についての認識が、有権者の投票を左右するという明らかな事実が控えている。つまり、社会問題や経済問題の理解は必ずしも容易ではないため、公共的推論を熱心に行うことによって、社会全体の理解を高め、しっかりとした情報に基づいた政治を押し広げていることに大きく貢献できるのである。

とはいうものの、たとえ幅広く解釈したとしても、「議論による統治」が民主主義のすべてであるなどといっているのではない。なぜなら、（少なくとも理想としては）平等な参加という要件を加えるといったように、民主主義が満たすべき条件というのはさらに広がりうるからである。例えば、平等な参加はアンベードカル博士にとって最も重大な関心事であり、結局のところは、統治の手段としてだけでなく、「つながりあいながら生きるための方法」として民主主義をとらえるという遠大な考え方を彼自身唱えていた。ただし、アンベードカル博士でさえも、議論による統治としての民主主義という考え方の

＊3　民主主義と正義の関連性については、Sen（2009）［池本幸生訳『正義のアイデア』明石書店、二〇一一年］の第一五章と第一六章で議論している。

よい面には注目しており、そうした考え方を理解するうえで公共的推論が最も重要であったことは確かである。実際、アンベードカル博士の公人としての生活の大半は、何らかの形で公共的推論に向けられていたのである。

公共的推論の役割というのは、認識論と社会倫理の両方を含むような幅広い枠組みに沿って理解しなければならない。さらに、インド社会に必要とされる物事や（個人として、集団として）有権者にとって追求するだけの理由がある物事についての理解が社会全体でまったく共有されていないのに、このような問題をインドの民主政治がいかにして放置したままにしておく傾向にあるのかという点についても、そうした枠組みに沿って検証してみなければならない。

推論、議論、異議申し立て

公共的推論を推し進めていくうえでの有効な手段について、ここで明確にしておく必要がある。自分以外の人たちとの間で行われる推論には、自分自身のものの見方を示すことと他の人たちのものの見方に対して真剣に注意を払うことという二つの要素があり、メディアや市民集会を通して、さらには関連する話題について他の人たちと会話することを通して推論を行うことができる。しかし、十分に聞く耳を持ってもらうことが難しい場合には、自分の主張をより強く押し出すような形でメッセージを伝える必要があるだろう。実際、世論に訴える活動、デモ活動、キャンペーン活動などは、公共的推論の重要な一部となりうるものであり、（たとえ騒々しいとしても）言葉を通して人々を互いに結びつけるのである。一例を挙げると、ジョン・スチュアート・ミルの著書『女性の解放』が一八六九年に出版されたことは、女性の権利についての公共的推論に大いに貢献したが、二〇世紀はじめのイングランドで社会的保守主義者が不快感を抱いていた、活発な参政権拡張運動も重要な役割を果たしていた。また、公共的討議だけでなく、デモ活動、ストライキ、公益訴訟や民主的な活動によるその他の手段を通して世論に影響を与えるというインド自身の経験は、重要な論点をめぐる公共的推論の欠かせない一部であると考えられる。

私たちがお互いに語り合う内容は常にしっかりと筋の通ったものであり、十分納得できるものでなければならないと信じてしまいがちであるが、こうした誤った考え方によって公共的推論の役割が左右されることはない。むしろ、お互いが抱える問題を理解し合ったり、それぞれが持っているものの見方に目を向けたりする手助けとなるのが公共的推論なのであり、このような役割が、選挙に基づく民主主義が機能していくうえで最も重要なのである。

例えば、正常に機能している民主主義は飢饉の発生を防ぐ傾向にあるという、現在では広く受け入れられている一般的な議論について考えてみよう。[*4] これはどういうことなのだろうか。まず、人口に占める飢饉の被害者の割合は、非常に低いのが普通である（わずか五％という場合が多く、人口全体の一〇％を超えることはほとんどない）という点に注意することが肝心である。また、飢饉によって実際に被害を

＊4　正常に機能している民主主義が飢饉の予防に果たす役割については、Sen（1983）および Drèze and Sen（1989）で論じている。民主主義と飢饉の予防との間の関連性については、その妥当性と適応範囲をめぐって議論が行われてきたが、世界各地で得られる実証的証拠とつきあわせても、この命題の妥当性はまったく揺らいでいない。二〇〇五年八月一四日付の『ニューヨーク・タイムズ』の社説「その間にも人々は飢えに苦しんでいる」（‘Meanwhile, People Starve’）を参照。

受けたり、その影に脅かされたりした人たちが、（自己利益と一致するような形で）飢饉の予防の重要性や緊急性によって突き動かされた唯一のグループであるならば、飢饉の予防という課題が選挙結果にはあまり影響を及ぼさないのが普通だろうという点にも注意すべきである。そのため、飢饉の予防が今すぐ必要であるという認識や政府による迅速な介入によって飢饉の拡大は食い止められるという正しい理解が、飢饉に脅かされている一部の人たちだけでなく、すべての人たちの間で共有されるようにすることは、公共的議論の役目なのである。そして、飢饉を防げなかった場合、正常に機能している民主主義のもとでは政権与党が選挙で大きな痛手を被ることになるので、飢饉の脅威が迫っている時にはいつでも、政府が迅速に予防策を講じるというのは、定期的に実施される自由選挙とともに公共的推論が行われるからである。

飢饉の予防というのは、公共的推論と自由選挙が組み合わさることで何がもたらされるかを示すほんの一例にすぎない。民主主義が社会保障に与える影響は飢饉の予防に与える影響よりもはるかに大きな広がりを持つのはいうまでもない。韓国やインドネシアでは、すべての国民の経済状況が上昇し続けているように見えた一九八〇年代から一九九〇年代はじめの経済の好調期には、民主主義というものに思いを致すことはあまりなかったのかもしれない。国民の所得が一斉に上昇している時には、公平な形で経済成長が進んでいるかどうかに政府も国内の市民運動も関心を寄せていた。それにもかかわらず、公的なセーフティネットがなければ、公平な成長が社会保障につながるとは限らないという点、そして、事態がよい方向ではなく悪い方向へ向かった場合、一般市民を保護するために十分に幅広い公共的推論が行われるようにすることは非民主的な権威主義体制にはできないという点は、ほとんど意識されていなかった。ところが、一九九七年に経済危機の波が押し寄せる（そして、社会が分断されて崩壊する）

と、一般国民は民主主義と政治的権利や市民権の大切さを痛いほど思い知らされることになり、いわゆる「アジア通貨危機」によって収入源や暮らしに甚大な被害を受けた人たちの剝奪に注目が集まった。その後、韓国とインドネシアでは民主主義が重要な論点となり、通貨危機の直後に、韓国の大統領選挙に金大中《キムデジュン》が出馬して勝利を収めた際には、民主主義や社会保障といった争点が主に訴えられていた。

民主主義をこのように理解すると、次のような疑問に行き着く。つまり、インドで無視され続けている、剝奪や不平等といったきわめて重要な問題について十分な議論が行われない傾向にあるのは、どのような要因によるものなのかという疑問である。この疑問に答えるためには、インド政治の特質だけではなく、メディアの影響範囲やバイアスといった、インド社会における情報伝達の性格にも目を向けなくてはいけない。すでに論じているように、公共的推論が制約を受けるようになると、インドで見られる不平等や剝奪の性質や大きさについての十分な理解が妨げられたり、公共活動の範囲が必要以上に制限されたりすることで、民主主義の影響範囲が狭められてしまう。その場合、暮らし向きや抱えている問題が盛んに議論の対象になり、公共メディアで常に取り上げてもらえるような、人口全体の比較的小さな部分を占めるにすぎない人たちに過剰な焦点が当てられ、それによって政治が支配されてしまうことが多くなる。

したがって、あふれる活力と大きな影響力を誇り、人々の関心を引き寄せることに長けているインドのメディアの役割を検討することはとりわけ重要である。インドのメディアに見られる旺盛な活力には疑問を差し挟む余地はない。しかし、報道、論評、視点（そして、娯楽）の奥行きと幅広さと深さという点ではあまりにもお粗末である。

インドのメディアの強みと弱み

インドでは、約八万六〇〇〇種類の新聞と定期刊行物が発行され、発行部数は三億七〇〇〇万以上にのぼると推定されており、これは世界中のどの国よりもはるかに大きな数字である。また、新聞の発行部数と収入の減少という世界的な流れとは対照的に、インドは新聞の種類と発行部数が伸びている国でもある[16]。そして、互いにまったく異なることの多い、きわめて多種多様なものの見方がインドの新聞には映し出されている。

さらにインドでは、活字メディアに加えて、視聴覚放送も大きな存在感を誇っている。ドゥールダルシャン、連邦下院テレビ、連邦上院テレビなどの政府系チャンネルに加えて、民間の衛星テレビチャンネルが数多くあり、情報、分析、娯楽を提供している。二〇一二年春の時点で、民間の衛星テレビチャンネルは八三一あり、インド経済のなかで成長著しいテレビ部門では、それ以後も多くのチャンネルが設立されている。そして、このうち四〇〇以上のチャンネルが定期的にニュースを放送している。

新聞とテレビは政府の意向に沿う必要はなく（実際、そうしていない場合がほとんどである）、インドやその他の国々での暮らしについてのメディアの評価には、報道姿勢の多様性や多元的共存が大いに反映されている。毛沢東主義者による非合法運動に大いに共感を示すアルンダティ・ロイの著作のように、国家転覆を謀ろうとする武力闘争に賛意を示す内容が、広く読まれている主要な雑誌に掲載されることを何事もなく認める政府が世界に数多くあるとは思えない[17]。この場合については、ロイがインドを代表する文筆家の一人であり、インド社会で黙殺されている問題に関心を引き寄せることで際立った実績を残してきたことが助けとなっているのはいうまでもない。同様に、穏健なものから、異なるタイプの反乱が必要であると盛んに訴える極端なものまで、右翼系の出版物も幅広く容認されている。つまり、メディアの奥行きがインドでは体系的に制限されていることを示す主な証拠は、政府による介入には見出せないのである。

さらには、表現の自由は法的な権利としてだけでなく、一般市民の生活の基本的な原則としてもしっかりと認められている。インドでは、表現の自由を尊重しようとする全般的な姿勢はよく根付いていてすばらしいものがあり、他の国々と比較してもまったく見劣りしない。

ただし、こうした前向きな評価を与えられない欠点も確かに見られる。特に次の二つの点に関しては、発禁処分と検閲という形でインドにおける言論の自由のこれまでの経緯に汚点が残されたままである。第一に、インド全体、特にそのなかでも、より頻繁に言論に制限が加えられていると思われるカシミール州のような緊迫した地域では、安全保障上の脅威（本当の脅威である場合もあれば、脅威と認識されている場合もある）を言論と表現を制限するための十分な理由であると見なす傾向が著しい。安全保障上の問題にこのようなやり方で対処することの限界と欠点、さらには、それがインドの民主主義の実践に及ぼす悪影響についてはすでに議論した。第二に、インド社会の多宗教的な性格が、宗教に基づく多様な集団のいずれかを怒らせるかもしれない（または、怒らせるように見えるかもしれない）あらゆる事柄を禁止する根拠と見なされることがよくある。もちろん、少数派や社会の底辺にいる集団の利益と自由を守ることは非常に大切ではあるが、そうした取り組みを行うためには、このような弱い立場にある集団が抱えている本当の問題は何かという点についての公共的議論が必要であり、したがって、言論の自由が必要になるのである。不満が生まれる本当の原因に注目すること（そして、制限を設けずに存分に議論すること）のないまま、政府によって定められた規則が、誰かに不快感を与えるような内容をすべて規制することにばかり向けられているのであれば、公共的推論による民主主義の実践と議論による統治を実現するのは困難であろう。

言論や表現が暴力と混乱状態を助長する場合のように、社会的に見て妥当な理由があれば、言論や表現が制限されなければならないことも時にはあるかもしれない。しかし、自由な公共的議論を通して民主主義を追い求めるべきであるのならば、「不快な思いをしない権利」なるものが保護されるべき権利になることはありえない。ところが、この「不快な思いをしない権利」に類するものなどが（明確にまたは暗黙のうちに）根拠となり、言論・著述・出版に対するいくつかの禁止命令が出されてきたのである。例えば、一九八八年にインドがサルマン・ラシュディの『悪魔の詩』を世界ではじめて発禁処分にしたのは、自由に出版する権利からの深刻な逸脱を示す顕著な事例である。政府がこのような行動に突き動かされたのは、インドの少数派であるイスラム教徒の一部から反発が出るのを恐れたためなのは明らかである。また、多数派集団からの攻撃の対象になっている個人について、政府がその権利を十分に保護しないという場合もある。例えば、インドの最も偉大な現代画家の一人であるM・F・フセインは、ヒンドゥー教右派の過激な政治勢力から情け容赦のない攻撃を受けていたが、政府はそれを防ぎきれなかった。執拗に追い回されたためにフセインは祖国を去り、故郷から遠く離れた場所で息を引き取った。より最近では、ヒンドゥー至上主義の指導者であるバール・タークレーが亡くなった際に、タークレーを支持する活動家の感情を害することのないよう、当局がその死を悼むためにムンバイ市内の店舗や工場などを休止する措置をとったことに対してフェイスブック上で異議を唱えたとして、二人の若い女性が警察によって逮捕された。自由な公共的推論が尊重されるとともに保護されるべきであるのならば、こうした禁止措置はどのようなものであれ（いかなる宗教または宗教系の政治団体も「傷つけない」という理由から）正当化することは難しいだろう。このように、基本的な市民的自由を守ろうとする民主主義国インドの取り組みには逸脱が見られるのである。

しかし、そうはいってみても、メディアの報道の限界を説明しようとすれば、その他の点に主な原因を求めなければならない。インド社会を特徴づける格差と不平等をはじめとする課題への取り組みという点で、メディアには弱点（不作為の場合も多い）が見られる。そして、こうした問題はメディア自身の歪みや視点の偏りからきている場合がほとんどである。具体的には、ある話題や出来事を強調する一方で、非常に重要であるのに注意が払われていない事柄など、その他の話題や出来事を無視するといった点が挙げられる。後ほど述べるように、結局のところ、メディアの歪みの大部分はインド社会の不平等な性格と関係している。なぜなら、どのような内容がメディアではよく売れるのかということは、インド社会の不平等な性格から影響を受けるからである。インドのメディアは、インド社会の不平等な性格に立ち向かうのではなく、それに付き従っていく（さらには、同調さえする）という安易な道を選んでしまいがちなのである。

不平等とメディア

民主主義国であるインドのメディアにとって、自由な報道を行ううえでの最も大きな障害は、金持ちや有力者に対してメディアが好意的な姿勢を示しているということだろう。こうしたメディアの偏った姿勢は、全国各地から集められたニュースや分析についての報道に広く見られる。インドのメディアには複雑な歪みを数多く見出すことができるが、ニュースの選び方や政治に関する分析に見られる姿勢から判断すると、インドの貧困層の暮らしぶりにあまりにも無関心なのは明白である。[18] このようなメディアの歪みについて議論したり問題視したりすることがめったにない（そして、歪みの大きさがあまりにも過小評価される傾向にある）とはいっても、わざわざ検証しようという人であれば誰にとってもこの点ははっきりしている。

インドのエリート層は同じ国に暮らす恵まれない人たちから完全に（そして、多くの場合、暗黙のうちに）隔絶しているという点は、ハルシュ・マンデールからショーバー・デーに至るまで、様々な社会評論家が指摘している。社会の底辺にいる人たちの視点から著述活動を行っているマンデールは、「貧しい人々が良心の対象どころか意識の対象にすらならなくなっている」という、ここ二〇年で急速に進行している問題に注目を引き寄せている。一方、これとは正反対の社会的な立ち位置から同じ現象を見ているショーバー・デーは、『スーパースター・インディア』という著書のなかで次のように述べている。「私たちが称賛しているインドというのは、この広大な大地の縮図にすぎない。それは、エリート層、特権階級、富裕層のインドである。そして、世界中の人たちに見てもらいたい、認めてもらいたいと私たちが望んでいるのは、このようなインドだけにすぎない。なぜなら、私たちはインドの別の側面をあまりにも恥ずかしいと感じているからである。恥ずかしいと感じ、そしてよく知らないのである」。[19]

では、このような歪みはなぜ生じてしまうのだろうか。インドのメディア関連企業の大半は金持ちによって所有されているという事実については、公共的議論が行われてきている。こうした状況には警戒の目を光らせなければならないものの、これは世界中の国々でもよく見られる現象である。さらに、インドのメディアには編集方針の多様性が十分にあるため、メディアの所有が金持ちに偏っているということは、ニュース報道や論説の見解に見られる偏向を説明する要因としては重要ではない。

おそらく、メディアというのは広告によって成り立っているビジネスであるという点が、より多くのことを説明してくれるだろう。[20] メディアが広告収入に頼ってしまうと、潜在的な消費者のほうにとりわけ関心が向くようになり、その結果として、貧困層よりも富裕層が重視されるようになる。また、大企業が実質的なスポンサーになるような体制にメディアが依存するようになると、企業文化や企業的価値観に迎合する傾向が全般的に見られるようにもなる。さらに、大企業がスポンサーになるような世界では、ジャーナリストや編集者は話したり書いたりする内容を慎重に選ばなければならないという強い圧力にさらされる。例えば、インドのある主要雑誌の編集者（匿名希望）によると、「有力メディアが大企業についての調査報道をやりたがらないのは、広告を出してもらえるかもしれないからである。こうした姿勢が現れるのは、経営陣からの圧力による直接の結果であり、編集者はそれに協力しているのである」。[21] そして、特定の内容を（それ以外の内容よりも）報道してもらえるようにするために、新聞社やテレビ局にお金を支払う「有料ニュース」[訳1]と呼ばれる現象が、最近になって増加の一途をたどっている。このような現象からも、客観的な事実の報道と称して意図的な偏向がなされたり、広告とニュースの区

訳1　「有料ニュース」（paid news）は、連邦下院選挙や州議会選挙の際に特に大きな問題となる。具体的には、選挙期間中に新聞社が値段を付けてニュースの枠を組織的に売りさばき、それを購入した候補者が自分にとって都合のいいお手盛りの内容を記事として新聞に掲載するという現象のことである。同様の問題は、テレビについても指摘されている。

別が曖昧にされたりするなど、インドのニュース報道に関して深い懸念を抱かせるような側面が明らかになっている。(22)

このような圧力は、誤った情報を伝えたり、事実を解釈するうえで誤解を招きかねない手がかりを与えたりすることにつながるだけでなく、あまり華々しくはないが、一般市民にとっては非常に重要な(教育、保健、栄養、公衆衛生といった)事柄についての公共的議論に振り向けられる紙面・番組枠や時間や資源を減らしてしまいがちである。そして、前章で議論したように、メディアで働く人たちがカーストや階級の点で恵まれた集団に属する傾向があまりにも顕著であることも、メディアの歪みを強めているのである。

特権階級による支配

インドのメディアが抱えるこのような欠点のなかに、報道内容が一貫して富裕層寄りであることを十分に説明する要因はあるのだろうか。メディアの報道内容に見られる偏りの一部は、広告料収入と企業との提携、さらには、メディア関係の専門職と所有者が属する階級やカーストから影響を受けていることと直接的にまたは間接的に関連づけられる。しかし、メディアの在り方を形作る傾向にある、インド社会の著しく不平等な性格によって説明されるべき部分があまりにも多く残されており、これは深刻な問題である。なぜなら、不平等な社会がメディアの在り方を形作るだけでなく、社会や政治についての考え方を正しい方向へと導く可能性のあるメディアの役割が、当のメディアを形作ってきた社会によって成り立ちにくくなってしまうからである。インドのメディアにはこのような限界がつきまとっているために、インドという国の性質について体系的に作り上げられた幻想と国内における格差の激しさが解消されないまま生きながらえる傾向にあり、時には強められることもある。

メディアの偏りのなかには、見つけ出したり、それについて議論したりすることが容易なものもある。例えば、有力メディアでは、農村部の問題についての報道があまりにも少ない。最近のある研究によると、全国紙は農村部でも幅広く読まれているのに、農村部についてのニュースは全国紙の報道のわずか二％を占めているにすぎない[23]。そして、恵まれない人たちにとっての関心事よりも、インドの「中間層」（とはいうものの、この階級に属する人たちの大半は、富の尺度で測ればインド人全体の中間をはるかに超えている）と表現されるグループの関心事にはるかに多くの焦点が当てられ、新聞やテレビはファッション、グルメ、ボリウッド、クリケットに関する情報により重点を置くという偏りが見られる。実際、デリーで最近開かれた集会で、子供の権利のために活動をしているグループを前にしてある著名な編集者は、「現実を見てください。舞台に上がっているファッション・モデルの衣装の不具合[訳2]に向けられる注目の大きさには、絶対に勝てないんです」と述べている[24]。

このような偏りがあるのは、何もインドばかりではない。その他にも多くの国々で、衣装の不具合やそれに類するようなくだらない事柄がメディアで取り上げられている。しかし、「衣装」という言葉が何を意味し、この文脈で「不具合」という言葉にはどういう意味が込められているのかほとんどわからないような人たちが人口の圧倒的多数を占めているという点で、インドは特異な存在なのである。もし

訳2　「衣装の不具合」（wardrobe malfunction）とは、着衣の乱れによって本来見えるべきでない体の部位や下着が露出してしまうこと（俗にいう、ポロリやチラリのこと）を意味する。

あなたが新聞だけを読み、テレビでは人目を引くような派手なチャンネルの放送を観ているのならば、大半のインド人がどのように暮らし、どのように考えているかという点についてひどく誤った認識を持ってしまいかねない。また、インドは深刻な栄養不良の状態にある人の数が（絶対数だけでなく、一般的な基準に照らした場合に人口比で見ても）世界で最も多いという事実を漠然と知っているにすぎないだろう。さらに、インドの全人口の半数はトイレのない住居に暮らしているため、生活のなかで最も私的な活動をするために大自然に帰らなければならないという事実を知ることもほとんどないだろう。もちろん、恵まれない人たちの剝奪や苦労の様子については、新聞やテレビで断片的に報道されている（こうした内容は、良心的な報道に努めるメディアの一部でより多く見られる）。しかし、メディア全体を眺めてみると、貧困に苦しむ人たちの暮らしぶりについての報道は驚くほど少ないのである。

確かに、ニュースや分析を報道する際に見られる偏りについては、メディア自身にも大きな責任がある。その理由として特に重要なのが、メディアは社会全体の興味や関心を単に後追いするだけでなく、自ら先導していくうえで大きな役割を果たすことができるという点である。しかし、メディアの歪みの問題は、社会のなかで比較的恵まれた立場にいる人たちが、不平等や剝奪といった社会が抱える課題に関心を持ったり取り組んだりしないということにまで及んでいる。なぜなら、メディアの在り方というのは、比較的恵まれた立場にいる人たちの要望にしっかりと寄り添って形作られる場合が多いからである。実際、大きな影響力を誇るメディアの購読者、読者、資金提供者、庇護者というのは、人口に占める割合は小さいが、絶対数で見ると規模が大きく、絶大な力を持っている集団の出身であることが多いのである。

深刻な亀裂と重要な問題から関心をそらす政治

このようなメディアの歪みについて特に驚かされるのは、インドのメディアが抱える大きな偏りが、いかにして、自分たちの意見が尊重され、自分たちの関心事が公共的議論の中心になるような階級に属する人たちの目にほとんど触れることなく済まされてきたのかという点である。そして、インドについて特に際立っているのが、相対的に恵まれた人たちという比較的規模の小さい集団が、自分たちだけの社会空間を作り出しているように見えるという側面なのである。

インドの特権的な集団のなかには、企業家や専門職階級だけでなく、教育水準の高い階級をはじめとするインドの比較的豊かな人たちの大部分も含まれている。「インドにおける支配階級としての知識階級の台頭」と題された洞察に満ちた論評のなかでアショーク・ルドラは、（社会的不平等から得られる利益に関して利害を共有している）教育水準の高い集団が政策についての議論を取り仕切る「支配連合」の一部を占めるようになり、その結果として、インドの方向性を支配しているという点を二〇年以上も前に主張していた。[25] もちろん、インドの知識階級とルドラが呼んでいる幅広い集団のなかには、利害をめぐる内部対立が数多く見られる。しかし、公共的議論が比較的豊かな人たちの暮らしにばかり向かうよう狭めてしまう傾向のある利害や関心事というのは、知識階級の間で共有されているのである。

とはいえ、比較的豊かな人たちのなかには、より豊かな人たちもいれば、かなり見劣りする人たちもいるのは当然であり、富裕層の間に見られる分断が強調されることもある。例えば、政治的なレトリックとして用いられる「庶民」という言葉は、恵まれた人たち全般のなかのより貧しい階層を指すことが多い。しかし、ルドラが呼ぶところの「知識階級」をはじめとする比較的恵まれた人たち全体は、インドで大多数を占める恵まれない人たち全体（このなかにも、さらに恵まれない人たちがいる）よりもはるかに上に位置しているのである。

インドの全人口の四分の一または五分の一にすぎないであろう、広い意味での「比較的恵まれた人たち」というのは、政財界のボスから（とりわけ豊かではないが、社会の負け組の大群とはまったく異なる生活水準を享受している）教育のある一般市民に至るまで、様々な階層から構成されている。第4章で論じたように、公的部門の雇用者の給与引き上げや燃料価格の引き下げといった「大衆主義的」とよくいわれる要求の多くは、実際のところは、主に比較的豊かな人たちによる要求である。さらに、こうした要求が恵まれない人たちに与える恩恵は（仮にあったとしても）ごく限られたものでしかなく、そのために費やされる財源を使って、恵まれない人たちにも行き渡るようなその他の権利やサービスを拡充した場合と比較すれば、なおさらのことである。このような要求は、貧困にあえいでいる人たちの深刻な剝奪を緩和するために使うことのできる財源を実際には流用している場合であっても、「庶民の要求」という外観を装いながら、保守的な政党から左翼政党の主流に至るまでの幅広い支持を得ることがしばしばある。「大衆主義的」要求から最も大きな利益を受けているのは、最も経済的に成功している富裕層である。具体的には、国の補助金によって価格が低く抑えられているディーゼル燃料を使って走る高級車やSUV（スポーツ用多目的車）を乗り回す金持ち、無料の地下水を汲み上げるために無料の電力を使う大地主、庶民の食料安全保障という名のもとに長年にわたって莫大な補助金を手にしてきた肥料の製造会社などが、例として挙げられる。

その一方で、それほど影響力はないが、より熱心な取り組みを行っている、恵まれない階層と連帯しながら運動する人たちのグループは、まったく無視されるか脇へ追いやられてしまっている場合が多い。例えば、何千人もの貧しい人たちが、最低賃金、強制的な立ち退き、土地の権利、カースト差別といった問題について声を上げて要求するためにインド全土からニューデリーに集まってきても、有力メディアや政党があまり関心を示さないというのはまったくありふれた光景である。

以上の点が公共的推論の欠陥でないのならば、本当の欠陥であると考えられる何かを見つけ出すことは困難であろう。そして、メディアや公共的議論でその暮らしぶりに大きな注目が集まるような人たちと、剝奪と絶望のなかで暮らしていることがそういった情報伝達の領域ではほとんど目につかないまたは認識されない、それ以外の人たちとの間に明らかな違いがあるのは、特権階級とそれ以外の人たちとの間にあらゆる側面で断絶が存在するためであると理解せざるをえないのである。意見を発したり、注目を集めたりする機会が平等には与えられていないため、人々の暮らしぶりに見られる圧倒的な格差についての議論が下火になり、それに伴って格差の抵抗力と安定性がさらに増していく。このようにして、特権階級とそれ以外の人たちとの間に横たわる大きな格差が（各集団の内部にも断絶があるにもかかわらず）、暮らしぶりの不平等をさらに強固なものにしているのである。

公共政策と支出をめぐる優先順位

集団によって発言力や影響力の大きさが異なることからくる重大な帰結の一つとして、集団間の格差に応じて公的歳入の配分に偏りが生まれ、そうした偏りが各集団の利害から当然のように影響を受けているという点が挙げられる。社会的弱者が抱える剝奪を緩和することから比較的恵まれた人たちの利益に資することまで、様々な目的のために活用できる公的歳入が経済成長によって増える傾向にあるというのは、急速な経済成長によってもたらされる恩恵の一つである。確かに最近では、インドの公的歳入はＧＤＰの成長と同じくらいの速さで（時には、ＧＤＰの成長以上の速さで）伸びる傾向にあり、その結果として、今日の連邦政府の粗税収額（固定価格）はほんの二〇年前の約四倍にまで達している。[26]

ＧＤＰの急成長によって生み出された財源を活用するだけでなく、インドで深刻な脱税を防ぐことから、恣意的な免税措置の廃止や課税対象の拡大に至るまで、様々な方法を通してＧＤＰの成長が公的歳入の拡大により結びつくようにすることも可能である。実際、経済的な効率性を損ねることなく、インドにおける税収の対ＧＤＰ比を高めるための前向きな提案が、歴代の専門委員会によって数多くなされてきた。[27]しかし、公的歳入がＧＤＰとほぼ同じ割合で増えているという現状であっても、インドでは公的支出に回すことのできる財源は急速に拡大している。これは、公共サービスと公的支援によって、生活条件の改善に向けて歳入を効果的に活用する貴重なチャンスである。ところが、公的歳入が拡大しているために、正当化することがなかなか容易ではない一連の支出がそのまま継続してもいる（時には増大している）のである。

具体例を挙げると、本書を執筆している時点では、二〇一二－一三年の連邦政府の補助金は石油と肥料だけで一兆六五〇〇億ルピーを上回る見通しであり、これはインドのＧＤＰのほぼ一・七％に相当する。[28]そして、この金額は、連邦政府による保健医療への支出の約四倍に達している。*5ところが、こうした想像を絶するほどの支出の偏りが見られるにもかかわらず、なぜかこの問題については批判が出ることもほとんどなければ、気づかれることさえないのである。さらに、州レベルでも同様の支出の偏りが見られる。例えば、多くの州では、保健と教育に対する公的支出の大部分は給与の支払いにあてられている（第5章で論じたように、かなり気前のよい給与体系に基づいている場合が多い）ため、教科書や医薬品といったその他の必要不可欠な物品にまで予算がほとんど回っていない。さらに一部の州では、州政府の歳入のほとんどが公的部門の雇用者への賃金と年金の支払いのために使い尽くされているのが現状であり、その他の歳入の使い道が閉ざされてしまい、財政破綻が起こるのではないかという深刻な脅威を引き起こしている。

もう一つの例として、二〇一一年一二月に政府によって連邦議会に上程された、国家食料安全保障法案をめぐる激しい論争について考えてみることにしよう。この法案は、影響力のある評論家たちから「財政的に無責任である」とただちに評され、幅広い方面から攻撃にさらされた。法案を実行に移すために必要な追加的財源は、政府の見通しによると年間二七〇〇億ルピー（インドのGDPの約〇・三％）と当時推定されていた。これが大きな金額であることはいうまでもなく、だからこそ、補助金によって価格を低く抑えた食料を貧困層に提供するという、コストの面を抜きにすれば称賛されるべき目的があるとはいえ、大きな発言力のある専門家たちが強い調子で法案に反対したのはなぜなのかを理解するのは難しいことではないだろう。

実は、多額の費用がかかること以外にも、国家食料安全保障法案には多くの問題があり、本書の執筆

＊5　インド憲法では、保健は連邦政府と州政府がともに社会的責任を負う「共同管轄事項のリスト」に掲載されているため、保健に関する公的支出の大部分は州政府が負担している。しかし、第6章で見たように、州政府と連邦政府の保健支出を合わせてもインドのGDPの一・二％程度にすぎず、石油と肥料への補助金の合計よりも依然として低い水準にある。さらに、州政府による保健支出の大部分が給与の支払いにあてられていることを考えると、中央政府による保健支出は保健部門においてますます重要な役割を果たさざるをえないのである。

が終わった段階でも、同法案については依然として幅広い議論が行われている。[訳3] しかし、さしあたりはコストの面だけに議論を絞るとして、二七〇〇億ルピーをさらに支出すると約束することがどれだけ身の丈に合っていないのか、または、「無責任」なのかを検討しなければならない。インドは世界で最も栄養不良の子供の数が多い国であるという事実に照らせば、このようなプログラムは(しっかりと練り上げられ、効果のほどがよく検討されるのならば)十分に考慮に値するものである。ただし、栄養状態の向上が急を要する課題であるからといって、法案の内容の妥当性や法案が提案している解決のための方策を批判的に検討する必要がないということにはならない。しかし、逆進的な補助金、公的部門の雇用者に対するバランスを欠いた給与の引き上げ、そして、その他のあまり感心できない目的のためにより多くの支出が費やされている一方で、この法案を「財政的に無責任」であると即座に切って捨ててしまうことは正当化しがたいのである。

その他にも、特定の要求に応じるために政府の歳入が犠牲になることがよくあり、その多くは影響力のある集団からの要求である。例えば、第4章で述べたように、財務省による「逸失歳入」についての公式な声明書によると、ダイヤモンドと金の輸入関税の免除措置による国庫への負担は、一年につき五七〇〇億ルピーを上回っている。そして、この金額は、国家食料安全保障法案にかかると予想される追加的支出の二倍以上にも及ぶ。ところが、ダイヤモンドと金の輸入関税の減免措置が身の丈に合っていないのではないかという声が、公共的議論のなかで上げられることはほとんどない。

ただし、金とダイヤモンドに課される輸入関税の免除措置に伴う「逸失歳入」は、過大に推定されている可能性がある。なぜなら、仮に関税が課されていたならば、金とダイヤモンドの輸入量は幾分減少していただろうし、さらには、輸入された金とダイヤモンドの一部は、宝飾品に加工されたうえで再度輸出されるかもしれないからである。しかし、逸失歳入が過大に推定されていることを考慮に入れたとしても、ダイヤモンドと金に課される輸入関税の免除措置をする財政的余裕はあるのに、国家食料安全保障法案を実行する財政的余裕はないと主張することは難しいのである。

二〇一一年一二月に開催されたインド経済学会の総会で本書の著者の一人が、飢えに苦しむ人々に食料を与えるために二七〇〇億ルピーを支出する余裕などないといわれる一方で、金とダイヤモンドの輸入関税を免除することから生じる五七〇〇億ルピーの損失が（不平の声が上がることなく）受け入れられているという対比をはっきりと提示した。これに対して大半の討論者は、ダイヤモンドと金に課される輸入関税の免除措置や大きな逸失歳入を生み出すその他の免税措置についてほとんど認識していなかったと述べていた。実際には、財務省が出している声明書では、金とダイヤモンドの輸入関税を免除することから生じる五七〇〇億ルピーの歳入の減少のように、様々な経路を通してどれくらいの歳入が失われているのかについてかなり幅広く推定が行われている。そうした「逸失歳入」をすべて足し上げていくと、失われている歳入の合計金額は、二〇一〇-一一年には四兆八〇〇〇億ルピー、二〇一一-一二年には五兆三〇〇〇億ルピー（インドのGDPの五％以上）になると財務省は見積もっている。[29] これらの数字には誇張があり、純損失ははるかに少ない額だろうが、そういった点を調整してみたとしても、様々な免税措置による歳入の純損失はかなり膨大なものになるだろう。これらの（さらにはその他の）入手可能なデータを踏まえてみれば、インドはとても貧しくて政府の歳入があまりにも少ないので、世界

訳3　原著刊行後の二〇一三年九月二日に同法案は両院を通過し、二〇一三年国家食料安全保障法が成立した。

で最も深刻な食料不足に悩まされている人たちに対して社会的支援を行う財政的余裕はインドにはないという考え方は、支持しがたいものなのである。*6

興味深いことに、二〇一二年二月に提出された予算案で、財務大臣は宝飾品に用いられる金と貴金属に対して少額の物品税を導入することを提案した。すると、宝飾業界やこれにより悪影響を受けるその他の有力者たちの間から、この提案に反対する大きな声がいち早く上がった。そして、この圧力団体の規模は非常に小さかったにもかかわらず、反対の声があまりにも強かったため、政府は提案していた物品税を一ヶ月で撤回することになった。二〇一二年に入り、金の輸入が増えすぎたことが政府にとって大きな心配の種となり、財務省が「金の輸入が押し寄せることで、経常収支の赤字が悪化している」と警告したり、「主婦に金の購入をすぐに諦めてもらうのは容易ではない」と愚痴をこぼしたりした時でも、貴金属業界の関係者に対する寛大な政策は続けられた。(30) 多額の費用がかかる国家食料安全保障法案の導入に伴う政府の無駄遣いが非難を受けたことは人々の記憶にはっきりと残っている一方で、金とダイヤモンドの輸入関税に引き続き免除措置がとられていることに対して大規模に大衆的な抗議活動を行おうという機運は高まっていない。このように、人々の関心や異議申し立ての対象に偏りが見られることが、明らかに深刻な結果を招いてしまうのである。

民主主義の影響範囲を広げる

インドに新しい民主政治が必要とされているのならば、それは「より恵まれている人たちのなかの比較的恵まれていない人たち」ではなく、最も困窮している人たちの利害、要求、権利にもっと大きな関心が払われなければならないという点と密接につながっている。困窮している人たちの現状についてよりはっきりと認識され、より幅広い範囲に目が向けられ、より広範に語られるようになり、そして、世論に訴える活発な活動や批判的な議論に反映されるようになった場合かつその場合に限り、政党は方向性の転換を図ることにおのずと関心を示すようになるだろう。

とはいえ、インドの政党を強く支配しているその他の（そして、かなり異質な）問題の重要性を考えてみれば、その姿勢を変えるのはまったく容易なことではない。ここでいうその他の問題とは、ヒン

＊6　第4章で述べたように、逸失歳入の一部をなしている「免税措置」のなかには、新規の歳入という形ではとらえることが難しいものもある（「逸失歳入」の合計金額には、事実に基づく部分とそうでない部分が混在している）。ただし、実際には適切な財源となりうるのに、免除されている税金が多数あるというのは確かである。あまりにも異常な状況が見受けられるのは、金とダイヤモンドに限ったことではまったくない。例えば、すでに議論したその他の逆進的な燃料補助金に加えて、「原油および鉱油」に対する関税免除によって、ほぼ同額（六〇〇〇億ルピー近く）の歳入が失われている。産業界のリーダーであり著名な評論家でもあるジャイティールト・ラーオによって巧みに表現されている、「資本設備へ投資するようインド企業に与えられている、馬鹿馬鹿しい税制上の優遇措置」（Rao, 2012）のなかでも、「機械装置」に対する関税免除と「加速償却」による税制優遇によって、さらに大きな額の歳入が失われている。専門家によって作成された報告書の多くは、「免税措置による弊害」（Govinda Rao, 2011）を解決することは不可能なので、恣意的な免税措置を廃止することを求めている。ここで重要なのは、その他にも数多くの財源があるという点だけでなく、そのような財源が存在することが、インドの貧困層の福祉と自由のために公的支出を行う提案がなされるたびに「財政責任」という時流に飛び乗る「財政タカ派」には、ほとんど認識されていないという点なのである。

ドゥー至上主義の台頭から分派的なカースト政治、産業界の利益を擁護する姿勢から公的部門の労働組合への盲目的な支持に至るまで実に様々であり、本当に必要とされている政治的変革が実現する可能性を低めてしまいかねない。現在のところ、インドの政党にとっての優先事項のなかで、アイデンティティの政治がいろいろな意味で大きな位置を占めており、これと争うのは容易なことではないだろう。もちろん、社会の底辺にいる人たちは多くの点で利害や関心事を共有しているが、そういった利害や関心事を明確な政治的アイデンティティにまでまとめ上げていくためには、その必要性を認識するのははるかにたやすいが、実際にそれを実現する手段や方法となると困難な、ある種の政治組織が必要になってくるのである。

しかし、民主主義の実践と社会運動が全般的に活発なインドには、希望を持つことができる。独立以前と独立直後の大衆運動についてのよく知られた描写に加えて、より最近になって行われている様々な新しい試みや世論に訴える活動が、インド政治にさらなる公正とより批判的な推論をもたらすことに一役買っている。そのなかには、激しい抵抗に遭うことが多いにもかかわらず、前向きな変化をもたらすことに成功したものもある。例えば、過去一〇年間に限ってみても、大衆運動や市民の要求に応えるような形で持ち上がった一連の社会立法が成立している。具体的には、情報公開法や全国農村雇用保証法といったよく知られている法律だけでなく、恵まれない人たちにとってきわめて重要なその他の問題のなかでも、教育を受ける権利、非組織部門の労働者に対する社会保障、家庭内暴力、伝統的な森林居住民の所有権に関する法律なども挙げることができる(31)。これらの法律の効果のほどについては、情報公開法のように目覚ましい成果を上げているものから、非組織部門労働者社会保障法のようにまったくの期待外れのものまで実に様々である。しかし、社会立法に関しては政治の面で大きな進展が見られ、民主政治を深刻な社会問題へと向かわせる可能性があるという重要な兆しも見られている。さらに近年では、大衆動員、メディアを使ってのキャンペーン、司法介入、国会へのロビー活動、その他の民主的な手段を用いて、環境についての規範、国民への説明責任、食料安全保障、子供の権利、ジェンダー間の平等などの様々な領域で、目に見える変化を実現するために意義のある取り組みが行われている。最近の経験に照らしてみれば、インドの公共政策が組織化された民主的活動からまったく影響を受けないという見方を立証することは難しいだろう。

希望を抱くことができるもう一つの理由は、比較的近い将来、恵まれない人たちがこういった運動や民主政治全般により積極的に進んで参加するようになる可能性があるという点である。例えば、（第5章で議論した、インドの学校教育制度が抱えるあらゆる欠陥にもかかわらず）過去二〇年ほどの間に学校教育を受ける子供の割合が急上昇したことで、女性、下位カースト、その他の恵まれない集団が社会生活や民主的活動に参加することが容易になるだろう。つまり、弱い立場にいた人たちが単に付き従うだけの存在ではなく、率先して自分自身の権利と利益を守るようになっていくだろう。第3章で見たように、恵まれない人たちによる政治参加の拡大は、ケーララ州やタミル・ナードゥ州などのインドのより先進的な州の一部で大きな役割を果たしており、これらの州の社会開発の面での成功に多大な貢献を果たしている。それ以外の州（特に北部の州）でも、恵まれない人たちの政治参加が拡大することによって、政治的活力と社会変革が大いに生み出される可能性があり、さらには、政党の認識や優先事項が（ゆっくりと時間をかけて）よい方向へと変化していく可能性もある。

公共的議論や公共活動について私たちが主張している変革というのは、「すべてかゼロか」というような性格のプロセスではないという点を認識しておくことも大切である。インドにおける民主主義の実践の性格を考えてみれば、変革というのは怒濤のごとくすべてを一気に変えるように起こるのではなく、段階的に進展していくだろう。そして、大部分のインド人をみじめな暮らしへと追いやり、人々の福祉（特に恵まれない人たちの福祉）やインド経済の機能に悪影響を及ぼしている一連の剝奪を克服するためには、行動を起こさなければならないという現実を受け入れることが今何よりも求められている。

経験に頼って思い違いをしたり、誤った信念に従って政治的な優先事項を決めたりするのではなく（この具体例の一部については、これまでの章で議論した）、より多くの情報と知識に基づいた、より活発な公共的推論が行われるようになるならば、インド共和国憲法が「国家の統治における基礎」と見なした事柄が、民主的な力という支えを得られるようになる。そして、こうした歪みや誤解が批判的かつ理性的な監視の対象となることによって、インドの民主主義の性格と実践は様々な影響を受けることになるのである。

第10章　忍耐はもういらない

最近、インドのメディアでは、インドが苦境に陥っているという内容が多く見られる。これはメディアのあるべき姿であり、広がりを見せる汚職や非効率な公共サービスの提供といった、ないがしろにされてきた問題に（やや行き当たりばったりではあるとはいえ）大きな焦点が当てられているのは、大変喜ばしいことである。ただし、メディアが関心を寄せている対象には、批判的な検証を要するような深刻な偏りが見られる。

インドの経済成長率は、ほんの数年前に記録した年率九％というピークから、二〇一三年のはじめには六％前後へと落ち込み、本書の執筆が終わる頃にはおそらく五％にまで下がっているだろう。停滞しているインド経済の成長率を押し上げる必要があるという点については、経済・経営系メディアだけに限らず、盛んな議論が行われているのは確かである。ヨーロッパ諸国やアメリカは、現在のように低迷しているインドの成長率の半分程度の水準を維持しただけでも運がいいと感じるのだろうが、インドが経済成長を高い水準へと持っていかなければならないと大きな懸念を抱くのは、実にもっともなことである。なぜなら、経済成長は世帯所得を増やすとともに貧困の解消にも役立っており、人々が経済成長の過程に参加することを可能にする保健や教育やその他の基本的な潜在能力が社会のなかで広く共有されている場合には、そうした傾向が特に強いからである。さらに、社会的インフラと物的インフラの拡充やそれ以外の前向きな目的のために活用できる政府の歳入も、経済成長によって生み出されている。しかし、経済全体の成長を促すということは、大多数のインド人を苦しめている剝奪を解消したり、現在のインドの特徴であるあまりにも深刻な不平等を緩和したりする場合に注意しなければいけない様々なポイントのうちの一つにすぎない。

これまで本書で議論してきたように、このような課題を解決するためには、公共政策を全面的に見直すとともに、民主的な対話の在り方を改める必要がある。したがって、物的インフラと社会的インフラの開発とともに、（学校教育、保健医療、栄養摂取の支援、環境保護といった）基本的な公共サービスへの大幅な予算の積み増しや経済的公平と社会保障を実現するためのよりいっそう幅広い政策を求める声が人々の間で力強く上がっているのは、実にもっともなことである。そして、公共サービスの説明責任と効率性をさらに高めるために、公共サービスの運営にも抜本的な改革が求められている。

経済成長の重要性をしっかりと理解する必要があるということは、急速な経済成長と緩慢な生活水準の改善という対照的なイメージ（この点については、特に第2章と第3章で論じた）から明らかである。つまり、経済成長と生活水準の改善の間の不均衡を解消するためには、高成長を追い求めるだけでは不十分であり、より幅広く社会に行き渡るような経済成長を訴えたり、インドの発展を大きく妨げている公共サービスや基本的設備の深刻な不足を解消するために、成長によってもたらされる財源を有効活用するという姿勢を貫いたりすることも必要なのである。

すでに比較的恵まれた立場におり、経済成長から恩恵を受けるために特別な社会的支援を必要としないので、経済が成長していればそれで十分という人たちが、インドには多数存在する（比較的規模の小さい少数派だが、絶対数で見るとこうした人たちの数は多い）。こういった人たちは、今までとまったく同じようにGDPの成長から大きな恩恵を受けられる絶好の位置にいるうえに、これまでの章で議論したように、比較的恵まれた人たちを利するような政府の介入（例えば、比較的恵まれた人たちに過剰なほど大きな恩恵を与える燃料補助金など）によって、こうした事態が助長されてしまうこともある。そして、経済的にも社会的にも恵まれている人たちの立場が、さらに恵まれたものになっていくのである。

もちろん、恵まれない人たちについても、仕事に就いたり事業を起こしたりするチャンスが広がるので、経済成長によってある程度暮らし向きがよくなるという場合が多い。この点は、健康上の問題、学校教育の不足、社会的障害などの不利な条件によって、こうしたチャンスを活かすことが妨げられていない人たちに特によく当てはまる。しかし、不利な条件を乗り越えるための手助けをしたり、経済成長の恩恵が幅広く共有されることを確かなものにしたりするうえで、恵まれない人たちへの公的支援というのは、全般的に見れば非常に重要なものである。そのため、（近年に実際見られるように）マクロ経済の成長が加速したとしても、公的支援なくしては、多くの人たちは飢え、貧困、病気、その他の剝奪といった苦しみから抜け出すことはできないだろう。

経済成長によってもたらされる政府の財源を人間の潜在能力の向上のために有効に活用すれば、人々の生活の質を改善するばかりでなく、より高い生産性やさらなる経済成長にもつながっていく。実際、一九世紀後半に日本で始まり、韓国、台湾、シンガポール、そして最終的には中国全域へと広がっていった、いわゆる「アジアの経験」の原動力というのは、経済成長と（教育、保健医療、良好な栄養状態、人間の潜在能力を決めるその他の要因を通じての）人間開発との間にある補完性をうまく活用したことに求められる。これは双方向の関係性であり、他の国々と比べてインドはこの関係性をほとんど活用してこなかった。そのため、インドは生活の質や生活水準を示す社会指標で後れを取るだけでなく、双方向な関係性が活かされていた場合よりも、長期的な経済成長の過程がより不安定かつより限られた範囲にしか恩恵をもたらさないものになってしまったのである。

そして、この点に悲しむべき皮肉を見ることができる。というのも、タータ財閥の創始者であるジャムシェドジー・タータのように、インドの経済と産業の発展の礎を築いた偉人たちの頭のなかには、保健と教育と生産性は密接に結びついているという深い見識がしっかりとあったからである。ジャムシェドジーが（現在のジャールカンド州に位置する）ジャムシェードプルという工業都市の建設を構想したことについて、彼を描いた伝記のなかで筆者のF・R・ハリスは、「最初の杭が地面に打ち込まれた瞬間から、鉄鋼会社は自治体としての役割を帯びる」ことになり、産業面や社会面での取り組みのなかでも、無料の保健医療、満足のいく学校教育、安全な水と基本的な衛生設備の提供といった点が重視されていたと記している。(1) さらに、一方では生産量と生産性、他方では人間の福祉と潜在能力の形成という二つの側面の間の補完性についての幅広い理解というのは、一九四六年に公表されたボーレ委員会による保健政策についての有名な報告書でも大いに強調されている。具体的には、「避けられうる貴重な人材の浪費、栄養不良と予防可能な病気による人間の生産性の低下のためにインドが毎年被っている損失を算出することが可能ならば、その結果があまりにも衝撃的であるために、インドという国全体が目を覚まし、抜本的な改革が行われるまで心休まることはないだろう」と記されている。(2) ところが、悲しいかな、保健や教育やその他の公共サービスの問題が無視されても、インドが「目を覚ます」ことはなかった。それどころか、インドが民主国家として独立してから六〇年以上もの間、公共的議論のなかで公共サービスへの無関心とそれに伴う様々な悪影響について注目が集まることはほとんどなかったのである。

経済の急成長を追い求めるだけでなく、まさにその一部分として、人間の福祉と潜在能力を急速に向上させてきたアジア型経済発展から得られる教訓をインドはことごとく活かしてこなかった。公共サービスがより説明責任を果たし、効率的に運営されるようにする一方で、社会、教育、保健にかかわるサービスに見られる深刻な欠陥を解消したり、社会的インフラと物的インフラに対して高まりを見せる要求を満たしたりするために、（経済成長によって増大した）政府の歳入を活用するというのが「東アジア型戦略」の決定的に重要なポイントである。そして、インドよりもはるかに多くの予算を一般市民の教育、保健医療、栄養摂取へ振り向けることは、持続的な高成長と両立可能であるとともに、持続的な高成長を大きく後押しするという点が、中国の経験によっても示されている。保健分野への公的支出の対GDP比について、インドの一・二％というあまりにもみじめな数字を中国の二・七％というはるかに高い水準と比較してみれば、インドの公衆衛生に何が求められているのかが理解されていないこと（第6章で議論したように、これはインドが保健分野で成果を上げられない主な要因の一つである）に驚かされる。そして、それだけでなく、なぜ急速かつ持続的な経済成長が必要なのかを経済成長の重要性を唱える人たちが十分に理解していないことにも驚かされる。私たちは、保健や教育や人間の潜在能力の形成のその他の側面がほとんど考慮されないまま、「経済成長が優先課題である」という空疎な言葉がわめき散らされているような厳しい状況のなかにいる。これは、長期的な経済成長と参加型の開発が実際にはどのようにして達成され、維持されているのかという点が、あきれてしまうほど曖昧にしか理解されていないことの表れなのである。

インドの不平等の特質

現代インドの特質を検討しようとする場合には、不平等が広い範囲に及んでいるという点だけでなく、不平等がやや特殊な性質を備えているという点にも注意しなければならない。インドでは、所得の不平等は確かに大きいが、インドという国を特徴づけている格差の唯一の要素でもなければ、おそらく最も重要な要素でさえない。実際、所得分配のジニ係数などの経済的不平等についての標準的な指標によると、インドは中国やブラジルといった国々とそれほど大きく違わないように見える。しかし、このような比較では、以下の二つの重要なポイントが見逃されてしまっている。

第一に、貧困層の所得水準があまりにも低く、基本的な必需品にさえ事欠くような場合には、貧困層の生活とより裕福な人たちの生活との間にある大きな隔たりは、集計された不平等の指標ではとらえられないほど深刻であり、そして、常軌を逸したものである(3)。第二に、剝奪からの保護と自由の拡大という点で大きな効果をもたらす、教育、保健医療、公共設備、環境保護といった分野での公共サービスの役割は、個人所得についての指標では考慮されていない。これら二つの理由から、インドの不平等は、特権階級とそれ以外の人たちとの間のあまりにも巨大な格差というおぞましい形で現れ、社会の底辺にいる人たちは最低限度の生活を送るうえで欠かすことのできない基本的な条件さえまったく満たせずにいるのである。インドに暮らす人たちの多くは、それなりによい学校、利用可能な病院、家に備え付けのトイレ、一日二回のまともな食事といった生活上の基本的な要件を欠いているが、中国のような国ではこうした状況は見られない。そのため、所得分配についての集計された不平等の指標(例えば、ジニ係数)を比べてみても、妥当性や説得力があまりないのである。

富裕層と貧困層の間の隔たりが非常に大きいのは中国も同じであるし、億万長者の数では中国がインドを上回っている。下位階層の所得に対する上位階層の所得の比率は、中国がインドに負けず劣らず高いが、国民の大部分が生活上の基本的な要件を満たしていないというインドの不平等の異常性は、中国の不平等（確かに大きいが）にはまったく見られない特徴である。つまり、インドでは、保健医療、それなりによい学校、そして、人間の福祉と基本的自由にとって欠かせないその他の基礎的設備がないために、人口の大半は困窮した暮らしから逃れられずにいる。このような深刻な状況は、世界のなかで地位を高めようとしている誇り高き国々の間ではめったに見られないのである。

上流社会ではおそらく話題にのぼらないだろう、信じがたいほどの欠陥を具体例として説明してみよう。例えば、人々が屋外での排便を余儀なくされているという実態は、データが得られるほぼすべての国よりもインドで幅広く見られるという事実をどれだけ多くの新聞の読者が認識しているかは定かでない。二〇一一年の時点で、インドの半数の世帯にはトイレがなく、日常的に屋外で排便を余儀なくされている。これとは対照的に、トイレのない世帯は、バングラデシュでは一〇％以下、中国ではわずか一％程度にすぎない。二〇一一年にトイレのない世帯についてのデータが一〇年に一度実施されるセンサスから明らかになった際に、メディアの関心と公共的議論はほんの一瞬盛り上がり、一日か二日続いただけで終わってしまった。そして、公共政策どころか公共的議論の焦点の長期的変化にさえ実質的な影響はほとんど及ぼさなかったのである。特権階級に属する人たちの想像力というのは、現代のインドに暮らす国民の半数をあまりにも劣悪な不平等から解放するだろう水洗トイレなどよりも、宇宙飛行の可能性のほうにはるかに強く引きつけられているようである。

特権階級とそれ以外の人たちとを隔てている揺るぎない断絶というのは、階級、カースト、宗教、ジェンダーの間の格差といった異なる種類の格差が互いに強め合っていることをある程度は反映している（この点については、第8章で論じた）。これはインドの不平等に見られるもう一つの特質であり、インドが抱えている困難と変革を進めていく可能性を理解するうえで非常に重要である。例えば、この点はインドが初等教育（特に教育の質の面）であまり前進を見せていないことを理解するための大切な手がかりとなる。というのも、社会的な立場の違いによって教育面での機会、向上心、可能性がまったく異なったものになってしまうことで、初等教育の進展が阻まれてきたからである。貧しい家庭出身のダリトの少女が医者かエンジニアになることを夢見ている場合、近所に十分な教育施設がないことや経済的な支援が得られないことに立ち向かわなければならないだけでなく、彼女が教育を受けることに対する社会的無関心や家族と社会のなかでの性差別にも立ち向かわなければならないということは十分ありうる。開発のなかで基礎教育（特に女子への教育）が果たす個人にとっての役割と社会全体にとっての役割が幅広いものであることを考えれば、社会を覆っているいくつもの障害と分断によって、インドは大きな代償を支払わされているのである。

インドの不平等に見られるこうした特質は、社会正義を求める闘いを行っていくうえで何が優先されるべきかに大きな影響を与える。インド（そして、その他の場所）で行われているこうした闘いでは、富と権力の集中を食い止めることが重要な位置を占めているのはいうまでもない。しかし、誰もが利用できるべき必要不可欠な施設や機会が多くの人たちの手に常に届いていないことが、インドにおける社会的不公正の最も深刻な特徴の一つであり、その点を考えれば、不公正に対する闘いというのは、必要不可欠な社会サービスや基本的権利に対する積極的な要求と明確に結びついていなくてはならない。

第3章で見たように、このような結びつきは、ケーララ州やタミル・ナードゥ州をはじめとするインドのより先進的な州の一部で重要な役割を果たした。つまり、不利な立場にある集団（特にダリト）がカーストに基づく侮辱的行為や不平等の解消を求めて闘争を行っていくうえで、教育、保健医療、社会保障、その他の権利を享受できるよう要求することは不可欠な要素だったのである。ところが、社会正義の拡大によって最も不利な立場にいる人たちが手にする公共サービスがよりよいものになるという密接な関連性は、過去には世論に訴える活動の多くの原動力となることに成功していたのに、今日のインドにおける民主政治の主流のなかではほとんど注目されない傾向にある。

公共サービスと社会的分断

インドでは、開発を進めていくうえでの優先課題に偏りが残ったまま、一向に改められる様子がない。その大きな原因となっているのが、インドに暮らす人々の現状というものがよく理解されていない（さらに、公共的議論の対象になっていない）という点である。特権階級の暮らしにばかり過剰な焦点が当てられるのは、インドの公共的議論に固有の特徴である（そして、それがメディアによって助長される）ために、インド人全般の暮らしについて現実離れしたイメージが広まっている。

開発にとってきわめて重要であるにもかかわらず、公共的議論のなかでは驚くほど関心を集めていないインド社会の欠陥という盲点について、これまでにも数多くの具体例を挙げてきた。屋外での排便行為について（具体的には、その規模、健康に与える危険性、インドと他の国々との比較などの点について）社会的に幅広く認識されていないというすでに指摘した点は、驚くべき実例の一つである。また、より一般的に述べるならば、第6章でも見たように、インドの保健医療制度の現状について有力メディアで議論されることはめったにない。さらに、国による資金と計画に基づく普遍主義的な保健医療の提供（民間の保険会社は主要な役割を果たすのではなく、補完的な役割をするのが一般的である）という世界的な潮流に逆行して、大半の患者が民間の病院から保健医療を現金で購入するという時代遅れの「自己負担制度」であるインドの保健医療制度の実態をメディアが取り上げるなどなおさらありえない。本書では、その他にも盲点となっている問題をいくつも論じてきた。例えば、過去二〇年ほどにわたって実質賃金は停滞しており、特に中国での実質賃金の急上昇とは好対照をなしているという点（第2章）、一般的な社会指標について、南アジアのなかでのインドの相対的順位が低下しているという点（第3章）、インドでは学校に通っている生徒の学習到達度があまりにも低いという点（第5章）、子供の予防接種についてインドが残してきた実績は無残なものであるという点（第6章）、そして、大きな影響力を持つ圧力団体には大盤振る舞いの優遇措置を与える一方、恵まれない人たちの生活水準と人間の潜在能力を引き上げる可能性のある重要な投資には見向きもしないというように、公的支出に著しい偏りが見られるという点（第9章）などが挙げられる。近年では、これらの問題はどれ一つとして公の場で幅広く議論されていないのである。

インドが陥っている困難な状況について不十分かつ間違った形で理解されているのは、インドの新しいエリートが経済開発というものを異常なまでに狭く捉えていることと関係している。インドの著名な週刊誌『エコノミック・アンド・ポリティカル・ウィークリー』の編集長であるラームマノーハル・レッディーは、インドで議論の対象が選ばれる際に現れる問題の一つをずばりと簡潔にまとめている。

現代のエリートは自分たちのことにしか関心を持たなくなっている。彼らは自分たちの経済的影響力の拡大を押しとどめるようなあらゆることに我慢がならない。そのため、「政策の行き詰まり」であるとか、小売業への海外直接投資のような些細な問題への政治的取り組みといった話が、現在出てきている。支配的な言説の一部となっている自国インドへの「自信」というのは、同時に、国の内外からいかなる疑問の声が上がることも許さないのである。(4)

レッディーが指摘する「自信」なるものが多くの場合まったくの見当違いであるという事実がもしなかったならば、幅広い問題を議論の対象として取り上げないとしても、さほど大きな代償を支払うことにはならなかっただろう。ところが実際には、ここでの「自信」たるや、(人々がより健康で、よりよい教育を受け、剝奪からの影響がより少ないことによって)経済成長を生み出して持続させるという点での重要な因果関係だけでなく、思いやりのある民主的な社会の実現のための基本的な条件をも見落としてしまっているのである。

ただし、盲点となっている問題を明らかにし、議論を呼ぶような社会的課題に変えていくという、問題解決のための第一歩を進めていく可能性がインドの民主主義には大いにある。実際、このようなチャンスが活かされた場合には、きわめて幅広い範囲へと公共的議論がある程度の速さで行き渡っていくものであり、このような経過をたどった実例については、本書でもすでに触れている。例えば、デリーで若い医学生がおぞましい集団強姦の被害に遭ったことから一般市民の怒りに火が付き、二〇一二年一二月に女性に対する暴力の問題がインドのメディアで盛んに取り上げられた(そして、メディアの報道によって人々の怒りが持続した）ことによる影響というのが、最近の事例として挙げられる（この点については第8章で論じた）。またインドでは、汚職、栄養不良、強制退去、教育を受ける権利、公的部門の説明責任といった課題についての公共的議論で用いられる言葉にも、ほんの数年前には予想もできなかったような大きな変化が起きている。ただし、こうした変化の兆しは一部で見られるものの、公共的議論の対象を大きく転換することが強く求められるという点については、しかるべき関心が寄せられているとはまったくいえないような状況が続いている。

その一方で、インドの現状をより詳しくより明確に理解する必要があるという点は、過小評価されたり、比較的知られていなかったりすることの多い、人々の暮らしを改善するための積極的な取り組みによる明白な成果についても当てはまる。例えば、一九七〇代はじめ以降にヒマーチャル・プラデーシュ州で起きた初等教育の著しい進展は（これ自体は州政府の視野を広げることになった政治過程の結果である）、非常に目覚ましい成果を上げているのに、インド全域で注目を集めることはほとんどなかった。同様に、タミル・ナードゥ州が保健と乳幼児の保育の分野ですばらしい成果を上げてきたことは、つい最近まで広く知られていなかった。第3章と第6章で議論したように、このような優れた成果は、一部の州（ヒマーチャル・プラデーシュ、タミル・ナードゥ、そしてもちろん、もっと早い時期から取り組みを行ってきたケーララ）が他の州よりも積極的かつ効果的に社会政策を実行してきたというもっと大きな流れのなかに位置づけられる。そして、第3章で指摘したように、これらの州の成功体験からその他の州は多くの教訓を得ることができる。具体的には、公共的議論の対象範囲を広げることの重要性とより多くの公共サービスがより効率的に提供されることで得られる成果という二つの点が挙げられる。

その他の州やインド全体についても、必ずしも正当な評価を受けていないが、人々の暮らしの向上に多大な貢献を果たしてきた積極的な取り組みについての顕著な例を挙げることができる。もしメディアによる多くの報道から判断しようとするならば、全国農村雇用保証法、公的配給制度、総合的児童発育サービスといったプログラムは汚職と無駄遣いの温床にすぎないという印象を受けてしまうだろう。もちろん、政策運営に見られる欠陥を白日のもとにさらそうとメディアが活発に報道を行うのは、状況の改善に役立つという意味でよいことである。しかし、実際のところ、これらのプログラムは多くの州で人々の暮らしに大きな影響を及ぼしており、こうした成果をその他の州にも広められる余地が大いにあるという証拠が数多くそろっている。

自己満足に浸っている理由などまったくないのは確かであるが、積極的な活動を通して変革を実現できるという点についてこれまで得られてきた証拠は、最近の動向によってまさに裏打ちされている。この点は、インドとそれ以外の国々の近年の経験（例えば、メキシコにおける普遍主義的な保健医療制度の導入、ブラジルにおける公共サービスの大規模な拡大など）から得られる重要な知見である。実際、前向きな変革の可能性があるということを正しく認識するのは、インドで見られる剝奪が実際にはどれほど深刻なものであるのかを正しく理解するのと同じくらい大切なことなのである。

忍耐を捨て去り、民主主義を活かす

「忍耐とはささやかな絶望であり、美徳を装っている」と『悪魔の辞典』（一九〇六年出版）のなかでアンブローズ・ビアスは書き記している。インドは何世紀にもわたって、美徳とされるこの資質を大いに発揮し続けてきた。不平等、階層化、カーストによる分断に対しては異常なほど寛容であり、社会秩序を保つうえで必要であるということで受け入れてきた。後進的なインドが自分の問題を解決するために必要であるということで、植民地支配に伴う目に余るような不公正に対しても寛容であった。物事がゆっくりとしか進まないインドにはその他の選択肢がないということで、経済的停滞にも我慢してきたが、それがインドに衰退をもたらした。インドの女性たちは、生物学的または社会的に必要であるという理由から自由を奪われながらも、それに静かに堪え忍んできた。人間本来の貪欲さによる避けられない結果だとあきらめて、説明責任の欠如や汚職の蔓延に我慢強く堪え続けてきた。そして、いうまでもなく、安定した経済秩序と表裏一体をなしているとして、社会的弱者層は終わりのない苦難と搾取と侮辱に何とか堪え忍んできた。

このような不公正と不正を解消するうえで、忍耐がその助けになるなどということはまったくなかった。さらに、その他のはっきりと目に見える形でも、忍耐が報われるということは明らかにはならなかった。それとは反対に、問題を解決する方法を積極的に探し求めている時に、よい方向へと変化が起こり、自由がもたらされるということがよくある。実際、インドの人々が政治に対して我慢できなくなったことで大衆運動が生まれ、英領インドが統治不能に陥ったからこそ、イギリスによる植民地支配の抑圧は終焉を迎えることになったのである。

不満や抗議の声が表に出てこないという問題は、今日のインドには見られない。しかし、はっきりと声を上げるような、政治的にも影響力のある異議申し立てが、恵まれない境遇にあるインド人を苦しめ続けてきた剝奪や不正といった問題を十分に反映しているかどうかという点については、しっかりと検討してみなくてはならない。(とても裕福なわけではないが、ちょうど中間に位置するインド人よりも所得や生活水準がはるかに高い）比較的恵まれたインド人が政治的重要性や影響力を手にしていることで、本当に貧しい人たちが上げる声へと実際には引き寄せられるはずの関心が、妨げられがちになってしまう。その結果、深刻な剝奪を受けている人たちの大部分がほとんど排除されるという事態が、多くの政治課題についてあまりにも頻繁に起きているのである。

　そして、恵まれない人たちが排除されることによって、こうした人たちの利害が公共政策に反映されないという状況が、様々な領域で起こるようになってしまう。学校教育、保健医療、社会保障、その他の関連する課題がインドの計画立案で無視されているのは、このような全般的な傾向の一つの側面なのである。さらに、特権階級の利害に引きずられた結果生まれる公共政策の歪みというのは、その他にも様々な形で姿を現している。例えば、農業と農村開発をないがしろにすること、個人的利益のために天然資源などを開発して自然を破壊すること、特権的な集団に政府の補助金を（公然とまたは暗に）大盤振る舞いすることなどが挙げられる。

　これまでにも論じてきたように、多様な側面を持つインドの不平等は、不平等それ自身が解消されないような仕組みを生み出す傾向にあり、特に公共的議論やメディアの報道に見られる歪みを通して引き起こされる。インドにおける大きな社会的分断は、異なるグループの間での発言力や影響力について深刻な不平等を伴っている。さらに、それほど剝奪に苦しめられていない人たちからなる大きな（そして、活力に満ちた）集団を主に利しているように見えるメディアの報道や公共的議論の歪みを通して、社会的弱者が直面している剝奪の深刻さを見えにくくすることにも社会的分断は一役買っている。このようにして、さらにはこれ以外の形で、比較的恵まれた人たちとそれ以外の人たちとの間の社会的分断の深刻さというものが、民主主義のもとで用いられる標準的な手段の活用を難しくしているのである。そして、そのなかには、問題となっている不平等に立ち向かうために、はっきりと不満の声を上げるということも含まれている。

極端なまでの不幸が社会に産み落とされ、それが非常に深刻なものであるという現実があまりにも見えにくくなっているために、（発信力のある政治指導者たちが我先にと支持の声を上げる対象である）一般市民という概念そのものがまったく違う意味に定義し直されている。大金持ちほどは裕福でない比較的豊かな人たちは、社会的弱者という自己認識を抱いている「庶民」――ヒンディー語では「アーム・アードミー」(*aam aadmi*)――であると自分たちのことを見なす傾向がとても強い。しかし、最上層に位置する大金持ちとでも比較しない限り、比較的豊かな人たちを「庶民」と描写するのには無理がある。

初期の東インド会社の役員の一人であったジョージ・リンゼイ・ジョンストンは、一八〇一年にロンドンの議会で洞察に満ちた見解を述べるなかで、英領インド帝国は「世論の帝国」であり、「現地人が自分たちの強さをよく考え」てみようとしないことによって成り立っていると指摘している[5]。インド人全体が自分たちの強さというものをよく考えようとしないことが、ジョンストンの時代にインドがイギリスに服従し続けていた大きな要因であったのだが、この欠陥がインドから姿を消してすでに長い時間が経過している。しかし、その一方では、恵まれない立場にいるインド人が立ち上がり、自らが直面する異常なまでの剝奪をいち早く徹底的に取り除くために声を上げようとしない点はそのままであり、インド政治を取り巻く状況がその理由の一端となっている。いわゆる「庶民」というカテゴリーを構成している「比較的恵まれているが、誰よりも恵まれているというほどではない人たち」の抱く不満は、社会のなかで重要な話題となり、この容易に団結できる集団の考え方というのは、主要な政党から最も大きな支援を受けている。インド社会の弱者層を長年にわたって苦しめ続けている深刻な剝奪に対して、それほど関心が向けられていないのとはあまりにも対照的である。

とはいうものの、インドの民主政治は、最も深刻な剝奪に苦しんでいるインド人に対して「自分たちの強さをよく考え」てみる機会、そして、あまりにも多くのインド人の生活を台無しにしているきわめて深刻な不平等はいち早く改善されるべきであると要求の声を上げる機会を与えている。これにはインド政治の在り方の問題という側面ももちろんあるが、剝奪と不平等が広範に及ぶとともに、特異な性質を帯びているという事実をしっかりと認識することにも大切な役割がある。そして、今日のインドが直面している最も重要な課題の一つは、まさにこの点なのである。

訳者あとがき

本書は、*An Uncertain Glory: India and Its Contradictions* by Jean Drèze and Amartya Sen, Allen Lane, 2013の全訳である。英語による原題の前半部分は、シェイクスピアの喜劇『ヴェローナの二紳士』のなかに出てくる、「ああ、恋の春とは、輝きに満ちた四月の空のようになんと心許ないことか」（傍点訳者）という有名な一節を巧みにもじったもので、この一見文学的な題名に著者たちの問題意識がはっきりと表れている。[注1] つまり、アマルティア・センとジャン・ドレーズの二人によれば、急速な経済成長や「世界最大の民主主義」といったインドの輝かしい栄光には、実は大きな不安の影がつきまとっているというのである。

本書では、「太陽の光とともに暗い雲と土砂降りの雨がすでに視界に現れている」（24ページ）かのようなインドの現状を正しく理解するために、「これまでインドを悩ませ続けてきた問題はどの程度まで解決され、依然として残っている課題は何であり、そして、インドが取り組まなければならない新たな

注1　小田島雄志訳『ヴェローナの二紳士』（白水社、一九八三年）では、この引用部分は、「ああ、恋の春は変わりやすい四月の空に似ている」（32ページ）と訳されている。ただし、この訳では「輝き」（glory）という言葉が表に出てこないため、既訳ではなく訳者自身による訳を用いている。

問題はあるのか」（24ページ）という一連の疑問に対して、様々な角度から検討が加えられていく。そして、綿密な検討作業と膨大な既存研究を踏まえながら、インドという国の進むべき方向性が明確に示されるのである。

では、センとドレーズはどのような診断と処方箋を提示しているのだろうか。本書は五〇〇ページを優に超えるほど大部なうえに、目次を一目見ただけでもわかるように、非常に幅広いトピックを扱っているが、本書で展開される主張はきわめて明快で一貫している。それは、主に次の三つの点にまとめることができる。

第一に、ＧＤＰや一人あたりＧＤＰの成長率によって測られる「成長」（growth）については、インドは過去二〇年ほどの間に目覚ましい成果を上げてきたが、それとは対照的に、貧困、飢餓、無知、疾病、差別、抑圧などからの自由の拡大（つまり、潜在能力の拡大）を意味する「開発」（development）については、同じ時期のインドの実績はあまりにも見劣りする。「人間の自由と潜在能力の拡大が最終的な目的であり、ＧＤＰの成長はこの目的を達成するための重要な手段の一つである」（17ページ）という基本認識に立つ著者たちにとってみれば、「開発なき成長」ともいうべきインドの現状は本末転倒でしかないのは明らかである。ただし、センとドレーズは、経済成長に反対しているのでもなければ、経済成長は必要ないと主張しているのでもない。むしろ、上記の引用からも明らかなように、開発という目的を達成するための重要な手段の一つとして、成長が必要であるという点を繰り返し強調している。なぜなら、成長に伴って個人所得は上昇する傾向にあるだけでなく、成長によって新たに生み出された財源を用いて、政府が開発を後押しする政策を実施する可能性があるからである。

第二に、インドでは成長が開発に結びついていないため、開発を推し進めるための政策に政府がより積極的に取り組んでいく必要がある。実は、インドの急速な経済成長には大きな偏りがあるため、貧困と剝奪に苦しむ恵まれない人たちの所得を大きく向上させるには至っていない。さらに、成長によって生み出された財源は、恵まれない人たちの基本的自由を拡大する目的には十分に振り向けられていない。そのため、本書では、教育（第5章）と保健医療（第6章）をはじめとする公共サービスの拡充、公的部門における説明責任の向上（第4章）など、開発への取り組みにおける政府の役割に大きな焦点が当てられ、その必要性が強く打ち出されている。その一方で、私立学校を活用した学校教育の普及、民間部門によって提供される保健医療や健康保険を基礎とした保健医療制度、電力部門の民営化などの「市場化」の流れには、センとドレーズは明確に反対している。ここで注意しなければならないのは、二人の主張は、経済学をある程度学んだことのある人ならば誰でも知っている「市場の失敗」（具体的には、外部性、非対称情報、独占・寡占などの存在）という標準的な経済学の考え方に依拠しているという点である。つまり、標準的な経済学の考え方からかけ離れているのは、市場がうまく機能しないような分野に「市場化」を持ち込むことを主張する論者のほうなのである。

第三に、開発を促す方向へ政府の政策を向けさせるためには、貧困と剝奪に悩まされている恵まれない人たちの要求と関心事が、民主政治や公共的議論のなかですくいあげられるようにしなければならない。「世界最大の民主主義」というフレーズとともに、インドの民主主義は高く評価されることが多いが、その内実はあまりにも不平等なものである。そのため、人口の圧倒的多数を占める貧困層向けの政策は、「金の浪費」であるとして激しい非難の対象になる場合が多い（本書でもたびたび言及される全国農村雇用保証法は、まさにその典型である）。この文脈で、センとドレーズがとりわけ強く批判しているのが、インドのメディアの在り方である。例えば、インドのメディアは、「ニュースの選び方や政治に関する分析に見られる姿勢から判断すると、インドの貧困層の暮らしぶりにあまりにも無関心」（384ページ）であるという主張には、深刻な社会問題がないがしろにされていることへの著者たちの苛立ちがはっきりと表れている。

この点に関連して、センとドレーズは次のようにも述べている。「私たちが主張している方向へ政策を変更するためには、権力の座にある政府の支持を得るだけでは不十分なのである。そのため、内閣や首相も含めた行政府に対して専門的な助言を与えるだけにとどまらず、公共的議論がよりいっそう重要なものになる。そして、私たちが本書を通して、政府に専門的な助言を与えることよりも、メディアでの議論をはじめとする公共的推論に貢献するという目的をはるかに強く意識している理由の一つは、まさにこの点」（367ページ）にある。つまり、本書を世に問うことによって、インドの進むべき方向性について幅広い社会的議論を喚起することこそ、（ともにインド国籍を持つ）センとドレーズにとっての民主主義の実践なのである。

いうまでもなく、本書が分析の対象としているのはインドという一つの国である。しかし、著者たちがインドについて指摘する様々な問題点は、その他の発展途上国にも多かれ少なかれ当てはまる。そして、特に公共的議論と民主主義の実践に関しては、本書で示される鋭い分析は日本の現状を考えるうえでも大変示唆に富んでいる。例えば、深刻化する子供の貧困や性的少数者の人権といった重大な社会問題に、つい最近まであまり光が当てられてこなかったことや、デモ活動を頭ごなしに否定し、選挙で勝てば何をしてもいいと思い上がる政治家が少なからずいることから、この点は十分ご理解いただけるだろう。

著者のアマルティア・センとジャン・ドレーズは長年にわたる共同研究者であり、これまでにも、一九八九年に『飢餓と公共活動』（*Hunger and Public Action*, Clarendon Press）、一九九五年に『インド――経済開発と社会的機会』（*India: Economic Development and Social Opportunity*, Oxford University Press）、二〇〇二年に『インド――開発と参加』（*India: Development and Participation*, Oxford University Press）という三冊の共著を出版している。[注2] さらに、一九九六年に刊行された『インドの開発――地域的視点』（*Indian Development: Selected Regional Perspectives*, Oxford University Press）をはじめとして、数冊の共編著もある。

センとドレーズによるこれらの研究成果は非常に高い評価を受け、インドの開発問題に取り組む研究者や実務家はもちろんのこと、インドを含む発展途上国の開発問題に関心を寄せるより幅広い層にも大きな影響を与えてきた。ところが不思議なことに、センの著作の邦訳が数多く出版されるなかにあって、ドレーズとの共著や共編著が日本語に訳されることはこれまでになかった。したがって、二人による共同研究の成果が日本語に翻訳されるのは、今回がはじめてということになる。[注3]

注2 『インド――開発と参加』は、前著『インド――経済開発と社会的機会』を大幅に改訂増補したものである。『インド――開発と参加』の内容および新著と旧著の比較については、佐藤宏（2003）「書評：Jean Drèze and Amartya Sen, *India: Development and Participation*.」（『アジア経済』第四四巻第八号、72〜75ページ）を参照。なお、本書の書評については、山崎幸治（2014）「書評：Jean Drèze and Amartya Sen, *An Uncertain Glory: India and Its Contradictions*.」（『アジア経済』第五五巻第四号、122〜126ページ）を参照。

注3 ちなみに、二〇一五年にノーベル経済学賞を受賞したアンガス・ディートンもドレーズの共同研究者の一人である。最近の研究成果として、「小さいけれども健康」仮説（本書240ページを参照）を唱えるアルヴィンド・パナガリヤに反論する、Diane Coffey, Angus Deaton, Jean Drèze, Dean Spears and Alessandro Tarozzi (2013) 'Stunting among Children: Facts and Implications', *Economic and Political Weekly*, 48(34) がある。

翻訳にあたっては、多くの方々にいろいろな形でお世話になった。アジア経済研究所の大先輩である佐藤宏氏には、訳稿全体にわたって懇切丁寧にコメントしていただくとともに、訳稿とコメントのやり取りを繰り返す過程で実に多くのことを学んだ。「多くのことを学んだわりには、あまり研究成果が上がっていませんね」と佐藤さんにいわれる（そして、思われる）ことのないよう、これからは今まで以上に真剣に研究に取り組んでいく所存である。また、岡田雅浩、中里成章、孝忠延夫、川中豪、津田みわ、馬場香織、堀井伸浩、宇佐美好文、久保研介、佐藤千鶴子、町北朋洋、山口真美の各氏には、訳稿の一部についてコメントしていただいたり、不明な点についての問い合わせに快く応じていただいたりするなど、随所で大いに助けられた。さらに、原著者であるアマルティア・センとジャン・ドレーズの両氏には、訳者からの様々な（時にはトンチンカンな?）質問や指摘に対して迅速かつ真摯に回答していただいた。訳者の力量不足を補ってくださった以上の方々に、心より厚くお礼申し上げたい。そして最後に、本書を刊行するにあたって大変お世話になった、明石書店の神野斉氏と校正作業を担当された小山光氏にも深く感謝の意を表したい。

なお、本書の翻訳に何らかの誤りがある場合には、それは訳者のみの責任であることはいうまでもない。読者のみなさんからご叱正をいただければ幸いである。

二〇一五年一〇月

湊　一樹

(26) Government of India (2011h) の表2.18、A－1ページ、A－51ページを参照。

(27) Government of India (2002a, 2002b, 2004a) を参照。また、Bagchi et al. (2005) およびそのなかで言及されている、それ以前に専門家によってまとめられた報告書も参照。

(28) Government of India (2012d) の付録2 (19ページ) を参照。

(29) Government of India (2012e) を参照。この声明書についての有用な分析としては、Kavita Rao (2013) を参照。

(30) 2012年12月6日付の『タイムズ・オブ・インディア』と2013年1月3日付の『エコノミック・タイムズ』からの引用。インドは世界最大の金の輸入国であり、金の輸入量は2011－12年にはほぼ1000トン、その価値は600億ドルとインドのGDPの約3%にあたる (2012年12月2日付の『ファイナンシャル・エクスプレス』に引用されていた、首相の経済諮問会議の委員長であったC・ランガラジャンの発言)。本書の刊行とちょうど時を同じくして公表された、財務省による逸失歳入についての声明書の最新版では、最近になって金の輸入があまりにも過剰であるため、2011－12年のダイヤモンドと金に対する輸入関税の免除措置による逸失歳入の推定額は、5700億ルピーから6600億ルピーという驚くべき金額に改訂されなければならなかった。

(31) 国会を通過していない同様の法案や草案段階の法案がさらにある。主なものとして、2011年国家食料安全保障法案、2011年ロークパール・ローカーユクタ法案、2011年市民憲章法案、2011年土地収用・生活再建・再定住法案、連邦議会および州議会の全議席の3分の1を女性に留保するための憲法改正 (「女性留保法案」) などが挙げられる。[訳注：国家食料安全保障法案、ロークパール・ローカーユクタ法案、土地収用・生活再建・再定住法案は2013年に両院を通過した。2014年に連邦下院が解散されたことによって市民憲章法案は廃案となり、2015年8月末現在、いまだに連邦議会に上程されていない。土地収用・生活再建・再定住法案については、下院選後に成立した国民民主連合 (NDA) 政権による修正法案が両院特別委員会に付託中である。]

第10章　忍耐はもういらない

(1) Harris (1958) の第X章を参照。また、Fraser (1919) の付録Dも参照。

(2) Government of India (1946) の第2巻の1ページを参照。なお、引用部分にある誤植は修正した。

(3) Sen (1973, 1997) [鈴村興太郎・須賀晃一訳『不平等の経済学』東洋経済新報社、2000年]、Atkinson (1975, 1983)、Foster and Sen (1997) を参照。

(4) Reddy (2012) を参照。

(5) Rothschild (2011) の127ページで引用されている。

(12) この点については、Sen (2009) [池本幸生訳『正義のアイデア』明石書店、2011年] の特に第15～17章を参照。

(13) Rawls (1999) の579～580ページを参照。また、Rawls (1971) [川本隆史・福間聡・神島裕子訳『正義論』紀伊國屋書店、2010年]、Rawls (1993)、Rawls (2001) [田中成明・亀本洋・平井亮輔訳『公正としての正義 再説』岩波書店、2004年] も参照。

(14) Habermas (1996) を参照。

(15) ウピンダール・シンが述べているように、「[碑文に] 込められている認識の世界を発掘することは、このような過去の遺物を分析するうえでの重要な一部である」(Singh, 2012の131ページ)。また、Singh (2009) やそれ以前の第一級の成果であるThapar (1963, 1984) も参照。アショーカ王による布告の最近の解釈については、Bhargava (2014) などがある。

(16) これは新聞登録局による最新の数字 (2011-12年) である。

(17) Roy (2010) を参照。

(18) インドの新聞産業の成功と限界についての示唆に富む分析として、Ram (1990, 2011, 2012) を参照。また、Jeffrey (2000)、Patnaik (2002)、Sainath (2009)、Auletta (2012) も参照。

(19) Dé (2008) の41ページを参照。

(20) インドの主要な日刊紙の一つである『タイムズ・オブ・インディア』の編集長が最近のインタビューで答えているように、「私たちは新聞で稼いでいるのではなく、広告で稼いでいる」(Auletta, 2012を参照)。

(21) ペプシとコカコーラが汚染された水を使用して商品を製造しているという告発を科学環境センターが数年前に行った。しかし、この編集者によると、「電子メディアはすぐに飲料水メーカーを擁護した。テレビでは、ペプシとコカコーラは大型の広告主だからである」。

(22) この問題――およびメディアと企業との間の「私的協定」(private treaties) といわれる関連する問題――については、インド報道委員会に提出された報告書であるReddy and Guha Thakurta (2010) を参照。また、Sainath (2009, 2010) とGuha Thakurta (2011) も参照。

(23) Mudgal (2011) を参照。地方紙に関しても同様の結果が得られるという点については、The Hoot (2011) を参照。

(24) 2011年11月29日にインド社会研究所で行われた、メディアの編集者と食料への権利を目指す運動との間の非公式の意見交換の場で、プランジョイ・グハ・タークルタが発言した内容。

(25) Rudra (1989) を参照。ルドラの分析は、「知識階級」という言葉を「知的労働を売ることで生活の糧を得ている人々」(144ページ) とほぼ同じ意味として広く解釈することのうえに成り立っている。

によってもたらされたものである）。このような傾向は、本書で示された傾向と同様に、インドのジェンダー関係の地域的差異を分析する際によく引き合いに出され、議論の対象になることのより多い「北部と南部」という二分法とは異なっている。もちろん、子供の性比に見られる地域的差異が、ジェンダー関係のその他の側面にもそのまま当てはまるなどと主張しているのではない。Karve（1968）が何十年も前に指摘しているように、インドのジェンダー関係、親類関係、その他の関連する事柄の地域的差異の詳細というのは、結局のところ非常に複雑である。

（44）本節のこれ以降の部分のもとになっているDrèze and Khera（2008）を参照。「公共の資産を私的部門がますます収奪するようになっている」ことをはじめとして、インドの企業部門の強大な力によって公共政策に歪みが生じているという点については、Rajan（2008）が巧みに論じている。また、Gandhi and Walton（2012）およびKohli（2012）なども参照。

第9章　民主主義、不平等、公共的推論

（1）民主主義の歴史と民主主義に対する考え方の変遷については、Ryan（2012）を参照。また、Shapiro（1999）およびDunn（2005）も参照。

（2）Guha（2007）［佐藤宏訳『インド現代史（上）・（下）1947－2007』明石書店、2012年］を参照。

（3）例えば、Bhatia（2011）を参照。

（4）Ravi（2012）を参照。また、この点については、Jeevan Reddy Committee（2005）およびHazarika（2013a, 2013b）も参照。

（5）このような非民主的な法律の乱用の犠牲者として、ビナーヤク・セン博士の名前はよく知られているが、被害はそれだけにとどまらない。タミル・ナードゥ州クダンクラムでの原子力発電所の建設に抗議する活動を行った数千人（ある報道によると、8000人にも及ぶ）に対して扇動罪のかどで逮捕手続きがなされたのは、ほんの一例にすぎない。Mukherjee（2012）を参照。

（6）Mishra（2012）を参照。

（7）統計付録の表A－3を参照。

（8）統計付録の表A－3を参照。

（9）例えば、Kumar（2009）を参照。

（10）Rodrigues（2002）の490ページに再録されているB. R. Ambedkar（1950）'Basic Features of the Indian Constitution'を参照。

（11）Huntington（1991）［坪郷實・中道寿一・藪野祐三訳『第三の波――20世紀後半の民主化』三嶺書房、1995年］の9ページを参照。

(32) この論点については、以前出版した本（Drèze and Sen 1995, 2002）のなかで、私たちの見解のもとになっている実証的な研究を引きながら詳しく論じられている。

(33) 女性のエージェンシーが死亡率と出生率の低下に果たす役割には様々な側面があるという点については、Murthi, Guio and Drèze（1995）、Drèze and Murthi（2001）およびこれらのなかで言及されている文献を参照。さらに、Cleland（2002）、Kishor and Gupta（2004）、Kravdal（2004）、Baker et al.（2011）、LeVine et al.（2012）、United Nations Population Fund（2012a）を特に参照。

(34) それどころか、教育をより受けている女性のほうが、性選択的中絶を行う傾向が強いようである（Jha et al., 2011）。しかし、これは2変数間の相関関係であって、経済状況などの変数をコントロールした場合にも同様の結果が成り立つのかどうかははっきりしない（1人あたり所得は、女性の教育水準に加えて、性選択的中絶の多さとも正の相関関係にある）。

(35) Seth（2012）を参照。家父長支配的なものの見方とそれが家族計画へ与える影響の特徴についての貴重な証拠として、John et al.（2009）およびArokiasamy and Goli（2012）を参照。

(36) この点については、Sen（1985, 2002a, 2002b）を参照。

(37) Jha et al.（2011）を参照。Bholotra and Cochrane（2010）による独自の推定値は、同じような範囲内にある。具体的には、1995年から2005年にかけて、1年あたり約50万件の性選択的中絶が行われたと推定している。

(38) Kumar and Sathyanarayana（2012）の71ページの付表A.1を参照。入手可能なデータから判断すると、これらの県よりも（そして、ハリヤーナー州全体よりも）子供の性比が低い国は世界には存在しない。ただし、ここで名前が挙がっている県よりも子供の性比が低い中国の省はある。この点については、United Nations Population Fund（2012b）を参照。

(39) 出生時の性比と子供の性比の間のずれは非常に小さいものであるという証拠については、Kumar and Sathyanarayana（2012）を参照。

(40) より小規模な州に目を向けると、インド北東部の先端に位置する地域のように、こうした統計上の明らかな断絶には当てはまらない若干の例外も見られる。

(41) より詳しくは、Drèze and Sen（2002）の第7章を参照。なお、そこで取り上げられていた2001年の子供の性比が本書の表8-3で示されている性比とやや異なるのは、前者の数字が2001年センサスの暫定値に基づいていたためである。

(42) この点については、Jha et al.（2011）を参照。

(43) 例えば、Sopher（1980）、Dyson and Moore（1983）、Miller（1981, 1989）を参照。「若年層の性比」を検証したMiller（1989）は、異なる境界線を用いているものの、「北部・西部対南部・東部」という一般的な傾向があることを示している（なお、その当時は性選択的中絶がまれであったため、性比の偏りは主に男女間の死亡率の違い

(21) 122ヶ国について性別ごとの乳幼児死亡率の推定値を掲載している、United Nations (2011) の表Ⅲ.1を参照。その推定値によると、男児の死亡率に対する女児の死亡率（1歳から4歳までに死亡する確率）の比率は、世界中のどの国よりもインドが高い値を示している。

(22) 例えば、Chandrasekhar and Ghosh (2011)、Mazumdar and N (2011)、Thomas (2012) を参照。インドではここ数十年にわたって、女性の労働参加が非常に安定している（そして、まったく増加していない）ことが、センサスと全国標本調査のデータのいずれからも見て取れる。

(23) 女性に33%の議席を留保するという規定は、1992年の第73次憲法改正によって定められた全国共通の最低基準である。留保枠を33%から50%に引き上げるというさらなる法改正は連邦内閣によって承認されたが、法律としては成立していない。一方、ビハール州、ヒマーチャル・プラデーシュ州、マディヤ・プラデーシュ州などのいくつかの州では、女性に対する50%の留保はパンチャーヤト制度にすでに取り入れられている。

(24) 例えば、Chattopadhyay and Duflo (2004)、Beaman et al. (2006)、Duflo (2011)、Sathe et al. (2013) およびこれらのなかで言及されている文献を参照。地方自治組織での女性による政治的代表が（少なくともインドでは）効果を発揮しているという証拠が増え続ける一方、その詳細な経路というのはまったく単純ではないため、この点については引き続き活発な研究が行われている。

(25) 統計付録の表A-3を参照。

(26) これは、異なる種類の不平等（この場合は、カースト間とジェンダー間の不平等）が互いに強め合っているもう一つの例である。少なくとも18世紀以降、インドの急進的な思想家や改革者の多くは、ジェンダーに基づく階層とカーストに基づく階層が補完的な関係にあるという点、さらには、一方を突き崩さなければ他方を突き崩すのは難しいという点をはっきりと認識していた。同時代の人たちと比べると、カースト制度を激しく非難した人たちは女性の権利の擁護という点でははるかに先を行っていることが多かった。そのような人物として、タラバイ・シンデー、ジョーティラーオ・プレー、B・R・アンベードカル、ペーリヤールなどが挙げられる（例えば、Ambedkar 1917, Veeramani 1992, O'Hanlon 1994, Geetha 1998, Sinha 2012, Rege 2013 を参照）。

(27) United Nations Office on Drugs and Crime (2013) を参照。

(28) Sen (1990) および Drèze and Sen (2002) を参照。

(29) Drèze and Sen (2002) およびそのなかで言及されている文献を参照。

(30) この点については、Sen (1984) の第4章と第5章および Sen (1990) を参照。また、Folbre (1986)、Brannen and Wilson (1987)、Ferber and Nelson (1993) を特に参照。

(31) Agarwal (1994) を参照。

(10) 例えば、Wilkinson and Marmot (2003) および Wilkinson and Pickett (2009) を参照。
(11) 経済格差の社会的帰結に関して、ここで挙げられている点やその他の点については、Weisskopf (2011) およびそのなかで言及されている文献を参照。
(12) この点については、社会学と人類学の分野で膨大な研究が残されている。概要については、Béteille (2012) を参照。現代インドにおけるカースト制度(とその変容)については、Srinivas (1995)、Ilaiah (1996)、Fuller (1997)、Shah et al. (2006)、Omvedt (2008, 2010)、Thorat and Newman (2010)、Balagopal (2011) などを参照。
(13) ダリトに対する抑圧について、自身の経験に基づいて力強い筆致で記されている著作として、Gaikwad (1998)、Valmiki (2003)、Ambedkar (2011) など多数ある。また、Rege (2006) および Shah et al. (2006) も参照。
(14) 4つの身分(ブラーマン、クシャトリヤ、ヴァイシャ、シュードラ)からなる伝統的なヴァルナ制度のなかでのカヤスタの位置づけは完全にははっきりとしておらず、インドの地域によっても異なっている。カヤスタはクシャトリヤと認識されることが多く、それに類する身分である(つまり、頂点に近い位置にいる)ことに間違いはない。
(15) 偶然にも、連邦政府の首相を務めた14人[訳注:原著刊行後の2014年5月に首相に就任したナレーンドラ・モーディーを含めると15人]のうち少なくとも7人(ジャワハルラール・ネルー、ラール・バハードゥル・シャーストリー、インディラ・ガンディー、ラジーヴ・ガンディー、グルザーリーラール・ナンダー、V・P・シン、チャンドラ・シェーカル)は、アラハバードで生まれるか、育つか、教育を受けるか、選挙で当選するかのいずれかに該当する。
(16) 例えば、メディア企業については Uniyal (1996)、Balasubramaniam (2011)、Jeffrey (2012)、企業の取締役や産業界の指導者については Damodaran (2008)、Ajit et al. (2012)、ポロのチーム構成については Tejpal (2012)、クリケットのチーム構成については Cashman (1980)、Anand (2003)、Stevenson (2008) をそれぞれ参照。Stevenson (2008) が集計を行った2008年時点では、クリケットのインド代表チームのメンバー11人のうち7人がブラーマンであった(ブラーマンは、インドの人口全体の約4%)。全国クリケット学校の校長(この人物もブラーマンである)は、これは「単なる偶然」であるとして、ブラーマンが多く選ばれていることを暗に否定している。
(17) Chamaria, Kumar and Yadav (2006) を参照。
(18) Ajit, Donker and Saxena (2012) の41ページの表1を参照。この研究は、総資産額で上位1000社に入るインド企業の取締役について分析したものである。インドの億万長者のカースト構成については、Gandhi and Walton (2012) も参照。
(19)「サチャール委員会報告」(Government of India, 2006) には、イスラム教徒が置かれている恵まれない状況についての有用な証拠が収められている。
(20) インドの各州について乳幼児死亡率の男女差を推定した値については、統計付録の表A-3を参照。

第8章　不平等の呪縛

（1）例えば、Drèze and Sen（2002）、147～148ページの表5.1を参照。

（2）例えば、Wail et al.（2011）、Crespo-Cuaresma et al.（2012）、Emran and Shilpi（2012）を参照。

（3）インドでは、若年層についても、就学年数のジニ係数は依然として非常に高い。例えば、25～29歳のグループの就学年数のジニ係数は、2000年には0.5であった。これは、若年層の間で教育が「ほぼ完全に平等に分配されている」韓国のような教育の面でより平等主義的な国において、就学年数のジニ係数が0.1以下であるのとは対照的である。この点については、Crespo-Cuaresma et al.（2012）の10ページを参照。この論文の著者たちは、インドと韓国の教育の不平等について興味深い事例研究を行い、時間とともにどのように変化してきたのか（つまり、教育の不平等は韓国で急速に低下する一方、インドではそうはならなかったということ）を示している。ただし、就学年数のジニ係数は、インドの教育の不平等をかなり過小評価しているものと思われる。なぜなら、第5章で論じたように、インドでは学校教育の質の面でも大きなばらつきが見られ、これが学校教育の「量」の面での不平等にさらに拍車をかけているからである。この点は、その他の多くの国々よりもインドについてはるかによく当てはまっている。

（4）Agrawal（2008）の214ページからの引用。ロヒアの生涯と思想については、Yadav（2010a, 2010b）を参照。

（5）「指定部族」と呼ばれる先住民とそれ以外の人たちとの間にも、社会的分断が一貫して存在する。先住民はインドの全人口の約8%を占めている［訳注：2001年センサスでは8.2%、2011年センサスでは8.6%］。その多くは、ダリト（つまり「指定カースト」）と同じように不利益や差別を受けており、強制的な立ち退きの対象になることが多いなど、その他にも被害に遭っている。さらに、ダリトは重要な政治勢力である一方、先住民の利害のために政治的圧力が組織的に働くことはほとんどなく、インド社会で先住民が置かれている不利な状況に変化は見られない。

（6）ウッタル・プラデーシュ州については、Drèze and Gazdar（1996）を参照。

（7）World Bank（2011a）の23ページを参照。インドの所得格差については、Vanneman and Dubey（2013）も参照。

（8）Deaton and Drèze（2002）、Banerjee and Piketty（2005）、Jayadev et al.（2007）、Sarkar and Mehta（2010）、World Bank（2011a）、Weisskopf（2011）、Asian Development Bank（2012）などを参照。

（9）Deaton and Drèze（2002）、Himanshu（2007）、Datt and Ravallion（2010）、World Bank（2011a）、Kapoor（2013）、Kotwal and Roy Chaudhuri（2013）を参照。

るのは、「BPLへの割り当て」だけである。APLへの割り当ては、実質上は中央政府の裁量によって決まっており、過剰な穀物備蓄を放出するための手段として用いられる傾向にある。APLへの割り当ては、2000年代初めにはほぼ姿を消したが、食料の買い上げが増大するようになり、その後、再び行われるようになった。

(42) インド全域で、「アントダヤ」(最も貧しい貧困層)世帯は、PDSのもとで1月あたり35キロの穀物を受け取る権利がある。話をわかりやすくするために、本節では、このグループをBPLに含めて議論している。実際、アントダヤというのは、もともとはBPLの一部であった。

(43) 例えば、Jha and Ramaswami (2010) およびKotwal et al. (2012) を参照。

(44) 特に、Khera (2011c) を参照。特定の州についての事例研究としては、Adhikari (2011)、Aggarwal (2011)、Jose (2011)、Meenakshi (2011)、Sawhney (2011)、Puri (2012) も参照。

(45) さらに、チャッティースガル州の一部の県では、PDSを通して豆類が1キロあたり5ルピーで配給されている(市場価格は少なくともこの10倍であることを考えれば、これもまた象徴的な低価格である)。

(46) 例えば、Khera (2011c)、Drèze and Khera (2010b)、Puri (2012)、Parker (2012)、Vir (2012) を参照。ただし、チャッティースガル州南部の一部地域(旧バスタール地域)では、武力衝突によって行政機構やパンチャーヤト制度が正常に機能しなくなっているため、こうした点は当てはまらない恐れがある。

(47) 例えば、本章の冒頭で紹介したエピソードのもとになっているDrèze (2001) を参照。

(48) Drèze and Khera (2012b, 2013) を参照。2009-10年の農村部の貧困についての「貧困ギャップ指標」は、PDSによる配給がないと想定した場合と比較して、インド全体では18%低く、チャッティースガル州とタミル・ナードゥ州では40～50%低い。同様の結果については、Himanshu (2012) を参照。

(49) Khera (2011) を参照。

(50) Drèze and Khera (2011c) を参照。

(51) 社会全体のために個人の行動を「ナッジ」する(選択肢を巧妙に設定するなどの方法によって、望ましいと思われる方向に個人の選択を誘導する)という考え方については、Thaler and Sunstein (2008) [遠藤真美訳『実践 行動経済学』日経BP社、2009年] を参照。米と小麦に限った場合でも、PDSは配給量と同額の現金給付よりもカロリー消費を促していると考えられる。この点については、Himanshu and Sen (2013) を参照。

(52) Khera (2011c) の表8を参照。

を参照。Drèze and Khera（2009b）で取り上げられている調査では、NREGAで働いている人たち（自分たちがやっている作業は「役立っている」または「とても役立っている」と回答したのは、そのうち92%）だけでなく、調査員（81%）もNREGAで行われている事業に対してよい印象を抱いていた。

(35) Government of India（2012b）の第3章およびそのなかで言及されている文献を参照。また、Aggarwal et al.（2012）も参照。

(36) 実際の運用に関する数多くの問題点やNREGAに影響を及ぼしているその他の障害については、Khera（2011d）に収められている様々な論稿を参照。さらに、Ambasta et al.（2008）およびNational Consortium of Civil Society Organisations（2009, 2011）も参照。

(37) 貧困や社会的影響力の欠如といった理由から、NREGAで働く人たちの大半にとっては、裁判に訴えるというのは有効な選択肢ではない。実際、法律であるはずのNREGAの規定は日頃から破られているが、NREGAで働いた人のなかで、自身の権利を求めて裁判を起こした人はこれまでのところ1人もおらず、公益訴訟でさえも非常にまれである（これまで3件しかない）。その理由というのは、裁判沙汰になるとあまりにも大きな苦労と費用がついてまわるうえに、判決が出るまでに時間がかかるのに、補償を受けられる見込みがあまりないのが普通だからである。司法制度のこうした側面は、NREGAだけでなく、社会立法全般にとっての大きな障害となっている。

(38) 先進的な州の一部では、この点について興味深い取り組みが行われている。例えば、アーンドラ・プラデーシュ州では、賃金の支払いが遅れた場合にNREGAの労働者に対して補償を自動的に行う仕組みが設けられている。具体的には、賃金の支払いのプロセスはすべてコンピュータ化されており、法律で定められている15日よりも後に賃金が支払われた場合には、支払いの遅れに対する補償が行われるようになっている。さらに、このような仕組みによって、賃金の支払いの遅れに対する責任を追及したり、もし必要であれば、責任者に罰金を科したりすることもできる。この例は、説明責任の向上を図ろうという政治的意識があるならば、（第4章で議論したように）新しい技術を説明責任の問題に活かせることをよく示している。詳細については、Chopra and Khera（2012）を参照。

(39) 本節の大部分は、ジャン・ドレーズとリーティカ・ケーラの共同研究をもとにしている。Drèze and Khera（2010a, 2010b, 2011, 2012b, 2013）、Khera（2011c）、Drèze（2012）を参照。

(40) インドのPDSについての以上の説明は、どうしても概略的な内容にならざるをえない。より詳細については、例えば、Jha and Ramaswami（2010）およびKhera（2011c）を参照。

(41) 厳密には、各州への穀物の供給量を決めるために貧困率の推定値が用いられてい点（公共事業での労働に対する法定の最低賃金が実際に支払われること）については、2009年1月に一部でとりやめになった。というのも、この時期に中央政府はNREGAを最低賃金法の適用対象から「切り離す」動きを見せていたからである。ただし、政府によるこの措置をめぐって法廷で争われており、本書を執筆している時点では、中央政府は再考している段階である。

(27) この点については、特にImbert and Papp (2011) を参照。この研究では、農村世帯にとって、NREGAによる間接的な恩恵（民間部門での賃金上昇）の大きさは直接的な恩恵（NREGAでの労働による賃金）の大きさとほぼ同じ桁の範囲内であることが示されている。NREGAによってもたらされた関連する恩恵については、Liu and Deininger (2010)、Afridi et al. (2012)、Papp (2012)、Klonner and Oldiges (2013) などを参照。

(28) 例えば、Drèze and Khera (2009b)、Liu and Deininger (2010)、Imbert and Papp (2011)、Mangatter (2011)、Dutta et al. (2012)、Government of India (2012b)、Liu and Barrett (2013) を参照。

(29) Government of India (2012b) の4ページを参照。

(30) Government of India (2012b) の19ページを参照。こうした傾向から外れている主な州には、NREGAでの雇用に占める女性の割合が20%以下で安定しているウッタル・プラデーシュ州がある。

(31) Drèze and Khera (2009b) を参照。NREGAは女性に対して、作業現場の労働者としてだけでなく、（「メート」と呼ばれる）現場監督者、データ入力係、プロジェクト担当者などとしても重要な雇用機会を与えている。すべての段階で女性と男性に同じ水準の賃金を支払うことによっても、NREGAは農村部の男女平等に大きく貢献している。

(32) 例えば、Narayanan (2008)、National Federation of Indian Women (2008)、Khera and Nayak (2009)、Pankaj and Tankha (2010)、Hirway and Batabyal (2011)、Afridi et al. (2012)、Dheeraja and Rao (forthcoming) を参照。

(33) この点は、インド全域で行われている、NREGA事業の社会監査から浮かび上がってくる教訓の一つである。例えば、Drèze, Khera and Siddhartha (2008) を参照。また、農村開発省が公表しているNREGAによる雇用の創出に関する政府統計と別途行われている全国標本調査のNREGAによる雇用についての推定値が、同じような値を示すようになってきているという点も、NREGAに関連する汚職が減少していることを示している。さらに、ビハール州についてさえも、政府統計とサンプル調査から得られる推定値の間にある程度の一貫性が見られることが、最近の研究からわかっている。Dutta et al. (2014) を参照。

(34) 例えば、Centre for Science and Environment (2008)、Drèze and Khera (2009b)、SAMARTHAN (2010)、Shah et al. (2010)、Shah and Makwana (2011)、Verma (2011)

保証法」(Mahatma Gandhi National Rural Employment Guarantee Scheme: MGNREGA) と改称されている。

(20) この法律では、農村部に住んでいる成人であれば誰でも、申請から15日以内に各地域で行われている公共事業に雇用される権利を有しており、1年につき1世帯あたり最大で100日まで労働する権利が認められている。申請したのに、雇用が与えられない場合には、失業手当が支払われることになっているが、実際に支払いが行われることはほとんどない。NREGAで認められている労働者の権利の詳細やこの法律のその他の側面については、Dey, Drèze and Khera (2006) を参照。

(21) マハーラーシュトラ州の雇用保証事業については、Dev and Ranade (2001)、Bagchee (2005) およびこれらの研究で言及されているそれ以前の文献を参照。マハーラーシュトラ州の雇用保証事業では、非常に低い賃金にもかかわらず、1970年代と1980年代には1日平均で約50万人の労働者が雇用されていた。ところが、理由は完全には明らかになっていないものの、1990年代に入ると雇用保証事業はあまりうまくいかなくなってしまう。この点については、Moore and Jadhav (2006) を参照。なお、NREGAの最初の草案は、マハーラーシュトラ州の雇用保証事業を大いに参考にしている。

(22) マハーラーシュトラ州の雇用保証事業のこうした側面については、例えば、Joseph (2006) および Joshi (2010) を参照。

(23) これは、NREGA(後には、同法のガイドライン)に設けられた数多くの「透明性を保つための手段」のほんの一つ(そして、最も基本的なもの)にすぎない。その他の手段としては、「ジョブ・カード」と呼ばれる労働者の作業記録の定期的な更新、社会監査の義務づけ、定められた手続きに厳格に従った賃金の支払い、徹底したコンピュータ化などが挙げられる。詳しくは、Khera (2011d) を参照。

(24) 2006年2月、計画委員会が策定した「後進性」に関する指標で最も困窮している県とされた200県でNREGAの実施が始まった。その後、2007年4月1日にさらに130県が実施対象に加えられ、2008年4月1日からインド全土で行われることになった。

(25) Government of India (2012b) の4ページを参照。一方、2009-10年の全国標本調査のデータから明らかになっているNREGAの雇用に関する数字は、これよりも低い値を示している。例えば、全国標本調査のデータでは4200万世帯が雇用されたとあるが、農村開発省によると、同年には5200万世帯が雇用されたことになっている。ただし、(回答者の記憶に基づいてデータが収集されているなどの問題から)全国標本調査から得られる推定値は低目に出ているかもしれないため、実際は2つの値の中間あたりになるものと予想される。

(26) NREGAが農業労働者の賃金に与えるプラスの効果については、Azam (2011)、Imbert and Papp (2011)、Berg et al. (2012) を参照。先に挙げた変化のうち第1の

ることを示す証拠も見られる（Drèze and Khera, 2012b）。こうした傾向があることが立証されれば、ターゲティングを支持するグループの主義主張にいくぶん反する結果を得ることになる。なぜなら、ターゲティングを支持する人たちは、公共政策による「貧困削減」の効果を最大限に高めるためには、政府の財源を貧困層に集中的に振り向けることが不可欠であると論じているからである。

（10）例えば、Dutta et al.（2010）、Gupta（2013）、Lokhande（2013）、Marulasiddappa et al.（2013）を参照。

（11）Sekher（2012）の58ページを参照。条件付現金給付と基礎的サービスの公的提供の相互補完性については、Bastagli（2011）およびNarayanan（2011）を参照。

（12）無料の食料品が非常に大きな魅力を持っているという点は、様々な場面で見受けられる。例えば、ワクチンの集団接種に母親と子供を引き寄せるうえで、少量の豆類を無料配布することがどれだけ大きな効果を発揮するかを説明しているBanerjee and Duflo（2011）［山形浩生訳『貧乏人の経済学――もういちど貧困問題を根っこから考える』みすず書房、2012年］を参照。

（13）この政策はタミル・ナードゥ州で始まり、多くの州がそれに追随した。ビハール州に関して、この政策が学校への入学を促しているという証拠としては、Muralidharan and Prakash（2012）を参照。

（14）J-PAL（2011）、Bates, Glennerster, Gumede and Duflo（2012）およびこれらの研究のなかで言及されている文献を参照。

（15）この点は、行動経済学と実験経済学のなかでも、特にいわゆる「社会的選好」に関する最近の研究から得られるもう一つの重要な知見である。例えば、Fehr and Fishbacher（2000）、Bowles and Hwang（2008）、Bowles and Reyes（2009）を参照。

（16）Titmuss（1970）を参照。また、Mellström and Johannesson（2008）およびSandel（2012）［鬼澤忍訳『それをお金で買いますか――市場主義の限界』早川書房、2012年］も参照。

（17）Bowles（2007）を参照。これに関連した現象として、公務員や政府職員が行う職務のうち特定のものが「奨励される」ようになると、その他の職務が無視されることはなくても、疎かにされることが多くなる。例えば、インドの全国農村保健ミッションの最前線で働く「公認社会保健活動家」（accredited social health activist: ASHA）の間で、こうした傾向が見られる。

（18）参考になる解説として、Sekher（2012）を参照。インドにおける性選択的中絶の問題については、第8章で再度取り上げる。

（19）NREGAが制定されるまでの過程の詳細については、Drèze（2010）を参照。また、MacAuslan（2008）およびChopra（2010）も参照。NREGAに関する経済学的研究を紹介している便利な文献に、Khera（2011d）およびGovernment of India（2012b）がある。なお、この法律は、2009年10月に「マハートマー・ガンディー全国農村雇用

（5）インドの給食プログラムとそれに伴う幅広い社会的便益については、Drèze and Goyal（2003）、Khera（2006）、Drèze and Khera（2009a）、Afridi（2010, 2011）、Afridi, Barooah and Somanathan（2013）、Jayaraman and Simroth（2011）、Singh et al.（2014）を参照。異なるカースト集団が食事を共にする「共食」（inter-dining）を制限すれば、カースト制度が守られ、生き長らえていくことに大いにつながってしまう。学校給食がこうした社会的に望ましくない規範を打ち破る助けとなる一方で、カーストに基づく偏見が実際には給食プログラムのなかに入り込んでいるという例も見られる。具体的には、「低カースト」の女性が調理した給食を子供に食べさせない高カーストの親がいるといった形で表れている。例えば、Drèze and Goyal（2003）、Thorat and Lee（2005）、Gatade（2013）を参照。

（6）2007年までに行われるはずだったBPLセンサスは、BPL世帯を特定するための手法について混乱が続いたことが主な原因となり、何度も延期されてきた。BPL世帯を特定するための新しい手法は、2011年に開始された「社会経済およびカーストに関するセンサス」（Socio-Economic and Caste Census: SECC）で導入されたが、この手法はセンサスが完了するより以前に激しい非難にさらされた。そのため、2011年10月3日に計画委員会と農村開発省が共同声明を出し、この手法のいくつかの側面（例えば、BPL世帯の「上限を決める」ために、政府が州ごとに定めている貧困率の推定値を使うことなど）は撤回された。本書を執筆している時点では、SECCによって得られたデータから、どのようにしてBPL世帯を特定するのかはまだはっきりしていない。

（7）同じような議論は、前章で紹介した総合的児童発育サービス（Integrated Child Development Services: ICDS）についても当てはまる。10年ほど前、ICDSをBPL世帯の子供だけに限定しようとする計画が浮上したが、この場合もターゲティングは適切ではない。なぜなら、インドの子供たちに見られる栄養不足とその他の剥奪は、BPL世帯だけに限ったことではまったくないからである。さらに、前章で論じたように、保育についての社会的規範の役割や「外部性」の影響（例えば、伝染病による外部性）などのその他の点を考慮してみても、ICDSにターゲティングを導入することはやはり理に適っていない。学校給食と同様、ICDSが（ターゲティングを実施しようとした当初の方針を転換して）最近すべての子供を対象にするようになり、ICDSに新たな活力を与えることにつながった。

（8）このような事態が（財務省からの圧力によって）起きたのは、2004年12月に「全国農村雇用保証法案」が国会に上程される直前のことであった。詳細については、MacAuslan（2008）およびChopra（2010, 2011）を参照。

（9）より詳細な議論については、Khera（2011b, 2011c）、Drèze（2012）、Drèze and Khera（2010b, 2012b）を参照。このようなより包摂的なアプローチによって、PDSの全般的な機能だけでなく、貧困削減に及ぼす影響についてもよい結果が得られる傾向にあ

Institute for Population Sciences (2007a) を参照。

(51) Sinha (2012) は、全国農村保健ミッションはすでに多くの州で大きな効果を上げており、「インドの多くの地域で公的［保健］制度が再び機能を果たすようになることに貢献している」と論じている（17ページ）。ここで名前が挙げられている州には、タミル・ナードゥ州のような先進州だけではなく、ビハール州などのその他の州も含まれている。著者によると、ビハール州では、基礎保健センターで受診した患者数は2005年にはわずかであったのが、4年後には一つの基礎保健センターあたり3500人にまで急増している。関連する内容については、Amarjeet Sinha (2013) を参照。

(52) Balabanova et al. (2011) およびそのなかで言及されている、Halstead et al. (1985) をはじめとする文献を参照。Halstead et al. (1985) では、「低コストで良質な保健」の実現が可能であるという点が、世界の国や地域（中国、コスタリカ、ケーララ州、スリランカ）の具体例に基づいてまず説明されている。Balabanova et al. (2011) で取り上げられている、最近の興味深い事例には、バングラデシュ、タミル・ナードゥ州、タイなどが含まれる。

(53) 保健分野への公的支出の対GDP比は、インドがわずか1.2%であるのに対して、中国が2.7%、タイが2.9%、メキシコが3.1%、ブラジルが4.2%となっている（オンライン版の『世界開発指標』に基づいている）。1人あたりGDPで見れば、これらの国々はインドよりもかなり豊かであることはいうまでもない。しかし、ベトナムはインドよりも1人あたりGDPの水準が低い（第3章を参照）にもかかわらず、保健分野への公的支出の対GDP比は2.6%であり、普遍主義的な保健医療の実現に関しては、インドよりもはるかに先を行っている。

第7章　貧困と社会的支援

(1) Drèze and Sen (1989, 1995, 2002) およびこれらのなかで言及されている文献を参照。

(2) Drèze and Sen (1989) の第7章を参照。

(3) Arrow (1963)、Akerlof (1970)、Spence (1973)、Stiglitz (1975)、Rothschild and Stiglitz (1976)、Stiglitz and Weiss (1981) をはじめとする、この分野における先駆的な業績を参照。

(4) Aumann (1987) の35～36ページを参照。この点については、数ある文献のなかでも、Thaler and Sunstein (2008)［遠藤真美訳『実践 行動経済学』日経BP社、2009年］、Banerjee and Duflo (2011)［山形浩生訳『貧乏人の経済学——もういちど貧困問題を根っこから考える』みすず書房、2012年］、Chakravarty et al. (2011) およびこれらのなかで言及されている文献を参照。

(41) Khera (2011c) および Drèze and Khera (2012b) を参照。インド全体とタミル・ナードゥ州の公的配給制度のより詳細な議論については、本書の第7章も参照。

(42) Khera and Muthiah (2010) および Khera (2011d) を参照。また、Srinivasan (2010) も参照。

(43) Paul et al. (2006) を参照。この研究は、飲料水の供給、基礎保健センター、初等教育、公的配給制度、公共交通という5つの基本的な公共サービスについての詳細な評価に基づいている。

(44) Srinivasan (2010) の6ページを参照。公的配給制度におけるターゲティングの長所と短所については、第6章で議論が行われている。

(45) 中国では、医療従事者を雇用しているのは主に国であり、医療従事者の大部分が(学校教育や専門技能が不十分であることの多い) 民間の個人事業主であるインドとは対照的である。人口に対する医療従事者の比率は、インドよりも中国のほうがはるかに高く、公的な保健施設で働く医療従事者については、この傾向がよりいっそう顕著である。また、医療従事者の分布は、インドよりも中国のほうがはるかに均一である (例えば、都市部と農村部の間の不平等は中国のほうが低い)。中国とインドの医療従事者に関する以上の点やその他の点については、Anand (2010) および Anand and Fan (2010) を参照。

(46) Government of India (1946) の第1巻の11ページを参照。

(47) この問題についても、「何もしないことによる費用」という考え方がとても重要である (Anand et al., 2012)。

(48) 公衆衛生がひどく軽視されているもう一つの分野として、タバコ対策が挙げられる。喫煙をめぐって適切な公共政策を打ち出すことができなかったのは、インドの公共活動の大きな失敗であり、これは中国にも共通していえることである。プラバート・ジャー博士と共同研究者が『ニューイングランド・ジャーナル・オブ・メディスン』に掲載した最近の論文で示しているように、「まったく喫煙したことのない人と比べて、喫煙者は少なくとも10年分の寿命を失っている」ものの、「40歳以前に喫煙をやめることで、喫煙を続けた場合のリスクは約90%軽減される」(Jha et al., 2013, 231ページ)。警告を発したり、高い税金を課したりすることで政府が喫煙を思いとどまらせようとするだけでは、国内外のたばこ会社による活発な宣伝や陰で行われている強力な支援活動に対抗するには不十分である。インドにおける噛みたばこによる損害などの関連する問題については、Sawalkar et al. (2013) も参照。

(49) 例えば、UNICEF and Government of India (2010) を参照。また、登録長官事務局によって9つの州で実施されている「年次保健調査」のより最近の結果も参照。

(50) 2005-06年から2009年にかけて、全出産に占める保健施設での出産の割合は41%から74%、「助産専門技術者」の立ち会いによる出産の割合は49%から76%へとそれぞれ増加している。UNICEF and Government of India (2010) および International

子供を対象とした最近の調査によると、（直近の比較可能な調査である第3回全国家族健康調査が行われた）2005－06年以降、発育不全の大幅な減少をはじめとして、子供の健康と栄養状態に関する指標が大幅に改善している。International Institute for Population Sciences（2012）を参照。

(29) Planning Commission（2011a）の表5.2を参照。

(30) 例えば、マハーラーシュトラ州についてはInternational Institute for Population Sciences（2012）、オディシャ州についてはVoice for Child Rights Odisha（2012）、マディヤ・プラデーシュ州についてはVikas Samvad et al.（2013）、チャッティースガル州についてはGarg（2006）およびVir（2012）をそれぞれ参照。

(31) Drèze and Sen（2002）の第6章を参照。また、Muraleedharan et al.（2011）も参照。タミル・ナードゥ州では、民間の医療サービスも盛んになってきているが、公的な保健施設で様々な事故や病気の治療を無料で受けられるということは、少なくともある程度は保証されている。

(32) Drèze and Sen（2002）の213～218ページを参照。

(33) 例えば、Visaria（2000）、Drèze（2006b）、Srinivasan（2010）、Khera（2012）、Dipa Sinha（2013）を参照。

(34) Dipa Sinha（2013）の表3.11およびNational Sample Survey Organisation（2006）を参照。

(35) 本書の統計付録の表A－3を参照。

(36) タミル・ナードゥ州の公衆衛生については、特にDas Gupta et al.（2010）を参照。タミル・ナードゥ州の公衆衛生での成果として、災害に対しての備えがよくできているという点が挙げられる。2004年に同州が津波に襲われた後に「伝染病の発生を完全に抑え込んだ」ことを世界保健機関（WHO）は「本当にすばらしい成果である」と表現している。コレラや疫病の大流行への対策を支援するために、1994年と1999年には、それぞれグジャラート州とオディシャ州へタミル・ナードゥ州から部隊が派遣された。

(37) 本書の統計付録の表A－3を参照。

(38) タミル・ナードゥ州にある模範的な保育センターに関する、理解の助けとなるような事例研究として、Vivek（2006）を参照。

(39) インドの北部でも、現場の最前線で働くICDSの従事者（保育センターの職員や補助員）は女性である。ところが、訓練員、行政官、計画立案者は男性なのが普通であり、獣医局などの他の部署から代理として来ている場合もある。『FOCUS報告書』の第6章を参照。

(40) タミル・ナードゥ州が（ケーララ州とともに）先行している社会政策のもう一つの側面として、寡婦、障害者、高齢者などの弱者層に加えて、非組織部門の雇用者も対象とした社会保障政策の分野がある。Drèze and Sen（2002）およびそのなかで言及されているそれ以前の文献を参照。

データに基づく既存研究よりもインドのデータを用いた場合のほうが、身長が学力テストの点数に与える影響ははるかに大きくなることがわかっている（Spears, 2011）。

(18) より詳細な議論については、Deaton and Drèze（2009）、Deaton（2013）［松本裕訳『大脱出――健康、お金、格差の起源』みすず書房、2014年］、Jayachandran and Pande（2013）を参照。

(19) Ramalingaswami et al.（1996）を参照。実は、論文の本当の題名は「アジアの謎」という誤解を招きかねないものであった。しかし、本文では「南アジアの謎」という言葉が用いられており、それが後に広く使われるようになった。

(20) 例えば、Osmani and Sen（2003）、Mehrotra（2006）、Ramachandran（2007）を参照。

(21) www.measuredhs.com から得られる人口保健調査のデータに基づいて算出している。また、Deaton and Drèze（2009）の表13も参照。人口保健調査というのは、多くの国々で実施されている比較可能な家計調査である（このなかにはインドも含まれており、全国家族健康調査としてインドでは知られている）。ここで挙げられているサハラ以南アフリカの推定値は、人口保健調査のデータが入手できる32ヶ国について、各国の人口でウェイト付けした平均値である。

(22) 本節の一部は、『FOCUS報告書』としても知られるCitizens' Initiative for the Rights of Children Under Six（2006）にジャン・ドレーズが寄稿した内容に基づいている。また、Drèze（2006a）およびWorking Group on Children Under Six（2007, 2012）も参照。

(23) 州ごとに集計された保育に関するより詳細な指標は、統計付録の表A-3で示されている。

(24) この点は、2006年12月13日に出された最高裁による命令の核心部分である（Citizens' Initiative for the Rights of Children Under Six, 2006の143～144ページを参照）。

(25) インドが中国に先んじて子供を支援するための取り組みを始めた数少ない分野の一つとして、学校に通う全児童を対象とした給食とともに、ICDSの取り組みを見逃すべきではない。中国発展研究基金会では盧邁の指導のもと、こうしたテーマに関して研究活動が盛んに行われている。近年では、どちらの分野についても、中国は急速な進歩を遂げている。

(26) 同様の結果は、Kandpal（2011）でも報告されている。Kandpal（2011）は、子供の身長が大きく向上するようになることに加えて、「現在のような在り方であっても、ICDSは大きな［経済的］利益を生み出している」（1420ページ）と結論づけている。また、Hazarika and Viren（2013）も参照。

(27) この点については、例えば、Narayanan（2006）およびそのなかで言及されている文献を参照。また、Alderman（2010）、Alderman and Behrman（2006）、Alderman and Horton（2007）、Nores and Barnett（2010）も参照。

(28) 例えば、最近になって、マハーラーシュトラ州は2歳未満の子供向けのプログラムを改善することに大きな精力を注いでいる。マハーラーシュトラ州の2歳未満の

al. (2012) を参照。

(10) 米国国際開発庁（USAID）が最近作成した報告書は、民間の健康保険については全般的に好意的であるが、「(前略) 入院費用の補償は、ほぼすべての健康保険の基本的要素である。(中略) 一般的にインドでは、健康保険の補償範囲が疾病負荷の主な原因とはあまり対応していない」とインドの問題をはっきりと認めている（USAID, 2008, 1 ページ)。

(11) 全国健康保険計画については、(モラル・ハザード、病院での治療の偏重、不十分な規制など) 問題のある側面が数多く見られる。この点がよく表れているのが、ビハール州、チャッティースガル州、その他の州で不必要な子宮摘出手術が行われていたという最近の事件である。これらの州では、民間の医療供給者からの説得を受けて、数千人の女性が子宮摘出手術を受けていた。そして、医学的に賢明な判断であったのかどうかは別として、手術を行った医療供給者は、保険制度を利用して莫大な利益を手にしていた。例えば、Majumdar (2013) を参照。なお、この事件では保険制度の悪用が表沙汰になったが、明らかになっていない例が他にもあるものと思われる。

(12) Government of India (1946) および Government of India (2011a) をそれぞれ参照。後者の報告書の勧告に対して、インド政府はまだはっきりとした態度を示していない。

(13) 保健医療において公正と正義を実現するための条件や、そうした条件を満たすために公的責任が果たすべき役割について幅広く検討した研究として、Ruger (2009) を参照。

(14) ピーター・スヴェドベリの著書『貧困と栄養不良』(Svedberg, 2000) は、国際比較してみると、インドの栄養不良（特に、子供の栄養不良）の深刻さが際立っていることを説得的に示している。

(15) UNICEF (2012) の表 2 を参照。ここでは、栄養摂取の指標でインドよりも劣っている東ティモールを無視しているが、同国の人口は 100 万人をわずかに超える程度である。

(16) この点については、Micronutrient Initiative and UNICEF (2004, 2009) を参照。この段落で言及されている、全国栄養監視局のデータについては、Gopaldas (2006) の表 1 を参照。

(17) 子供時代の低身長と低体重は、深刻な欠乏状態にあったことを示す兆候である場合が多く、子供時代またはその後の人生において、重大な健康上の問題を引き起こす傾向にある。実際、統計的な視点に立てば、子供時代の低身長と低体重は、実生活の様々な側面で思わしくない結果につながるようである。例えば、身長が低いと、賃金、所得、学業成績が低くなる傾向が見られる。また、インドのデータを用いた最近の研究でも、(その他の様々な変数をコントロールしても) 子供の身長と学力テストの点数の間に強い相関があることが明らかになっている。そしてさらに、アメリカの

第6章　保健医療の危機

（1）Citizens' Initiative for the Rights of Children Under Six（2006）の第1章を参照。また、HAQ: Centre for Child Rights（2005）も参照。

（2）ただし、この4ヶ国を合わせたよりも人口規模が2倍以上大きいウッタル・プラデーシュ州と比べると、これらの国々のほうが予防接種率は高くなる。UNICEF and Government of India（2010）の表4.8（33ページ）およびUNICEF（2012）の表3（96～99ページ）を参照。実際、サハラ以南アフリカの国々のなかでも、ウッタル・プラデーシュ州と同じくらい子供の予防接種率が低いのは、チャドやソマリアのような最も剝奪が深刻な国に限られている。

（3）1990年代から2000年代はじめにかけて、インドでは予防接種率の上昇が非常に緩慢であったという点は、2005‐06年に実施された3回目の全国家族健康調査からはっきりと浮かび上がってくる（例えば、International Institute for Population Sciences, 2007aの232ページを参照）。しかし、この事実はあまり注目されなかった。本章でさらに議論していくように、予防接種率がより急速に改善していることを示す兆候が近年見られるが、予防接種の重要性が長年にわたって認識されてこなかったことのツケはあまりにも大きく、今日でもなおインドの予防接種率は世界的に見てきわめて低い水準にある。

（4）インドでのポリオの撲滅は重要な成果ではあるが、過去20年ほどの間に「上意下達式」のポリオ撲滅計画が実施され、（子供への通常の予防接種などの）その他の不可欠な保健活動の多くが脇へと押しやられてしまうという不幸な代償を払うことになった。この「ポリオによる麻痺」については、例えば、Paul et al.（2011）を参照。インドの予防接種計画全体については、よりよい提供体制に加えて、さらに多くの公的支出も必要である。

（5）Chaudhury et al.（2006）を参照。また、2008‐09年に4州で実施された公的な保健施設の査察に基づいて、無断欠勤は「すべての役職とすべての職種に広まっている」と結論づけているGill（2009）も参照。

（6）Banerjee, Deaton and Duflo（2004）を参照。

（7）Sreevidya and Sathyasekaran（2003）を参照。これに関連して、インドの民間の保健部門に見られる不自然な傾向については、Nandraj（1997, 2012）およびNandraj et al.（2001）を参照。

（8）Das et al.（2012）を参照。また、Das and Hammer（2004）およびHammer, Aiyar and Samji（2007）も参照。

（9）全国健康保険計画について行われた初期の評価としては、例えば、Narayana（2010）、Rajasekhar et al.（2011）、Sen（2012）、Selvaraj and Karan（2012）、Varshney et

る生徒は一切評価を受けていない」ので、「子供が勉強するように親が厳しい態度をとることはもはやない」という結果になっていると苦言を呈する大臣もいた。その一方で、包括的かつ継続的な評価を行うための効果的な手段（例えば、独創的な「子供の成績表」）の開発に努めている州があるように、前向きな変化も見られる。しかし、このような手段を現場で活用する動きは始まったばかりであり、時間をかけて「実地訓練」を行っていく段階が必要だろう。

(34) この点についての批判を簡潔にまとめたものとして、PROBE Team（1999）の第6章を参照。

(35) 上級初等学校での継続的かつ包括的な評価に関して、後期中等教育中央審議会（Central Board of Secondary Education: CBSE）が作成したマニュアルによると、以下のような指標に基づいて生徒の成績評価は行われなければならない。つまり、「インドの独立運動に関心を持つ」「逆境にあっても平静を保つ」「自分が思っていることを他人と共有したり、議論したりすることを自然で簡単なことだと考える」「ジェスチャーや表情、声の調子などを使って、いいたいことを強調する」「学校や学校で行われているプログラムを批判する人に対しては、どんな相手であっても逃げるような姿勢はとらない」「コンピュータ・アニメーションを制作する」「文芸批評を書く」といった指標である。さらに、「サルバリの考えは私とは違っていた。彼女は自分の考えを主張したが、イライラすることは決してなかった。一方、サルバニが私と議論を戦わせていたため、シャンティは怒った」といった日々の観察に基づいて、生徒を評価することまで教員には求められている。こうした相対的な「評価」には利点もあるだろう。しかし、読み書き、創作、計算、有用な知識の収集などをうまくこなす能力をはじめとする、より標準的な学業成績の評価が世界各国で担うことの多かった役割を、上記のような「評価」が果たすのはまず無理である。CBSEのマニュアルについてのより詳しい議論として、Nawani（2013）を参照。

(36) この問題については、Majumdar and Rana（2012）の議論が優れている。

(37) 無償義務教育法は、毎月ある一定の時間を授業や指導（「準備のための時間も含む」）にあてることをすべての教員に求めている。しかし、準備のための時間は監視できないことを考えれば、このような時間的な縛りは概して象徴的なものである。同様に、無償義務教育法では、「学校運営委員会」（これには生徒の親も含まれる）に対して教員が説明責任を果たさなければならないことになっているが、同法の模範規則では、校長が委員会の招集者にもなっている。いずれにしろ、この法律では、委員会に懲戒処分を下す権限は与えられていない。

(38) 例えば、PROBE Team（1999）およびMuralidharan（2012b）を参照。

(39) Government of India（1992）を参照。

能力と結びついているような仕組みのもとであれば、状況も違ってくるのだろうが、そうした仕組みはインドにはない。

(27) こうした動きについてのより詳しい議論として、Drèze and Sen (2002) の第5章および De et al. (2011) を参照。また、Kingdon and Sipahimalani-Rao (2010) およびそのなかで言及されている文献を参照。

(28) この点に関する証拠を概説している文献として、Muralidharan (2012b) および Mukerji and Walton (2012) を参照。

(29) 例えば、Pritchett and Murgai (2007) および Muralidharan (2012b) を参照。

(30) この点については、Jain and Dholakia (2010) を参照。

(31) インドでは、学校制度の欠陥を正すとともに説明責任を回復するための処方箋として、教育バウチャー制度の導入が唱えられることが多い。バウチャー制度によって、学校同士は国からの補助金をめぐって競争し、親は各学校のこれまでの実績に基づいて賢く選択するような活発な市場へと教育制度が変貌を遂げると考えたくなるのももっともである。ところが、バウチャー制度が抱える様々な複雑さや限界を明るみにしている世界各国の経験をあまり考慮しないまま、バウチャー制度の導入を求める助言がなされるのが普通である。たくさんの失敗例がある一方、バウチャー制度が全国規模でうまくいったという確かな実例として唯一挙げられるのが、インドに大きく欠けている行政能力という土台を持つチリだろう。チリのバウチャー制度は、比較的よく機能している公立学校が存続していることにも負っており、公立学校は私立学校が満たすべき最低限の基準となっている（チリでは、現在でも子供の約半分は公立学校に通っている）。また、インドやその他の国々で見られるバウチャー制度を強く支持する姿勢は、それなりに理論的なものではあるが、あまり検証されていない信念によっても支えられている。それは、比較的貧しい生徒が制度のなかに組み入れられれば、教育以外の分野でうまく機能している民間経営の手法が同じようにインドの学校教育を転換する手助けをしてくれるというものである。しかし、このような信念には政治的イデオロギーに依拠している部分があり、その一方で、実証的証拠は反対の結果を示している（Belfield and Levine, 2005 を参照）。以上の問題については、Ladd (2002)、Gauri and Vawda (2004)、Hsieh and Urquiola (2006)、Rouse and Barrow (2009) なども参照。

(32) このような「離脱」の問題についての理解を促した初期の議論として、Hirschman (1970)［矢野修一訳『離脱・発言・忠誠――企業・組織・国家における衰退への反応』ミネルヴァ書房、2005年］を参照。ハーシュマンが論じているように、情報面での制約がある（具体的には、教育は、ハーシュマンが呼ぶところの「鑑識眼を必要とする財」である）ため、「離脱」の問題がより深刻なものになる。

(33) いくつかの州の教育大臣が出席して最近開かれた、中央教育諮問委員会の会議に関する、2012年6月7日付の *Economic Times* の記事を参照。「政府系学校に通ってい

(14) ここで示されている6歳から12歳までの児童の「就学率」は、この章の前の部分で示した、第3回全国家族健康調査（NFHS-3）による同じ2006年時点での6歳から14歳までの児童の「学校への出席率」よりもずっと高い値になっている。このような数字の食い違いは、年齢層の違いに加えて、全国家族健康調査で用いられている学校への出席の定義が単なる就学よりも厳しいためであるという可能性がある。さらに詳しく議論していくように、インドでは生徒の無断欠席が非常に多い（また、第3回全国家族健康調査では、出席率が低く見積もられている可能性もある。実際、1998-99年の第2回全国家族健康調査の時よりも、出席率が低くなっている場合があるが、その理由ははっきりしない）。

(15) De et al.（2011）の2ページを参照。給食が支給されていないのは主にビハール州の学校である。早ければ2002年にも政府系の初等学校で給食を提供することを義務づける命令が最高裁によって出されていたが、ビハール州は2006年の時点で依然として給食支給プログラムの準備段階にあった。

(16) 以上の点は、Vankataramanam（2011）がまとめている。また、Education Initiatives（2011）も参照。

(17) Walker（2011）を参照。調査対象となっている国・地域の約半数はOECD諸国であるが、アルバニア、ブラジル、コロンビア、カザフスタン、キルギス、メキシコ、タイ、チュニジア、ウルグアイなど、途上国も多数含まれている。

(18) Pritchett and Pande（2006）、Bhattacharjea et al.（2011）、Muralidharan（2012b）、Mukerji and Walton（2012）およびこれらのなかで言及されている文献を参照。また、Pratham Education Foundation（2012, 2013）も参照。

(19) Pritchett and Beatty（2012）の表1を参照。

(20) この点については、Goyal and Pandey（2012）およびMukerji and Wadhwa（2012）も参照。

(21) 最新の『教育状況年次報告書』（Pratham Education Foundation, 2013）を参照。この報告書は、インド全域で実施された生徒の学力についての調査に基づいている。

(22) 本節は、Sen（2005）に基づいている。

(23) これは、アーンドラ・プラデーシュ州にあるMV財団による調査から得られる知見である。同財団は、児童労働に従事していた数千人の子供を救い出し、第7学年の資格試験を受けさせることで、そういった子供たちが学校教育に復帰できるよう手助けしている。大半の子供は、集中的な指導を1年間受けただけで試験に合格できる。

(24) Kingdon（2010）は、教員給与について別の角度から検討しているが、同様の結論を得ている。

(25) OECD（2011）の図D3.3および表D3.4を参照。中国とインドについての推定値は、この報告書には記載されていない。

(26) Muralidharan（2012b）を参照。もちろん、何らかの形で給与が授業の質や教員の

(26) Centre for Media Studies (2011) の3～5ページを参照。
(27)『道徳感情論』の第3部第2章を参照。

第5章　なぜ教育は重要なのか

(1) ソ連で発行されていた日刊紙『イズベスチヤ』による1930年のインタビュー。Dutta and Robinson (1995) の297ページに引用されている。
(2) この点については、Sen (2009)［池本幸生訳『正義のアイデア』明石書店、2011年］の第17章および Young (2012) を参照。
(3) Sobhan (1978) を参照。
(4) 本書の第8章およびそのなかで言及されている文献を参照。
(5) PROBE Team (1999) および Pratichi Trust (2002, 2009a) を参照。
(6) かなりまれなことではあるが、教え方が厳しいとか、体罰が行われるといったことが特に理由となり、子供自身が学校に行きたがらないという調査結果が得られることがある (Pratichi Trust, 2012a, 2012b)。しかし、こうした結果を、全般的に子供が学校に行きたがらないということと同一視するべきではないし、同じ調査では、そのような傾向はまったく見られなかった。
(7) Smith (1776)［山岡洋一訳『国富論（下)』日本経済新聞社、2007年］の第5編第1章。
(8) 19世紀の日本における教育面での変化については、Dore (1965)［松居弘道訳『江戸時代の教育』岩波書店、1970年］、Gluck (1985)、Jansen (1989, 2002) などを参照。
(9) Gluck (1985) の166ページを参照。また、そのなかで言及されている文献も参照。
(10) 教育面での発展の地域差については、Drèze and Sen (1989, 2002) をはじめとして、私たちがこれまでに行った研究でも議論している。
(11) 州ごとのデータをはじめとする詳細については、統計付録の表A-3を参照。
(12) 非欧米諸国の大学における教育の質の向上を図るためには、抜本的な変革が必要であるという点については、ユネスコと世界銀行が立ち上げ、マンペラ・ランペレとヘンリー・ロソフスキーが議長を務めた「高等教育と社会についてのタスク・フォース」の報告書 *Peril and Promise* (2000) を参照。
(13) De et al. (2011) および PROBE Team (1999) を参照。ヒマーチャル・プラデーシュ州もこの2つの調査の対象となっているが、同州についての調査結果は別途報告されている。というのも、初等教育に関する限りでは、ヒマーチャル・プラデーシュ州は調査対象となっているその他の州とはやや異なる部類に属しているからである（本書の第3章を参照)。インドの学校制度の現状についてさらなる知見が数多く盛り込まれている研究として、Bhattacharjea et al. (2011) も参照。

(16) Basu (2011) を参照。これに対する批判的なコメントとして、Drèze (2011) を参照。

(17) 汚職防止法の第12条には、この法律が処罰の対象としている罪を「幇助する」こと（例えば、賄賂を受け取ること）は、それ自体が処罰の対象となると記されている。また、第24条には、公務員に賄賂を「提供したまたは提供することに同意した」と証言した場合には、第12条による起訴からは免除されるとある。

(18) 確かに中国では、「不公正な利益を得るために」賄賂が支払われた場合にのみ、贈賄は犯罪になるということが1997年の刑法改正法ですでに明記されている。この点については、Li (2012) を参照。Li (2012) は、こうした取り組みが中国の汚職を抑制する効果というのは、実際のところそれほど大きくなかったとも論じている。

(19) Noorani (2012) を参照。ヌーラーニは、インドの公務員や議員が享受している訴追免除の条項は「他の民主主義国では見られない」と論じている。

(20) Central Information Commission (2012) の10ページにある表2.1を参照。情報公開法について洞察に満ちた評価を行っているものに、Society for Participatory Research in Asia (2008, 2009)、PricewaterhouseCoopers (2009)、Public Cause Research Foundation (2009)、RTI Assessment and Analysis Group (2009) がある。情報公開法を概観している有用な文献としては、Roberts (2010) を参照。

(21) 公的配給制度に関するより詳しい議論については、第7章を参照。

(22) これらの点や関連する点（技術的な信頼性、不正利用される可能性、プライバシーの保護に関する懸念など）は、インドの「固有ID」(UID) プロジェクトをめぐる最近の議論でもはっきりと浮かび上がっている。例えば、Ramanathan (2010)、Sharma (2010)、Khera (2011a)、Bhatti (2012) を参照。

(23) Chattopadhyay and Duflo (2004) を参照。全国農村雇用保証法 (National Rural Employment Guarantee Act: NREGA) についても、集権化された政府の部署（例えば、森林局や灌漑局）よりも、グラム・パンチャーヤトによってNREGAの事業が行われた場合のほうが、汚職を容易に抑えられるようであるという事実は興味深い。この点については、Khera (2011d) を参照。

(24) Kruks-Wisner (2012) を参照。また、Kruks-Wisner (2011) も参照。後者の研究の指摘によると、タミル・ナードゥ州では、女性やダリトなどの恵まれない集団が、従来の制度よりもグラム・パンチャーヤトでより大きな発言力を持っている。

(25)「民主的権利協会」(Association for Democratic Rights)、「人々の情報権利のための国民運動」(National Campaign for People's Right to Information)、「汚職に反対するインド」(India Against Corruption)、「庶民党」(Aam Aadmi Party) などの団体や共同体、さらに、数百に及ぶ地域レベルや州レベルでの小規模な運動が、説明責任、透明性、参加型民主主義といった問題への人々の関心や関与を再び高めていくうえで重要な役割を果たしている。

の約20%）のほうがインド（人口の約2%）よりも格段に広い。この点については、Piketty and Qian（2009）を参照。

(10) 貴重な天然資源（土地、石炭、ガス、鉱物、周波数）を民間企業に格安で譲渡することも、誤った目的のために公共の資産が気前よく売り渡されている例の一つである。この点は、資源にからむスキャンダルによって最近次々と明るみに出ており、石炭の採掘権をめぐる「コールゲート事件」や第2世代（2G）携帯電話の周波数の配分をめぐるスキャンダルは、国民から相応の非難を浴びた。

(11) 例えば、Roy（1999）［片岡夏実訳『わたしの愛したインド』築地書館、2000年］、Padel and Das（2010）、Shrivastava and Kothari（2012）を参照。独立以来、開発プロジェクトによって住んでいる土地から意に反して追い出された人たちの数は、約6000万と推定されており（暴力を伴う対立によって土地を離れた人たちは含まない）、そのほとんどは部族民、ダリト、その他の弱者層である。インドの国家人権委員会が国連人権委員会に対して行った陳述によると、「土地から追い立てられた人たちは、十分な援助や生活再建のための手立てといったものを与えられない場合が多い」。Planning Commission（2011b）の50ページおよびWorking Group on Human Rights in India and the UN（2012）の4ページと付録Eを参照。

(12)『原子力時代の戦争と平和』という非常に興味深い（そして、非常に空恐ろしい）内容の近刊のなかで、ジェームズ・マーティンが「文明とのロシアン・ルーレット」と呼んでいる状況は、世界に核兵器が存在することだけでなく、事故や破壊工作や盗難などへの対策が不十分なまま、民生用原子力が幅広く利用されていることにも多くの点で当てはまっている。

(13) 例えば、1994年に行われたIAEAの評価によると、世界で最も安全性の低い50基の原子力発電所（全世界の合計は399基）のなかに、当時インドにあった9基の原子力発電所はすべて入っており、そのうち4基は安全性が最も低い6基のなかに入っていた。この点については、Arnett（1998）を参照。このような評価に対して異議を唱えることは可能である――そして、実際に異議が唱えられている――が、インドの原子力発電所のリスク評価があまりにも不十分であるのは否定しがたいことだろうし、この点が当然ともいうべき不安を生む原因となっているのは確かである。以上の点および関連する点については、Ramana（2012）を参照。

(14) 透明性と説明責任を維持するために社会監査が様々な状況で活用されている。この点についての理解を促すための具体例については、Aakella and Kidambi（2007）、Sinha（2008）、Kidambi（2011）を参照。

(15) 情報公開法が比較的うまくいっていることから得られる教訓の一つが、まさにこの点である。実際には、法律を守ろうとしない公務員に対して処罰が科されるのは、数少ない事件についてのみであるが、処罰が科されるという恐怖心によって、大半の公務員が汚職に手を染めようとしなくなるのである。

府の意思決定の過程に関して、残念ながらいまだに妥当する見方を示している。「重要な政策決定について直接責任が及ぶのを避けるために、望ましいと考えられる限り数多くの省庁や職員をそうした政策決定に関与させようとする。ここでも、承認手続きは書面で行われなければならない。そうしなければ、何も記録に残らないからである。したがって、コメントを得ていく過程で、ファイルが机から机、大臣から大臣へと回覧されなければならない（ファイルの移動そのものにも時間がかかる）。そして、関係者に決定が伝えられるまでに数ヶ月が経過する」(244 ページ)。

（4）電力部門に見られるこのような「構造的な阻害要因」については、特に Prayas Energy Group (2012) を参照。

（5）例えば、Integrated Research and Action for Development (2012) を参照。この報告書によると、補助金によって価格が抑えられたディーゼル燃料を電話用の通信塔だけでも 1 年間に 27 億 5000 万リットル消費しており、250 億ルピーの財政負担が発生している。また、太陽光によるエネルギーでまかなわれていたならば、1 年間につき 520 万トンの二酸化炭素の排出削減にもつながっていた。

（6）燃料価格が上昇すると、その他の財やサービスの価格が雪だるま式に高くなっていくため、燃料への補助金の削減は貧困世帯に打撃を与えるという見方がある。しかし、富裕層が主な受益者となっている燃料への補助金は、貧困層の購買力を守るための手段としては回りくどいうえに無駄も多く、食糧補助金、雇用保証、現金給付、公的医療などの直接的な支援のほうがはるかに効果的である。また、財政赤字はインフレを生み出しがちであるため、燃料への補助金が物価上昇を抑えることに実際につながっているのかどうかもはっきりしない（Integrated Research and Action for Development, 2012)。燃料に対して補助金を見境なく費やすことで引き起こされる、大気汚染、二酸化炭素の排出量の増加、地下水源の枯渇といった環境への影響を考えれば、燃料への補助金とは別のアプローチが必要であることがさらにはっきりとする。

（7）例えば、Gulati and Narayanan (2003) および Fan et al. (2008) を参照。

（8）この点について有益な示唆を与えてくれる研究や論考もある。例えば、Srivastava et al. (2003)、Howes and Murgai (2006)、Parikh (2010)、Sethi (2010)、Anand (2012)、IRADe (2012)、Lahoti et al. (2012) を参照。

（9）Government of India (2012e) の 36 ページに基づいて計算した値である。第 2 次「ケルカール委員会」の報告書をはじめとする専門家による一連の報告書は、課税対象を拡大することと税に関する規則がより遵守されるよう取り締まることに加えて、多くの控除を廃止することの妥当性について説得力のある根拠を示している。しかし、この方向ではあまり前進は見られておらず、対 GDP 比での税収が低い水準にとどまっている理由の一つとなっている。ここでも、インドと中国との間には興味深い違いがある。例えば、個人所得税の課税対象は、中国（2008 年の時点で、人口

(46) Drèze and Sen (1989, 1995, 2002)、Ramachandran (1996) およびこれらのなかで言及されている文献を参照。その他にも、Heller (1999, 2000, 2009)、Oommen (1999, 2009)、Chakraborty (2005)、Singh (2010a, 2010b) などを参照。一連の文献のなかで、「ケーララ・モデル」という言葉がよく用いられている。そして、非常に迷惑なことに、この言葉は私たちの分析から生まれたものだとされることがたびたびある。しかし、これは完全な誤解であり、私たちはこのような大げさな表現を使ったことはない。ケーララ州（そして、成果を上げているその他の州）の経験を詳しく吟味することから多くを学べる一方で、型通りに真似るべきモデルとしてケーララ州を見なせばよいという証拠はほとんどない。

(47) 例えば、Isaac and Tharakan (1995) および Tharamangalam (1998) を参照。こういった警告には、悲観的な見通しを並べ立てているにすぎないものもあったが、その一方で、ケーララ州のアプローチが抱える問題点（例えば、市場の機能に注目しながら、より積極的な経済政策を行う必要があるという点など）に注意を喚起したという意味で、十分に役立つ指摘であることが明らかになる場合もあった。さらに、このような警告は、その後の政策の変更を促したかもしれず、政府による活発な社会政策を補いつつ持続させるような急速な経済成長を後押ししたという意味でも、役立つものであることが明らかになった。

(48) ヒマーチャル・プラデーシュ州での「学校教育革命」については、PROBE Team (1999) および De et al. (2011) を参照。また、ヒマーチャル・プラデーシュ州の開発の経験については、Bhatty (2011) およびそのなかで言及されている文献を参照。

(49) 例えば、Government of India (1993) および World Bank (2011a) を参照。

(50) この点については、特に Srinivasan (2010) を参照。

(51) Oommen (2009)、Harriss et al. (2010)、Singh (2010a, 2010b)、Srinivasan (2010) などを参照。

(52) 例えば、ケーララ州に関しては Oommen (2009) を参照。著者は、ケーララ州について、「運動や活動が非常に盛んな社会であり、政治にとどまらず、社会、文化、環境にかかわる運動や活動も行われている」(31 ページ) と適切に述べている。

第4章　説明責任と汚職

(1) Bardhan (2010) の第 4 章を特に参照。中国における電力部門の発展の詳細については、Center for Environmental Science and Policy (2006) を参照。

(2) Bardhan (2010) の 56 ～ 57 ページを参照。州配電公社が生み出している損失は、インドの GDP の 2%にも及ぶと試算されている (Chitnis et al., 2012)。

(3) Das (2012) は、1966 年にサンタナム委員会が行った重要な分析を取り上げ、政された関連研究に、本節は基づいている。タミル・ナードゥ州については、第6章も参照。

(41) 健康を害している、教育を受けられない、衛生設備がない、様々な面で物質的な不足が見られるといった複合的な剥奪という形で貧困は現れるというのが、多次元貧困の考え方である。もし、ある人が少なくともある一定（例えば、3分の1）の割合で前に挙げたような剥奪を被っている場合、その人は「多次元貧困の状態にある」と見なされる。このアプローチによって、国、地域、社会集団の間で生活水準を詳しく比較することができるようになり、世界銀行が世界共通の基準として用いている（購買力平価換算での）「1日2ドル」といった所得に基づく尺度ではとらえきれない側面を把握することができる。このアプローチに関するさらなる検討と応用については、Alkire and Foster (2011) を参照。

(42) オディシャ州を除いたこれら6州は、ヒンディー語で「病気」(bimar) を意味する「BIMARU」というありがたくない頭字語によって知られていた。これは、（ジャールカンド州が分離する前の）ビハール州、（チャッティースガル州が分離する前の）マディヤ・プラデーシュ州、ラージャスターン州、ウッタル・プラデーシュ州のことを指している。また、オディシャ州も含めて、この頭字語が「BIMAROU」となることもあった。

(43) Alkire and Santos (2012) および Alkire and Seth (2012) を参照。「多次元貧困指数」とは、多次元貧困の状態にある人たちが全人口に占める割合に、この人たちが剥奪を受けている項目の数の平均値を掛け合わせた数字である。

(44) アフリカの27ヶ国とは、（多次元貧困が深刻な順に）ニジェール、エチオピア、マリ、ブルキナファソ、ブルンジ、ソマリア、中央アフリカ共和国、モザンビーク、ギニア、リベリア、アンゴラ、シエラレオネ、ルワンダ、ベナン、コモロ、コンゴ民主共和国、セネガル、マラウイ、タンザニア、ウガンダ、マダガスカル、コートジボワール、モーリタニア、チャド、ザンビア、ガンビア、ナイジェリアである。これらの国々の人口の合計は約6億人で、そのうち71%は多次元貧困の状態にあると推定される。一方、本文で取り上げたインドの7つの州では、人口の70%が多次元貧困の状態にあると推定される。以上の数字がどのように求められているかについては、Alkire and Santos (2012) を参照。

(45) ガウラヴ・ダットとマーティン・ラヴァリオンが作成した、州別の貧困の推定値に関する時系列データ（Datt et al., 2003 が分析を行っている）によると、貧困線以下の人口比率で見た場合、1950年代と1960年代にはケーララ州はインドで最も貧しい州であった。また、タミル・ナードゥ州も（ビハール州とほぼ同じく）最も貧しい州の一つだった。一方、パンジャーブ州とハリヤーナー州は、当時すでにその他の州よりも貧困の水準が低かった。なお、貧困の推定値に関する未公開データの利用を許可してくれた、ガウラヴ・ダットに感謝したい。

(28) 例えば、Ferreira de Souza (2012) およびそのなかで言及されている文献を参照。

(29) ボルサ・ファミリアについて紹介している有用な文献として、Soares (2011) を参照。また、Bastagli (2008, 2011)、Soares et al. (2010)、Ferreira de Souza (2012) およびこれらのなかで言及されている文献を参照。ただし、海外で大きな注目を集めているとはいっても、ボルサ・ファミリアは単に一つの政策にすぎず、ブラジルの社会保障制度は、それをはるかに超えるさらに包括的な内容を含んでいる。

(30) この期間に、1人あたりGDPがほぼ停滞していたのに、貧困層の所得が急速に増加していた背景には、社会的支援プログラムによる効果も一部にはある (Ferreira et al., 2010)。第2章で論じたように、インドでは最近20年ほどの間に、貧困層の消費支出の成長率は1人あたりGDPの伸びに比べてほんのわずかでしかなく、ブラジルの状況とは好対照をなしている。

(31) この点については、Bruns et al. (2012) およびそのなかで言及されているそれ以前の文献を参照。

(32) Bruns et al. (2012) の5ページの図1によると、ブラジルでは1991年から2009年にかけて、初等教育の段階で私立学校に通っている生徒の割合は10%前後で推移している。一方、インドでは、(ブラジルの初等教育に相当する) 小学校の段階で私立学校に通っている生徒の割合は、2004-05年にはすでに28%にまで達しており (統計付録の表A-3を参照)、急速に上昇している。第5章では、インドの教育制度についてさらに詳しく議論する。

(33) Bruns et al. (2012) を参照。

(34) Ferreira de Souza (2012) の9ページの表3を参照。

(35) Ferreira de Souza (2012) の10ページの図5を参照。

(36) Bruns et al. (2012) を参照。PISAについては、第5章も参照。

(37) Bruns et al. (2012) のxxiiページにあるデータに基づいている。同様の点は、就学年数 (2009年の時点で最も低い所得階層に属する20歳の平均就学年数は約8年) だけでなく、PISAでの点数で測られる生徒の学習到達度についても、少なくとも数学に関しては大いに当てはまっている。

(38) Pierri (2012) の11ページの図2を参照 (この図では、2008年が基準年になっている)。Ferreira and Robalino (2010) の37ページの表2も参照。GDPに占める割合で見ると、保健と社会保障への公的支出についてブラジルとキューバは同じような水準 (ともに20%近い値) にある。しかし、キューバはブラジルに比べてさらに多くの公的支出を教育に対して行っているため、社会部門 (保健、教育、社会保障) 全体の公的支出でも、キューバはブラジルを大きく上回っている。

(39) この点については、Lloyd-Sherlock (2009) を参照。

(40) ケーララ州、ヒマーチャル・プラデーシュ州、タミル・ナードゥ州の開発の経験について私たちが前著で行ったより詳細な分析 (Drèze and Sen, 2002) とその後に出

(15) 給水設備が十分ではないため、トイレの利用を推進することが難しい州もインドにはある。その点では、地下水が豊富なバングラデシュには「比較優位」があるといえるだろう。しかし、地下水が豊富にあるインドの州（西ベンガル、ウッタル・プラデーシュ、ビハールなど）でも、バングラデシュよりも高い割合で屋外での排便が行われている。具体的には、西ベンガル州で39%、ウッタル・プラデーシュ州で63%となっている。統計付録の表A-3を参照。

(16) 例えば、Chowdhury (1995) を参照。

(17) Mahmud (2008)、Chowdhury et al. (2012)、El Arifeen et al. (2012) などを参照。

(18) 市場重視の経済改革が開始された時期である1976年から1983年にかけて、合作医療制度の対象となっている農村人口の割合は90%から10%へと激減し、その後20年間にわたって10%前後で推移した。2004年に「新合作医療制度」が創設されると、対象となっている農村人口の割合は、数年のうちに再び90%を超える水準へと回復した。この点については、Wang (2008) の図6を参照。中国の新合作医療制度については、Yip and Mahal (2008)、Chen et al. (2012)、Meng et al. (2012)、Yip et al. (2012) なども参照。

(19) この点については、Stiglitz (2002) の第5章を参照。

(20) 例えば、Cerami (2009) を参照。旧ソ連圏と東ヨーロッパにおける「共産主義崩壊後の福祉国家」については、Orenstein (2008) およびそのなかで言及されている文献を参照。

(21) 例えば、Barr and Harbison (1994) を参照。著者たちが述べているように、1991年のデータによると、「中央ヨーロッパと東ヨーロッパの国々の社会支出について注目に値するのは、1人あたり所得がはるかに高い水準にある先進工業国と比べても、GDPに占める社会支出の割合があまり大きく違わないという点である」(17ページ)。

(22) Drèze and Sen (1989) の特に第10章を参照。また、Drèze and Sen (1995) も参照。

(23) Drèze and Sen (1995)、183ページ。

(24) ブラジルの社会政策に対する批判については、Cataife and Courtemanche (2011)、da Silva and Terrazas (2011)、Comim (2012)、Comim and Amaral (2012) などを参照。

(25) Jurberg and Humphreys (2010)、646ページ。最近行われた別の研究（Cataife and Courtemanche, 2011）によると、ブラジルの公的な保健医療へのアクセスは、いまだに地域間格差が残っているものの、各地域内では所得との間に関係性はほぼ見られない。ブラジルの保健制度については、2011年5月21日付の医学専門誌『ランセット』に掲載された一連の論文も参照。特に、Paim et al. (2011) とそのなかで言及されている文献を参照。

(26) Fleury (2011)、1724ページ。

(27) Ravallion (2011) の表1と表2を参照。インドの経済的不平等については、第8章でさらに詳しく論じる。

（4）第6章の表6-3を参照。

（5）多次元貧困インデックスに関する近年の研究によると、ネパールは2006年から2011年にかけて驚くような速さで改善を見せている（サビーナ・アルキーレとの個人的なやり取りから得た情報）。これらの研究の一部は、『人間開発報告2013』で取り上げられている。なお、このような新しい動きについては、まだ十分に研究されていない。

（6）OXFAM International (2006)、9ページ。

（7）例えば、保健関連施設の問題については、Chaudhury and Hammer (2004) を参照。

（8）社会開発の面でのバングラデシュの成功について理解を深めるのに役立つ文献として、Osmani (1991, 2010)、Mahmud (2003)、Sen et al. (2007)、World Bank (2007)、Mahmud (2008)、Begum and Sen (2009)、Kabeer (2011)、Koehlmoos et al. (2011)、Lewis (2011)、Sobhan (2011)、Chowdhury et al. (2012) などが特に挙げられる。

（9）ジェンダー関係と女性の労働参加の関連性については、Drèze and Sen (1989, 2002) および Sen (1999)［石塚雅彦訳『自由と経済開発』日本経済新聞社、2000年］を参照。世界銀行のデータによると、「(バングラデシュにおける) 女性の経済活動への参加は、1983年の9%から2011年の57%へと上昇した」(Chowdhury et al., 2012)。これは、たとえ古いデータについて誤差の幅を大きく取ったとしても、女性の経済への参加が驚くほど伸びていることを示すものであり、インドでは一切見られない傾向である。

(10) バングラデシュでは、国会の議席が女性に留保されていることを考慮に入れたうえで、この点を理解すべきである（例えば、Pandey, 2008 を参照）。インドでは、女性に議席を留保するための憲法改正案（「女性留保法案」）が提案されているが、長年にわたって棚上げになっている。

(11) Drèze and Sen (2002) およびそのなかで言及されている文献を参照。また、本書の第8章も参照。

(12) 例えば、Chowdhury et al. (2012) を参照。

(13) より詳しくは、第8章を参照。

(14) インドでは、衛生設備が不足していることが、子供の栄養不良が異常に高い水準で持続している大きな理由であるという可能性もある。この点については、Spears (2012a, 2012b, 2013) を参照。チャドやエリトリアなどのいくつかの国では、屋外での排便がインドと同程度の（または、インドよりも若干大きな）広がりを見せている。ところが、屋外での排便が一平方マイルにつきどの程度行われているかという点では、インドは他の国々を引き離しているようである。すでに議論しているように、これは子供の栄養不良などの健康への悪影響という観点から大きな問題である（ディーン・スピアーズとの個人的なやり取りから得た情報）。

(32) Acemoglu and Robinson (2012) [鬼澤忍訳『国家はなぜ衰退するのか――権力・繁栄・貧困の起源(上)』早川書房、2013年]、119ページ。

(33) Mokyr (2002) および Helpman (2004) [大住圭介・池下研一郎・野田英雄・伊ヶ崎大理訳『経済成長のミステリー』九州大学出版会、2009年] を参照。

(34) Glaeser et al. (2004) を参照。

(35) Trebilcock and Prado (2011)、36ページ。

(36) Drèze and Sen (2002) およびそのなかで言及されている文献を参照。

(37) Yale Center for Environmental Law and Policy and Columbia Center for International Earth Science Information Network (2012) を参照。全体的な「環境パフォーマンス」では、インドは132ヶ国中125位に位置し、バングラデシュ、中国、パキスタン、ネパールを含むアジア・太平洋地域の21ヶ国のなかでは最下位である。

(38) UNU-IHDP and UNEP (2012) の310～311ページを参照。ただし、この数字は大まかな推定値であり、やや実験的ともいえるような手法に基づいている。

(39) Pandey (2012) を参照。この記事は、情報公開法を用いて政府から得た情報に基づいて、ガンジス川流域に600以上のダム(そのうち155が「中型および大型のダム」)を建設する計画があることを明らかにしている。

(40) Guha (2012) を参照。インドではいかに環境問題への対応がいい加減であるかという点については、Bidwai (2012)、Shrivastava and Kothari (2012)、および「インドの環境の現状」について科学環境センターが定期的に刊行している報告書(例えば、Centre for Science and Environment, 2012) を参照。

(41) この点については、Drèze and Sen (2002) の第6章を参照。また、Sen (2009) [池本幸生訳『正義のアイデア』明石書店、2011年] も参照。

(42) Stern (2009, 2012) を参照。

第3章 比較から見えるインドの現状

(1) Giridharadas (2011)、1ページ。

(2) Drèze and Sen (2002) の第3章を参照。

(3) オンライン版の『世界開発指標』を参照。執筆時点では、2011年にインドで行われたセンサスの年齢別識字率のデータは入手できなかった。この最新のデータを用いれば、インド(そして、南アジア)の識字率がやや改善する可能性は大いにありうる[訳注：原著刊行後に公表された2011年センサスの結果によると、インドの若年女性(14～25歳)の識字率は81.8%と推定されている。詳しくは、Government of India (2014), *Handbook on Census 2011 Results, India-Volume 1* (New Delhi: Office of the Registrar General and Census Commissioner) の表32(64ページ)を参照]。

(25) 特に、Kotwal, Ramaswamy and Wadhwa（2011）の表 13（1186 ページ）とその表についての議論を参照。過去 20 年の間にインドでは貧困削減が遅々として進んでいないことを様々な視点から示すさらなる証拠として、Jayaraj and Subramanian（2010）、Lenagala and Ram（2010）、Alkire and Seth（2013）、Kotwal and Chaudhuri（2013）などの文献も参照。

(26) その後、テンドゥルカル委員会報告の勧告に従って、貧困線を引き上げる形で改定が行われた（Government of India, 2009c）。

(27) この点（特に、組織部門の製造業での雇用なき成長という、とりわけ関心を引く問題）や関連する問題については数多くの文献がある。例えば、Alessandrini（2009）、Nagaraj（2004, 2011）、Kannan and Raveendran（2009）、Kotwal et al.（2011）、Rajakumar（2011）、Thomas（2012）などを参照。

(28) 以下の引用は、再び Kotwal et al.（2011）からのものである。「（前略）二つのインドが存在する。一つは、グローバル化などによって生み出されたチャンスを活かすことのできる、高い教育を受けた経営者や技術者といった人たちからなるインドである。そして、もう一つは、いまだに農業が最も大きな位置を占めているインフォーマル・セクターのなかで、生産性の低い職業から生活の糧を得ている、十分な教育を受けていない大多数の人たちからなるインドである」（1196 ページ）。

(29) 議論の詳細については、Deaton and Drèze（2009）を参照。ディートンとドレーズが指摘しているように、栄養摂取の減少には、カロリーやその他の栄養素の所要量が減っていること（例えば、体を動かす活動が減ったとか、健康を取り巻く環境が改善したといった要因）がある程度関係している可能性がある。しかし、その一方で、もし貧困層の 1 人あたり所得がより速いスピードで伸びていたならば、所得の増加が栄養摂取に与えるプラスの効果によって、（それほど大きくないかもしれない）所要量の減少が打ち消されてなお余りあるだろうという点をディートンとドレーズは強調している。したがって、カロリーやその他の栄養素の所要量が減少したという（未確認の）仮説によって、平均的な栄養摂取の減少についての懸念が払拭されることにはならないのである。

(30) この点に関しては膨大な文献があるが、特に North（1990）［竹下公視訳『制度・制度変化・経済成果』晃洋書房、1994 年］、Chang（2002）［横川信治・張馨元・横川太郎訳『はしごを外せ――蹴落とされる発展途上国』日本評論社、2009 年］、Chang（2010）［田村源二訳『世界経済を破綻させる 23 の嘘』徳間書店、2010 年］、Helpman（2004）［大住圭介・池下研一郎・野田英雄・伊ヶ崎大理訳『経済成長のミステリー』九州大学出版会、2009 年］、Bardhan（2005）、Beinhocker（2006）、Trebilcock and Daniels（2008）などを参照。

(31) Acemoglu and Robinson（2012）［鬼澤忍訳『国家はなぜ衰退するのか――権力・繁栄・貧困の起源（上）』早川書房、2013 年］、118 ページ。

は「インドが提案した融資条件にしか縛られないと（国会で）主張していた」（Ghosh, 2006 の 418 ページ）ものの、はじめの頃の経済改革が IMF 主導で行われていたのはおおよそ事実である。

（18）National Sample Survey Office（2011b）に掲載されている、固定価格での 1 人あたり消費支出のデータから計算している。また、Gupta（2012）の表 1 も参照。ただし、こういった数字を見る際には、全国標本調査機構（National Sample Survey Office: NSSO）による 1 人あたり消費支出のデータと「国民経済計算」から間接的に推定された消費支出の平均（後者のほうが値が高くなる傾向にある）との間の乖離が時間とともに拡大していることを念頭に置くべきである。この現象についての最もわかりやすい説明は、（例えば、経済的に豊かな人たちは調査に協力してくれなかったり、支出を過小に報告したりすることが多いという理由から）全国標本調査では豊かな階層の消費支出が過小に評価される傾向が強くなっているというものである。最近のある研究が指摘するように、「最も豊かな階層の所得の伸びは、調査では捕捉されていないようである」（World Bank, 2011a の xvii ページ）。いずれにせよ、この研究でも言及されているように、私たちが主に注目している貧困層の間での 1 人あたり消費支出の成長率については、全国標本調査機構の調査が深刻な誤りを犯しているとするはっきりとした理由は見当たらない。

（19）例えば、Deaton and Drèze（2009）の表 4 を参照。

（20）ちなみに、農業労働者の実質賃金をめぐる最近の動向が、経済界や政策当局に属するある特定の人たちに動揺を与えたようである。そのため、とりわけ NREGA を最低賃金に関する法律から切り離すことで、このような「賃金の急騰」（Aiyar, 2011a, 2011b）と呼ばれる状況を抑制しようとする動きが見られる。この点については、第 7 章でさらに議論する。

（21）UNCTAD（2011）の表 1.4 を参照。

（22）例えば、Tao Yang et al.（2010）を参照。この研究は、「集計データに関する複数の統計資料に基づいて、1978 年から 2007 年までの間に中国で賃金が急上昇していたこと示している」（482 ページ）。そして、著者たちは、この期間に実質賃金が約 7 倍になったと推定している。

（23）この点については、Rajakumar（2011）および Asian Development Bank（2012）も参照。この時期には多くの国々で工業部門の労働分配率が低下していたが、インドで見られた下落はこれまでの記録を破るほどの大幅なものであった。また、工業部門の労働分配率の水準については、インドが世界の国々のなかで最も低い部類に属している。

（24）Government of India（2009c）の 14 ページおよび Government of India（2012c）の表 2 を参照。いずれの場合も、貧困者比率はテンドゥルカル委員会が勧告した貧困線に基づいて、同じ推計方法で算出されている。

（5）Parthasarathi (2011) の第2章、特に38～39ページを参照。

（6）Smith (1776) ［山岡洋一訳『国富論（下）』日本経済新聞社、2007年］の第4編第5章、527ページ。

（7）Sivasubramonian (2000) の表7.4を参照。また、Bagchi (2010) も参照。

（8）例えば、Datt and Ravallion (2010) による貧困に関する推定値を参照。

（9）プラブレ・バラクリシュナンによる最近の研究は、独立後初期の経済政策の特徴を明らかにしているという点で非常に価値の高いものである（Balakrishnan, 2007, 2010）。Rudra (1975)、Desai (1979)、Patel (1987)、Chakravarty (1987) ［黒沢一晃・脇村孝平訳『開発計画とインド――理論と現実』世界思想社、1989年］、Joshi and Little (1994)、Bhagwati and Panagariya (2013) なども参照。

（10）Planning Commission (1951) の第33章。

（11）「許認可支配」に対してきわめて批判的であり、早くから経済自由化の必要性を説いていたラージ・クリシュナのような経済学者でさえも、初期の経済計画のもとで実施された事業の多く（例えば、「強固で多様な資本財の基盤を築き上げる」ことなど）は、「歴史的に見れば必要だった」と考えていた（Balakrishnan, 2007の56ページにあるKrishna, 1982からの引用）。

（12）Government of India (2012a) の統計付録の表1-4（A7ページ）に基づいて計算を行っている。

（13）1964年6月から1年半にわたって首相を務めたラール・バハードゥル・シャーストリーは、わずかの間だけ経済自由化に取り組んだ。さらに、その後を受けて首相の座に就いたインディラ・ガンディーも、戦争と不作によって1966年に国際収支危機に陥り、IMFや世界銀行などの援助機関からの圧力を受けていたため、就任当初はこの方針を維持した。ところが、インディラ・ガンディー政権がアメリカとの関係改善に努め、1966年にルピーの切り下げを実施したことが人々の不興を買ったため、すぐに元の政策へと方針転換することになった。以上の点およびインディラ・ガンディーの経済政策に関するその他の点については、Hankla (2006) およびそのなかで言及されているそれ以前の文献を参照。

（14）Hankla (2006)、11ページ。銀行国有化については、Patel (2002) も参照。

（15）Drèze and Sen (1995) の表9.3を参照。また、Himanshu (2005) および本書の統計付録の表A-5も参照。1980年代には少なくとも農村部において、富裕層よりも貧困層の間で1人あたり消費支出がより速く成長していたことを示す証拠もある（Deaton and Drèze, 2009の表4を参照）。

（16）例えば、Datt and Ravallion (2010) を参照。また、本書の統計付録の表A-5も参照。

（17）Ghosh (2006)、419ページ。インドでは、経済改革の初期段階がIMFによって強いられた経済安定化策としていつも描写されているわけではない。しかし、財務大臣

くいかないが）規制が行われたりする場合もある。そして、さらに重要な点として、カシミール州と北東部の一部地域でインターネットの利用が大きく制限されている。

（8）この点は、CSDS の調査から浮かび上がってくるもう一つの知見である（本書の第 9 章を参照）。また、Kumar (2009) および Ahuja and Chhibber (2012) を参照。

（9）中国では、死刑判決の件数は国家機密である。しかし、実際の処刑についての地元紙の報道などの情報源に基づいて、実証的に求められた推定値が存在する。Amnesty International (2012) によると、「2011 年には、中国で数千人が処刑されたと考えられている」(7 ページ)。これとは対照的に、同じ年にインドで処刑された受刑者は 1 人もいなかった。しかし、インドでは、ほとんどまたはまったく処刑が行われない一方で、死刑判決が言い渡されるという悲惨な状況は続いている（インドでは、2011 年だけで 110 人が死刑判決を受けた）。そして、実際に死刑が執行されないということは、処刑を待っていなければならない（ただし、実際には処刑が行われないかもしれない）受刑者が増え続けることになる。インドでは、死刑に関する法律の抜本的な改正を求める運動が熱心に行われており、死刑の完全な撤廃（かなり多くの国々で死刑は廃止されており、私たちもこの立場を支持している）を訴えるとともに、「処刑が行われないかもしれない死刑」による心理的な苦痛を非難している。

(10) 政治的な注目を容易に集めるような問題とあまり目立たない問題の違いについては、Drèze and Sen (1989) および Drèze and Sen (2002) を参照。また、Ram (1990) も参照。

(11) 1970 年代後半の農村合作医療制度の解体と 2004 年の公的医療保険制度の再導入という 2 つの出来事については、例えば、Wang (2008) を参照。また、本書の第 3 章も参照。

第 2 章　成長と開発をつなげる

（1）各国の経済成長率は、国際通貨基金（IMF）および世界銀行のデータに基づいている。Wheatley (2012) を参照。

（2）Ahluwalia (2010) は、インド政府の方針の背後にある議論の筋道を明快に示している。

（3）アダム・スミス『国富論』の第 1 編第 11 章、ガイウス・プリニウス・セクンドゥス『博物誌』の第 6 巻、McCrindle (1885) を参照。いうまでもなく、植民地期以前のインドにも貧困と飢饉はありふれていた。ただし、同じことはヨーロッパ諸国をはじめとする他の地域についても当てはまる。

（4）Smith (1776)［山岡洋一訳『国富論（下）』日本経済新聞社、2007 年］の第 4 編第 9 章、683 ページ。

原　注

第1章　新しいインド？

（1）こうした課題の一つとして挙げられるのが、武装した部隊に圧倒的な権限を与える残忍な法律によって、カシミール州やインド北東部の一部をはじめとする特定地域において、軍隊の役割に関する民主的規範が著しく踏みにじられているという点である。このような軍隊の権限を定めているのは、文民で構成される、民主的選挙によって選ばれた中央政府であるが、だからといって、問題となっている地域で軍隊に絶対的な権限を与えることによって引き起こされる人権侵害や地域レベルでの民主的規範の侵害に歯止めがかかるわけではない。この問題については、第9章で再び論じる。

（2）'India's Novartis Decision', *The New York Times*, 5 April 2013. 既存の医薬品に少しだけ変更を加えて新たな特許を取得することで、その医薬品をいつまでも特許で保護しようとする「エバーグリーニング」(evergreening) を認めないという判決をインド最高裁が下した。この判決に関して、『ニューヨーク・タイムズ』は「大変効果的な白血病の治療薬」であるグリベック（Gleevec）のインド製ジェネリック医薬品を使えば、「アメリカで1年間にかかる約7万ドルの20分の1以下」の費用で済むと指摘している。

（3）独立以降のインドの長期的動向については、統計付録の表A－5により詳しい情報が掲載されている。

（4）「啓発・運動・団結」という言葉は、1942年にナーグプルで開かれた全インド被抑圧階級者会議でのアンベードカルの「最後の助言」の一節である。Keer（1971）の351ページで引用されている。

（5）World Development Indicators（http://data.worldbank.org/indicator/EG.ELC.ACCS.ZS, 2013年1月1日アクセス)。また、統計付録の表A－3を参照。

（6）この点は、ニューデリーにある発展途上社会研究センター（Centre for the Study of Developing Societies: CSDS）が定期的に行っている調査から得られる重要な知見である。本書の第9章を参照。

（7）最近、インターネットについて緩やかな制限が設けられている（または、制限を設けようとする動きがある)。例えば、扇動的であるとされる内容に制限が加えられたり、政府に対するある種の批判を鎮めようと、手際の悪いやり方で（ほとんどうま

Recommendations for the 12th Plan (New Delhi: Public Health Resource Network).
Working Group on Human Rights in India and the UN (2012), *Human Rights in India: Status Report 2012*, Report prepared for the second Universal Periodic Review conducted by the United Nations Human Rights Council (New Delhi: WGHR).
World Bank (1980), *World Development Report 1980* (Washington, DC: World Bank).
World Bank (2007), *Whispers to Voices: Gender and Social Transformation in Bangladesh* (Washington, DC: World Bank).
World Bank (2011a), *Perspectives on Poverty in India: Stylised Facts from Survey Data* (Washington, DC: World Bank).
World Bank (2011b), *Social Protection for a Changing India*, 2 vols. (Washington, DC: World Bank).
World Bank (2012), *World Development Indicators 2012* (Washington, DC: World Bank).
World Bank and UNESCO (2000), *Higher Education in Developing Countries: Peril and Promise, Report of the Task Force on Higher Education and Society* (Washington, DC: World Bank).
Yadav, Yogendra (2010a), 'On Remembering Lohia', *Economic and Political Weekly*, 2 October.
Yadav, Yogendra (2010b), 'What is Living and What is Dead in Rammanohar Lohia?', *Economic and Political Weekly*, 2 October.
Yale Center for Environmental Law and Policy and Columbia Center for International Earth Science Information Network (2012), *Environmental Performance Index and Pilot Trend Environmental Performance Index* (New Haven, CT: Yale Center for Environmental Law and Policy).
Yip, W. and Mahal, A. (2008), 'The Health Care Systems of China and India', *Health Affairs*, 27.
Yip, W. C. M., Hsiao, W. C., Wen Chen, Shanlian Hu, Jin Ma and Maynard, A. (2012), 'Early Appraisal of China's Huge and Complex Health-Care Reforms', *The Lancet*, 379.
Young, Katharine G. (2012), *Constituting Economic and Social Rights* (Oxford: Oxford University Press).

Verma, Shilp (2011), 'MG-NREGA Assets and Rural Water Security: Synthesis of Field Studies in Bihar, Gujarat, Kerala and Rajasthan', Draft report, International Water Management Institute, Anand.

Vickers, J. and Yarrow, G. (1988), *Privatization: An Economic Analysis* (Cambridge, MA: MIT Press).

Vikas Samvad, Spandan and CDC (2013), 'Towards Building a Comprehensive Community-based Model on Malnutrition', Report of Baseline Survey, Vikas Samvad, Bhopal.

Vir, Sheila C. (2012), 'Mitanin Initiative and Nutrition Security Innovation Chhattisgarh State, India: An Evaluation', project report, State Health Rcsource Centre, Chhattisgarh.

Visaria, Leela (2000), 'Innovations in Tamil Nadu', *Seminar*, 489.

Vivek, S. (2006), 'A Thriving Anganwadi in Tamil Nadu', in Citizens' Initiative for the Rights of Children Under Six (2006).

Voice for Child Rights Odisha (2012), *A Study on Status of Service Delivery of SNP & Pre Schooling Education under Integrated Child Development Services (ICDS)* (Bhubaneshwar: VCRO).

Wail, B., Said, H. and Abdelhak, K. (2011), 'A New Data Set on Educational Inequality in the World, 1950–2010: Gini Index of Education by Age Group', available at http://www.education-inequality.com/Article/BHK,%202011.pdf

Walker, Maurice (2011), *PISA 2009 Plus Results* (Camberwell, Victoria: Australian Council for Educational Research).

Wang, Shaoguang (2008), 'Double Movement in China', *Economic and Political Weekly*, 27 December.

Weisskopf, Thomas E. (2011), 'Why Worry about Inequality in the Booming Indian Economy?', *Economic and Political Weekly*, 19 November.

Wheatley, Alan (2012), 'Fed Likely to Stay on Sideline on Economy: Economic Outlook', *International Herald Tribune*, 16 July.

WHO Multicentre Growth Reference Study Group (2006), 'Assessment of Differences in Linear Growth Among Populations in the Multicentre Growth Reference Study', *Act Paediatrica*, Suppl. 450.

Wilkinson, R. and Marmot, M. (eds.) (2003), *Social Determinants of Health: The Solid Facts*, 2nd edn. (Geneva: World Health Organization).

Wilkinson, R. and Pickett, K. (2009), *The Spirit Level: Why More Equal Societies Almost Always Do Better* (London: Allen Lane).

Working Group for Children Under Six (2007), 'Strategies for Children Under Six', *Economic and Political Weekly*, 29 December.

Working Group for Children Under Six (2012), *Strategies for Children Under Six: Update and*

2013.

United Nations Population Division (2011), *World Population Prospects: The 2010 Revision*, CD-ROM edn. (New York: United Nations).

United Nations Population Fund (2011), *Trends in Sex Ratio at Birth and Estimates of Girls Missing at Birth in India* (2001–2008) (New Delhi: UNFPA).

United Nations Population Fund (2012a), *State of World Population 2012: By Choice, not Chance: Family Planning, Human Rights and Development* (New York: UNFPA).

United Nations Population Fund (2012b), *Sex Imbalances at Birth: Current Trends, Consequences and Policy Implications* (Bangkok: UNFPA).

Uniyal, B. N. (1996), 'In Search of a Dalit Journalist', *The Pioneer*, 16 November.

UNU - IHDP and UNEP (2012), *Inclusive Wealth Report 2012: Measuring Progress Toward Sustainability* (Cambridge: Cambridge University Press).

USAID (2008), *Private Health Insurance in India: Promise and Reality* (New Delhi: USAID/ India).

Usami, Yoshifumi (2011), 'A Note on Recent Trends in Wage Rates in Rural India', *Review of Agrarian Studies*, 1.

Usami, Yoshifumi (2012), 'Recent Trends in Wage Rates in Rural India: An Update', *Review of Agrarian Studies*, 2.

Vaidyanathan, A. (1983), 'The Indian Economy since Independence (1947–70)', in D. Kumar and M. Desai (eds.) (1983), *The Cambridge Economic History of India. Vol. 2: c. 1757–c. 1970* (Cambridge: Cambridge University Press).

Valmiki, Omprakash (2003), *Joothan: A Dalit's Life* (New York: Columbia University Press).

Vanneman, R. and Dubey, A. (2013), 'Horizontal and Vertical Inequalities in India', in J. Gornick and M. Jantti (eds.) (2013), *Income Inequality: Economic Disparities and the Middle Class in Affluent Countries* (Stanford: Stanford University Press).

Varshney, Vibha (2012), 'Planning Commission Push to Health Care Privatization', *Down to Earth*, 9 August.

Varshney, V., Gupta, A. and Pallavi, A. (2012), 'Universal Health Scare', *Down to Earth*, 30 September.

Vashishtha, Vipin M. (2009), 'Routine Immunization in India', *Indian Pediatrics*, 46.

Veeramani, K. (1996), *Is There a God? Selections from Periyar's Speeches and Writings* (Madras: Emerald Publishers).

Veeramani, K. (ed.) (1992), *Periyar on Women's Rights, Selected Speeches and Writings of Periyar E. V. Ramasami* (Madras: Emerald Publishers).

Venkataramanam, R. (2011), 'Learning by Rote Prevalent in Top Schools too', *The Hindu*, 16 December.

14 April.

Thaler, R. and Sunstein, C. (2008) *Nudge: Improving Decisions about Health, Wealth and Happiness* (New Haven, CT: Yale University Press). [遠藤真美訳『実践 行動経済学』日経 BP 社、2009 年]

Thapar, Romila (1963), *Asoka and the Decline of the Mauryas* (Delhi: Oxford University Press).

Thapar, Romila (1984), *The Mauryas Revisited* (Calcutta: K. P. Bagchi).

Tharamangalam, Joseph (1998), 'The Perils of Social Development without Economic Growth: The Development Debacle of Kerala, India', *Bulletin of Concerned Asian Scholars*, 30.

The Commonwealth Fund (2010), *International Profiles of Health Care Systems* (Washington, DC: The Commonwealth Fund).

The Hoot (2011), 'What Makes News: A Content Study of Regional Media', available at www.thehoot.org.

The India Site (2011), 'More Family Politics', available at http://www.theindiasite.com/dynastic-politics-by-state/ (accessed January 2012).

Thomas, Jayan Jose (2012), 'India's Labour Market during the 2000 s', *Economic and Political Weekly*, 22 December.

Thorat, S. and Lee, J. (2005), 'Caste Discrimination and Food Security Programmes', *Economic and Political Weekly*, 24 September.

Thorat, S. and Newman, K. S. (eds.) (2010), *Blocked by Caste: Economic Discrimination and Social Exclusion in Modern India* (New Delhi: Oxford University Press).

Titmuss, Richard M. (1970), *The Gift Relationship: From Human Blood to Social Policy* (London: Allen & Unwin).

Trebilcock, M. J. and Daniels, R. J. (2008), *Rule of Law Reform and Development: Charting the Fragile Path of Progress* (Cheltenham: Edward Elgar).

Trebilcock, M. J. and Prado, M. M. (2011), *What Makes Poor Countries Poor? Institutional Determinants of Development* (Cheltenham: Edward Elgar).

UNCTAD (2011), *Trade and Development Report 2011* (New York: United Nations).

UNICEF (2012), *The State of the World's Children 2012* (New York: UNICEF).

UNICEF and Government of India (2010), *Coverage Evaluation Survey 2009* (New Delhi: UNICEF).

United Nations (2011), *Sex Differentials in Childhood Mortality* (New York: Population Division, United Nations).

United Nations Development Programme (2011), *Human Development Report 2010* (New York: UNDP).

United Nations Office on Drugs and Crime (2013), 'Rape at the National Level: Number of Police-Reported Offences', Spreadsheet, available at www.unodc.org, accessed 21 January

Evidence from India's Total Sanitation Campaign', Working Paper, Research Institute for Compassionate Economics.

Spears, Dean (2012b), 'How Much International Variation in Child Height Can Sanitation Explain?', Working Paper, Research Institute for Compassionate Economics.

Spears, Dean (2013), 'The Long and Short of Open Defecation', *The Hindu*, 14 March.

Spence, Michael A. (1973), 'Job Market Signalling', *Quarterly Journal of Economics*, 83.

Sreevidya, S. and Sathyasekaran, B. W. C. (2003), 'High Caesarean Rates in Madras (India): A Population-based Cross-sectional Study', *BJOG: An International Journal of Obstretics and Gynaecology*, 110.

Srinivas, M. N. (1995), *Social Change in Modern India* (Delhi: Orient Longman).

Srinivasan, T. N. and Bardhan, P. K. (eds.) (1988), *Rural Poverty in South Asia* (New York: Columbia University Press).

Srinivasan, Vivek (2010), 'Understanding Public Services in Tamil Nadu: An Institutional Perspective', PhD dissertation, University of Syracuse, NY; to be published as a monograph.

Srivastava, D. K., Rao, C. B., Chakraborty, P. and Rangamannar, T. S. (2003), *Budgetary Subsidies in India: Subsidising Social and Economic Services* (New Delhi: National Institute of Public Finance and Policy).

Stern, Nicholas (2009), *A Blueprint for a Safer Planet* (London: Bodley Head).

Stern, Nicholas (2012), 'Ethics, Equity and the Economics of Climate Change', Working Paper 97, Centre for Climate Change Economics and Policy, London School of Economics.

Stevenson, Andrew (2008), 'A Class Act? Opinions Differ', *Sydney Morning Herald*, 5 January.

Stiglitz, Joseph E. (1975), 'The Theory of "Screening", Education, and the Distribution of Income', *American Economic Review*, 65.

Stiglitz, Joseph E. (2002), *Globalization and its Discontents* (New York: Norton & Co.).

Stiglitz, J. E. and Weiss, A. (1981), 'Credit Rationing in Markets with Imperfect Information', *American Economic Review*, 71.

Svedberg, Peter (2000), *Poverty and Undernutrition: Theory, Measurement, and Policy* (Oxford: Oxford University Press).

Tagore, Rabindranath (1931), *Russiar Chitthi*, trans. Sasadhar Sinha (1960), *Letters from Russia* (Calcutta: Visva-Bharati). ［菊地昌典訳「ソヴェト通信」『タゴール著作集　第10巻』第三文明社、1987年］

Tao Yang, D., Weijia Chen, V. and Monarch, R. (2010), 'Rising Wages: Has China Lost its Global Labor Advantage?', *Pacific Economic Review*, 15.

Tarozzi, Alessandro (2008), 'Growth Reference Charts and the Status of Indian Children', *Economic and Human Biology*, 6.

Tejpal, Karan (2012), 'My Rajput Friends Believed that Polo was Reserved for Them', *Tehelka*,

February.

Sinha, Amarjeet (2013), *An India for Everyone: A Path to Inclusive Development* (New Delhi: Harper Collins).

Sinha, Chitra (2012), *Debating Patriarchy: The Hindu Code Bill Controversy in India (1941–1956)* (New Delhi: Oxford University Press).

Sinha, Dipa (2008), 'Social Audit of Midday Meal Scheme in AP', *Economic and Political Weekly*, 1 November.

Sinha, Dipa (2013), 'Health and Human Development: Comparative Experiences of Tamil Nadu and Uttar Pradesh', PhD thesis, Jawaharlal Nehru University.

Sivasubramonian, S. (2000), *The National Income of India in the Twentieth Century* (New Delhi: Oxford University Press).

Skidelsky, R. and Skidelsky, E. (2012), *How Much is Enough? The Love of Money, and the Case for the Good Life* (London: Allen Lane).

Smith, Adam (1759, 1790), *The Theory of Moral Sentiments*, anniversary edn. (New York and London: Penguin, 2009).［村井章子・北川知子訳『道徳感情論』日経 BP 社、2014 年］

Smith, Adam (1776), *An Inquiry into the Natures and Causes of the Wealth of Nations*, republished in R. H. Campbell and A. S. Skinner (eds.) (1976), *Adam Smith: An Inquiry into the Natures and Causes of the Wealth of Nations* (Oxford: Clarendon Press).［山岡洋一訳『国富論（上）・（下）』日本経済新聞社、2007 年］

Soares, Fabio V. (2011), 'Brazil's Bolsa Família: A Review', *Economic and Political Weekly*, 21 May.

Soares, F. V., Ribas, R. P. and Osório, R. G. (2010), 'Evaluating the Impact of Brazil's Bolsa Família: Conditional Cash Transfers in Perspective', *Latin American Research Review*, 45.

Sobhan, Rehman (2011), 'Bangladesh at 40: Looking Back and Moving Forward', mimeo, Centre for Policy Dialogue, Dhaka.

Sobhan, Salma (1978), *Legal Status of Women in Bangladesh* (Dhaka: Bangladesh Institute of Legal and International Affairs).

Society for Participatory Research in Asia (2008), *Demanding Accountability from the State: An Assessment of Right to Information* (New Delhi: PRIA).

Society for Participatory Research in Asia (2009), *Accessing Information under RTI: Citizens' Experiences in Ten States* (New Delhi: PRIA).

Sopher, David (ed.) (1980), *An Exploration of India: Geographical Perspectives on Society and Culture* (Ithaca, NY: Cornell University Press).

Spears, Dean (2011), 'Height and Cognitive Achievement among Indian Children', *Economics and Human Biology*, 10.

Spears, Dean (2012a), 'Effects of Rural Sanitation on Child Mortality and Human Capital:

Sen, Amartya (2011), 'Rights, Laws and Language', *Oxford Journal of Legal Studies*, 31.

Sen, B., Mujeri, M. K. and Shahabuddin, Q. (2007), 'Explaining Pro-Poor Growth in Bangladesh: Puzzles, Evidence, and Implications', in T. Besley and L. J. Cord (eds.) (2007), *Delivering on the Promise of Pro-Poor Growth* (New York: Palgrave Macmillan).

Sen, Gita (2012), 'Universal Health Coverage in India: A long and Winding Road', *Economic and Political Weekly*, 25 February.

Seth, Leila (2012), 'The Girl Child and Governance', lecture delivered at the India International Centre, New Delhi, 19 July.

Sethi, Surya P. (2010), 'Analysing the Parikh Committee Report on Pricing of Petroleum Products', *Economic and Political Weekly*, 27 March.

Shah, G., Mander, H., Thorat, S., Deshpande, S. and Baviskar, A. (2006), *Untouchability in Rural India* (New Delhi: Sage).

Shah, T. et al. (2010), 'Asset Creation through Employment Guarantee?: Synthesis of Student Case Studies in Nine States of India', International Water Management Institute.

Shah, V. C. and Makwana, M. (2011), 'Impact of NREGA on Wage Rates, Food Security and Rural Urban Migration in Gujarat', Agro-economic Research Centre, Sardar Patel University, Vallabh Vidyanagar.

Shapiro, Ian (1999), Democratic Justice (New Haven, CT: Yale University Press).

Sharma, R. S. (2010), 'Identity and the UIDAI: A Response', *Economic and Political Weekly*, 28 August.

Shrivastava, A. and Kothari, A. (2012), *Churning the Earth: The Making of Global India* (New Delhi: Penguin).

Simons, E., Ferrari, M., Fricks, J., Wannemuehler, K., Anand, A., Burton, A. and Strebel, P. (2012), 'Assessment of the 2010 Global Measles Mortality Reduction Goal: Results from a Model of Surveillance Data', *The Lancet*, 379.

Singh, A., Park, A. and Dercon, S. (2014), 'School Meals as a Safety Net: An Evaluation of the Midday Meal Scheme in India', *Economic Development and Cultural Change*, 62.

Singh, Prerna (2010a), 'We-ness and Welfare: A Longitudinal Analysis of Social Development in Kerala, India', *World Development*, 39.

Singh, Prerna (2010b), 'Subnationalism and Social Development: A Comparative Analysis of Indian States', PhD thesis, Princeton University; to be published as a monograph.

Singh, Upinder (2009), *A History of Ancient and Early Medieval India* (New Delhi: Pearson Longman).

Singh, Upinder (2012), 'Governing the State and the Self: Political Philosophy and Practice in the Edicts of Asoka', *South Asian Studies*, 28.

Sinha, Amarjeet (2012), 'Health Evidence from the States', *Economic and Political Weekly*, 11

Pratichi Trust, Kolkata.

Sarkar, S. and Mehta, B. S. (2010), 'Income Inequality in India: Pre- and Post-Reform Periods', *Economic and Political Weekly*, 11 September.

Sathe, D., Klasen, S., Prieve, J. and Biniwale, M. (2013), 'Can the Female Sarpanch Deliver? Evidence from Maharashtra', *Economic and Political Weekly*, 16 March.

Sawalkar, S., Deshmukh, M., Kalkonde, Y., Shah, D. and Bang, A. (2013), 'Tobacco vs Development: Private Spending on Tobacco in Gadchiroli District', *Economic and Political Weekly*, 2 February.

Sawhney, Ria Singh (2011), 'The PDS in Rajasthan: A New Start', partly published in *The Tribune*, 7 September.

Secretariat of the Rajya Sabha (2012), 'List of Women Members', available online on Rajya Sabha website (http://164.100.47.5/Newmembers/women.aspx), accessed 14 November 2012.

Sekher, T. V. (2012), 'Ladlis and Lakshmis: Financial Incentive Schemes for the Girl Child', *Economic and Political Weekly*, 28 April.

Selvaraj, S. and Karan, A. K. (2012), 'Why Publicly Financed Health Insurance Schemes are Ineffective in Providing Financial Risk Protection', *Economic and Political Weekly*, 17 March.

Sen, Amartya (1973, 1997), *On Economic Inequality*, expanded edn. 1997 with a substantial annexe by James E. Foster and Amartya Sen (Oxford: Oxford University Press).［鈴村興太郎・須賀晃一訳『不平等の経済学』東洋経済新報社、2000 年］

Sen, Amartya (1983), 'Development: Which Way Now?', *Economic Journal*, 93.

Sen, Amartya (1984), *Resources, Values and Development* (Cambridge, MA: Harvard University Press).

Sen, Amartya (1985), 'Well-being, Agency and Freedom: The Dewey Lectures 1984', *Journal of Philosophy*, 82.

Sen, Amartya (1990), 'Gender and Cooperative Conflict', in I. Tinker (ed.) (1990), *Persistent Inequalities* (New York: Oxford University Press).

Sen, Amartya (1999), *Development as Freedom* (New York: Knopf, and Oxford: Oxford University Press).［石塚雅彦訳『自由と経済開発』日本経済新聞社、2000 年］

Sen, Amartya (2002a), *Rationality and Freedom* (Cambridge, MA: Harvard University Press).［若松良樹・須賀晃一・後藤玲子監訳『合理性と自由（上）・（下）』勁草書房、2014 年］

Sen, Amartya (2002b), 'Open and Closed Impartiality', *Journal of Philosophy*, 99.

Sen, Amartya (2003), '"Missing Women" Revisited', *British Medical Journal*, 327.

Sen, Amartya (2005), 'The Country of First Boys', *The Little Magazine*, 6 (1 and 2).

Sen, Amartya (2009), *The Idea of Justice* (Harmondsworth and Delhi: Penguin, and Cambridge, MA: Harvard University Press).［池本幸生訳『正義のアイデア』明石書店、2011 年］

University Press).

Rothschild, Emma (2011), *The Inner Life of Empires: An Eighteenth- Century History* (Princeton, NJ: Princeton University Press).

Rothschild, M. and Stiglitz, J. E. (1976), 'Equilibrium in Competitive Insurance Markets: An Essay on the Economics of Imperfect Information', *Quarterly Journal of Economics*, 90.

Rouse, C. E. and Barrow, L. (2009), 'School Vouchers and Student Achievement', *Annual Review of Economics*, 1.

Roy, Arundhati (1999), *The Cost of Living* (London: Flamingo). ［片岡夏実訳『わたしの愛したインド』築地書館、2000 年］

Roy, Arundhati (2010), 'Walking with the Comrades', *Outlook*, 29 March.

RTI Assessment and Analysis Group (2009), 'Safeguarding the Right to Information', available at www.rti-assessment.org.

Rudra, Ashok (1975), *Indian Plan Models* (New Delhi: Allied Publishers).

Rudra, Ashok (1988), 'Emerging Class Structure in Rural India', in Srinivasan and Bardhan (1988).

Rudra, Ashok (1989), 'Emergence of the Intelligentsia as a Ruling Class in India', *Economic and Political Weekly*, 21 January.

Ruger, Jennifer Prah (2009), *Health and Social Justice* (Oxford: Oxford University Press).

Ryan, Alan (2012), *On Politics: A History of Political Thought from Herodotus to the Present* (London: Allen Lane).

Sachdev, H. P. S. (2012), 'Overcoming Challenges to Accelerating Linear Growth in Indian Children', *Indian Pediatrics*, 49.

Sainath, P. (2009), 'The Medium, Message and the Money', *The Hindu*, 26 October.

Sainath, P. (2010), 'Paid News Undermining Democracy: Press Council Report', *The Hindu*, 21 April.

SAMARTHAN (2010), 'Impact Assessment of MGNREGA in Madhya Pradesh', Report to the Poverty Monitoring and Policy Support Unit, State Planning Commission, Madhya Pradesh.

Samson, M. and Gupta, N. (2012), 'Schooling for Children on the Bihar Jharkhand Border', study commissioned by NEG-FIRE; available at www.cordindia.com.

Samuelson, Paul (1954), 'The Pure Theory of Public Expenditure', *Review of Economics and Statistics*, 36.

Sandel, Michael J. (2012), *What Money Can't Buy: The Moral Limits of Markets* (London: Allen Lane). ［鬼澤忍訳『それをお金で買いますか――市場主義の限界』早川書房、2012 年］

Sarkar, M. and Rana, K. (2010), 'Roles and Responsibilities of the Teachers' Unions in the Delivery of Primary Education: A Case of West Bengal', Pratichi Occasional Paper no. 3,

Palgrave).
Ramachandran, V. K. (1996), 'Kerala's Development Achievements', in Drèze and Sen (1996).
Ramalingaswami, V., Jonsson, U. and Rohde, J. (1996), 'The Asian Enigma', in *UNICEF: The Progress of Nations 1996*, available at www.unicef.org/pon96/nuenigma.htm
Ramana, M. V. (2012), *The Power of Promise: Examining Nuclear Energy in India* (New Delhi: Penguin).
Ramanathan, Usha (2010), 'A Unique Identity Bill', *Economic and Political Weekly*, 24 July.
Rana, Kumar (ed.) (2012), *Kalamchari* (Kolkata: Pratichi Institute and UNICEF).
Rao, Jaithirth (2012), 'No Law for Worker Rights', *Tehelka*, 8 September.
Ravallion, Martin (2011), 'A Comparative Perspective on Poverty Reduction in Brazil, China and India', *World Bank Research Observer*, 26.
Ravi, R. N. (2012), 'The Biggest Impediment to Peace', *The Statesman*, 8 July.
Rawls, John (1971), *A Theory of Justice* (Cambridge, MA: Harvard University Press).［川本隆史・福間聡・神島裕子訳『正義論』紀伊國屋書店、2010 年］
Rawls, John (1993), *Political Liberalism* (New York: Columbia University Press).
Rawls, John (1999), *Collected Papers* (Cambridge, MA: Harvard University Press).
Rawls, John (2001), *Justice as Fairness: A Restatement* (Cambridge, MA: Harvard University Press).［田中成明・亀本洋・平井亮輔訳『公正としての正義　再説』岩波書店、2004 年］
Reddy, K. S. and Guha Thakurta, P. (2010), '"Paid News": How Corruption in the Indian Media Undermines Democracy', Draft report prepared for the Press Council of India; available at ocw.iimb.ernet.in.
Reddy, Rammanohar (2012), 'How is India Doing (2012)?', S. Guhan Memorial Lecture, Chennai, 5 December; partly published in *The Hindu*, 29 December.
Rege, Sharmila (ed.) (2006), *Writing Caste/Writing Gender: Narrating Dalit Women's Testimonios* (New Delhi: Zubaan).
Rege, Sharmila (ed.) (2013), *Against the Madness of Manu: B. R. Ambedkar's Writings on Brahmanical Patriarchy* (New Delhi: Navayana).
Reserve Bank of India (2012), 'Database on the Indian Economy 2010–11', available at http://dbie.rbi.org.in.
Risley, H. H. and Gait, E. A. (1903), *Report on the Census of India, 1901* (Calcutta: Superintendent of Government Printing); also available at http://www.chaf.lib.latrobe.edu.au/dcd/census 1901.htm.
Roberts, Alasdair (2010), 'A Great and Revolutionary Law? The First Four Years of India's Right to Information Act', *Public Administration Review*, 70.
Rodrigues, Valerian (ed.) (2002), *The Essential Writings of B. R. Ambedkar* (Oxford: Oxford

Prayas Energy Group (2012), 'Ensuring Electricity for All: Overcoming Structural Disincentive', paper presented at a Round Table on 'Electricity for All: Approaches and Challenges' at the Giri Institute of Development Studies, Lucknow, 28 September.

PricewaterhouseCoopers (2009), *Understanding the 'Key Issues and Constraints' in Implementing the RTI Act* (New Delhi: PwC).

Pritchett, L. and Beatty, A. (2012), 'The Negative Consequences of Overambitious Curricula in Developing Countries', Working Paper RWP12-035, Kennedy School of Government, Harvard University, MA.

Pritchett, L. and Murgai, R. (2007), 'Teacher Compensation', in National Council of Applied Economic Research (2007), *India Policy Forum 2006/07* (New Delhi: Sage).

Pritchett, L. and Pande, V. (2006), 'Making Primary Education Work for India's Rural Poor', Social Development Papers, South Asia Series, no. 95, World Bank, Washington, DC.

PROBE Team (1999), *Public Report on Basic Education* (New Delhi: Oxford University Press).

PRS Legislative Research (2011), 'Data from State Assemblies: Some Trends', available at www.prsindia.org (accessed 1 January 2013).

Public Cause Research Foundation (2009), 'State of Information Commissions in India: A Performance Evaluation', Public Cause Research Foundation, New Delhi; available at www.rtiawards.org.

Puri, Raghav (2012), 'Reforming the Public Distribution System: Lessons from Chhattisgarh', *Economic and Political Weekly*, 4 February.

Rajakumar, J. Dennis (2011), 'Size and Growth of Private Corporate Sector in Indian Manufacturing', *Economic and Political Weekly*, 20 April.

Rajan, Raghuram (2008), 'Is There a Threat of Oligarchy in India?', Speech to the Bombay Chamber of Commerce on its Founders Day celebration, 10 September; available at http://faculty.chicagobooth.edu/raghuram.rajan.

Rajasekhar, D., Berg, E., Ghatak, M., Manjula, R. and Roy, S. (2011), 'Implementing Health Insurance: The Rollout of Rashtriya Swasthya Bhima Yojana in Karnataka', *Economic and Political Weekly*, 14 May.

Ram, N. (1990), 'An Independent Press and Anti-Hunger Strategies', in Drèze and Sen (1990).

Ram, N. (2011), 'The Changing Role of the News Media in Contemporary India', address as president of the Contemporary India section of the Indian History Congress, 72nd Session, Patiala, 10 December.

Ram, N. (2012), 'Sharing the Best and the Worst: The Indian News Media in a Global Context', James Cameron Memorial Lecture delivered at City University London, 3 October 2012.

Ramachandran, Nira (2007), 'Women and Food Security in South Asia', in B. Guha-Khasnobis et al. (eds.) (2007), *Food Insecurity, Vulnerability and Human Rights Failure* (New York:

Periyar, E. V. R. (1965), *Social Reform or Social Revolution?*, English translation by A. M. Dharmalingam (Chennai: Dravidar Kazhagam Publications).

Pierri, Gast ón (2012), 'Development Strategies and Law in Latin America: Argentine, Brazilian and Chilean Conditional Cash Transfer Programs in Comparative Perspective', Documentos de Trabajo 05/2012, Instituto Universitario de Análysis Económico y Social, Universidad de Alcala.

Piketty, T. and Qian, N. (2009), 'Income Inequality and Progressive Income Taxation in China and India, 1986–2015 ', *American Economic Journal: Applied Economics*, 1.

Planning Commission (1951), *The First Five-Year Plan* (New Delhi: Planning Commission).

Planning Commission (1956), *The Second Five-Year Plan* (New Delhi: Planning Commission).

Planning Commission (2011a), 'Evaluation Study on Integrated Child Development Scheme', PEO Report no. 218 (New Delhi: Programme Evaluation Organisation, Planning Commission).

Planning Commission (2011b), *Faster, Sustainable and More Inclusive Growth: An Approach to the Twelfth Five-Year Plan* (New Delhi: Planning Commission).

Pliny the Elder, *Natural History,* English translation by John Bostock and H. T. Riley; available online at http://www.perseus.tufts.edu.

Prasad, Chandra Bhan (2011), 'Shades of Mobility', *Outlook*, 31 October.

Pratham Education Foundation (2012), *Annual Status of Education Report (Rural) 2011, Provisional Report* (Mumbai: Pratham Education Foundation).

Pratham Education Foundation (2013), *Annual Status of Education Report (Rural) 2012, Provisional Report* (Mumbai: Pratham Education Foundation).

Pratichi Trust (2002), *The Pratichi Education Report I* (Delhi: Pratichi Trust in association with TLM Books).

Pratichi Trust (2005), *The Pratichi Health Report* (Delhi: Pratichi Trust in association with TLM Books).

Pratichi Trust (2009a), *The Pratichi Education Report II – Primary Education in West Bengal: Changes and Challenges* (Delhi and Kolkata: Pratichi Trust).

Pratichi Trust (2009b), *The Pratichi Child Report* (Delhi and Kolkata: Pratichi Trust).

Pratichi Trust (2010), *The Pratichi Report on Mid-Day Meal: The Mid-Day Programme in Urban Primary and Rural Upper Primary Schools in West Bengal* (Delhi and Kolkata: Pratichi Trust).

Pratichi Trust (2012a), *A Child's View of the World* (Kolkata: Pratichi Trust in collaboration with Child Rights and You).

Pratichi Trust (2012b), *The Joy of Reading*, Report of a series of children's reading festivals (Kolkata: Pratichi Trust in collaboration with Child Rights and You).

University Press).

Osmani, Siddiq R. (2010), 'Towards Achieving the Right to Health', *Bangladesh Development Studies*, 33.

Osmani, Siddiq R. (ed.) (1992), *Nutrition and Poverty* (Oxford: Oxford University Press).

Osmani, S. R. and Sen, A. K. (2003), 'The Hidden Penalties of Gender Inequality: Fetal Origins of Ill-Health', *Economics and Human Biology*, 1.

OXFAM International (2006), *Serve the Essentials: What Governments and Donors Must Do to Improve South Asia's Essential Services* (New Delhi: OXFAM India Trust).

Padel, F. and Das, S. (2010), *Out of this Earth: East India Adivasis and the Aluminium Cartel* (New Delhi: Orient Blackswan).

Paim, J., Travassos, C., Almeida, C., Bahia, L. and Macinko, J. (2011), 'The Brazilian Health System: History, Advances, and Challenges', *The Lancet*, 377.

Panday, Pranab Kumar (2008), 'Representation without Participation: Quotas for Women in Bangladesh', *International Political Science Review*, 29.

Pandey, Brijesh (2012), 'Ganga Dammed', *Tehelka*, 2 June.

Pankaj, A. and Tankha, R. (2010), 'Empowerment Effects of the NREGS on Women Workers: A Study in Four States', *Economic and Political Weekly*, 24 July.

Papp, John (2012), 'Essays on India's Employment Guarantee', PhD thesis, Princeton University, NJ.

Parikh, Kirit (2010), 'The Logic of the Expert Group Report on Petroleum Prices', *Economic and Political Weekly*, 15 May.

Parker, John (2012), 'Development in India: A Tale of Two Villages', *The Economist*, 17 November.

Parthasarathi, Prasannan (2011), *Why Europe Grew Rich and Asia Did Not: Global Economic Divergence 1600–1850* (Cambridge: Cambridge University Press).

Patel, I. G. (1987), 'Free Enterprise in the Nehru Era', in D. Tripathi (ed.) (1987), *State and Business in India: A Historical Perspective* (Delhi: Manohar).

Patel, I. G. (2002), *Glimpses of Economic Policy: An Insider's View* (New Delhi: Oxford University Press).

Patnaik, Prabhat (2002), 'Markets, Morals and the Media', Convocation Address, Asian College of Journalism, Chennai.

Paul, S., Balakrishnan, S., Thampi, G. K., Sekhar, S. and Vivekananda, M. (2006), *Who Benefits from India's Public Services?* (New Delhi: Academic Foundation).

Paul, V. K., Sachdev, H. S., Mavalankar, D., Ramachandran, P., Sankar, M. J., Bhandari, N., Sreenivas, V., Sundararaman, T., Govin, D., Orsin, D. and Kirkwood , B. (2011), 'Reproductive Health, and Child Health and Nutrition in India: Meeting the Challenge', *The Lancet*, 377.

India 2009–2010 (New Delhi: NSSO).

National Sample Survey Organisation (2006), 'Morbidity, Health Care and the Condition of the Aged: NSS 60th Round (January–June 2004)', Report 507, NSSO, New Delhi.

National University of Educational Planning and Administration (2011a), *Elementary Education in India: Progress towards UEE, Analytical Tables 2009–10* (New Delhi: NUEPA).

National University of Educational Planning and Administration (2011b), *Elementary Education in India under Government Managements 2009–10, Selected Tables Based on DISE 2009–10* (New Delhi: NUEPA).

National University of Educational Planning and Administration (2011c), *Elementary Education in India: Progress towards UEE, Flash Statistics 2009–10, Selected Tables Based on DISE 2009–10* (New Delhi: NUEPA).

Nawani, Disha (2013), 'Continuously and Comprehensively Evaluating Children', *Economic and Political Weekly*, 12 January.

Noorani, A. G. (2012), 'How the Political Class has Looted India', *The Hindu*, 30 July.

Nores, M. and Barnett, W. S. (2010), 'Benefits of Early Childhood Interventions Across the World: (Under) Investing in the Very Young', *Economics of Education Review*, 29.

North, Douglass (1990), *Institutions, Institutional Change and Economic Perfomance* (Cambridge: Cambridge University Press). ［竹下公視訳『制度・制度変化・経済成果』晃洋書房、1994 年］

OECD (2011), *Education at a Glance 2011: OECD Indicators* (Paris: OECD Publishing).

O'Hanlon, Rosalind (1994), *A Comparison between Women and Men: Tarabai Shinde and the Critique of Gender Relations in Colonial India* (Madras: Oxford University Press).

Ohkawa, K. and Rosovsky, H. (1973), *Japanese Economic Growth: Trend Acceleration in the Twentieth Century* (Stanford, CA: Stanford University Press).

Omvedt, Gail (2004), *Ambedkar: Towards an Enlightened India* (New Delhi: Penguin).

Omvedt, Gail (2008), *Seeking Begumpura: The Social Vision of Anticaste Intellectuals* (New Delhi: Navayana).

Omvedt, Gail (2010), *Understanding Caste: From Buddha to Ambedkar and Beyond* (New Delhi: Orient Blackswan).

Oommen, M. A. (2009), 'Development Policy and the Nature of Society: Understanding the Kerala Model', *Economic and Political Weekly*, 28 March.

Oommen, M. A. (ed.) (1999), *Rethinking Development: Kerala's Development Experience* (New Delhi: Concept).

Orenstein, Mitchell A. (2008), 'Postcommunist Welfare States', *Journal of Democracy*, 19.

Osmani, Siddiq R. (1991), 'Social Security in South Asia', in S. E. Ahmad, J. P. Drèze, J. Hills and A. K. Sen (eds.) (1991), *Social Security in Developing Countries* (Oxford: Oxford

Political Weekly, 24 June.

Nagaraj, R. (2011), 'Growth in Organised Manufacturing Employment: A Comment', *Economic and Political Weekly*, 19 March.

Nandraj, Sunil (1997), 'Unhealthy Prescriptions: The Need for Health Sector Reform in India', in *Informing and Reforming*, Newsletter of the International Clearinghouse of Health System Reform Initiatives, no. 2.

Nandraj, Sunil (2012), 'Unregulated and Unaccountable: Private Health Providers', *Economic and Political Weekly*, 4 January.

Nandraj, S., Muraleedharan, V. R., Baru, R. V., Qadeer, I. and Priya, R. (2001), *The Private Health Sector in India* (Bombay: CEHAT).

Narayan, Shriman (ed.) (1968), *Selected Works of Mahatma Gandhi. Volume 6: The Voice of Truth* (Ahmedabad: Navajivan Publishing House).

Narayana, D. (2010), 'Review of the Rashtriya Swasthya Bhima Yojana', *Economic and Political Weekly*, 17 July.

Narayanan, Sudha (2006), 'Child Development as an "Investment"', in Citizens' Initiative for the Rights of Children Under Six (2006).

Narayanan, Sudha (2008), 'Employment Guarantee, Women's Work and Child Care', *Economic and Political Weekly*, 1 March.

Narayanan, Sudha (2011), 'A Case for Reframing the Cash Transfer Debate in India', *Economic and Political Weekly*, 21 May.

National Consortium of Civil Society Organisations (2009), *NREGA Reforms: Building Rural India*, first NCCSO report on NREGA; available at www.nregaconsortium.in.

National Consortium of Civil Society Organisations (2011), *MGNREGA: Opportunities, Challenges and the Road Ahead*, second NCCSO report on MGNREGA ; available at www.nregaconsortium.in.

National Crime Records Bureau (2011a), *Accidental Deaths and Suicides in India 2010* (New Delhi: NCRB).

National Crime Records Bureau (2011b), *Crime in India 2010* (New Delhi: NCRB).

National Federation of Indian Women (2008), 'Socio-economic Empowerment of Women under NREGA', report to the Ministry of Rural Development.

National Institute of Population Research and Training (2009), *Bangladesh Demographic and Health Survey 2007* (Dhaka, Bangladesh, and Calverton, MD, USA: National Institute of Population Research and Training, Mitra and Associates, and Macro International).

National Sample Survey Office (2011a), *Key Indicators of Employment and Unemployment in India: NSS 66th Round (July 2009–June 2010)* (New Delhi: NSSO).

National Sample Survey Office (2011b), *Key Indicators of Household Consumer Expenditure in*

Miller, Barbara D. (1981), *The Endangered Sex: Neglect of Female Children in Rural North India* (Ithaca, NY: Cornell University Press).

Miller, Barbara D. (1989), 'Changing Patterns of Juvenile Sex Ratios in Rural India, 1961 to 1971', *Economic and Political Weekly*, 3 June.

Mishra, Pankaj (2012), 'How India is Turning into China: And Not in a Good Way', *New Republic*, 31 December.

Mokyr, J. (2002), *The Gifts of Athena: Historical Origins of the Knowledge Economy* (Princeton, NJ: Princeton University Press).

Moore, M. and Jadhav, V. (2006), 'The Politics and Bureaucratics of Rural Public Works: Maharashtra's Employment Guaranteed Scheme', *Journal of Development Studies*, 42.

Mudgal, Vipul (2011), 'Rural Coverage in the Hindi and English Dailies', *Economic and Political Weekly*, 27 August.

Mukerji, S. and Wadhwa, W. (2012), 'Do Private Schools Perform Better than Public Schools? Evidence from Rural India', paper presented at the 55th Annual Conference of the Comparative and International Education Society, Montreal, Quebec.

Mukerji, S. and Walton, M. (2012), 'Learning the Right Lessons: Measurement, Experimentation and the Need to Turn India's Right to Education Act Upside-Down', in IDFC Foundation (2012), *India Infrastructure Report 2012: Private Sector in Education* (New Delhi: Routledge India).

Mukherjee, Soumik (2012), '1 Democratic Protest. 8,000 Sedition Cases. Is this a Free Country?', *Tehelka*, 8 September.

Muraleedharan, V. R., Dash, U. and Gilson, L. (2011), 'Tamil Nadu 1980s–2005: A Success Story in India', in Balabanova et al. (eds.) (2011).

Muralidharan, Karthik (2012a), 'Teacher and Medical Worker Incentives', in Basu and Maertens (2012).

Muralidharan, Karthik (2012b), 'Priorities for Primary Education Policy in India's 12th Five Year Plan', mimeo, Department of Economics, University of California San Diego; to be published in NCAER -Brookings (forthcoming), *India Policy Forum 2013* (New Delhi: NCAER).

Muralidharan, K. and Prakash, N. (2012), 'Cycling to School: Increasing Secondary School Enrollment for Girls in India', paper presented at the annual Growth and Development Conference, Indian Statistical Institute, New Delhi, December 2012.

Murthi, M., Guio, A. M. and Drèze, J. P. (1995), 'Mortality, Fertility and Gender Bias in India: A District Level Analysis', *Population and Development Review*, 21.

Nagaraj, R. (2004), 'Fall in Manufacturing Employment: A Brief Note', *Economic and Political Weekly*, 24 July.

Nagaraj, R. (2006), 'Public Sector Performance since 1950: A Fresh Look', *Economic and*

Mahendra Dev, S. and Ranade, A. (2001), 'Employment Guarantee Scheme and Employment Security', in Mahendra Dev et al. (2001).

Mahendra Dev, S., Antony, P., Gayathri, V. and Mamgain, R. P. (eds.) (2001), *Social and Economic Security in India* (New Delhi: Institute of Human Development).

Mahmud, Simeen (2003), 'Is Bangladesh Experiencing a Feminization of the Labor Force?', *Bangladesh Development Studies*, 29.

Mahmud, Wahiduddin (2008), 'Social Development in Bangladesh: Pathways, Surprises and Challenges', *Indian Journal of Human Development*, 2.

Majumdar, M. and Rana, K. (2012), 'In Defence of Public Education: Voices from West Bengal', *Economic and Political Weekly*, 6 October.

Majumdar, Swapna (2013), 'Forced Hysterectomies, Unscrupulous Doctors', available at southasia.oneworld.net.

Mangatter, Silvia (2011), 'Does the Mahatma Gandhi National Rural Employment Guarantee Act (MGNREGA) Strengthen Rural Self- Employment in Bolpur Subdivision (West Bengal, India)?', Master's thesis, Faculty of Economics, Philipps-Universität Marburg.

Marulasiddappa, M., Raonka, P. and Sabhikhi, I. (2013), 'Social Security Pensions for the Elderly: A Case Study', mimeo, Planning and Development Unit, Allahabad University.

Mazumdar, I. and N, Neetha (2011), 'Gender Dimensions: Employment Trends in India, 1993–94 to 2009–10', *Economic and Political Weekly*, 22 October.

McCrindle, J. W. (1885), *Ancient India as Described by Ptolemy* (London: Trübner & Co.).

Meenakshi, Swathi (2011), 'Universalism for Real: The PDS in Tamil Nadu and Himachal Pradesh', partly published in *The Tribune*, 7 September.

Mehrotra, Santosh (2006), 'Child Malnutrition and Gender Discrimination in South Asia', *Economic and Political Weekly*, 11 March.

Mehta, Pratap Bhanu (2012), 'Breaking the Silence: Why We Don't Talk about Inequality – And How to Start Again', *Caravan*, 1 October.

Mellström, C. and Johannesson, M. (2008), 'Crowding Out in Blood Donation: Was Titmuss Right?', *Journal of the European Economic Association*, 6.

Meng, Qun et al. (2012), 'Trends in Access to Health Services and Financial Protection in China between 2003 and 2011: A Cross-Sectional Study', *The Lancet*, 379.

Micronutrient Initiative and UNICEF (2004), *Vitamin and Mineral Deficiency: A Global Progress Report* (Ottawa: Micronutrient Initiative).

Micronutrient Initiative and UNICEF (2009), *Investing in the Future: A United Call to Action on Vitamin and Mineral Deficiencies* (Ottawa: Micronutrient Initiative).

Mill, J. S. (1859), *On Liberty*, republished 1974 (Harmondsworth: Penguin).［山岡洋一訳『自由論』日経 BP 社、2011 年］

Public Services in post-Tsunami India', *World Development*, 39.

Kruks-Wisner, Gabrielle (2012), 'How Rural India Negotiates with the State', *Business Line*, 3 July.

Kruks-Wisner, Gabrielle (2013), 'Claiming the State: Citizen-State Relations and Public Service Delivery in Rural India', PhD thesis, Department of Political Science, Massachusetts Institute of Technology.

Kumar, S. and Sathyanarayana, K. M. (2012), 'District-level Estimates of Fertility and Implied Sex Ratio at Birth in India', *Economic and Political Weekly*, 18 August.

Kumar, Sanjay (2009), 'Patterns of Political Participation: Trends and Perspective', *Economic and Political Weekly*, 26 September.

Ladd, Helen F. (2002), 'School Vouchers: A Critical Review', *Journal of Economic Perspectives*, 16.

Lahoti, R., Suchitra, J. Y. and Goutam, P. (2012), 'Subsidies for Whom? The Case of LPG in India', *Economic and Political Weekly*, 3 November.

Lenagala, C. and Ram, R. (2010), 'Growth Elasticity of Poverty: Estimates from New Data', *International Journal of Social Economics*, 37.

LeVine, R. A., Le Vine, S., Schnell- Anzola, B., Rowe, M. E. and Dexter, E. (2012), *Literacy and Mothering: How Women's Schooling Changes the Lives of the World's Children* (Oxford: Oxford University Press).

Lewis, David (2011), *Bangladesh: Politics, Economics and Civil Society* (Cambridge: Cambridge University Press).

Li, Xingxing (2012), 'Bribery and the Limits of Game Theory – the Lessons from China', Guest post, Financial Times blog (http:/blogs.ft.com).

Liu, Y. and Barrett, C. (2013), 'Heterogeneous Pro-Poor Targeting in the National Rural Employment Guarantee Scheme', *Economic and Political Weekly*, 9 March.

Liu, Y. and Deininger, K. (2010), 'Poverty Impacts of India's National Rural Employment Guarantee Scheme: Evidence from Andhra Pradesh', paper prepared for presentation at a meeting of the Agricultural and Applied Economics Association, Denver, Colorado, 25–27 July 2010.

Lloyd-Sherlock, P. (2009), 'Social Policy and Inequality in Latin America', *Social Policy and Administration*, 43.

Lokhande, Sandesh (2013), 'Social Security Pensions in Maharashtra: A Case Study', mimeo, Indian Institute of Technology, Delhi.

MacAuslan, Ian (2008), 'India's National Rural Employment Guarantee Act: A Case Study of How Change Happens', in D. Green (ed.) (2008), *From Poverty to Power: How Active Citizens and Effective States Can Change the World* (Oxford: OXFAM International).

Employment Guarantee Act', *Economic and Political Weekly*, 24 October; reprinted in Khera (2011d).

Kidambi, Sowmya (2011), 'Termites, Earthworms, and Other Organic Gardeners', *Seminar*, 625.

Kingdon, Geeta (2010) 'The Impact of the Sixth Pay Commission on Teacher Salaries: Assessing Equity and Efficiency Effects', RECOUP Working Paper 29, Faculty of Education, University of Cambridge.

Kingdon, G. and Sipahimalani-Rao, V. (2010), 'Para Teachers in India: Status and Impact', *Economic and Political Weekly*, 20 March.

Kishor, K. and Gupta, K. (2009), *Gender Equality and Women's Empowerment in India* (Mumbai: International Institute for Population Sciences).

Kishor, S. and Gupta, K. (2004), 'Women's Empowerment in India and its States: Evidence from the NFHS', *Economic and Political Weekly*, 14 February.

Klonner, S. and Oldiges, C. (2013), 'Can an Employment Guarantee Alleviate Poverty? Evidence from India's National Rural Employment Guarantee Act', draft paper, University of Heidelberg.

Knaul, F. M. et al. (2012), 'The Quest for Universal Health Coverage: Achieving Social Protection for All in Mexico', *The Lancet*, 380.

Koehlmoos T. P., Islam, Z., Anwar, S., Hossain, S. A. S., Gazi, R., Streatfield, P. K. and Bhuiya, A. U. (2011), 'Health Transcends Poverty: The Bangladesh Experience', in Balabanova et al. (2011).

Kohli, Atul (2012), *Poverty amid Plenty in the New India* (Cambridge: Cambridge University Press).

Kohli, Vanita (2006), *The Indian Media Business* (New Delhi: Sage).

Kotwal, A., Murugkar, M. and Ramaswami, B. (2012), 'PDS Forever?', *Economic and Political Weekly*, 21 May.

Kotwal, A. and Roy Chaudhuri, A. (2013), 'Why is Poverty Declining so Slowly in India?', paper presented at the Silver Jubilee Conference of the Indira Gandhi Institute of Development Research, Mumbai.

Kotwal, A., Ramaswami, B. and Wadhwa, W. (2011), 'Economic Liberalization and Indian Economic Growth: What's the Evidence?', *Journal of Economic Literature*, 49.

Kravdal, Øystein (2004), 'Child Mortality in India: The Community-level Effect of Education', *Population Studies*, 58.

Kremer, M., Muralidharan, K. Chaudhury, N., Hammer, J. and Rogers, F. H. (2005), 'Teacher Absence in India: A Snapshot', *Journal of the European Economic Association*, 3.

Krishna, Raj (1982), 'Assessing India's Economic Development', *Mainstream*, 25 October.

Kruks-Wisner, Gabrielle (2011), 'Seeking the Local State: Gender, Caste and the Pursuit of

Massachusetts Institute of Technology, April 2011; available at www.povertyactionlab.org/publication/the-price-iswrong

Judt, Tony (2010), *Ill Fares the Land* (New York: Penguin).［森本醇訳『荒廃する世界のなかで——これからの社会民主主義を語ろう』みすず書房、2010 年］

Jurberg, C. and Humphreys, G. (2010), 'Brazil's March Towards Universal Coverage', WHO *Bulletin*, 88.

Kabeer, Naila (2011), 'Between Affiliation and Autonomy: Navigating Pathways of Women's Empowerment and Gender Justice in Rural Bangladesh', *Development and Change*, 42.

Kandpal, Eeshani (2011), 'Beyond Average Treatment Effects: Distribution of Child Nutrition Outcomes and Program Placement in India's ICDS ', *World Development*, 39.

Kannan, K. P. and Raveendran, G. (2009), 'Growth Sans Employment: A Quarter Century of Jobless Growth in Indian Manufacturing', *Economic and Political Weekly*, 7 March.

Kapoor, Radhicka (2013), 'Inequality Matters', *Economic and Political Weekly*, 12 January.

Kapur, D. and Mehta, P. B. (eds.) (2005), *Public Institutions in India: Performance and Design* (New Delhi: Oxford University Press).

Karve, Irawati (1968), *Kinship Organization in India* (Bombay: Asia Publishing House).

Kaushik, A. and Pal, R. (2012), 'How Representative Has the Lok Sabha Been?', *Economic and Political Weekly*, 12 May.

Kavita Rao, R. (2013), 'Revenue Foregone Estimates: Some Analytical Issues', *Economic and Political Weekly*, 30 March.

Keer, Dhananjay (1971), *Dr Ambedkar: Life and Mission*, 3rd edn. (Mumbai: Popular Prakashan).

Khera, Reetika (2006), 'Mid-day Meals in Primary Schools: Achievements and Challenges', *Economic and Political Weekly*, 18 November.

Khera, Reetika (2011a), 'The UID Project and Welfare Schemes', *Economic and Political Weekly*, 26 February.

Khera, Reetika (2011b), 'Trends in Diversion of Grain from the Public Distribution System', *Economic and Political Weekly*, 21 May.

Khera, Reetika (2011c), 'Revival of the Public Distribution System: Evidence and Explanations', *Economic and Political Weekly*, 5 November.

Khera, Reetika (ed.) (2011d), *The Battle for Employment Guarantee* (New Delhi: Oxford University Press).

Khera, Reetika (2012), 'Tamil Nadu's Striking Progress in Welfare', available at www.indiatogether.org/2012/sep/gov-tnwelfare.htm

Khera, R. and Muthiah, K. (2010), 'Slow but Steady Success', *The Hindu*, 25 April.

Khera, R. and Nayak, N. (2009), 'Women Workers and Perceptions of the National Rural

Child Stunting', mimeo, Harvard University.

Jayadev, A., Motiram, S. and Vakulabharanam, V. (2007), 'Patterns of Wealth Disparities in India during the Liberalisation Era', *Economic and Political Weekly*, 22 September.

Jayaraj, D. and Subramanian, S. (2010), 'A Chakravarty-D'Ambrosio View of Multidimensional Deprivation: Some Estimates for India', *Economic and Political Weekly*, 6 February.

Jayaraj, D. and Subramanian, S. (2012), 'On the Interpersonal Inclusiveness of India's Consumption Expenditure Growth', *Economic and Political Weekly*, 10 November.

Jayaraman, R. and Simroth, D. (2011), 'The Impact of School Lunches on Primary School Enrolment: Evidence from India's Midday Meal Scheme', Working Paper 11-11, European School of Management and Technology, Berlin.

Jeevan Reddy Committee (2005), 'Report of the Committee to Review the Armed Forces (Special Powers) Act, 1958 ', report submitted to the Government of India; available at www.hindu.com/nic/afa/.

Jeffrey, Robin (2000), *India's Newspaper Revolution* (New Delhi: Oxford University Press).

Jeffrey, Robin (2012), 'Missing from the Indian Newsroom', *The Hindu*, 9 April.

Jha, P., Kesler, M. A., Kumar, R., Ram, F., Ram, U., Aleksandrowicz, L., Bassani, D. G., Chandra, S. and Banthia, J. K. (2011), 'Trends in Selective Abortions of Girls in India: Analysis of Nationally Representative Birth Histories from 1990 to 2005 and Census Data from 1991 to 2011', *The Lancet*, 377.

Jha, Prabhat et al. (2013), '21st-Century Hazards of Smoking and Benefits of Cessation in the United States', *The New England Journal of Medicine*, 368.

Jha, S. and Ramaswami, B. (2010), 'How Can Food Subsidies Work Better? Answers from India and the Philippines', ADB Economics Working Paper 221, Asian Development Bank, Manila.

John, M., Kaur, R., Palriwala, R. and Raju, S. (2009), 'Dispensing with Daughters: Technology, Society, Economy in North India', *Economic and Political Weekly*, 11 April.

John, T. J. and Choudhury, P. (2009), 'Accelerating Measles Control in India', *Indian Pediatrics*, 46.

Jose, Jijo (2011), 'The PDS Learning Curve', *Down to Earth*, 18 August.

Joseph, Shaji (2006), 'Power of the People: Political Mobilisation and Guaranteed Employment', *Economic and Political Weekly*, 16 December.

Joshi, Anuradha (2010), 'Do Rights Work? Law, Activism, and the Employment Guarantee Scheme', *World Development*, 38.

Joshi, V. and Little, I. M. D. (1994), *India: Macroeconomics and Political Economy 1964–1991* (Washington, DC: World Bank).

J-PAL (2011), 'The Price is Wrong: Charging Small Fees Dramatically Reduces Access to Important Products for the Poor', J-PAL Bulletin, Abdul Latif Jameel Poverty Action Lab,

三訳『第三の波——20 世紀後半の民主化』三嶺書房、1995 年]
Ilaiah, K. (1996), *Why I am not a Hindu* (Kolkata: Samya).
Imbert, C. and Papp, J. (2011), 'Equilibrium Distributional Impacts of Government Employment Programs: Evidence from India's Employment Guarantee', mimeo, Princeton University, NJ.
Integrated Research and Action for Development (2012), *Taming Diesel Subsidy to Curtail Inflation and Foster Economic Growth* (New Delhi: IRAD e).
International Institute for Population Sciences (2000), *National Family Health Survey (NFHS-2): India* (Mumbai: IIPS).
International Institute for Population Sciencces (2007a), N*ational Family Health Survey (NFHS-3), 2005–06: India* (Mumbai: IIPS).
International Institute for Population Sciences (2007b), *2005–06 National Family Health Survey (NFHS-3): National Fact Sheet* (Mumbai: IIPS).
International Institute for Population Sciences (2008), *National Family Health Survey (NFHS-3), 2005–06: State Reports* (Mumbai: IIPS).
International Institute for Population Sciences (2010a), *District Level Household and Facility Survey (DLHS-3), 2007–08: India* (Mumbai: IIPS).
International Institute for Population Sciences (2010b), *District Level Household and Facility Survey (DLHS-3), 2007–08: State Reports* (Mumbai: IIPS).
International Institute for Population Sciences (2012), *Comprehensive Nutrition Survey in Maharashtra 2012: Fact Sheet (Provisional Data)* (Mumbai: IIPS).
International Labour Organization (2012), *Global Wage Report 2012–13* (Geneva: ILO).
Isaac, T. and Tharakan, M. (1995), 'Kerala: Towards a New Agenda', *Economic and Political Weekly*, 5 August.
Jain, Monica (2012), 'India's Struggle against Malnutrition: Is the ICDS Program the Answer?', mimeo, Department of Economics, University of California, Riverside; available at http://monica-jain.com/wp-content/uploads/2011/10/Job-Market-Paper_Monica-Jain 1.pdf
Jain, P. S. and Dholakia, R. H. (2010), 'Feasibility of Implementation of Right to Education Act', *Economic and Political Weekly*, 20 June.
Jalan, Bimal (2012), '*Indira Gandhi*', in Basu and Maertens (2012).
Jansen, Marius B. (2002), *The Making of Modern Japan* (Cambridge, MA: Harvard University Press).
Jansen, Marius B. (ed.) (1989), *The Cambridge History of Japan. Vol 5: The Nineteenth Century* (Cambridge: Cambridge University Press).
Jansen, M. B. and Rozman, G. (eds.) (1986), *Japan in Transition: From Tokugawa to Meiji* (Princeton, NJ: Princeton University Press).
Jayachandran, S. and Pande, R. (2013), 'Parental Preferences as a Cause of India's High Rate of

Capitalism in Kerala, India (Ithaca, NY: Cornell University Press).

Heller, Patrick (2000), 'Degrees of Democracy: Some Comparative Lessons from India', *World Politics*, 52.

Heller, Patrick (2009), 'Democratic Deepening in India and South Africa', *Journal of Asian and African Studies*, 44.

Helpman, Elhanan (2004), *The Mystery of Economic Growth* (Cambridge, MA: Harvard University Press).［大住圭介・池下研一郎・野田英雄・伊ヶ崎大理訳『経済成長のミステリー』九州大学出版会、2009 年］

Himanshu (2005), 'Wages in Rural India: Sources, Trends and Comparability', *Indian Journal of Labour Economics*, 48.

Himanshu (2007), 'Recent Trends in Poverty and Inequality: Some Preliminary Results', *Economic and Political Weekly*, 10 February.

Himanshu (2012), 'Poverty and Food Security in India', paper presented at a symposium on 'Food Security in Asia and the Pacific', University of British Columbia, 17–18 September.

Himanshu (2013), 'The Dubious Promise of Cash Transfers', *Livemint*, 14 March.

Himanshu, Lanjouw, P., Mukhopadhyay, A. and Murgai, R. (2011), 'Non-Farm Diversification and Rural Poverty Decline: A Perspective from Indian Sample Survey and Village Study Data', Working Paper 44, Asia Research Centre, London School of Economics.

Himanshu and Sen, A. (2013), 'In-kind Food Transfers: Impact on Poverty Reduction and Nutrition', mimeo, Jawaharlal Nehru University, New Delhi.

Hirschman, Albert O. (1970), *Exit, Voice, and Loyalty: Responses to Decline in Firms, Organizations, and States* (Cambridge, MA: Harvard University Press).［矢野修一訳『離脱・発言・忠誠――企業・組織・国家における衰退への反応』ミネルヴァ書房、2005 年］

Hirway, I. and Batabyal, S. (2011), *MGNREGA and Women's Empowerment* (New Delhi: UN Women South Asia).

Horton, Richard (2012), 'Offline: Universal Coverage, Universally', *The Lancet*, 20 October.

Howes, S. and Murgai, R. (2006), 'Subsidies and Salaries: Issues in the Restructuring of Government Expenditure in India', in P. Heller and Govinda M. Rao (eds.) (2006), *A Sustainable Fiscal Policy for India: An International Perspective* (New Delhi: Oxford University Press).

Hsieh, C. T. and Urquiola, M. (2006), 'The Effects of Generalized School Choice on Achievements and Stratification: Evidence from Chile's Voucher Program', *Journal of Public Economics*, 90.

Huntington, Samuel (1991), *The Third Wave: Democratization in the Late Twentieth Century* (Norman, OK, and London: University of Oklahoma Press).［坪郷實・中道寿一・藪野祐

Guha, Ramachandra (2012), 'Terminal Damage', *Hindustan Times*, 24 July.

Guha Thakurta, P. (2011), 'Manufacturing "News"', *Economic and Political Weekly*, 2 April.

Gulati, A. and Narayanan, S. (2003), *The Subsidy Syndrome in Indian Agriculture* (New Delhi: Oxford University Press).

Gupta, Aashish (2013), 'The Old-age Pension Scheme in Jharkhand and Chhattisgarh', Working Paper, Department of Economics, Allahabad University; forthcoming in *Economic and Political Weekly*.

Gupta, Shalini (2012), 'Food Expenditure and Intake in the NSS 66th Round', *Economic and Political Weekly*, 14 January.

Habermas, Jürgen (1996), 'Three Normative Models of Democracy', in Seyla Benhabib (ed.) (1996), *Democracy and Difference: Contesting the Boundaries of the Political* (Princeton, NJ: Princeton University Press).

Halstead, S. B. et al. (eds.) (1985), *Good Health at Low Cost* (New York: Rockefeller Foundation).

Hammer, J., Aiyar, Y. and Samji, S. (2007), 'Understanding Government Failure in Public Health Services', *Economic and Political Weekly*, 6 October.

Hankla, C. R. (2006), 'Party Linkages and Economic Policy: An Examination of Indira Gandhi's India', *Business and Politics*, 8.

Hanushek, E. A. and Woessmann, L. (2008), 'The Role of Cognitive Skills in Economic Development', *Journal of Economic Literature*, 46.

HAQ: Centre for Child Rights (2005), *Says a Child… Who Speaks for my Rights? Parliament in Budget Session 2005* (New Delhi: HAQ).

Harris, F. R. (1958), *Jamsetji Nusserwanji Tata: A Chronicle of His Life*, 2 nd edn. (Bombay: Blackie).

Harriss, J., Jeyarajan, J. and Nagaraj, K. (2010), 'Land, Labour and Caste Politics in Rural Tamil Nadu in the 20 th Century', *Economic and Political Weekly*, 31 July.

Hart, Caroline Sarojini (2012), *Aspirations, Education and Social Justice: Applying Sen and Bourdieu* (London: Bloomsbury).

Hazarika, G. and Viren, V. (2013), 'The Effect of Early Child Developmental Program Attendance on Future School Enrollment in Rural North India', *Economics of Education Review*, 34.

Hazarika, Sanjoy (2013a), 'An Abomination Called AFSPA ', *The Hindu*, 12 February.

Hazarika, Sanjoy (2013b), 'It is Just not Just', *Hindustan Times*, 11 March.

Heckman, James J. (2008), 'Capability Formation, Early Intervention, and Long-Term Health', presentation at Outcomes Research Workshop, University of Chicago, 1 October.

Heller, Patrick (1999), *The Labor of Development: Workers and the Transformation of*

2009–10, Selected Tables Based on DISE 2009–10 (New Delhi: National University of Educational Planning and Administration).

Government of India (2011h), *Economic Survey 2010–11* (New Delhi: Ministry of Finance).

Government of India (2011i), *Special Bulletin on Maternal Mortality in India 2007–9* (New Delhi: Office of the Registrar General).

Government of India (2012a), *Economic Survey 2011–12* (New Delhi: Ministry of Finance).

Government of India (2012b), *MGNREGA Sameeksha: An Anthology of Research Studies on the Mahatma Gandhi National Rural Employment Guarantee Act, 2005* (New Delhi: Orient Blackswan).

Government of India (2012c), 'Press Note on Poverty Estimates, 2009–10' (New Delhi: Planning Commission).

Government of India (2012d), *Report of the Committee on Roadmap for Fiscal Consolidation* (New Delhi: Ministry of Finance).

Government of India (2012e), 'Revenue Forgone Under the Central Tax System: Financial Years 2010–11 and 2011–12' (New Delhi: Ministry of Finance).

Government of India (2012f), *Agricultural Statistics at a Glance* (New Delhi: Ministry of Agriculture).

Government of India (2012g), *Sample Registration Bulletin October 2012* (New Delhi: Office of the Registrar General).

Government of India (2012h), 'Houses, Household Amenities and Assets, 2011', available at www.censusofi ndia.gov.in/2011census/hlo/hlo_highlights.htm.

Government of India (2012i), *Sample Registration System Statistical Report 2011* (New Delhi: Office of the Registrar General).

Government of india (2012j), *SRS-based Abridged Life Tables 2003–7 to 2006–10* (New Delhi: Office of the Registrar General); available at www.censusindia.gov.in.

Government of India (2013), *Economic Survey 2012–13* (New Delhi: Ministry of Finance).

Government of India (various years), *Sample Registration System Statistical Report* (New Delhi: Office of the Registrar General).

Government of Maharashtra (1979–98), *Dr Babasaheb Ambedkar: Writings and Speeches*, 16 vols., ed. V. Moon (Mumbai: Department of Education).

Govinda Rao, M. (2011), 'Curing the Cancer of Concessions', *Financial Express*, 5 December.

Goyal, S. and Pandey, P. (2012), 'How Do Government and Private Schools Differ?', *Economic and Political Weekly*, 2 June.

Guha, Ramachandra (2007), *India After Gandhi: The History of the World's Largest Democracy* (London: Macmillan).［佐藤宏訳『インド現代史　1947－2007（上）・（下）』明石書店、2012 年］

Finance).

Government of India (2002b), *Report of the Task Force on Indirect Taxes* (New Delhi: Ministry of Finance).

Government of India (2004a), *Report of the Task Force on Implementation of the Fiscal Responsibility and Budget Management Act, 2003* (New Delhi: Ministry of Finance).

Government of India (2004b), *Central Government Subsidies in India: A Report* (New Delhi: Ministry of Finance).

Government of India (2006), *Social, Economic and Educational Status of the Muslim Minority of India: A Report* (New Delhi: Cabinet Secretariat).

Government of India (2008), *Sample Registration System Abridged Life Tables 2002–06* (New Delhi: Office of the Registrar General).

Government of India (2009a), *State of Environment Report: India 2009* (New Delhi: Ministry of Environment and Forests).

Government of India (2009b), *Sample Registration System: Statistical Report 2008* (New Delhi: Office of the Registrar General).

Government of India (2009c), *Report of the Expert Group to Review the Methodology for Estimation of Poverty* (New Delhi: Planning Commission).

Government of India (2009d), *Sample Registration System, Statistical Report 2008, Report No. 1 of 2008* (New Delhi: Office of the Registrar General, Ministry of Home Affairs).

Government of India (2010a), *Handbook of Labour Statistics* (Chandigarh: Labour Bureau).

Government of India (2010b), *Report on Employment and Unemployment Survey (2009–10)* (Chandigarh: Labour Bureau).

Government of India (2010c), *Wage Rates in Rural India* (Chandigarh: Labour Bureau).

Government of India (2011a), *High-Level Expert Group Report on Universal Health Coverage for India* (New Delhi: Planning Commission).

Government of India (2011b), 'Provisional Population Tables', Census of India 2011, Series 1 (India), Paper 1 of 2011 (New Delhi: Office of the Registrar General).

Government of India (2011c), 'Sample Registration Bulletin' (New Delhi: Office of the Registrar General).

Government of India (2011d), *Evaluation Report on Integrated Child Development Services* (New Delhi: Planning Commission).

Government of India (2011e), *Annual Report 2011–12 on the Working of State Power Utilities and Electricity Departments* (New Delhi: Planning Commission).

Government of India (2011f), *Selected Socio-Economic Statistics: India, 2011* (New Delhi: Ministry of Statistics and Programme Implementation).

Government of India (2011g), *Elementary Education in India under Government Managements*

September.

Gandhi, A. and Walton, M. (2012), 'Where Do India's Billionaires Get Their Wealth?', *Economic and Political Weekly*, 6 October.

Gandhi, M. K. (1937a), editorial published in Harijan, 11 September; partly reprinted in Narayan (1968).

Gandhi, M. K. (1937b), editorial published in Harijan, 5 June; partly reprinted in Narayan (1968).

Garg, Samir (2006), 'Grassroot Mobilisation for Children's Nutrition Rights', *Economic and Political Weekly*, 26 August.

Gatade, Subhash (2013), 'Schools of Discrimination', *Infochange*, January.

Gauri, V. and Vawda, A. (2004), 'Vouchers for Education in Developing Economies: An Accountability Perspective', *World Bank Research Observer*, 19.

Geetha, V. (1998), 'Periyar, Women and an Ethic of Citizenship', *Economic and Political Weekly*, 25 April.

Ghosh, Arunabha (2006), 'Pathways through Financial Crisis: India', *Global Governance*, 12.

Gill, Kaveri (2009), 'A Primary Evaluation of Delivery under the National Rural Health Mission', Working Paper 1/2009, Programme Evaluation Organisation, Planning Commission, New Delhi.

Giridharadas, Anand (2011), *India Calling: An Intimate Portrait of a Nation's Remaking* (New Delhi: Fourth Estate).

Glaeser, E., La Porta, R., Lopez-de- Silanes, F. and Shleifer, A. (2004), 'Do Institutions Cause Growth?', *Journal of Economic Growth*, 9.

Gluck, Carol (1985), *Japan's Modern Myths: Ideology in the Late Meiji Period* (Princeton, NJ: Princeton University Press).

Gopaldas, Tara (2006), 'Hidden Hunger', *Economic and Political Weekly*, 26 August.

Government of India (1946), *Report of the Health Survey and Development Committee*, 2 vols. (Calcutta: India Press).

Government of India (1992), *National Policy on Education 1986 (With Modifications Undertaken in 1992)* (New Delhi: Ministry of Human Resource Development).

Government of India (1993), *Report of the Expert Group on Estimation of Proportion and Number of Poor* (New Delhi: Planning Commission).

Government of India (1999), *Compendium of India's Fertility and Mortality Indicators 1971–1997* (New Delhi: Office of the Registrar General).

Government of India (2001a), *Handbook of Industrial Policy and Statistics* (New Delhi: Ministry of Commerce and Industry).

Government of India (2001b), *Economic Survey 2000–2001* (New Delhi: Ministry of Finance).

Government of India (2002a), *Report of the Task Force on Direct Taxes* (New Delhi: Ministry of

Dyson, T. and Moore, M. (1983), 'On Kinship Structure, Female Autonomy, and Demographic Behavior in India', *Population and Development Review*, 9.

Educational Initiatives (2011), *Quality Education Study* (Bangalore: Educational Initiatives).

El Arifeen, S. et al. (2012), 'Community-based Approaches and Partnerships: Innovations in Health Service Delivery in Bangladesh', mimeo, International Centre for Diarrhoeal Diseases Research, Dhaka.

Election Commission of India (2009), *Statistical Report of General Elections 2009* (New Delhi: Election Commission of India).

Emran, M. S. and Shilpi, F. (2012), 'Gender, Geography and Generations: Intergenerational Educational Mobility in Post-Reform India', paper presented at IGC-ISI conference, Indian Statistical Institute, New Delhi, July 2012.

Fan, S., Gulati, A. and Thorat, S. (2008), 'Investment, Subsidies, and Pro-Poor Growth in Rural India', *Agricultural Economics*, 39.

Fehr, E. and Fischbacher, U. (2000), 'Why Social Preferences Matter: The Impact of Non-selfish Motives on Competition, Cooperation and Incentives', *Economic Journal*, 112.

Ferber, M. A. and Nelson, J. A. (eds.) (1993), *Beyond Economic Man* (Chicago, IL: Chicago University Press).

Ferreira de Souza, Pedro H. G. (2012), 'Poverty, Inequality and Social Policies in Brazil, 1995–2009', Working Paper 87, International Policy Centre for Inclusive Growth, Brasilia.

Ferreira, F. and Robalino, D. (2010), 'Social Protection in Latin America: Achievements and Limitations', Policy Research Working Paper 5305, World Bank, Washington, DC.

Ferreira, F., Leite, P. and Ravallion, M. (2010), 'Poverty Reduction without Economic Growth? Explaining Brazil's Poverty Dynamics 1985–2004', *Journal of Development Economics*, 93.

Fleury, Sonia (2011), 'Brazil's Health-Care Reform: Social Movements and Civil Society', *The Lancet*, 377.

Folbre, Nancy (1986), 'Hearts and Spades: Paradigms of Household Economics', *World Development*, 14.

Foster, J. and Sen, A. K. (1997), 'On Economic Inequality after a Quarter Century', in Sen (1973, 1997).

Fraser, Lovat (1919), *Iron and Steel in India: A Chapter from the Life of Jamsetji N. Tata* (Bombay: The Times Press).

Friedman, Milton (1955), 'A Memorandum to the Government of India', *New Delhi*, 5 November; available at http://www.indiapolicy.org/debate/Notes/friedman.htm.

Fuller, C. J. (ed.) (1997), *Caste Today* (New Delhi: Oxford University Press).

Gaikwad, Laxman (1998), *The Branded: Uchalya* (New Delhi: Sahitya Akademi).

Gaitonde, R. and Shukla, A. (2012), 'Setting Up Universal Health Care Pvt. Ltd.', *The Hindu*, 13

Drèze, J. P. and Khera, R. (2011), 'PDS Leakages: The Plot Thickens', *The Hindu*, 13 August.

Drèze, J. P. and Khera, R. (2012a), 'Regional Patterns of Human and Child Development', *Economic and Political Weekly*, 29 September.

Drèze, J. P. and Khera, R. (2012b), 'A Bill that Asks too Much of the Poor', *The Hindu*, 5 September.

Drèze, J. P. and Khera, R. (2013), 'Poverty and the Public Distribution System', mimeo, Institute of Economic Growth, Delhi University.

Drèze, J. P., Khera, R. and Siddhartha (2008), 'Corruption in NREGA: Myths and Reality', *The Hindu*, 22 January.

Drèze, J. P. and Murthi, M. (2001), 'Fertility, Education and Development: Evidence from India', *Population and Development Review*, 27.

Drèze, J. P. and Sen, A. K. (1989), *Hunger and Public Action* (Oxford: Oxford University Press).

Drèze, J. P. and Sen, A. K. (1995), *India: Economic Development and Social Opportunity* (Oxford: Oxford University Press).

Drèze, J. P. and Sen, A. K. (2002), *India: Development and Participation* (Oxford: Oxford University Press).

Drèze, J. P. and Sen, A. K. (eds.) (1990), *The Political Economy of Hunger*, 3 vols. (Oxford: Oxford University Press).

Drèze, J. P. and Sen, A. K. (eds.) (1996), *Indian Development: Selected Regional Perspectives* (Oxford: Oxford University Press).

Duclos, P., Okwo- Bele, J. M., Gacic- Dobo, M. and Cherian, T. (2009), 'Global Immunization: Status, Progress, and Future', *BMC International Health and Human Rights*, 9.

Duflo, Esther (2011), 'Women's Empowerment and Economic Development', Working Paper 17702, National Bureau of Economic Research, Cambridge, MA.

Dunn, John (2005), *Democracy: A History* (New York: Atlantic Monthly Press).

Dutta, K. and Robinson, A. (1995), *Rabindranath Tagore: The Myriad-Minded Man* (New York: St Martin's Press).

Dutta, P., Howes, S. and Murgai, R. (2010), 'Small but Effective: India's Targeted Unconditional Cash Transfers', *Economic and Political Weekly*, 25 December.

Dutta, P., Murgai, R., Ravallion, M. and Van de Walle, D. (2012), 'Does India's Employment Guarantee Scheme Guarantee Employment?', *Economic and Political Weekly*, 21 April.

Dutta, P., Murgai, R., Ravallion, M. and Van de Walle, D. (2014), *Right to Work? Assessing India's Employment Guarantee Scheme in Bihar* (Washington, DC: World Bank).

Dyson, Tim (1997), 'Infant and Child Mortality in the Indian Subcontinent, 1881–1947', in A. Bideau, B. Desjardins and H. P. Brignoli (eds.) (1997), *Infant and Child Mortality in the Past* (Oxford: Clarendon Press).

Desai, S. B., Dubey, A., Joshi, B. L., Sen, M., Shariff, A. and Vanneman, R. (2010), *Human Development in India: Challenges for a Society in Transition* (New Delhi: Oxford University Press).

Dey, N., Drèze, J. and Khera, R. (2006), *Employment Guarantee Act: A Primer* (New Delhi: National Book Trust).

Dheeraja, C. and Rao, K. H. (forthcoming), *Changing Gender Relations: A Study of MGNREGS Across Different States* (Hyderabad: NIRD).

Dore, Ronald (1965), *Education in Tokugawa Japan* (London: Routledge and Kegan Paul).［松居弘道訳『江戸時代の教育』岩波書店、1970 年］

Drèze, Jean (2001), 'Right to Food and Public Accountability', *The Hindu*, 5 December.

Drèze, Jean (2004), 'Democracy and the Right to Food', *Economic and Political Weekly*, 24 April.

Drèze, Jean (2005), 'Dr. Ambedkar and the Future of Indian Democracy', *Indian Journal of Human Rights*, 9.

Drèze, Jean (2006a), 'Universalization with Quality: ICDS in a Rights Perspective', *Economic and Political Weekly*, 26 August.

Drèze, Jean (2006b), 'Tamil Nadu Viewed from the North', in Citizen's Initiative for the Rights of Children Under Six (2006).

Drèze, Jean (2010), 'Employment Guarantee and the Right to Work', in N. G. Jayal and P. B. Mehta (eds.) (2010), *The Oxford Companion to Politics in India* (New Delhi: Oxford University Press); reprinted in Khera (2011d).

Drèze, Jean (2011), 'The Bribing Game', *Indian Express*, 23 April.

Drèze, Jean (2012), 'Poverty, Targeting and Food Security', *Seminar*, 634.

Drèze, J. P. and Gazdar, H. (1996), 'Uttar Pradesh: The Burden of Inertia', in Drèze and Sen (1996).

Drèze, J. P. and Goyal, A. (2003), 'The Future of Midday Meals', *Economic and Political Weekly*, 1 November.

Drèze, J. P. and Khera, R. (2008), 'Glucose for Lok Sabha?', *Hindustan Times*, 14 April.

Drèze, J. P. and Khera, R. (2009a), 'Mid-Day Meals in Primary Schools', in A. Kumar and A. P. Singh (eds.) (2009), *Elementary Education in India: Issues and Challenges* (New Delhi: Uppal).

Drèze, J. P. and Khera, R. (2009b), 'The Battle for Employment Guarantee', *Frontline*, 3 January; reprinted in Khera (2011d).

Drèze, J. P. and Khera, R. (2010a), 'The BPL Census and a Possible Alternative', *Economic and Political Weekly*, 27 February.

Drèze, J. P. and Khera, R. (2010b), 'Chhattisgarh Shows the Way', *The Hindu*, 13 November.

Damodaran, Harish (2008), *India's New Capitalists: Caste, Business, and Industry in a Modern Nation* (Ranikhet: Permanent Black).

Das Gupta, Monica (2005), 'Public Health in India: Dangerous Neglect', *Economic and Political Weekly*, 3 December.

Das Gupta, M., Desikachari, B. R., Shukla, R., Somanathan, T. V., Padmanaban, P. and Datta, K. K. (2010), 'How Might India's Public Health Systems be Strengthtened? Lessons from Tamil Nadu', *Economic and Political Weekly*, 6 March.

Das, Bhagwan (ed.) (2010), *Thus Spoke Ambedkar* (New Delhi: Navayana).

Das, Gurcharan (2012), *India Grows at Night: A Liberal Case for a Strong State* (New Delhi: Penguin).

Das, J. and Hammer, J. (2004), 'Strained Mercy: Quality of Medical Care in Delhi', *Economic and Political Weekly*, 28 February.

Das, J., Holla, A., Das, V., Mohanan, M., Tabak, D. and Chan, B. (2012), 'In Urban and Rural India, a Standardized Patient Study Showed Low Levels of Provider Training and Huge Quality Gaps', *Health Affairs*, 31.

Datt, Gaurav (1998), 'Poverty in India and Indian States: An Update', *Indian Journal of Labour Economics*, 41.

Datt, G., Kozel, V. and Ravallion, M. (2003), 'A Model-Based Assessment of India's Progress in Reducing Poverty in the 1990 s', *Economic and Political Weekly*, 25 January.

Datt, G. and Ravallion, M. (1998), 'Why Have Some States Done Better than Others at Reducing Rural Poverty?', *Economica*, 65.

Datt, G. and Ravallion, M. (2010), 'Shining for the Poor Too?', *Economic and Political Weekly*, 13 February.

De, A., Khera, R., Samson, M. and Shiva Kumar, A. K. (2011), PROBE *Revisited: A Report on Elementary Education in India* (New Delhi: Oxford University Press).

De, A., Samson, M., Chakravarty, A. and Das, S. (2010), 'Schooling for Children in Interstate Border Areas', study commissioned by NEG - FIRE; available at www.cordindia.com.

Dé, Shobhaa (2008), *Superstar India* (New Delhi: Penguin).

Deaton, Angus (2013), *The Great Escape: Health, Wealth and the Origins of Inequality* (Princeton, NJ: Princeton University Press).［松本裕訳『大脱出——健康、お金、格差の起源』みすず書房、2014 年］

Deaton, A. and Drèze, J. P. (2002), 'Poverty and Inequality in India: A Re-examination', *Economic and Political Weekly*, 7 September.

Deaton, A. and Drèze, J. P. (2009), 'Food and Nutrition in India: Facts and Interpretations', *Economic and Political Weekly*, 14 February.

Desai, P. B. (1979), *Planning in India, 1951–78* (New Delhi: Vikas).

Political Weekly, 22 December.

Chomsky, Noam (1999), *Powers and Prospects* (London: Pluto).

Chopra, Deepta (2010), 'National Rural Employment Guarantee Act (NREGA) in India: Towards an Understanding of Policy Spaces', PhD thesis, Department of Geography, University of Cambridge.

Chopra, Deepta (2011), 'Policy Making in India: A Porous and Relational Process of "State Craft"', *Pacific Affairs*, 84.

Chopra, S. and Khera, R. (2012), 'Cutting Delays in NREGA Wages', available at www.ideasforindia.in.

Chowdhury, M., Bhuiya, A., Chowdhury, M. E., Rasheed, S., Hussain, A. M. Z. and Chen, L. C. (2012), 'The Bangladesh Paradox: Exceptional Health Achievement despite Economic Poverty', mimeo, International Centre for Diarrhoeal Disease Research, Bangladesh; to be published in *The Lancet*.

Chowdhury, Zafrullah (1995), *The Politics of Essential Drugs: The Makings of a Successful Health Strategy: Lessons from Bangladesh* (London: Zed).

Ciniscalco, Maria Teresa (2004), 'Teachers' Salaries', Background paper for the *Education for All: Global Monitoring Report 2005*, UNESCO.

Citizens' Initiative for the Rights of Children Under Six (2006), *Focus on Children Under Six*; available at www.righttofoodindia.org/data/rtf 06 focusreportabridged.pdf.

Cleland, John (2002), 'Education and Future Fertility Trends, with Special Reference to Mid-Transitional Countries', *Population Bulletin of the United Nations*, Special Issue, 48/49.

Comim, Flavio (2012), 'Poverty and Inequality Reduction in Brazil throughout the Economic Crisis', ISPI Analysis, no. 106, Instituto per gli Studi di Politica Internazionale, Milan.

Comim, F. and Amaral, P. (2012), 'The Human Values Index: Conceptual Foundations and Evidence from Brazil', background paper for Brazil's Human Development Report; to be published in *Cambridge Journal of Economics*.

Conti, G. and Heckman, J. J. (2012), 'The Developmental Approach to Child and Adult Health', NBER Working Paper 18664, National Bureau of Economic Research, Cambridge, MA.

Corbridge, S., Harriss, J. and Jeffrey, C. (2012), *India Today: Economy, Politics and Society* (Cambridge: Polity Press).

Crespo-Cuaresma, J., Samir, K. C. and Sauer, P. (2012), 'Gini Coefficients of Educational Attainment, Age Group Specific Trends in Educational (In) Equality', paper presented at the annual meeting of the Population Association of America, San Francisco, 3–5 May 2012 ; available at paa2012.princeton.edu.

da Silva, V. A. and Terrazas, F. V. (2011), 'Claiming the Right to Health in Brazilian Courts: The Exclusion of the Already Excluded?', *Law and Social Enquiry*, 36.

Rural Employment Guarantee Programme in Terms of its Potential for Creation of Natural Wealth in India's Villages', available at knowledge. nrega.net.

Centre for Science and Environment (2012), *Excreta Matters* (New Delhi: Centre for Society and Environment).

Cerami, Alfio (2009), 'Welfare State Developments in the Russian Federation: Oil-Led Social Policy and "The Russian Miracle"', *Social Policy and Administration*, 43.

Chakraborty, Achin (2005), 'Kerala's Changing Development Narratives', *Economic and Political Weekly*, 5 February.

Chakravarty, S., Friedman, D., Gupta, G., Hatekar, N., Mitra, S. and Sunder, S. (2011), 'Experimental Economics: A Survey', *Economic and Political Weekly*, 27 August.

Chakravarty, Sukhamoy (1987), *Development Planning: The Indian Experience* (New Delhi: Oxford University Press).［黒沢一晃・脇村孝平訳『開発計画とインド――理論と現実』世界思想社、1989 年］

Chamaria, A., Kumar, J. and Yadav, Y. (2006), 'Survey of the Social Profile of the Key Decision Makers in the National Media', unpublished report, Centre for the Study of Developing Societies, New Delhi.

Chandrasekhar, C. P. and Ghosh, J. (2011), 'Women's Work in India: Has Anything Changed', *Macroscan*, August; available at www.macroscan.org.

Chang, Ha-Joon (2002), *Kicking Away the Ladder: Development Strategy in Historical Perspective* (London: Anthem).［横川信治・張馨元・横川太郎訳『はしごを外せ――蹴落とされる発展途上国』日本評論社、2009 年］

Chang, Ha-Joon (2010), *23 Things They Don't Tell You About Capitalism* (New York: Allen Lane).［田村源二訳『世界経済を破綻させる 23 の嘘』徳間書店、2010 年］

Chattopadhyay, R. and Duflo, E. (2004), 'Impact of Reservation in Panchayati Raj', *Economic and Political Weekly*, 28 February.

Chaudhury, N. and Hammer, J. (2004), 'Ghost Doctors: Absenteeism in Rural Bangladeshi Health Facilities', *World Bank Economic Review*, 18.

Chaudhury, N., Hammer, J., Kremer, M., Muralidharan, K. and Rogers, F. H. (2006), 'Missing in Action: Teacher and Health Worker Absence in Developing Countries', *Journal of Economic Perspectives*, 20.

Chavan, P. and Bedamatta, R. (2006), 'Trends in Agricultural Wages in India', *Economic and Political Weekly*, 23 September.

Chen, Lin, de Haan, A., Zhang, X. and Warmerdam, W. (2012), 'Addressing Vulnerability in an Emerging Economy: China's New Cooperative Medical Scheme (NCMS)', *Canadian Journal of Development Studies*, 32.

Chitnis, A., Dixit, S. and Josey, A. (2012), 'Bailing out Unaccountability', *Economic and*

Bhagwati, J. and Panagariya, A. (2013), *Why Growth Matters: How Economic Growth in India Reduced Poverty and the Lessons for Other Developing Countries* (Public Affairs).

Bhalotra, S. and Cochrane, T. (2010), 'Where Have All the Young Girls Gone? Identifying Sex Selection in India', Working Paper 10/254, Centre for Market and Public Organisation, University of Bristol.

Bhargava, Rajeev (2014), 'Beyond Toleration: Civility and Principled Coexistence in Asokan Edicts', to be published in A. Stepan and C. Taylor (eds.) (forthcoming), *The Boundaries of Toleration* (New York: Columbia University Press).

Bhatia, Bela (2011), 'Awaiting Nachiso: Naga Elders Remember 1957 ', *Himal, August*.

Bhattacharjea, S., Wadhwa, W. and Banerji, R. (2011), *Inside Primary Schools* (Mumbai: ASER).

Bhatti, Bharat (2012), 'Aadhaar-enabled Payments for NREGA Workers', *Economic and Political Weekly*, 8 December.

Bhatty, Kiran (2011), 'Social Equality and Development: Himachal Pradesh and its Wider Significance', M.Phil. thesis, London School of Economics.

Bidwai, Praful (2012), *The Politics of Climate Change and the Global Crisis: Mortgaging our Future* (New Delhi: Orient Blackswan).

Bowles, Samuel (2007), 'Social Preferences and Public Economics: Are Good Laws a Substitute for Good Citizens?', Working Paper, Santa Fe Institute, New Mexico.

Bowles, S. and Reyes, S. P. (2009), 'Economic Incentives and Social Preferences: A Preference-based Lucas Critique of Public Policy', Working Paper 2009–11, Department of Economics, University of Massachusetts.

Bowles, S. and Hwang, Sung-Ha (2008), 'Social Preferences and Public Economics', *Journal of Public Economics*, 92.

Brannen, J. and Wilson, G. (eds.) (1987), *Give and Take in Families* (London: Allen & Unwin).

Bruns, B., Evans, D. and Luque, J. (2012), *Achieving World-Class Education in Brazil* (Washington, DC: World Bank).

Cashman, R. (1980), *Players, Patrons and the Crowd* (Delhi: Orient Longman).

Cataife, G. and Courtemanche, C. (2011), 'Is Universal Health Care in Brazil Really Universal?', Working Paper 17069, National Bureau of Economic Research, Cambridge, MA.

Center for Environmental Science and Policy (2006), 'Rural Electrification in China 1950–2004: Historical Processes and Key Driving Forces', Working Paper 60, Program on Energy and Sustainable Development, Stanford University, CA.

Central Information Commission (2012), *Annual Report 2011–12* (New Delhi: CIC).

Centre for Media Studies (2011), *India Corruption Study: 2010* (New Delhi: Centre for Media Studies).

Centre for Science and Environment (2008), 'An Assessment of the Performance of the National

Bardhan, Pranab (2005), *Scarcity, Conflicts, and Cooperation: Essays in the Political and Institutional Economics of Development* (Cambridge, MA: MIT Press).

Bardhan, Pranab (2010), *Awakening Giants, Feet of Clay: Assessing the Economic Rise of China and India* (Princeton, NJ: Princeton University Press).

Barr, N. and Harbison, R. W. (1994), 'Overview: Hopes, Tears, and Transformation', in Barr (1994).

Barr, Nicholas (ed.) (1994), *Labor Markets and Social Policy in Central and Eastern Europe* (Oxford: Oxford University Press).

Bastagli, Francesca (2008), 'The Design, Implementation and Impact of Conditional Cash Transfers Targeted on the Poor: An Evaluation of Brazil's *Bolsa Família*', PhD thesis, London School of Economics.

Bastagli, Francesca (2011), 'Conditional Cash Transfers as a Tool of Social Policy', *Economic and Political Weekly*, 21 May.

Basu, Kaushik (2011), 'Why, for a Class of Bribes, the Act of Giving a Bribe Should be Treated as Legal', mimeo, Ministry of Finance, New Delhi; available at finmin.nic.in/workingpaper/act_giving_bribe_legal.pdf

Basu, K. and Maertens, A. (eds.) (2012), *The New Oxford Companion to Economics in India* (New Delhi: Oxford University Press).

Bates, M. A., Glennerster, R., Gumede, K. and Duflo, E. (2012), 'The Price is Wrong', *FACTS Reports*, Special Issue 4.

Beaman, L., Duflo, E., Pande, R. and Topalova, P. (2006), 'Women Politicians, Gender Bias, and Policy-Making in Rural India', background paper for *The State of the World's Children 2007*, UNICEF.

Begum, S. and Sen, B. (2009), 'Maternal Health, Child Well-Being and Chronic Poverty: Does Women's Agency Matter?', *Bangladesh Development Studies*, 32.

Behrman, J., Alderman, H. and Hoddinott, J. (2004), 'Hunger and Malnutrition', in B. Lomborg (ed.) (2004), *Gobal Crises, Global Solutions* (Cambridge: Cambridge University Press).

Beinhocker, E. D. (2006), *The Origin of Wealth: Evolution, Complexity and the Radical Remaking of Economics* (Cambridge, MA: Harvard Business School Press).

Belfield, C. and Levin, H. M. (2005), 'Vouchers and Public Policy: When Ideology Trumps Evidence', *American Journal of Education*, 111.

Berg, E., Bhattacharya, S., Durgam, R. and Ramachandra, M. (2012), 'Can Rural Public Works Affect Agricultural Wages? Evidence from India', Working Paper 2012–05, Centre for the Study of African Economies, University of Oxford.

Béteille, André (2012), 'The Peculiar Tenacity of Caste', *Economic and Political Weekly*, 31 March.

December 2011.

Auletta, Ken (2012), 'Citizens Jain: Why India's Newspaper Industry is Thriving', *The New Yorker*, 8 October.

Aumann, Robert J. (1987), 'What is Game Theory Trying to Accomplish?', in K. Arrow and S. Honkapohja (eds.) (1987), *Frontiers of Economics* (Oxford: Basil Blackwell).

Azam, Mehtabul (2011), 'The Impact of Indian Job Guarantee Scheme on Labor Market Outcomes: Evidence from a Natural Experiment', Discussion Paper 6548, Institute for the Study of Labour, Bonn.

Bagchee, Aruna (2005), 'Political and Administrative Realities of Employment Guarantee Scheme', *Economic and Political Weekly*, 15 October.

Bagchi, A., Rao, R. K. and Sen, B. (2005), 'Raising the Tax-Ratio by Reining in the "Tax Breaks": An Agenda for Action', Working Paper, Tax Research Unit, National Institute of Public Finance and Policy, New Delhi.

Bagchi, Amiya K. (2010), *Colonialism and Indian Economy* (New Delhi: Oxford University Press).

Baker, D. P., Leon, J., Smith Greenaway, E. G., Collins, J. and Movit, M. (2011), 'The Education Effect on Population Health: A Reassessment', *Population and Development Review*, 37.

Balabanova, D., McKee, M. and Mills, A. (eds.) (2011), *'Good Health at Low Cost' 25 Years On* (London: London School of Hygiene and Tropical Medicine).

Balagopal, K. (2011), *Ear to the Ground: Selected Writings on Class and Caste* (New Delhi: Navayana).

Balakrishnan, Pulapre (2007), 'The Recovery of India: Economic Growth in the Nehru Era', *Economic and Political Weekly*, 17 November.

Balakrishnan, Pulapre (2010), *Economic Growth in India: History and Prospect* (New Delhi: Oxford University Press).

Balasubramaniam, J. (2011), 'Dalits and a Lack of Diversity in the Newsroom', *Economic and Political Weekly*, 12 March.

Banerjee, A., Deaton, A. and Duflo, E. (2004) 'Health Care Delivery in Rural Rajasthan', *Economic and Political Weekly*, 28 February.

Banerjee, A. and Duflo, E. (2011), *Poor Economics* (London: Random House). [山形浩生訳『貧乏人の経済学——もういちど貧困問題を根っこから考える』みすず書房、2012年]

Banerjee, A. and Piketty, T. (2005), 'Top Indian Incomes, 1922–2000,' *World Bank Economic Review*, 19.

Bangladesh Bureau of Statistics (2011), *Population and Housing Census: Preliminary Results July 2011* (Dhaka: Ministry of Planning, Government of the People's Republic of Bangladesh).

Ambasta, P., Vijay Shankar, P. S. and Shah, M. (2008), 'Two Years of NREGA: The Road Ahead', *Economic and Political Weekly*, 23 February.

Ambedkar, B. R. (1917), 'Castes in India: Their Mechanism, Genesis and Development', *Indian Antiquary*, 41; reprinted in Government of Maharashtra (1979–98), vol. 1; also reprinted in Manoranjan Mohanty (ed.) (2004), *Class, Caste and Gender* (New Delhi: Sage).

Ambedkar, B. R. (1936), *The Annihilation of Caste*, reprinted 1990 with an introduction by Mulk Raj Anand (New Delhi: Arnold).［山崎元一・吉村玲子訳『カーストの絶滅』明石書店、1994 年］

Ambedkar, B. R. (1952), 'Conditions Precedent for the Successful Working of Democracy', speech delivered at the Poona District Law Library; reprinted in Bhagwan Das (2010).

Ambedkar, B. R. (2011), *Reminiscences of Untouchability*, reprinted from Government of Maharashtra (1979–98), vol. 12 (New Delhi: Critical Quest).

Amnesty International (2012), *Death Sentences and Executions 2011* (London: Amnesty International Publications).

Anand, Mukesh K. (2012), 'Diesel Pricing in India', Working Paper 2012-108, National Institute of Public Finance and Policy, New Delhi.

Anand, S. (2003), 'The Retreat of the Brahmin', *Outlook*, 10 February.

Anand, Sudhir (2010), 'Measuring Health Workforce Inequalities: Methods and Application to China and India', *Human Resources for Health Observer*, 5, World Health Organization, Geneva.

Anand, S., Desmond, C., Fuje, H. and Marques, N. (2012), *Cost of Inaction: Case Studies from Rwanda and Angola* (Cambridge, MA: Harvard University Press).

Anand, S. and Fan, V. (2010), 'The Health Workforce in India, 2001', report submitted to the Planning Commission, New Delhi.

Arnett, Peter (1998), 'Big Science, Small Results', *Bulletin of the Atomic Scientists*, July/August.

Arokiasamy, P. and Goli, S. (2012), 'Explaining the Skewed Child Sex Ratio in Rural India', *Economic and Political Weekly*, 20 October.

Arrow, Kenneth (1963), 'Uncertainty and the Welfare Economics of Medical Care', *American Economic Review*, 53.

Asian Development Bank (2012), *Asian Development Outlook 2012: Confronting Rising Inequality in Asia* (Manila: ADB).

Association for Democratic Reforms (2010), *Lok Sabha National Election Watch 2009* (New Delhi: ADR).

Atkinson, A. B. (1975), *The Economics of Inequality* (Oxford: Oxford University Press).

Atkinson, A. B. (1983), *Social Justice and Public Policy* (Brighton: Wheatsheaf).

Audit Bureau of Circulation (2010), 'National and Statewise Trends', available online, accessed

Ahluwalia, Montek Singh (2010), 'Message from Delhi: Don't Cut Too Soon', *Financial Times*, 23 July.

Ahuja, A. and Chhibber, P. (2012), 'Why the Poor Vote in India', *Studies in Comparative International Development*, 47.

Aiyar, Swaminathan A. (2011a), 'Agricultural Wages have Skyrocketed: Poor have Benefited from GDP Growth', *Economic Times*, 7 June.

Aiyar, Swaminathan A. (2011b), 'Wage Boom Proves Inclusive Growth', *Economic Times*, 7 July.

Ajit, D., Donker, H. and Saxena, R. (2012), 'Corporate Boards in India: Blocked by Caste?', *Economic and Political Weekly*, 11 August.

Akerlof, George A. (1970), 'The Market for "Lemons": Quality Uncertainty and the Market Mechanism', *Quarterly Journal of Economics*, 84.

Alderman, Harold (2010), 'The Economic Cost of a Poor Start in Life', *Journal of Developmental Origins of Health and Disease*, 1.

Alderman, H. and Behrman, J. (2006), 'Reducing the Incidence of Low Birth Weight in Low-Income Countries has Substantial Economic Benefits', *World Bank Research Observer*, 21.

Alderman, H. and Horton, S. (2007), 'The Economics of Addressing Nutritional Anemia', in K. Kraemer and M. B. Zimmermann (eds.) (2007), *Nutritional Anemia* (Basel: Sight and Life Press).

Alessandrini, Michelle (2009), 'Jobless Growth in Indian Manufacturing: A Kaldorian Approach', Discussion Paper 99, Centre for Financial and Management Studies, University of London.

Alkire, S. and Foster, J. (2011), 'Counting and Multidimensional Poverty Measurement', *Journal of Public Economics*, 95.

Alkire, S., Roche, J. M. and Seth, S. (December 2011), 'Table 3. 3: Contribution of Deprivations to the MPI, by Sub-National Regions', Oxford Poverty and Human Development Initiative; available at http://www.ophi.org.uk (accessed November 2012).

Alkire, S. and Santos, M. E. (2012), 'Acute Multidimensional Poverty: A New Index for Developing Countries', mimeo, Oxford Poverty and Human Development Initiative, University of Oxford.

Alkire, S. and Seth, S. (2012), 'Multidimensional Poverty Index (MPI) Rates in Rural and Urban Indian States', mimeo, Oxford Poverty and Human Development Initiative, University of Oxford; available at http://ophi.qeh.ox.ac.uk.

Alkire, S. and Seth, S. (2013), 'Multidimensional Poverty Reduction in India between 1999 and 2006: Where and How?', OPHI Working Paper 60, Oxford Poverty and Human Development Initiative, University of Oxford.

参考文献

※以下で挙げられている文献の多くはウェブ上で入手可能である。ウェブ上でしか入手できないと思われる文献に限って、リンク先を明記している。

Aakella, K. V. and Kidambi, S. (2007), 'Challenging Corruption with Social Audits', *Economic and Political Weekly*, 3 February.

Acemoglu, D. and Robinson, J. (2012), *Why Nations Fail: The Origins of Power, Prosperity and Poverty* (London: Profile Books).［鬼澤忍訳『国家はなぜ衰退するのか――権力・繁栄・貧困の起源（上）・（下）』早川書房、2013 年］

Adhikari, Anindita (2011), 'Strong Revival', *Frontline*, 31 December.

Afridi, Farzana (2010), 'Child Welfare Programs and Child Nutrition: Evidence from a Mandated School Meal Program in India', *Journal of Development Economics*, 92.

Afridi, Farzana (2011), 'The Impact of School Meals on Student Participation in Rural India', *Journal of Development Studies*, 47.

Afridi, F., Barooah, B. and Somanathan, R. (2013), 'School Meals and Classroom Effort: Evidence from India', Working Paper, International Growth Centre, London School of Economics.

Afridi, F., Mukhopadhyay, A. and Sahoo, S. (2012), 'Female Labour Force Participation and Child Education in India: The Effect of the National Rural Employment Guarantee Scheme', Discussion Paper 6593, Institute for the Study of Labor, Bonn.

Agarwal, Bina (1994), *A Field of One's Own* (Cambridge: Cambridge University Press).

Agarwal, Manmohan (1991), 'Sukhamoy Chakravarty as a Development Economist', *Economic and Political Weekly*, 31 August.

Aggarwal, Ankita (2011), 'The PDS in Rural Orissa: Against the Grain?', *Economic and Political Weekly*, 3 September.

Aggarwal, A., Drèze, J. P. and Gupta, A. (2013), 'Notes on the Caste Composition of Public Institutions in Allahabad', mimeo, Department of Economics, Allahabad University.

Aggarwal, A., Gupta, A. and Kumar, A. (2012), 'Evaluation of NREGA Wells in Jharkhand', *Economic and Political Weekly*, 1 September.

Agrawal, Lion (2008), *Freedom Fighters of India*, vol. II (Delhi: Isha).

ヤ行

ヤロウ、ジョージ　135

ラ行

ラヴァリオン、マーティン　117, 453
ラーオ、ジャイティールト　397
ラシュディ、サルマン　382
ラ・ポルタ、R　74
ラーマスワミ、バーラット　68
ラーマリンガスワミ、ブリミリ　241
ラメシュ、ジャイラム　83
ランペレ、マンペラ　448
ルドラ、アショーク　389, 427
レッディー、ラームマノーハル　410, 411
ロイ、アルンダティ　380
ロソフスキー、ヘンリー　448
ロヒア、ラームマノーハル　73, 317, 432
ロビンソン、ジェイムズ　71, 72
ロペス・デ・シラネス、F　74
ロールズ、ジョン　373

ワ行

ワドワ、ウィリマ　68

416
シン、ウピンダール　427
シン、マンモーハン　50, 51
シン、V・P　431
シンデー、タラバイ　430
シンハ、ディーパ　254
スヴェドベリ、ピーター　443
スカリア、アントニン　369
スターン、ニコラス　85
スピアーズ、ディーン　456
スミス、アダム　37, 52-54, 166, 168, 176, 349, 461
スリニヴァサン、ヴィヴェク　262

タ行

タークレー、バール　382
タゴール、ラビンドラナート　56, 57, 171
ダース、グルチャラン　155
ターター、ジャムシェドジー　140, 404
ダット、ガウラヴ　453
チャクラヴァルティ、スカモイ　296
デー、ショーバー　384
ティトマス、リチャード　292
ディートン、アンガス　458
デュフロ、エスター　139
ドゥ・ボワールヴレイ、アルビナ　245
トレビルコック、M・J　75

ナ行

ナンダー、グルザーリーラール　431
ヌーラーニ、A・G　158, 449
ネルー、ジャワハルラール　59-61, 193, 355, 356, 359, 431

ハ行

ハーシュマン、A・O　446
バジョット、ウォルター　375
バスー、カウシック　157
ハック、マフブーブル　71
バナジー、アビジット　139
ハーバーマス、ユンゲン　374
バラクリシュナン、プラピレ　460
ハリス、F・R　404
パルタサラティ、プラサンナン　53
バルダン、プラナブ　140
ハンティントン、サミュエル　373
ビアス、アンブローズ　413
フセイン、M・F　382
プトレマイオス、クラウディオス　52
プラド、M・M　75
フリードマン、ミルトン　59
プリニウス（大プリニウス）　53, 461
プレー、ジョーティラーオ　430
ヘックマン、ジェームズ　251
ペーリヤール、E・V・R　430
ヘルプマン、エルハナン　73
ボウルズ、サミュエル　293
ホールデン、J・B・S　151

マ行

マーティン、ジェームズ　450
マンデール、ハルシュ　384
ミシュラ、パンカジ　360
ミル、ジョン・スチュアート　273, 375, 376
モキア、ジョエル　73
モーディー、ナレーンドラ　51, 431

人名索引

ア行

アーガルワル、ビーナー　335
アクバル帝　374
アショーカ王　374, 427
アセモグル、ダロン　71, 72
アナンド、スディール　87, 245
アブドゥッラー、シェイフ　356
アルキーレ、サビーナ　93, 456
アンベードカル、B・R　30, 31, 44, 45, 72, 315, 365, 371, 375, 376, 430, 462
ヴィオランテ、ルチアーノ　169
ヴィッカーズ、ジョン　135
宇佐美好文　517
ウルストンクラフト、メアリ　37
オバマ、バラク　235
オーマン、ロバート　276

カ行

ガンディー、インディラ　60, 61, 190, 193, 355, 431, 460
ガンディー、ソニア　192, 193
ガンディー、M・K（マハートマー）　57, 190, 192, 193, 437
ガンディー、ラジーヴ　190, 193, 431
ガンディー、ラーフル　193
義浄　183
木戸孝允　74
ギリダラダス、アナンド　87
金大中　379
グハ、ラーマチャンドラ　83, 355, 356
グハ・タークルタ、プランジョイ　427
クリシュナ、ラージ　460
クリントン、ヒラリー　235
クリントン、ビル　235
グレーザー、E　74
ケーラ、リーティカ　434
玄奘三蔵　182
コトワル、アショーク　68
コンドルセ、ニコラ・ド　37

サ行

サミュエルソン、ポール　210
サンジーヴィ、K・S　261
シヴァスブラモニアン、S　54
シェーカル、チャンドラ　431
ジャー、プラバート　440
ジャイン、モニカ　250
シャーストリー、ラール・バハードゥル　431, 460
ジャット、トニー　289
ジャラン、ビマル　61
シュライファー、A　74
聖徳太子　353
ショバン、サルマ　173
ジョンストン、ジョージ・リンゼイ

ラ行

ラージャスターン　121, 125, 162, 187, 227, 246, 249, 287, 300, 307, 308, 343, 363, 453
労働組合　215, 216, 323, 324, 398
ロシア　48, 56, 110, 112-114, 272, 290, 450

P

『PROBE 報告書』　175, 186, 189

——センター　245, 246, 248, 249, 251, 256, 258, 441
暴力　24, 25, 148, 330, 358-360, 382, 398, 450
女性に対する——　13, 14, 330, 331, 411
北東部（北東州）　119, 121, 357-359, 429, 461, 462
保健　19, 40, 70, 76, 77, 90, 106, 107, 109, 110, 113-117, 119, 121, 127, 129, 145, 173, 213, 219, 220, 223-237, 240-245, 249, 252, 254-256, 258, 259, 261, 262, 264-268, 270, 272, 277-279, 282, 289, 291, 292, 319, 350, 360, 386, 392, 393, 402, 404, 405, 412, 437, 439-442, 444, 447, 454-456
——医療　17, 18, 32, 42-44, 51, 76-80, 106, 107, 113, 116, 117, 128, 136, 138, 143, 173, 219, 224-226, 228-232, 234-237, 252, 254, 255, 261, 263-265, 267, 268, 270-272, 274, 278, 280, 290, 320, 327, 328, 334, 350, 370, 372, 392, 402-407, 409, 410, 413, 415, 439, 443, 444, 455
補助金　77, 136, 140-146, 148, 152, 230, 292, 303, 310, 311, 390, 392-394, 397, 403, 415, 446, 451
ボルサ・ファミリア　118, 282, 454

マ行

マディヤ・プラデーシュ　120, 121, 125, 187, 228, 343, 430, 441, 453
マニプル　121
マハーラーシュトラ　189, 246, 296, 297, 300, 343, 436, 441, 442
ミゾラム　121
南アジア　26, 32, 33, 89, 90, 97, 100, 101, 105, 110, 112, 120, 180, 193, 196, 223, 238, 240, 241, 410, 442, 457
民営化　35, 36, 63, 135, 140, 163, 201, 208, 209, 232, 236, 272, 279, 350
民主主義　13, 15, 19, 20, 24, 26, 28, 30, 31, 36, 38, 39, 41-44, 50, 81, 103, 114, 116, 117, 153, 159, 172, 268, 272, 289, 307, 348, 353-355, 357, 360-362, 364-366, 368-375, 377-379, 382, 383, 396, 400, 411, 413, 415, 428, 449
——の実践　26, 37-39, 42, 44, 213, 224, 268, 354, 355, 357, 358, 361, 367, 369, 372, 373, 375, 381, 382, 398, 399
民主的制度　129, 130, 361, 365
無償義務教育法　186, 208, 211, 214, 215, 445
メガラヤ　506
メキシコ　48, 237, 263, 267, 278, 413, 439, 447
メディア　13, 14, 16, 17, 30-32, 38, 40, 80, 83, 156, 162, 164, 167, 168, 205, 219, 220, 222-224, 295, 323, 324, 357, 358, 367, 371, 376, 379-381, 383-389, 391, 399, 401, 407, 409-411, 413, 415, 427, 431
毛沢東主義［者］　359, 360, 380
目的のない豊かさ　115, 116

ヤ行

予防接種　33, 94, 110, 112, 116, 119, 124, 173, 222-224, 242, 243, 251, 255, 256, 265, 266, 274, 275, 278, 288, 410, 444

ナ行

ナガランド　356
ナーランダー大学　182-184
西ベンガル　217, 299, 343, 363, 455
日本　17, 48, 57, 72-74, 76, 150, 176, 177, 182, 196, 200, 233, 235, 267, 277, 349, 403, 448, 456, 458, 460, 461
ネパール　33, 91, 94, 100, 112, 180, 222, 456, 457
年金　118, 288, 289, 291, 393
農業　42, 59-62, 65, 69, 136, 142, 271, 296, 297, 415, 458
　――労働者　62, 65, 203, 206, 297, 298, 436, 459

ハ行

パキスタン　25, 33, 60, 91, 97, 100, 101, 180, 183, 222, 223, 326, 357, 457
ハリヤーナー　125, 252, 254, 340, 343, 347, 362, 429, 453
バングラデシュ　16, 18, 33, 85, 91, 97, 100, 102, 103, 105-110, 112, 173, 180, 223, 224, 328, 337, 346, 407, 439, 455-457
パンジャーブ　125, 343, 347, 453
東アジア　59, 130, 177, 178, 182, 196, 200, 233, 267, 277, 405
非対称情報　76, 77, 79, 135, 136, 209, 264, 272
ビハール　121, 124, 125, 180, 183, 187, 203, 227, 251, 283, 299, 300, 306, 308, 311, 343, 364, 430, 435, 437, 439, 443, 447, 453, 455
ヒマーチャル・プラデーシュ　19, 125, 126, 128-130, 173, 192, 193, 246, 267, 277, 287, 299, 300, 307, 308, 317, 337, 343, 412, 430, 448, 452, 454
表現の自由　39, 370, 381
貧困　15, 18, 25, 28, 49-51, 55, 62, 65, 67-69, 76, 77, 80, 84, 85, 89, 93, 103, 117-119, 121, 124-127, 130, 135, 139, 143, 200, 233, 234, 258, 265, 266, 270, 275, 281-285, 289, 295, 299, 303, 305, 306, 308, 309, 312, 319, 320, 325, 354, 359, 384, 385, 388, 390, 393, 397, 401, 403, 406, 407, 433, 434, 437-439, 443, 451, 453, 454, 456-461
　――線　67, 68, 124, 127, 229, 233, 279-281, 283-286, 303, 453, 458, 459
貧血　70, 227, 243
不平等　20, 30, 32, 34, 42, 78, 80, 85, 115, 117-119, 126, 129, 130, 135, 146, 174, 199, 200, 206, 213, 234, 264, 275, 296, 313-320, 326-328, 330, 331, 334-339, 347, 348, 350-352, 354, 369-371, 373, 379, 383, 386, 388-391, 402, 406-409, 414-417, 426, 428, 430, 432, 440, 455
普遍主義　42, 43, 77, 113, 234-237, 263-265, 268, 285, 287-289, 303, 304, 410, 413, 439
ブラジル　16, 48, 76, 110, 112, 114-120, 225, 237, 241, 263, 267, 278, 282, 318, 406, 413, 439, 447, 454, 455
分権化　161, 162
平均寿命　25, 29, 33, 43, 76, 90, 97, 114, 120, 224, 235, 267
ベトナム　55, 58, 91, 93, 200, 237, 356, 439
保育　222, 243, 244, 250, 251, 256, 259, 266, 279, 412, 438, 442

性選択的中絶　106, 107, 293, 294, 337-341, 343-347, 429, 437
制度　13, 26, 31, 38-44, 57, 61, 71-75, 81, 83, 103, 113, 114, 116-118, 128-130, 152, 154, 156, 158, 160-162, 165, 167, 168, 181, 183, 186, 189, 195-200, 205, 207, 209, 211-216, 225, 226, 230-237, 254, 258, 259, 264, 266, 267, 269-272, 281-283, 288, 290, 293, 297, 299, 303, 304, 307, 309, 311, 313-317, 321, 327, 329, 332, 333, 348, 350, 354, 355, 361, 362, 365, 366, 368, 370, 371, 373-375, 399, 410, 413, 430, 431, 433, 434, 438-440, 443, 446, 448, 449, 454, 455, 458, 461
性比
　子供の――　339, 340, 343, 345-347, 428, 429
　出生時の――　340, 341, 343, 345, 429
説明責任　14, 19, 35, 36, 39, 64, 79-81, 103, 134, 135, 137, 138, 140, 141, 143, 146, 147, 152, 153, 155, 158-160, 162-165, 168, 169, 202, 207, 210, 212-216, 264, 267, 279, 297, 302, 303, 307, 364, 366, 372, 373, 399, 402, 405, 412, 414, 434, 445, 446, 449, 450, 452
選挙　20, 30, 38, 51, 80, 156, 160, 163, 197, 261, 297, 307, 329, 354, 358, 361-366, 368, 370, 371, 373, 375, 377-379, 385, 431, 462
全国健康保険計画（RSBY）　229, 230, 232, 265, 443, 444
全国農村雇用保証法（NREGA）　65, 258, 274, 286, 295-303, 305, 310, 311, 398, 413, 434-438, 449, 459
潜在能力
　人間の――　17, 28, 71, 74, 77, 78, 84, 121, 125, 126, 130, 138, 181, 185, 196, 235, 251, 270, 282, 402-405, 410
先住民　163, 187, 299, 310, 321, 324, 325, 326, 432
総合的児童発育サービス（ICDS）　245, 246, 248-251, 256, 258, 350, 413, 438, 441, 442

タ行

タイ　17, 182, 237, 263, 267, 268, 439, 447
ターゲティング　233, 234, 259, 282-287, 299, 304, 437, 438, 440
タミル・ナードゥ　19, 120, 125-130, 192, 193, 228, 246, 248, 251, 252, 254-256, 258, 259, 261-263, 267, 277, 287, 300, 305, 308, 317, 337, 343, 345, 399, 409, 412, 428, 433, 437, 439-441, 449, 453, 454
ダリト　14, 127, 129, 133, 163, 187, 262, 263, 299, 314, 321, 323-326, 331, 365, 408, 409, 431, 432, 449, 450
チャッティースガル　121, 125, 187, 246, 269, 270, 287, 305-308, 343, 433, 441, 443, 453
中間層　14, 64, 145, 289, 387
中国　15-17, 28, 32, 33, 35-40, 42-44, 48, 55, 58, 66, 69, 72, 76, 110, 112-115, 117, 118, 140, 141, 172, 177, 182, 183, 192, 200, 203, 220, 225, 237, 238, 243, 263, 264, 267, 268, 271, 272, 320, 338, 360, 371, 372, 403, 405-407, 410, 429, 439, 440, 442, 447, 449, 451, 452, 455, 457, 459, 461
透明性　79, 154, 155, 156, 160, 162, 165, 297, 307, 309, 351, 366, 436, 449, 450
トリプラ　121, 363

155, 161, 162, 176, 237, 244, 252, 259, 262, 263, 267, 270, 277, 278, 285, 289, 293, 328, 348, 372, 392, 401, 402, 404-406, 409, 412, 413, 440
公共的推論　20, 32, 261, 267, 276, 347, 367, 373-379, 382, 391, 400, 428
公衆衛生　107, 173, 182, 183, 232, 255, 259, 265, 267, 275, 277, 278, 386, 405, 440, 441
公的配給制度（PDS）　128, 161, 258, 259, 269, 281, 283, 285, 287, 291, 303-312, 413, 433, 434, 438, 440, 449
国家食料安全保障法案　393-396, 426
雇用なき成長　69, 328, 458

サ行

サハラ以南アフリカ　16, 51, 81, 89-91, 180, 222, 223, 226, 238, 240, 242, 442, 444
ジェンダー　18, 41, 42, 89, 103, 105, 107, 125, 129, 196, 200, 299, 313-317, 320, 326-331, 334-339, 346, 347, 399, 408, 428, 430, 456
識字［率］　29, 90, 91, 93, 101, 103, 105, 112, 119, 121, 174, 176, 179, 180, 193, 314, 315, 457
死刑　13, 39, 461
市場　72, 77, 78, 113, 135, 136, 148, 149, 152, 176, 210, 216, 231, 259, 264, 269-278, 286, 290, 292, 294, 303, 307, 308, 310, 349, 433, 437, 446, 452, 455
　——経済　40, 63, 79, 114, 137, 177, 200, 275
シッキム　121, 300
指定カースト　→ダリトを参照
指定部族　→先住民を参照
指導原則　116, 146, 368, 370, 371
児童労働　175, 447
死亡率　54, 105, 106, 327, 328, 338, 429
　子供の——　90, 93, 97, 174, 336
　乳児——　29, 33, 116, 254, 266
　乳幼児——　224, 340, 430, 431
　妊産婦——　254
市民的自由　20, 42, 58, 383
社会保障　113-117, 120, 128, 282, 283, 288, 291, 378, 379, 398, 402, 409, 415, 441, 454
ジャールカンド　121, 125, 187, 189, 308, 343, 345, 346, 364, 404, 453
ジャンムー・カシミール　343, 363
出生率　105, 109, 174, 328, 336, 338, 339, 429
　合計特殊——　91, 97
（身体的な）障害　233, 235, 288, 441
情報公開法　155, 156, 159, 160, 164, 169, 349, 350, 366, 398, 449, 450, 457
女性の労働参加［率］　103, 105, 106, 328, 329, 430, 456
庶民（アーム・アードミー）　69, 145, 389, 390, 416
庶民党　449
私立学校　101, 118, 128, 195, 201, 208-211, 286, 446, 454
人的資本　59, 74
スリランカ　33, 100, 101, 179, 225, 267, 277, 439
正義　15, 18, 31, 37, 200, 235, 320, 347, 351, 368, 373-375, 408, 409, 427, 443, 448, 457
政治的代表　362, 366
　女性の——　329, 366, 430

127, 129, 130, 133, 163, 174, 196, 198, 200, 259, 262, 277, 299, 313-317, 319-321, 323-327, 330, 331, 347, 365, 370, 386, 391, 398, 399, 407, 409, 414, 430-432, 438
カルナータカ　300, 343, 363
環境　15, 41, 82-85, 108, 110, 129, 145, 147, 148, 151, 154, 174, 175, 198, 199, 241, 270, 302, 320, 351, 399, 402, 406, 427, 451, 452, 457, 458
韓国　16, 17, 48, 76, 115, 177, 192, 338, 378, 379, 403, 432
飢餓　25, 42, 273
——撲滅プログラム　118
飢饉　25, 29, 41, 42, 54, 102, 273, 274, 296, 371, 372, 377, 378, 461
給食　127, 128, 187, 248-250, 258, 259, 261, 277, 285, 286, 290, 291, 348, 349, 438, 442, 447
教育　13, 17-19, 32, 40, 44, 56-58, 61, 69, 70, 73, 74, 78-80, 90, 97, 101, 103, 105, 107, 110, 113-116, 118, 119, 121, 126, 128-130, 136, 138, 143, 159, 171-188, 190, 192, 193, 195-203, 205, 207-217, 222, 231, 234, 241, 244-256, 258, 261, 265, 266, 270, 272-274, 276-279, 282, 283, 289-291, 314-317, 321, 326-328, 335, 338, 347, 351, 368, 370-372, 386, 389, 390, 392, 398, 399, 402-406, 408, 409, 411, 412, 415, 429, 431, 432, 440, 445-448, 452-454, 458
——バウチャー　128, 209, 273, 278, 446
高等——　180-185, 197, 198, 317, 326, 448
教員（教師）　128, 185, 188, 189, 195, 202, 203, 205-208, 212-217, 323, 445, 447
契約——　188, 206-208
常勤——　128, 188, 206-208
許認可支配（ライセンス・ラージ）　40, 41, 78, 155, 460
グジャラート　252, 254, 343, 347, 441
グラム・サバー　162, 163, 296, 297
グラム・パンチャーヤト　128, 161-163, 207, 297, 307, 449
軍特別権限法（AFSPA）　358, 359
経済改革　42, 50, 59, 62-64, 78-80, 113, 263, 271, 295, 455, 459, 460
経済成長　15-19, 23, 24, 27, 28, 32-34, 38, 40, 41, 47-52, 54, 55, 61-64, 68, 69, 71, 73-75, 78-80, 82, 88, 90, 93, 94, 102, 103, 112-115, 126, 130, 148, 196, 197, 213, 252, 281, 282, 319, 328, 378, 391, 392, 401-405, 411, 452, 457, 458, 461
ケーララ　19, 76, 77, 120, 125-131, 162, 173, 178, 179, 251, 254, 262, 263, 267, 268, 277, 287, 317, 337, 343, 356, 399, 409, 412, 439, 441, 452-454
権威主義　24, 43, 44, 177, 268, 357, 359, 360, 378
現金給付　118, 119, 288, 291, 293, 294, 304, 309-312, 433, 451
条件付——　118, 119, 128, 278, 288-291, 437
健康保険　77, 225, 229-232, 234-237, 261, 264, 265, 271, 278, 443, 444
原子力　147, 149-151, 428, 450
憲法　31, 116, 117, 120, 146, 158, 202, 321, 353, 355, 368-371, 393, 400, 426, 430, 456
公共サービス　18, 19, 32, 40, 48, 49, 70, 79-81, 103, 112-114, 127-129, 136-138, 154,

事項索引

ア行

アッサム　343
アメリカ　25, 48, 55, 87, 117, 119, 120, 149, 177, 184, 193, 196-198, 225, 226, 233-236, 241, 267, 277, 278, 291, 320, 333, 350, 353, 354, 357, 361, 362, 366, 368, 369, 401, 443, 460, 462
アルナーチャル・プラデーシュ　506
アーンドラ・プラデーシュ　287, 300, 307, 308, 343, 363, 434, 447
イスラム教徒　321, 325, 326, 382, 431
逸失歳入　146, 394, 395, 397, 426
インセンティブ　154, 167, 168, 231, 232, 270, 278, 286, 288-294
インドネシア　48, 72, 178, 182, 378, 379
インフォーマル部門　282, 283
インフラ（インフラストラクチャー）　32, 34-37, 40, 59, 65, 79, 114, 127, 138, 213, 248, 256, 259, 310, 402, 405
ウッタラーカンド　187, 299, 343
ウッタル・プラデーシュ　120, 121, 124, 125, 133, 187, 244, 246, 249, 251, 255, 270, 308, 323, 343, 363, 432, 435, 444, 453, 455
栄養　17, 25, 51, 70, 71, 80, 90, 105, 110, 127, 136, 187, 224, 238, 240-245, 248-251, 276, 277, 279, 286, 290, 309, 349, 386, 394, 403, 438, 441, 443, 456, 458
——摂取　238, 241-243, 248, 250, 261, 275, 309, 327, 348, 350, 402, 405, 443, 458
——不良　17, 33, 41, 70, 71, 80, 112, 238, 240, 241, 244, 309, 388, 394, 404, 412, 443, 456
エージェンシー（行為主体性）　18, 105, 259, 328, 334-339, 429
エンパワーメント　172, 295
女性の——　103, 174, 296, 335, 336, 338
汚職　13, 35, 39, 40, 61, 63, 78-81, 152-161, 163-165, 168, 169, 258, 300, 304, 305, 307, 309, 401, 412-414, 435, 449, 450, 452
汚染　82-84, 135, 147, 149, 151, 427, 451
オディシャ　121, 125, 287, 307, 308, 343, 345, 346, 363, 441, 453

カ行

階級　13, 15, 32, 56, 58, 89, 129, 174, 196, 198, 199, 200, 262, 313, 315-317, 320, 325, 326, 347, 349, 351, 352, 384, 386, 387, 389, 391, 406, 407, 409, 415, 427, 462
外部性　135, 147-152, 210, 272, 274, 275, 438
カースト［制度］　30, 41, 58, 72, 73, 89,

統計付録

統計についての注釈

本書で用いられている経済統計および社会統計は、国際比較を目的とする場合には『世界開発指標』(*World Development Indicators*)、インドに限った情報の場合には国内の信頼できる情報源に主に依拠している。後者については、一〇年ごとに行われるセンサス（国勢調査）、中央統計局、財務省が毎年作成する『経済白書』(*Economic Survey*)、インド準備銀行、全国標本調査、全国家族健康調査、標本登録システム、インド人間開発調査といった情報源を特に利用している。信頼できない、または、信頼できない可能性のある情報源については、使用を差し控えるようにしている。

『世界開発指標』に関しては、オンライン版の統計を用いている（data.worldbank.org、二〇一三年一月一日閲覧）。ただし、ほとんどの統計は印刷版の『世界開発指標』でも入手可能である（World Bank, 2012）。なお、国際比較を行うために、人口が二〇〇万人に満たない国は比較対象から除外している。

『世界開発指標』から得られるインドに関する数値と国内の情報源から得られる同じ指標の数値との間には、若干の食い違いが見られることがある（後者のほうが最新のデータであるというのが、その理由の一つである）。例えば、二〇一一年のインドの乳児死亡率は、『世界開発指標』では出生一〇〇〇件あたり四七件であるのに対して、標本登録システムから得られるより新しいデータによると、実際には出生一〇〇〇件あたり四四件となっている。[*1] 国際比較を行う場合、インドの数値については『世界開発指標』を参照しており、国内の情報源に基づいて数値を「更新」するようなことはしていない。これは、インド以外の国についても、同様の時間差が生じているかもしれないからである。いずれにしろ、異なる情報源から得られるデータの間の食い違いは、非常に小さいものである場合が多い。

インドの統計のある部分（特に社会統計）は、本書を執筆している時点でやや古いものになってしまっている。二〇一一年センサスの結果の一部は公表されているが、多くの重要な指標（例えば、年齢別の識字率や女性の労働参加率）はまだ一般には公開されていない。[訳1] また、保健と栄養に関して包括的なデータを提供する最も新しい全国調査は、二〇〇五－〇六年に実施された第三回全国家族健康調査であるという点はさらに重要である。特に子供の栄養状態に関しては、それ以降の時期についての信頼できるデータはない。[訳2] そのため、第二回インド人間開発調査の結果の公表と第四回全国家族健康調査の実施によって、このような問題が一刻も早くある程度解消されることが望まれる。その一方で、本書では、信頼できる情報源から得られる最新のデータを用いている。

この統計付録には、インドの経済発展および社会発展の様々な側面に関する統計データがさらに収められている。表A－1は、アジアのなかから選ばれた国々の間で開発指標を国際比較している。表A－

＊1　『世界開発指標』の数値は、新しいデータが公表されるたびに定期的に更新されている。乳児死亡率やその他のデータに見られるこうした食い違いは、いずれは小さくなるか消えてなくなるだろう。

訳1　原著刊行後、二〇一一年センサスでの年齢別の識字率や女性の労働参加率についての結果が公表されている。例えば、Government of India (2014), *Handbook on Census 2011 Results, India-Volume 1* (New Delhi: Office of the Registrar General and Census Commissioner) を参照。

訳2　インド全土の約一〇万世帯を対象にした、Rapid Survey on Children（RSOC）と呼ばれるサンプル調査が、二〇一三－一四年にユニセフ（国連児童基金）によって実施された。ＲＳＯＣの調査結果の一部は二〇一五年七月に公表されており、保健や栄養の指標について、第三回全国家族健康調査と比較することができる。詳しくは、Drèze, Jean (2015), 'Small Leap Forward in Child Health', *The Hindu*, 16 September を参照。

2では、このような国際比較の一部分をインド国内の地域差を示す同様の証拠と結びつけようとしている。この表にはインドの六州のデータが掲載されており、社会指標が比較的良好な三州（ヒマーチャル・プラデーシュ、ケーララ、タミル・ナードゥ）と剝奪が比較的深刻な「北部の中心地帯」に位置する三州（ビハール、マディヤ・プラデーシュ、ウッタル・プラデーシュ）からなっている。表A－3は、インドの主要な州（二〇一一年の時点で人口が五〇〇〇万以上の州）について幅広い分野の指標を示している一方、表A－4は、北東部の比較的規模の小さい州に焦点を当てている。最後に、表A－5では、インドという国レベルでの各種統計の時間的推移についての情報を掲載している。なお、本書に収められている表の多くも依拠している、表A－3の情報源については、簡単な注釈とともに表A－3の最後にすべて列記されている。

表A－3では、インド人間開発調査に基づく二〇〇四－〇五年のデータ以外は、「北東部」の数値はすべて、アルナーチャル・プラデーシュ州、マニプル州、メガラヤ州、ミゾラム州、ナガランド州、シッキム州、トリプラ州のそれぞれの数値を人口でウェイト付けして平均した値である。（二〇〇七－〇八年の県レベル家計調査でのナガランド州のように）特定の北東州のデータが欠けている場合には、データが入手可能な北東州について平均を取っている。また、表A－3では、インド人間開発調査に基づく二〇〇四－〇五年の「マハーラーシュトラ州」に関する数値はすべて、マハーラーシュトラ州とゴア州を合わせた数値に相当する（Desai et al., 2010を参照）。

最後に、表A－5では、農業労働者の実質賃金の推定値として二つの時系列が示されている。一つは、『インドにおける農業労働賃金』（*Agricultural Wages in India*）に基づいている、一九九九－二〇〇〇年までの時系列である（Drèze and Sen, 2002を参照）。もう一つは、労働局の『インド農村部における賃金率』

（*Wage Rates in Rural India*）のデータベースに基づいている、一九九八–九九年から始まる新しい時系列であり、宇佐美好文はこのデータを巧みに分析している（Usami, 2011, 2012）。名目賃金を実質賃金へと実質化する際には、どちらの時系列についても農業労働者消費者物価指数を用いている。また、表A–5では、どちらの時系列も「非熟練労働者」（成人男子）というカテゴリーに基づく数値である。表2–2と表7–1（それぞれ、2章と7章）では、二〇〇〇年以降の数値も宇佐美による時系列に基づいている。これらの表で示されている、「農業労働者」「非農業労働者」「農村労働者」の賃金率は、関連する各活動（例えば、男性の農業労働者の場合、農地の耕起、種まき、植え付け、収穫など）の賃金率を単純に平均したものである。各活動の実質賃金率はほぼ同じ動きをするため、各活動にどれだけのウェイトを付けるかという具体的な方法は、私たちの分析にとってはあまり重要ではない。また、労働局のデータベースを用いて各活動の実質賃金率の時系列データを独自に作成してみたところ、宇佐美によるものと同様の結果が得られた。

パキスタン	スリランカ	中国	韓国	インドネシア	タイ
177	21	1,344	50	242	70
672	1,402	2,640	16,684	1,207	2,699
2,424	4,929	7,418	27,541	4,094	7,635
2.6	3.3	6.8	5.4	3.7	4.3
4.5	2.2	2.4	5.7	1.6	5.0
2.2	2.6	5.4	5.5	5.3	4.6
3.2	2.8	7.6	6.5	4.5	5.7
1.3	4.1	8.6	5.5	3.3	4.1
2.5	4.7	9.6	3.9	4.1	3.1
60.2[b]	29.1[c]	29.8[b]	—	46.1	4.6[a]
66[f]	78[f]	75[f]	84[f]	71	77
64[f]	72[f]	72[f]	77[f]	67	71
65[f]	75[f]	73[f]	81[f]	69	74
59[f]	11[f]	13[f]	4[f]	25	11
32[c]	17[c]	3[b]	—	11	7[a]
260	35	37	16	220	48
3.4[f]	2.3[f]	1.6[f]	1.2[f]	2.1	1.6
40	90	91	—	90[a]	92[e]
69	93	97	—	96[a]	96[e]
61	99	99	—	99[a]	98[e]
79	98	99	—	100[a]	98[e]
62	99[d]	—	99	92	—
4.9	9.3	7.5	11.6	5.8	6.6
41	24	17	21	16	16[b]

表 A−1：インドとアジア諸国の経済指標と社会指標（2011 年）

	インド	バングラデシュ	ネパール
人口（100 万人）	1,241	150	30
1 人あたり所得と関連指標			
1 人あたり GDP（2000 年を基準とする実質米ドル）	838	588	275
購買力平価換算の 1 人あたり GDP（2005 年を基準とする実質ドル）	3,203	1,569	1,106
1 人あたり GDP の年平均成長率、1961 ～ 2011 年（%）	3.1	1.7	1.4
1 人あたり GDP の年平均成長率[h]（%）			
1961 ～ 70 年	1.8	1.1	0.5
1970 ～ 80 年	0.9	−0.5	−0.2
1980 ～ 90 年	3.3	0.7	1.7
1990 ～ 2000 年	3.6	2.7	2.4
2000 ～ 11 年	5.5	4.4	2.0
1 日あたり 2 ドル（購買力平価換算）の国際貧困線以下の人口比、2010 年（%）	68.7	76.5	57.3
寿命、死亡、生殖			
平均寿命（年）			
女性	67	70	70
男性	64	68	68
全体	65	69	68
乳児死亡率（出生 1,000 件あたりの死亡数）	47	37	39
低体重の新生児の割合、2010 年（%）	28[d]	22[d]	21[d]
妊産婦死亡率、2010 年（出生 10 万件あたりの死亡数）	200	240	170
合計特殊出生率	2.6	2.2	2.7
読み書きの能力と教育			
成人（15 歳以上）の識字率、2010 年（%）			
女性	51[d]	52	48
男性	75[d]	61	73
若年層（15 ～ 24 歳）の識字率、2010 年（%）			
女性	74[d]	78	78
男性	88[d]	75	88
第 5 学年に到達する子供の割合、2009 年（%）	69[d]	66	62[c]
平均就学年数（25 歳以上）	4.4	4.8	3.2
初等学校レベルでの生徒・教員数比率（教員 1 人あたりの生徒数）、2010 年	40[g]	43	32

パキスタン	スリランカ	中国	韓国	インドネシア	タイ
968	1,027	926	1,006	1,006	1,035
22	35	68	49	51	64
8	15	53	31	34	31
11	27	46	27	32	26
0.6	1.6	3.0	0.4	2.1	2.3
14	23	31	56	26	77
6.8	3.2	—	20.6	5.1	11.5
6.0	5.7	16.5	12.0	7.4	8.4

《出典》平均就学年数については『人間開発報告書 2013』。その他のすべての指標についてはオンライン版の『世界開発指標』(2013 年 1 月 1 日閲覧)。特に言及がない場合には、2011 年の数値を示している。

表 A−1　つづき

	インド	バングラデシュ	ネパール
その他のジェンダー関連指標			
人口の性比（男性 1,000 人あたりの女性の数）	937	976	1,016
女性（15 歳以上）の労働参加率（%）	29	57	80
貯蓄、投資、貿易			
国内総貯蓄、対 GDP（%）	31	16	9
総固定資本形成、対 GDP（%）	30	25	21
海外直接投資の純流入額、対 GDP 比（%）	1.7	0.7	0.5
財・サービスの輸出額、対 GDP 比（%）	25	23	9
輸出額の年平均成長率 h（%）			
1961～90 年	6.1	6.3	—
1990～2011 年	13.6	12.0	—

a 2009 年。
b 2008 年。
c 2007 年。
d 2006 年。
e 2005 年。
f 2010 年。
g 2004 年。
h 各年の成長率の単純平均。

若年層（15～24歳）の識字率、2010年b（%）		平均寿命c（年）		5歳未満の乳幼児死亡率（出生1,000件あたりの死亡数）	合計特殊出生率d	5歳未満の子供に占める栄養不良の割合e（%）	
女性	男性	女性	男性			低身長	低体重
78	75	70	68	46	2.2	43	41
78	88	70	68	48	2.7	49	39
99	98	78	72	12	2.3	17	21
99	99	77	72	13	1.8	25	23
95	99	72	68	46	1.8	39	37
93	97	71	67	25	1.7	31	30
52	81	66	66	59	3.6	56	56
68	88	64	61	77	3.1	50	60
65	85	64	62	73	3.4	57	42
74	88	67	64	61	2.6	48	43
99	99	75	72	15	1.6	10	4
—	—	84	77	5	1.2	—	—
98	98	78	71	12	1.6	16	7

《注》2011年またはそれに最も近い年のデータを掲載している（後者の場合は年を明記している）。インドの州については、開発指標の面で比較的優れている3州（ケーララ、ヒマーチャル・プラデーシュ、タミル・ナードゥ）と比較的劣っている3州（ビハール、マディヤ・プラデーシュ、ウッタル・プラデーシュ）の計6州を選んでいる。

《出典》インドを含む各国のデータについては、オンライン版の『世界開発指標』（2013年1月1日閲覧）とUNICEF（2012）の表2。インドの各州のデータについては、表A-3を参照（若年層の識字率は、2005-06年に行われた第3回全国家族健康調査に基づいている）。『世界開発指標』から得られるインドに関する数値と国内の情報源から得られる同じ指標の数値には、若干の食い違いが見られる（例えば、対象期間が異なるといった理由が挙げられる）。インドの州の統計に関する詳細については、表A-3を参照。

表 A－2：比較の視点から見るインド（2011 年）

国または州	人口（100 万人）	1 人あたり GDP または SDP の年平均成長率[a]（%）		
		1980－81 年～1990－91 年	1990－91 年～2000－01 年	2000－01 年～2010－11 年
バングラデシュ	150	0.9	2.6	4.4
ネパール	30	2.1	2.3	1.7
スリランカ	21	2.4	3.9	4.5
ケーララ	33	1.7	4.6	7.0
ヒマーチャル・プラデーシュ	7	2.9	4.5	5.4
タミル・ナードゥ	72	3.7	5.1	7.5
ビハール	104	2.5	0.4	5.0
マディヤ・プラデーシュ	73	1.7	2.9	4.5
ウッタル・プラデーシュ	200	2.5	1.3	3.9
インド全体	1,241	3.1	3.9	5.9
中国	1,344	8.3	9.0	9.7
韓国	50	7.5	4.7	3.5
タイ	70	5.4	3.1	3.5

a 国については GDP、インドの州については SDP（州内総生産）。年平均成長率は、GDP または SDP の対数をトレンド項に回帰して計算している。
b タイは 2005 年、インド全体とインドの州は 2005－06 年。
c 中国、韓国、スリランカは 2010 年、インドの州は 2006～10 年。
d 中国と韓国は 2010 年。
e インド以外の国は 2006～10 年（この期間のうち、データが得られる直近の年）。インドとインドの州は 2005－06 年。

(1) 所得関連の指標

貧困者比率の推定値、2009-10 年（%）			保有資産がインド全体の下位 20%に含まれる人口割合、2005-06 年（%）	「多次元貧困」の状態にある人口割合、2005-06 年（%）
農村部	都市部	全体		
22.8	17.7	21.1	10.8	44.5
39.9	26.1	37.9	19.8	60.1
55.3	39.4	53.5	28.2	79.3
56.1	23.8	48.7	39.6	69.7
26.7	17.9	23.0	7.2	41.0
18.6	23.0	20.1	4.1	39.3
9.1	12.6	9.5	1.2	29.9
8.1	12.8	9.4	2.8	41.0
41.6	31.1	39.1	49.6	74.8
26.1	19.6	23.6	10.8	43.2
12.0	12.1	12.0	1.0	12.7
42.0	22.9	36.7	36.9	68.1
29.5	18.3	24.5	10.9	37.9
25.3	23.2	24.3	8.9	48.4
39.2	25.9	37.0	39.5	63.2
14.6	18.1	15.9	1.4	24.6
26.4	19.9	24.8	24.2	62.8
21.2	12.8	17.1	10.6	30.5
39.4	31.7	37.7	25.3	68.1
14.9	25.2	18.0	6.0	39.5
28.8	22.0	26.7	25.2	57.4
33.8	**20.9**	**29.8**	**20.0**	**53.7**

表 A−3：インドの主要州についての各種指標

	人口 2011 年 （100 万人）	1 人あたり家計支出の平均値、2009-10 年（ルピー、1 月あたり）		1 人あたり州内総生産の年平均成長率、2000-01 年〜2010-11 年（%）
		農村部	都市部	
アーンドラ・プラデーシュ	84.7	1,234	2,238	6.9
アッサム	31.2	1,003	1,755	3.4
ビハール	103.8	780	1,238	5.0
チャッティースガル	25.5	784	1,647	6.3
グジャラート	60.4	1,110	1,909	8.2
ハリヤーナー	25.4	1,510	2,321	6.8
ヒマーチャル・プラデーシュ	6.9	1,536	2,654	5.4
ジャンムー・カシミール	12.5	1,344	1,759	3.7
ジャールカンド	33.0	825	1,584	4.6
カルナータカ	61.1	1,020	2,053	5.8
ケーララ	33.4	1,835	2,413	7.0
マディヤ・プラデーシュ	72.6	903	1,666	4.5
マハーラーシュトラ	112.4	1,153	2,437	7.5
「北東部」[a]	14.4	1,224	1,700	5.5
オディシャ	41.9	818	1,548	6.9
パンジャーブ	27.7	1,649	2,109	4.2
ラージャスターン	68.6	1,179	1,663	5.0
タミル・ナードゥ	72.1	1,160	1,948	7.5
ウッタル・プラデーシュ	199.6	899	1,574	3.9
ウッタラーカンド	10.1	1,747	1,745	10.0
西ベンガル	91.3	952	1,965	5.1
インド全体	**1,210.2**	**1,054**	**1,984**	**6.0**[b]

a 表 A-3 全体を通して、「北東部」の数値は、北東部の各州の数値を人口でウェイト付けして平均した値である（「統計についての注釈」を参照）。
b「1 人あたり国民純生産」の成長率。

(2) 死亡および生殖

妊産婦死亡率、2007～09年[a](出生10万件あたりの死亡数)	死亡率、2011年(人口1,000人あたり)	出生率、2011年(人口1,000人あたり)	合計特殊出生率、2011年
134	7.5	17.5	1.8
390	8.0	22.8	2.4
261	6.7	27.7	3.6
—	7.9	24.9	2.7
148	6.7	21.3	2.4
153	6.5	21.8	2.3
—	6.7	16.5	1.8
—	5.5	17.8	1.9
—	6.9	25.0	2.9
178	7.1	18.8	1.9
81	7.0	15.2	1.8
269	8.2	26.9	3.1
104	6.3	16.7	1.8
—	5.2	17.4	2.1[b]
258	8.5	20.1	2.2
172	6.8	16.2	1.8
318	6.7	26.2	3.0
97	7.4	15.9	1.7
359	7.9	27.8	3.4
—	6.2	18.9	2.6[b]
145	6.2	16.3	1.7
212	**7.1**	**21.8**	**2.4**

表 A−3：インドの主要州についての各種指標

	平均寿命、2006 ～ 10 年[a]（年）		乳児死亡率、2011 年（出生 1,000 件あたりの死亡数）	5 歳未満の乳幼児死亡率、2011 年（出生 1,000 件あたりの死亡数）
	女性	男性		
アーンドラ・プラデーシュ	68.2	63.5	43	45
アッサム	63.2	61.0	55	78
ビハール	66.2	65.5	44	59
チャッティースガル	—	—	48	57
グジャラート	69.0	64.9	41	52
ハリヤーナー	69.5	67.0	44	51
ヒマーチャル・プラデーシュ	72.4	67.7	38	46
ジャンムー・カシミール	71.1	69.2	41	45
ジャールカンド	—	—	39	54
カルナータカ	69.7	64.9	35	40
ケーララ	76.9	71.5	12	13
マディヤ・プラデーシュ	63.8	61.1	59	77
マハーラーシュトラ	71.9	67.9	25	28
「北東部」	—	—	30	—
オディシャ	63.9	62.2	57	72
パンジャーブ	71.6	67.4	30	38
ラージャスターン	68.3	64.7	52	64
タミル・ナードゥ	70.9	67.1	22	25
ウッタル・プラデーシュ	63.7	61.8	57	73
ウッタラーカンド	—	—	36	—
西ベンガル	71.0	67.4	32	38
インド全体	**67.7**	**64.6**	**44**	**55**

a ビハール州、マディヤ・プラデーシュ州、ウッタル・プラデーシュ州の平均寿命と妊産婦死亡率は、それぞれジャールカンド州、チャッティースガル州、ウッタラーカンド州を含めての数値。
b 2010 年。

15～19 歳の年齢層に占める割合、2007-08 年（%）			
5 年間就学		8 年間就学	
女性	男性	女性	男性
87.8	90.9	69.6	72.8
85.3	83.4	56.5	52.6
69.7	75.5	39.6	45.2
72.3	80.3	34.0	41.2
85.9	88.5	52.6	61.2
87.8	90.7	61.4	64.8
94.3	96.0	76.9	76.7
92.2	94.4	68.1	68.2
76.0	78.7	46.2	46.8
85.2	90.3	64.9	70.1
99.2	98.8	93.6	87.1
78.9	83.9	37.4	43.0
92.2	92.9	71.2	72.2
77.9	76.1	40.5	39.7
79.8	83.7	56.4	58.3
89.3	89.8	63.5	59.0
72.5	86.0	36.6	49.2
93.8	94.4	74.4	73.6
77.7	82.9	47.7	52.4
90.6	93.9	65.4	71.6
71.0	71.7	31.6	36.8
83.7	**86.2**	**55.9**	**57.5**

表 A−3：インドの主要州についての各種指標

	7 歳以上の人口の識字率、2011 年（%）		15 〜 19 歳の年齢層に占める非識字人口の割合、2007-08 年（%）	
	女性	男性	女性	男性
アーンドラ・プラデーシュ	59.7	75.6	19.0	8.7
アッサム	67.3	78.8	10.8	6.9
ビハール	53.3	73.4	37.3	15.0
チャッティースガル	60.6	81.5	16.7	6.7
グジャラート	70.7	87.2	16.3	7.4
ハリヤーナー	66.8	85.4	11.9	5.1
ヒマーチャル・プラデーシュ	76.6	90.8	1.6	1.2
ジャンムー・カシミール	58.0	78.3	12.4	2.9
ジャールカンド	56.2	78.5	29.6	12.7
カルナータカ	68.1	82.9	10.5	7.2
ケーララ	92.0	96.0	0.9	0.8
マディヤ・プラデーシュ	60.0	80.5	22.9	11.1
マハーラーシュトラ	75.5	89.8	8.8	4.7
「北東部」	76.4	84.9	6.6	5.2
オディシャ	64.4	82.4	20.9	8.9
パンジャーブ	71.3	81.5	6.8	5.7
ラージャスターン	52.7	80.5	27.2	8.4
タミル・ナードゥ	73.9	86.8	2.5	1.3
ウッタル・プラデーシュ	59.3	79.2	25.1	10.5
ウッタラーカンド	70.7	83.3	4.9	2.3
西ベンガル	71.2	82.7	15.5	9.0
インド全体	**65.5**	**82.1**	**15.8**	**7.4**

私立学校に通っている6〜14歳の子供の割合、2004-05年[a] (%)	6〜14歳の子供を学校に通わせるためにかかる私的費用、2004-05年(ルピー、子供1人あたり)	
	政府系学校	私立学校
31	574	3,260
6	371	1,636
18	704	2,466
15	317	2,039
22	766	4,221
47	1,043	4,372
19	1,709	6,273
47	1,045	3,719
32	502	2,932
28	638	3,848
31	1,537	3,259
27	333	1,935
20	599	2,370
34	1,441	4,237
8	612	2,851
52	1,444	5,160
32	676	2,612
23	606	3,811
43	427	1,733
27	972	3,422
10	1,136	5,045
28	**688**	**2,920**

表 A−3：インドの主要州についての各種指標

	現在学校に通っている 6～14 歳の子供の割合、2005-06 年（%）		学校に通ったことがない 6～14 歳の子供の割合、2004-05 年（%）	
	女性	男性	女性	男性
アーンドラ・プラデーシュ	78.1	84.6	6	4
アッサム	83.6	85.1	12	13
ビハール	56.2	71.5	31	19
チャッティースガル	77.6	84.6	10	8
グジャラート	78.5	87.0	8	4
ハリヤーナー	81.2	86.5	9	8
ヒマーチャル・プラデーシュ	95.2	97.1	2	1
ジャンムー・カシミール	85.7	89.7	7	4
ジャールカンド	66.1	77.2	22	19
カルナータカ	82.0	85.9	7	6
ケーララ	97.7	97.6	2	4
マディヤ・プラデーシュ	76.9	80.1	15	11
マハーラーシュトラ	85.5	88.7	5	3
「北東部」	80.1	79.4	4	4
オディシャ	74.7	80.3	8	5
パンジャーブ	84.7	85.8	5	6
ラージャスターン	65.9	84.2	23	11
タミル・ナードゥ	92.7	95.1	2	1
ウッタル・プラデーシュ	73.8	80.2	13	9
ウッタラーカンド	88.1	92.4	6	7
西ベンガル	80.1	79.4	10	10
インド全体	**76.4**	**82.6**	**12**	**8**

a いずれかの学校に入学している子供全体に占める割合。

(5) 学校の設備

以下の取り組みを行っている政府系学校の割合、2009-10年（%）		政府系学校での生徒・教員数比率（教員1人あたりの生徒数）の平均値、2009-10年	1クラスあたりの生徒数の平均値（全学校）、2009-10年
給食	健康診断		
92.0	46.9	20	24
80.5	8.6	25	30
72.3	19.4	57	89
88.6	85.0	27	28
92.5	91.2	31	34
92.3	79.5	29	32
99.0	73.0	16	15
97.7	16.5	16	17
95.0	17.7	43	47
98.9[a]	93.5	25	25
96.4	68.3	23	27
93.7	75.1	37	30
94.7	93.1	26	31
90.6	19.2	18	21
87.7	18.7	34	30
93.5	62.7	26	23
96.6	85.2	27	24
97.7	94.2	30	27
82.2	35.4	42	36
95.1	53.1	22	19
85.7	45.2	43	42
87.5	**55.3**	**33**	**32**

《注》「学校」とは、初等学校と上級初等学校のことを意味している。給食（「政府から補助を受けている」私立学校を含む）と1クラスあたりの生徒数（補助を受けているまたは無補助の私立学校を含む）の統計以外は、私立学校を除いている。

表 A－3：インドの主要州についての各種指標

	以下の設備を持っている政府系学校の割合、2009-10 年（%）				
	飲料用水	トイレ		電気	コンピュータ
		共用	女性専用		
アーンドラ・プラデーシュ	89.8	71.3	60.7	32.4	13.2
アッサム	83.9	42.2	39.4	11.5	4.8
ビハール	92.6	48.3	37.7	3.9	0.9
チャッティースガル	94.2	36.9	33.9	19.1	5.2
グジャラート	96.2	38.9	54.6	94.0	36.4
ハリヤーナー	99.4	53.9	85.1	93.5	16.4
ヒマーチャル・プラデーシュ	97.3	36.7	54.2	54.5	6.3
ジャンムー・カシミール	83.7	29.3	16.0	7.9	4.4
ジャールカンド	85.2	31.3	50.0	5.7	5.0
カルナータカ	65.5	87.9	64.9	87.6	12.1
ケーララ	99.0	54.1	83.3	88.5	87.4
マディヤ・プラデーシュ	93.1	56.1	32.8	8.7	5.1
マハーラーシュトラ	91.6	34.7	62.3	65.6	25.1
「北東部」	79.9	54.1	40.2	14.8	9.4
オディシャ	89.3	83.5	37.3	14.2	6.4
パンジャーブ	98.6	92.9	98.5	87.5	32.3
ラージャスターン	95.5	50.9	88.8	21.7	9.5
タミル・ナードゥ	100.0	48.4	61.4	91.7	29.9
ウッタル・プラデーシュ	97.7	44.5	70.5	16.7	2.4
ウッタラーカンド	88.2	59.6	55.7	26.8	16.9
西ベンガル	96.3	80.8	48.0	22.4	5.6
インド全体	**91.9**	**54.5**	**55.0**	**31.4**	**10.6**

a 政府系学校と政府補助学校についての 2010－11 年の数値。

20～24歳の女性のうち18歳までに結婚している割合、2005-06年（%）	女性（15～59歳）の労働参加率、2009-10年（%）	組織部門労働者に占める女性の割合、2009年（%）
54.8	48.9	21.8
38.6	21.1	33.3
69.0	9.0	5.2
55.0	45.4	13.9
38.7	35.3	14.7
41.2	28.9	17.1
12.3	58.3	15.6
14.4	31.1	10.7
63.2	21.1	7.5
41.8	40.2	32.7
15.4	33.6	40.1
57.3	35.2	13.8
39.4	38.6	16.8
27.9	35.8	25.2
37.2	27.2	15.3
19.7	28.6	21.3
65.2	36.4	17.4
22.3	42.3	33.7
58.6	18.2	11.6
23.0	43.7	14.3
54.0	20.5	12.5
47.4	**30.7**	**19.9**

表 A−3：インドの主要州についての各種指標

	性比（男性 1,000 人あたりの女性の数）、2011 年		1〜4 歳の年齢層における男児の死亡率に対する女児の死亡率、2007〜09 年[a]
	全年齢層	0〜6 歳	
アーンドラ・プラデーシュ	992	943	1.42
アッサム	954	957	1.39
ビハール	916	933	1.51
チャッティースガル	991	964	(1.59)
グジャラート	918	886	1.44
ハリヤーナー	877	830	(1.83)
ヒマーチャル・プラデーシュ	974	906	(1.80)
ジャンムー・カシミール	883	859	(0.58)
ジャールカンド	947	943	1.49
カルナータカ	968	943	0.94
ケーララ	1,084	959	1.04
マディヤ・プラデーシュ	930	912	1.23
マハーラーシュトラ	925	883	1.24
「北東部」	961	953	—
オディシャ	978	934	1.08
パンジャーブ	893	846	1.72
ラージャスターン	926	883	2.13
タミル・ナードゥ	995	946	0.84
ウッタル・プラデーシュ	908	899	1.83
ウッタラーカンド	963	886	—
西ベンガル	947	950	0.83
インド全体	**940**	**914**	**1.47**

a 規模の小さい州の一部については、サンプル調査での観測数が少ないため、数値が十分信頼できるものではないかもしれない（その場合には、カッコを付している）。出生時の性比の推定値に関する情報については、第 8 章の表 8−3 を参照。

各種の母性保護を受けて出産した女性の割合、2005-06 年 (%)			
少なくとも 1 回の産前ケア	破傷風ワクチンの接種 (最低 2 回)	90日間の鉄葉酸の摂取	産後検診
94.3	85.3	41.2	73.3
70.7	65.4	16.2	15.9
34.1	73.2	9.7	17.8
88.5	74.6	20.7	36.5
86.7	80.4	37.0	61.4
88.3	83.4	26.7	57.6
86.4	72.1	37.9	50.6
84.6	81.0	27.6	51.6
58.9	67.6	14.2	19.6
89.3	78.6	39.3	66.9
94.4	88.7	75.1	87.4
79.5	70.6	12.4	33.8
90.8	85.1	31.4	64.0
72.5	62.8	15.5	35.0
86.9	83.3	33.8	40.9
88.9	83.8	27.9	63.7
74.9	65.2	13.1	31.8
98.6	95.9	41.6	91.3
66.0	64.5	8.8	14.9
69.4	68.5	26.4	35.8
91.9	90.9	25.7	44.3
76.4	**76.3**	**23.1**	**41.2**

表 A－3：インドの主要州についての各種指標

	避妊法の普及率、2005-06 年（%）			助産専門技能者の立ち会いによる出産の割合、2005-06 年（%）
	いずれかの避妊法	恒久的避妊のための近代的手法	一時的避妊のための近代的手法	
アーンドラ・プラデーシュ	67.6	65.8	1.4	74.9
アッサム	56.5	13.2	13.9	31.0
ビハール	34.1	24.4	4.5	29.3
チャッティースガル	53.2	44.0	5.1	41.6
グジャラート	66.6	43.5	13.0	63.0
ハリヤーナー	63.4	38.9	19.4	48.9
ヒマーチャル・プラデーシュ	72.6	55.3	15.7	47.8
ジャンムー・カシミール	52.6	28.9	15.9	56.5
ジャールカンド	35.7	23.8	7.3	27.8
カルナータカ	63.6	57.6	5.0	69.7
ケーララ	68.6	49.7	8.2	99.4
マディヤ・プラデーシュ	55.9	45.6	7.2	32.7
マハーラーシュトラ	66.9	53.2	11.7	68.7
「北東部」	46.1	32.9	16.1	43.5
オディシャ	50.7	34.1	10.6	44.0
パンジャーブ	63.3	32.0	24.1	68.2
ラージャスターン	47.2	35.0	9.4	41.0
タミル・ナードゥ	61.4	55.4	4.6	90.6
ウッタル・プラデーシュ	43.6	17.5	11.9	27.2
ウッタラーカンド	59.3	33.9	21.6	38.5
西ベンガル	71.2	32.9	17.0	47.6
インド全体	**56.3**	**38.3**	**10.1**	**46.6**

(8) 栄養摂取に関する指標

5歳未満の子供に占める栄養不良の割合、2005-06年(%)			ヨウ素が十分に添加された食塩を使用している世帯の割合、2005-06年(%)
年齢に比して低体重	年齢に比して低身長	身長に比して低体重	
32.5	42.7	12.2	31.0
36.4	46.5	13.7	71.8
55.9	55.6	27.1	66.1
47.1	52.9	19.5	54.9
44.6	51.7	18.7	55.7
39.6	45.7	19.1	55.3
36.5	38.6	19.3	82.5
25.6	35.0	14.8	75.8
56.5	49.8	32.3	53.6
37.6	43.7	17.6	43.3
22.9	24.5	15.9	73.9
60.0	50.0	35.0	36.3
37.0	46.3	16.5	61.0
33.2	41.2	18.7	83.0
40.7	45.0	19.5	39.6
24.9	36.7	9.2	74.6
39.9	43.7	20.4	40.8
29.8	30.9	22.2	41.3
42.4	56.8	14.8	36.4
38.0	44.4	18.8	45.9
38.7	44.6	16.9	69.1
42.5	**48.0**	**19.8**	**51.1**

表 A−3：インドの主要州についての各種指標

	15～49歳の女性に占める割合、2005-06年（%）		中等度または重度の貧血症の割合、2005-06年（%）	
	基準値以下のBMI	貧血症	15～49歳の女性	6～59ヶ月の子供
アーンドラ・プラデーシュ	33.5	62.9	23.9	47.1
アッサム	36.5	69.5	24.6	40.9
ビハール	45.1	67.4	16.9	48.4
チャッティースガル	43.4	57.5	17.6	47.2
グジャラート	36.3	55.3	19.1	44.7
ハリヤーナー	31.3	56.1	18.4	46.5
ヒマーチャル・プラデーシュ	29.9	43.3	11.7	29.0
ジャンムー・カシミール	24.6	52.1	14.7	32.8
ジャールカンド	43.0	69.5	19.9	41.0
カルナータカ	35.5	51.5	17.1	41.8
ケーララ	18.0	32.8	7.0	21.0
マディヤ・プラデーシュ	41.7	56.0	15.1	47.0
マハーラーシュトラ	36.2	48.4	15.6	41.4
「北東部」	20.7	50.2	12.7	28.2
オディシャ	41.4	61.2	16.4	36.1
パンジャーブ	18.9	38.0	11.8	44.7
ラージャスターン	36.7	53.1	17.9	46.9
タミル・ナードゥ	28.4	53.2	15.8	37.2
ウッタル・プラデーシュ	36.0	49.9	14.8	48.6
ウッタラーカンド	30.0	55.2	18.8	32.9
西ベンガル	39.1	63.2	17.4	30.9
インド全体	**35.6**	**55.3**	**16.8**	**43.1**

《注》BMIとは、「体格指数」（body mass index）の略称である。

3歳未満の子供に占める授乳開始時期の割合、2007-08年(%)		下痢をしている0～3歳の子供の割合、2007-08年(%)	下痢をしている子供のうち経口補水液で治療を受けている割合、2005-06年(%)
出産後1時間以内	出産後24時間以降		
47.5	24.4	6.7	43.1
64.9	7.1	4.1	24.6
16.0	43.4	12.1	39.7
49.6	19.4	6.3	46.4
48.0	22.2	11.8	38.8
16.5	44.6	16.5	32.3
56.5	10.2	9.0	69.9
54.1	10.5	12.3	44.0
34.5	18.9	8.2	31.3
46.5	26.8	9.0	46.5
64.6	3.2	5.9	80.9
42.7	27.7	15.0	44.2
52.5	19.7	19.9	52.1
56.2	10.2	8.2	56.5
63.2	11.0	13.4	48.6
44.1	19.4	13.5	39.3
41.4	20.0	8.4	21.4
76.1	6.6	5.6	54.5
15.1	66.4	16.2	22.3
63.5	13.9	12.7	49.1
38.5	19.5	6.0	52.3
40.5	**29.1**	**11.7**	**38.5**

表 A−3：インドの主要州についての各種指標

	予防接種を受けている生後 12 〜 23 ヶ月の子供の割合、2005-06 年（%）		過去 6 ヶ月間にビタミン A を少なくとも 1 回服用した 12 〜 35 ヶ月の子供の割合、2005-06 年（%）
	すべて接種	接種なし	
アーンドラ・プラデーシュ	46.0	3.8	29.0
アッサム	31.4	15.2	18.7
ビハール	32.8	7.0	32.6
チャッティースガル	48.7	2.5	14.4
グジャラート	45.2	4.5	20.6
ハリヤーナー	65.3	7.8	15.9
ヒマーチャル・プラデーシュ	74.2	1.9	33.1
ジャンムー・カシミール	66.7	4.5	17.2
ジャールカンド	34.2	4.4	27.5
カルナータカ	55.0	6.9	22.8
ケーララ	75.3	1.8	46.5
マディヤ・プラデーシュ	40.3	5.0	20.1
マハーラーシュトラ	58.8	2.8	37.6
「北東部」	40.3	13.9	25.2
オディシャ	51.8	11.6	29.5
パンジャーブ	60.1	6.6	20.8
ラージャスターン	26.5	5.5	16.4
タミル・ナードゥ	80.9	0.0	44.8
ウッタル・プラデーシュ	23.0	2.7	8.7
ウッタラーカンド	60.0	9.1	20.4
西ベンガル	64.3	5.9	46.8
インド全体	**43.5**	**5.1**	**24.8**

2007-08 年（%）			
新生児用の治療設備	正常に機能する手術室	低温保存設備	必須医薬品
48.9	89.0	92.0	94.7
43.1	72.3	78.0	71.3
9.9	43.9	59.2	57.3
31.1	46.6	25.9	62.6
30.4	74.2	90.6	87.5
24.7	60.5	66.2	84.8
14.6	34.7	67.4	75.0
14.0	25.2	39.2	29.3
31.5	65.8	89.1	79.4
37.0	75.5	82.0	96.1
1.1	1.4	97.2	74.0
30.0	78.4	49.4	52.7
42.2	81.5	88.8	85.7
23.0	64.5	68.0	38.1
14.5	29.2	34.9	30.6
20.9	50.0	53.0	40.3
20.7	75.1	81.1	65.2
63.8	90.1	94.8	97.9
15.0	44.6	21.4	54.6
17.9	50.0	46.4	73.8
7.6	25.2	32.4	43.1
27.9	**61.3**	**67.2**	**69.6**

表 A−3：インドの主要州についての各種指標

	基礎保健センターあたりの人口の平均値、2007-08 年（1,000 人）	基礎保健センターの設備、		
		医務官	薬剤師	恒常的な電力供給
アーンドラ・プラデーシュ	48.1	79.3	74.1	45.5
アッサム	111.4	91.3	97.4	57.4
ビハール	158.3	87.6	32.6	9.5
チャッティースガル	25.7	53.0	48.2	67.7
グジャラート	38.2	62.2	62.7	72.3
ハリヤーナー	41.5	76.8	93.5	41.8
ヒマーチャル・プラデーシュ	13.2	75.7	72.9	61.8
ジャンムー・カシミール	25.8	51.8	95.1	6.3
ジャールカンド	127.3	93.5	72.8	44.0
カルナータカ	25.7	61.2	69.1	13.4
ケーララ	29.7	85.0	98.3	96.9
マディヤ・プラデーシュ	43.4	66.0	32.1	20.4
マハーラーシュトラ	45.3	90.8	88.9	13.6
「北東部」	21.7	88.6	82.5	38.6
オディシャ	38.0	80.4	95.1	41.5
パンジャーブ	29.2	59.0	96.3	7.5
ラージャスターン	28.3	62.0	0.7	12.1
タミル・ナードゥ	32.1	85.3	93.9	86.5
ウッタル・プラデーシュ	69.0	79.6	79.0	11.6
ウッタラーカンド	24.4	67.9	95.2	52.4
西ベンガル	37.9	80.3	76.9	37.2
インド全体	**49.2**	**75.8**	**69.2**	**35.7**

ている世帯の割合、2007-08年（%）		過去1年間に保育センターでサービスを受けた6歳未満の子供の割合、2005-06年（%）	NREGAのもとで雇用機会を得た農村世帯の割合、2009-10年（%）
衛生的な給水源	トイレ		
94.0	68.3	27.5	35.4
72.4	69.9	26.8	18.2
96.1	17.0	8.8	9.9
77.9	17.9	55.2	47.9
89.8	43.5	40.5	21.5
95.6	56.3	21.2	5.1
88.4	55.9	34.7	33.4
80.8	60.2	16.6	9.7
57.0	14.5	38.6	19.2
86.2	37.2	33.5	8.0
69.1	96.7	28.7	11.2
74.2	22.9	43.8	40.6
92.7	47.4	38.0	4.4
68.7	89.0	28.2	—
78.4	16.9	60.5	22.0
99.5	75.9	10.5	5.2
81.8	25.1	15.9	61.8
93.5	39.3	41.6	33.5
93.7	26.4	18.6	16.2
87.4	53.2	24.5	29.2
93.7	56.3	38.0	43.2
87.9	**49.3**	**28.4**	**24.9**

表 A－3：インドの主要州についての各種指標

	以下の施設・人員を備えている村の割合、2007－08 年（%）			以下の設備を持っ
	初等学校または中等学校	政府の保健施設	保育センター職員	電気
アーンドラ・プラデーシュ	98.7	46.7	80.9	88.4
アッサム	94.3	57.1	92.3	38.1
ビハール	91.7	36.0	91.7	27.7
チャッティースガル	99.1	32.1	95.2	71.4
グジャラート	98.3	46.9	96.5	89.3
ハリヤーナー	99.2	49.1	98.2	91.5
ヒマーチャル・プラデーシュ	99.1	49.1	97.1	98.4
ジャンムー・カシミール	97.7	62.2	93.7	93.2
ジャールカンド	89.1	30.0	94.2	40.2
カルナータカ	96.3	42.1	95.7	89.3
ケーララ	100.0	99.8	100.0	91.0
マディヤ・プラデーシュ	97.7	28.9	92.3	71.4
マハーラーシュトラ	98.0	42.6	96.5	83.5
「北東部」	92.8	57.5	92.1	78.0
オディシャ	94.6	66.3	70.6	45.4
パンジャーブ	95.8	43.8	97.6	96.3
ラージャスターン	98.6	48.9	94.9	66.1
タミル・ナードゥ	95.0	61.8	96.9	88.6
ウッタル・プラデーシュ	92.4	39.7	91.5	42.8
ウッタラーカンド	97.9	29.5	83.6	80.0
西ベンガル	90.2	40.0	95.4	52.5
インド全体	**95.1**	**46.2**	**91.8**	**67.9**

《注》NREGA とは、全国農村雇用保証法（National Rural Employment Guarantee Act）の略称である。

いる世帯の割合、2011 年（%）				
衛生設備		耐久消費財の所有		
公共トイレ	屋外での排便	電話（固定電話または携帯電話）	二輪車	テレビ
2.5	48.0	63.1	18.6	58.8
1.9	33.2	47.9	10.2	27.5
1.1	75.8	55.5	8.1	14.5
1.4	74.0	30.7	15.6	31.3
2.3	40.4	69.0	34.1	53.8
1.5	29.8	79.3	33.3	67.9
1.2	29.7	82.3	15.5	74.4
2.7	46.1	69.5	12.9	51.0
1.0	77.0	48.0	16.1	26.8
3.8	45.0	71.6	25.6	60.0
1.1	3.8	89.7	24.1	76.8
1.2	70.0	46.0	18.8	32.1
12.9	34.0	69.1	24.9	56.8
3.0	18.2	52.4	10.3	42.9
1.4	76.6	39.8	14.5	26.7
1.2	19.5	82.1	47.5	82.6
0.7	64.3	70.6	24.1	37.6
6.0	45.7	74.9	32.3	87.0
1.3	63.0	66.9	19.6	33.2
1.1	33.1	74.6	22.9	62.0
2.5	38.6	49.2	8.5	35.3
3.2	**49.8**	**63.2**	**21.0**	**47.2**

表 A−3：インドの主要州についての各種指標

	以下の生活環境が整って			
	飲料用水源		電気から照明を得ている	
	家の敷地内にある	遠方にある		家の敷地内のトイレ
アーンドラ・プラデーシュ	43.2	19.5	92.2	49.5
アッサム	54.8	18.5	37.1	64.9
ビハール	50.1	12.0	16.4	23.1
チャッティースガル	19.0	26.5	75.3	24.6
グジャラート	64.0	12.4	90.4	57.4
ハリヤーナー	66.5	12.1	90.5	68.6
ヒマーチャル・プラデーシュ	55.5	9.5	96.8	69.1
ジャンムー・カシミール	48.2	23.1	85.1	51.2
ジャールカンド	23.2	31.9	45.8	22.0
カルナータカ	44.5	18.2	90.6	51.2
ケーララ	77.7	8.2	94.4	95.1
マディヤ・プラデーシュ	23.9	30.5	67.1	28.8
マハーラーシュトラ	59.4	13.1	83.9	53.1
「北東部」	30.0	30.5	70.6	78.8
オディシャ	22.4	35.4	43.0	22.0
パンジャーブ	85.9	4.1	96.6	79.3
ラージャスターン	35.0	25.9	67.0	35.0
タミル・ナードゥ	34.9	7.0	93.4	48.3
ウッタル・プラデーシュ	51.9	12.1	36.8	35.7
ウッタラーカンド	58.3	15.2	87.0	65.8
西ベンガル	38.6	26.6	54.5	58.9
インド全体	**46.6**	**17.6**	**67.3**	**46.9**

占める割合、2005-06 年(%)					
少なくとも週に1回はラジオを聴く		少なくとも月に1回は映画を観に出かける		メディアからは一切情報を得ていない	
女性	男性	女性	男性	女性	男性
19.8	21.3	17.7	54.2	18.1	8.4
35.4	44.8	2.2	10.2	38.6	22.1
27.7	50.7	2.5	19.4	58.2	27.3
18.4	30.7	2.2	8.0	47.4	30.2
23.4	45.6	6.4	17.6	28.4	15.3
19.0	30.6	3.0	5.9	32.3	21.8
34.5	48.9	2.4	7.2	21.3	7.0
58.5	64.3	2.2	3.9	17.6	12.8
12.6	25.7	3.5	16.9	60.0	40.2
32.4	57.4	10.4	38.3	22.1	7.8
41.5	49.1	8.1	35.6	9.5	1.7
24.5	38.2	2.8	10.0	46.9	30.8
33.7	48.8	7.0	23.3	23.6	10.5
33.7	43.3	5.5	8.7	27.1	19.7
22.3	38.8	2.8	14.1	38.8	24.8
19.0	30.5	4.8	7.4	15.7	9.5
13.9	32.6	2.2	10.7	53.1	26.4
46.8	63.1	7.9	31.1	11.2	5.1
29.7	52.0	1.6	8.3	47.5	23.1
20.8	29.1	3.7	7.1	26.8	16.6
33.7	43.2	5.7	15.4	36.0	22.3
28.8	**44.3**	**5.6**	**19.5**	**34.6**	**18.3**

表 A−3：インドの主要州についての各種指標

	定期刊行物の流通量、2010 年（100 人あたり）	15 〜 49 歳の年齢層に			
		少なくとも週に 1 回は新聞または雑誌を読む		少なくとも週に 1 回はテレビを観る	
		女性	男性	女性	男性
アーンドラ・プラデーシュ	6.3	21.6	51.6	74.3	78.4
アッサム	3.2	19.8	39.1	44.4	56.6
ビハール	1.2	10.8	40.4	23.1	33.4
チャッティースガル	3.2	11.7	44.2	44.8	55.6
グジャラート	2.7	31.2	59.0	62.0	69.5
ハリヤーナー	5.4	25.0	50.6	62.1	63.1
ヒマーチャル・プラデーシュ	5.4	32.5	64.6	72.4	79.9
ジャンムー・カシミール	1.1	24.4	45.2	64.5	62.6
ジャールカンド	2.5	9.9	33.3	31.8	36.8
カルナータカ	7.2	27.2	59.1	69.5	80.4
ケーララ	18.5	59.6	87.6	73.0	80.7
マディヤ・プラデーシュ	2.8	17.7	40.9	43.0	49.8
マハーラーシュトラ	14.2	39.2	68.0	69.4	76.3
「北東部」	—	29.8	46.7	62.1	67.1
オディシャ	7.3	11.5	43.6	52.1	60.8
パンジャーブ	5.8	31.9	55.7	80.4	84.8
ラージャスターン	3.9	18.2	57.3	40.4	55.0
タミル・ナードゥ	6.9	27.5	67.8	81.4	83.9
ウッタル・プラデーシュ	2.1	14.3	49.7	40.1	50.1
ウッタラーカンド	4.9	26.1	56.6	66.3	70.4
西ベンガル	5.0	18.5	43.9	51.6	56.9
インド全体	**5.6**	**22.9**	**53.0**	**55.0**	**63.2**

（14）選挙への参加とその結果

犯罪に関する容疑で係争中である割合、2009年連邦下院選挙（%）		連邦下院における「世襲議員」の割合、2010年[a]（%）	州議会または連邦議会の1年あたりの会期の平均値、2000～10年
立候補者	下院議員		
11	26	38	—
8	14	14	26
28	45	23	32
5	18	17	—
19	42	19	31
10	20	70	14
3	0	25	31
5	17	33	26
31	57	0	—
11	32	25	42
22	35	19	—
10	14	24	—
18	54	29	42
—	—	15	—
21	24	38	—
9	15	77	—
10	8	20	—
8	26	23	—
16	39	39	—
14	20	20	—
13	17	19	48
15	**30**	**29**	**72**

表 A－3：インドの主要州についての各種指標

	2009年連邦下院選挙での投票率（%）		女性の占める割合（%）			
					州議会議席、2013年	
	女性	男性	連邦下院議席、2009年	連邦上院議席、2012年	すべての女性議員	指定カーストまたは指定部族の女性議員
アーンドラ・プラデーシュ	71.4	73.4	11.9	16.7	—	—
アッサム	66.7	72.1	14.3	14.3	11.9	2.4
ビハール	42.6	46.1	10.0	0	14.8	2.1
チャッティースガル	52.2	58.2	18.2	20.0	13.2	5.5
グジャラート	43.4	52.1	15.4	18.2	8.8	3.3
ハリヤーナー	65.8	68.8	20.0	0	11.1	2.2
ヒマーチャル・プラデーシュ	59.1	57.6	0	33.3	4.4	0
ジャンムー・カシミール	33.8	45.0	0	0	3.4	—
ジャールカンド	47.7	53.9	0	0	—	—
カルナータカ	56.6	60.9	3.6	0	1.5	0
ケーララ	72.6	73.8	0	11.1	5.0	1.4
マディヤ・プラデーシュ	43.9	57.6	20.7	27.3	10.9	6.1
マハーラーシュトラ	47.4	53.7	6.3	10.5	—	—
「北東部」	74.9	76.6	—	—	—	—
オディシャ	64.4	66.1	0	10.0	4.7	3.4
パンジャーブ	69.4	70.1	30.8	14.3	6.0	1.7
ラージャスターン	44.8	51.5	12.0	10.0	14.5	7.0
タミル・ナードゥ	71.9	74.0	5.1	16.7	3.8	—
ウッタル・プラデーシュ	44.2	50.7	15.0	9.7	5.7	2.0
ウッタラーカンド	50.6	55.5	0	0	7.1	1.4
西ベンガル	80.3	82.3	16.7	0	11.2	4.7
インド全体	**55.8**	**60.2**	**10.9**	**11.0**	**—**	**—**

a「世襲議員」とは、元国会議員の息子または娘であるか、もしくは、その他の点で一族が政界に強いつながりを持っているような国会議員のことを指す。

（15）その他の指標

60歳以上に占める老齢年金または寡婦年金の受給者の割合、2004-05年（%）	殺人率、2010年（人口10万人あたり）	自殺率、2010年（人口10万人あたり）
16.3	3.0	18.9
1.7	3.9	9.7
10.2	3.2	1.3
10.0	4.2	26.6
1.9	1.7	10.7
60.6	4.0	11.8
19.0	1.9	8.1
2.2	1.7	1.9
4.7	5.1	4.0
8.6	3.0	21.5
6.9	1.1	24.6
7.9	3.3	12.5
4.2	2.4	14.5
15.3	3.9	9.8
24.8	3.1	10.4
11.8	3.3	3.4
8.5	2.1	7.3
3.4	2.6	24.5
5.9	2.2	1.8
5.6	1.7	2.9
3.1	2.6	17.8
9.0	**2.8**	**11.4**

↗**7歳以上の人口の識字率、2011年**：センサスのデータに基づくGovernment of India（2011b）、表22(d)2、106ページ。**15〜19歳の年齢層での読み書きの能力と就学年数、2007-08年**：2007-08年県別世帯家族調査（DLHS-3）の州別報告書（International Institute for Population Sciences, 2010b）の表2.4から編集。**現在学校に通っている6〜14歳の子供の割合、2005-06年**：NFHS-3の州別報告書（International Institute for Population Sciences, 2008）の表6から編集。**学校に通ったことがない6〜14歳の子供の割合、2004-05年**：インド人間開発調査（IHDS）のデータ（https://www.icpsr.umich.edu/icpsrweb/DSDR/studies/22626）から算出。また、Desai et al.（2010）も参照。**私立学校に通っている6〜14歳の子供の割合、2004-05年**：IHDSのデータに基づくDesai et al.（2010）、92ページ。**6〜14歳の子供を学校に通わせるためにかかる私的費用、2004-05年**：IHDSのデータに基づくDesai et al.（2010）、84ページ。**政府系学校における飲料用水などの設備、2009-10年**：National University of Educational Planning and Administration（2011b）、表2.1、10ページ。**給食を行っている政府系学校の割合、2009-10年**：National

表 A−3：インドの主要州についての各種指標

	15～59歳の臨時雇い労働者の日当の平均値、2009-10年[a]（ルピー）			
	農村部		都市部	
	男性	女性	男性	女性
アーンドラ・プラデーシュ	115	76	155	93
アッサム	94	75	116	82
ビハール	81	66	94	60
チャッティースガル	71	65	127	72
グジャラート	87	71	119	66
ハリヤーナー	146	99	154	71
ヒマーチャル・プラデーシュ	141	110	149	158
ジャンムー・カシミール	157	207	152	137
ジャールカンド	104	82	109	74
カルナータカ	97	63	123	68
ケーララ	227	119	237	121
マディヤ・プラデーシュ	74	58	89	75
マハーラーシュトラ	86	58	122	58
「北東部」	127	98	140	100
オディシャ	81	59	100	73
パンジャーブ	133	92	143	86
ラージャスターン	132	94	146	100
タミル・ナードゥ	132	73	155	76
ウッタル・プラデーシュ	97	69	109	72
ウッタラーカンド	122	96	141	99
西ベンガル	88	66	99	78
インド全体	**102**	**69**	**132**	**77**

a 公共事業は除いている。

《出典》**人口、2011年**：センサスのデータに基づくGovernment of India（2011b）の表3、47ページ。**1人あたり家計支出の平均値、2009－10年**：National Sample Survey Office（2011b）、表T5C－Rと表T5C－U、26～27ページ。**1人あたり州内総生産の年平均成長率**：Reserve Bank of India（2012）から得られる州内総生産の対数を取り、トレンド項に回帰して算出。インド全体の数値は、2004－05年価格の1人あたり実質国民純生産に基づいている。**貧困者比率の推定値、2009－10年**：Government of India（2012c）、29ページ。全国標本調査のデータに基づく計画委員会の推定値。**保有資産がインド全体の下位20%に含まれる人口割合、2005－06年**：第3回全国家族健康調査（NFHS－3）のデータに基づくInternational Institute for Population Sciences（2007a）、表2.7、44ページ。**多次元貧困、2005－06年**：Alkire, Roche and Seth（2011）。**平均寿命、2006～10年**：標本登録システムのデータに基づくGovernment of India（2012j）。**乳児死亡率、2011年**：標本登録システムのデータに基づくGovernment of India（2012g）、表1。**5歳未満の乳幼児死亡率、2011年**：標本登録システムのデータに基づくGovernment of India（2012i）。**妊産婦死亡率、2007～09年**：標本登録システムのデータに基づくGovernment of India（2011i）。**死亡率、2011年**：標本登録システムのデータに基づくGovernment of India（2012g）、表1。**出生率、2011年**：標本登録システムのデータに基づくGovernment of India（2012g）、表1。**合計特殊出生率、2011年**：標本登録システムのデータに基づくGovernment of India（2012i）。↗

↗Sciences (2010a)、表 5.5、88 ページ。**下痢をしている 0～3 歳の子供の割合、2007-08 年**：DLHS-3 のデータに基づく International Institute for Population Sciences (2010a)、表 5.13、102 ページ。**下痢をしている子供のうち経口補水液で治療を受けている割合、2005-06 年**：NFHS-3 のデータに基づく International Institute for Population Sciences (2007a)、表 9.13、245 ページ。経口補水液での治療とは、下痢をしている子供に経口補水液または「重湯」を与えることを意味する。**基礎保健センターあたりの人口の平均値、2007-08 年**：DLHS-3 のデータに基づく International Institute for Population Sciences (2010a)、表 9.1、213 ページ。**保健施設に関するその他の指標、2007-08 年**：DLHS-3 のデータに基づく International Institute for Population Sciences (2010a)、表 9.6、9.7、9.8、219～221 ページ。**学校、保健、保育センターの施設・人員を備えている村の割合、2007-08 年**：DLHS-3 のデータに基づく International Institute for Population Sciences (2010a)、表 2.13、29 ページ。**各種設備を持っている世帯の割合、2007-08 年**：DLHS-3 のデータに基づく International Institute for Population Sciences (2010a)、表 2.9、22 ページ。**過去 1 年間に保育センターでサービスを受けた 6 歳未満の子供の割合、2005-06 年**：NFHS-3 のデータに基づく International Institute for Population Sciences (2007a)、表 9.19、254 ページ。**NREGA のもとで雇用機会を得た農村世帯の割合、2009-10 年**：全国標本調査のデータに基づく Dutta et al. (2012)、表 1、57 ページ。**各種生活環境が整っている世帯の割合、2011 年**：センサスのデータに基づく Government of India (2012h)。**定期刊行物の流通量、2010 年**：Audit Bureau of Circulation (2010) から算出。**マスメディアの利用状況、2005-06 年**：NFHS-3 のデータに基づく International Institute for Population Sciences (2007a)、 表 3.6.1 と 表 3.6.2、68～69 ページ。**2009 年連邦下院選挙での投票率**：Election Commission of India (2009)、第 3 章、図 3.1。**連邦下院議席に女性が占める割合、2009 年**：Election Commission of India (2009)、第 3 章、図 3.1。**連邦上院議席に女性が占める割合、2012 年**：Secretariat of the Rajya Sabha (2012)。**州議会議席に女性が占める割合、2013 年**：各州政府と州議会のウェブサイトから編集。**犯罪に関する容疑で係争中の立候補者および下院議員の割合、2009 年連邦下院選挙**：Association for Democratic Reforms (2010)、11 ページ。**連邦下院における「世襲議員」の割合、2010 年**：The Indian Site (2011)。**州議会または連邦議会の 1 年あたりの会期の平均値、2000～10 年**：PRS Legislative Research (2011)。**15～59 歳の臨時雇い労働者の日当の平均値、2009-10 年**：National Sample Survey Office (2011a)、表 S-39、95～96 ページ。**60 歳以上に占める老齢年金または寡婦年金の受給者の割合、2004-05 年**：IHDS のデータに基づく Desai et al. (2010)、206 ページ。**殺人率、2010 年**：National Crime Records Bureau (2011b)、表 3.1 と 2011 年センサスの人口統計より算出。**自殺率、2010 年**：National Crime Records Bureau (2011a)、viii ページより算出。

表 A-3 （15）つづき

University of Educational Planning and Administration（2011a）、表 2.12、69 ページ。**健康診断を行っている政府系学校の割合、2009-10 年**：National University of Educational Planning and Administration（2011a）、表 2.1、10 ページ。**政府系学校での生徒・教員数比率と 1 クラスあたりの生徒数、2009-10 年**：National University of Educational Planning and Administration（2011c）、5 ページと 14 ページ。**性比、2011 年**：センサスのデータに基づく Government of India（2011b）、表 13、88 ページ。**1～4 歳の年齢層における男児の死亡率に対する女児の死亡率、2007～09 年**：標本登録システムのデータから算出された 3 年間の平均値。**20～24 歳の女性のうち 18 歳までに結婚している割合、2005-06 年**：NHFS-3 の州別報告書（International Institute for Population Sciences, 2008）の表 29 から編集。**女性の労働参加率、2009-10 年**：National Sample Survey Office（2011a）、表 S5、33 ページ。「現在の毎週の状況」に基づいている。**組織部門労働者に占める女性の割合、2009 年**：Government of India（2011f）、表 2.8、57 ページ。**避妊法の普及率、2005-06 年**：NFHS-3 のデータに基づく International Institute for Population Sciences（2007a）、表 5.7、127 ページ。**助産専門技能者の立ち会いによる出産の割合、2005-06 年**：NFHS-3 のデータに基づく International Institute for Population Sciences（2007a）、表 8.22、220 ページ。「助産専門技能者」には、医師、准看護助産師、看護師、助産師、巡回保健婦などが含まれる。**産前ケアを受けた女性の割合、2005-06 年**：NFHS-3 のデータに基づく International Institute for Population Sciences（2007a）、表 8.10、204 ページ。**産後ケアを受けた女性の割合、2005-06 年**：NFHS-3 のデータに基づく International Institute for Population Sciences（2007a）、表 8.22、220 ページ。調査以前の 5 年間での最後の出生についての結果である。産後検診とは、出産から 42 日以内の女性に対して行われる健康状態の検査のことである。**15～49 歳の女性に占める基準値以下の BMI の割合、2005-06 年**：NFHS-3 のデータに基づく International Institute for Population Sciences（2007a）、表 10.23、308 ページ。基準値以下の BMI とは、体重（キログラム）を身長（メートル）の 2 乗で割った値が、18.5 を下回ることを意味する。**15～49 歳の女性に占める貧血症の割合、2005-06 年**：NFHS-3 のデータに基づく International Institute for Population Sciences（2007a）、表 10.25、313 ページ。女性については、ヘモグロビン量の値が 12.0g/dl（妊婦は 11.0g/dl）を下回る場合に貧血であると分類される（標高や喫煙歴がわかっている場合には、それに応じて基準値が調整される）。**15～49 歳の女性に占める中等度または重度の貧血症の割合、2005-06 年**：NFHS-3 のデータに基づく International Institute for Population Sciences（2007a）、表 10.25、313 ページ。女性については、ヘモグロビン量の値が 9.9g/dl を下回る場合に中等度または重度の貧血症であると分類される（標高や喫煙歴がわかっている場合には、それに応じて基準値が調整される）。**6～59 ヶ月の子供に占める中等度または重度の貧血症の割合、2005-06 年**：International Institute for Population Sciences（2007a）、表 10.13、290 ページで示されている NFHS-3 のデータから算出。**5 歳未満の子供に占める栄養不良の割合、2005-06 年**：NFHS-3 のデータに基づく International Institute for Population Sciences（2007a）、表 10.2、273 ページ。2006 年に公表された WHO 児童発育基準を用いている。**ヨウ素が十分に添加された食塩を使用している世帯の割合、2005-06 年**：NFHS-3 のデータに基づく International Institute for Population Sciences（2007a）、表 10.18、298 ページ。ヨウ素が十分に添加された食塩とは、15ppm 超のヨウ素が含まれていることを意味する。**予防接種を受けている生後 12～23 ヶ月の子供の割合、2005-06 年**：NFHS-3 のデータに基づく International Institute for Population Sciences（2007a）、表 9.5、231 ページ。すべて接種とは、BCG ワクチン、麻疹ワクチン、3 回の三種混合ワクチンとポリオワクチンを接種していることを意味する（出生時のポリオワクチンの接種は除く）。**過去 6 ヶ月間にビタミン A を少なくとも 1 回服用した 12～35 ヶ月の子供の割合、2005-06 年**：NFHS-3 のデータに基づく International Institute for Population Sciences（2007a）、表 10.16、295 ページ。**3 歳未満の子供に占める授乳開始時期の割合、2007-08 年**：DLHS-3 のデータに基づく International Institute for Population ↗

保有資産がインド全体の下位20%に含まれる人口割合、2005-06年(%)	15～19歳の年齢層に占める非識字人口の割合、2007-08年(%)		7歳以上の人口の識字率、2011年(%)		女性(15～59歳)の労働参加率、2009-10年(%)
	女性	男性	女性	男性	
21.1	2.5	2.9	59.6	73.7	39.3
2.4	2.4	3.1	73.2	86.5	27.4
11.3	9.6	10.5	73.8	77.2	48.7
2.5	2.7	2.2	89.4	93.7	49.0
7.8	—	—	76.7	83.3	37.0
1.9	4.8	3.8	76.4	87.3	42.4
11.0	10.3	4.3	83.2	92.2	24.7
8.9	6.6	5.2	76.4	84.9	35.8
20.0	**15.8**	**7.4**	**65.5**	**82.1**	**30.7**

《出典》表A-3を参照。

現在学校に通っている6～14歳の子供の割合、2005-06年(%)		予防接種を受けている生後12～23ヶ月の子供の割合、2005-06年(%)		助産専門技能者の立ち会いによる出産の割合、2005-06年(%)
女性	男性	すべて接種	接種なし	
69.0	75.8	28.4	24.1	30.2
84.2	85.9	46.8	6.5	59.0
68.5	64.3	32.9	16.5	31.1
88.2	91.5	46.5	7.0	65.4
78.1	74.9	21.0	18.4	24.7
82.7	81.8	69.6	3.2	53.7
88.7	86.5	49.7	14.7	48.8
80.1	79.4	40.3	13.9	43.5
76.4	**82.6**	**43.5**	**5.1**	**46.6**

《出典》表A-3を参照。

表 A−4：インド北東州についての各種指標（1）

	人口、2011年（100万人）	性比、2011年（男性1,000人あたりの女性の数）		1人あたり家計支出の平均値、2009−10年（ルピー、1月あたり）	
		0〜6歳	全年齢層	農村部	都市部
アルナーチャル・プラデーシュ	1.4	960	920	1,546	1,947
マニプル	2.7	934	987	1,027	1,106
メガラヤ	3.0	970	986	1,110	1,629
ミゾラム	1.1	971	975	1,262	1,947
ナガランド	2.0	944	931	1,476	1,862
シッキム	0.6	944	889	1,321	2,150
トリプラ	3.7	953	961	1,176	1,871
「北東部」[a]	14.4	953	961	1,224	1,700
インド全体	**1,210.2**	**914**	**940**	**1,054**	**1,984**

a 各州の数値を人口でウェイト付けして平均した値（ただし、1列目で示されている人口は除く）。

表 A−4：インド北東州についての各種指標（2）

	20〜24歳の女性のうち18歳までに結婚している割合、2005−06年（%）	乳児死亡率、2011年（出生1,000件あたりの死亡数）	5歳未満の子供に占める低体重の割合（%）
アルナーチャル・プラデーシュ	42.0	32	32.5
マニプル	12.9	11	22.1
メガラヤ	24.6	52	48.8
ミゾラム	20.6	34	19.9
ナガランド	21.4	21	25.2
シッキム	30.1	26	19.7
トリプラ	41.6	29	39.6
「北東部」[a]	27.9	30	33.2
インド全体	**47.4**	**44**	**42.5**

a 各州の数値を人口でウェイト付けして平均した値。

1980-81年	1990-91年	1993-94年	2000-01年	2004-05年	2010-11年
683	846	—	1,029	—	1,210
286	482	544	838	1,063	1,766
204	296	319	394	433	545
458	811	890	1,421	1,855	3,113
364	694	825	1,429	1,909	3,426
151	201	213	286	339	511
102.1	148.4	—	165.7	—	215.3
43.1	91.6	100	162.6	204.8	—
440	485	477	455	443	447
19.2	26.0	22.2	24.4	32.8	36.8
108	194	258	576	825	1,401
138	238	329	698	1,058	2,193
7.4	7.7	7.9	8.6	8.5	11.4
15.5	19.1	19.4	19.3	18.0	17.5
12,141	17,681	19,365	34,296	38,190	61,000
1.65	2.48	2.59	2.95[a]	—	—
—	—	—	17.8	17.6	20.3
50.7	35.9	37.0	—	28.9	—
37.8	32.1	30.2	—	25.1	—
—	—	50.1	—	41.8	33.8[b]
—	—	31.8	—	25.7	20.9[b]
—	27.7	28.6	26.3[a]	30.5	29.9[b]
—	34.0	34.3	34.7[a]	37.6	39.3[b]

表 A−5：各種指標の時間的推移

	1950−51年	1960−61年	1970−71年
人口（100万人）	361	439	548
実質 GDP（1950−51年の値を100とする）	100	147	211
産業別の実質 GDP（1950−51年の値を100とする）			
第1次産業	100	136	172
第2次産業	100	183	315
第3次産業	100	150	238
1人あたり実質国民純生産（1950−51年の値を100とする）	100	125	141
農業生産指数（1981−82年に終了する3ヶ年を100とする）	46.2	68.8	85.9
工業生産指数（1993−94年の値を100とする）	7.9	15.6	28.1
穀物および豆類の1人あたり純利用可能量[b]（1日あたりグラム、3年間の平均）	397	460	463
総固定資本形成（対 GDP、%）	9.3	14.3	15.1
貿易数量指数（1978−79年の値を100とする）			
輸出	—	—	59
輸入	—	—	67
民間組織部門就業人口（100万人）	—	5.0	6.7
公的部門就業人口（100万人）	—	7.1	10.7
中央政府所有の公営企業の労働者の1人あたり給与（1月あたり、2010−11年価格の実質ルピー）	—	—	10,542
男性農業労働者の実質賃金（ルピー）			
1960年価格での1日あたり賃金	—	—	1.52
1986−87年価格での1日あたり賃金	—	—	—
貧困線以下の人口比（%）			
政府による貧困線に基づくダット=ラヴァリオンの推定値[d]			
農村部	46.5	48.1	56.6
都市部	36.8	46.7	46.2
テンドゥルカル委員会報告に基づく推定値			
農村部	—	—	—
都市部	—	—	—
1人あたり消費支出のジニ係数			
農村部	33.7	32.5	28.8
都市部	40.0	35.6	34.7

1980-81年	1990-91年	1993-94年	2000-01年	2004-05年	2010-11年
30	39	—	54	—	65
56	64	—	76	—	82
4.5	3.6	3.5	3.1	2.9	2.4
110	80	74	66	58	44
53.9	59.0	60.5	—	63.5	66.1

↗**の1人あたり給与**：Government of India（2013）、A-57ページ（工業労働者消費者物価指数を用いて実質化）。**男性農業労働者の実質賃金**：Drèze and Sen（2002）の表A.6。2番目の時系列は、労働局の『インド農村部における賃金率』（*Wage Rates in Rural India*）のデータベース（一部は同じ題名で冊子としても出版されている）に基づくUsami（2011）から算出されたものである。この時系列は、「非熟練労働者」というカテゴリーに基づく数値であり、対象年を中心とする3年間の平均値である（ただし、2010-11年の数値は2年間の平均値である）。**貧困線以下の人口比**：全国標本調査に基づくDatt and Ravallion（2010）、Government of India（2009c）、Government of India（2012c）。**1人あたり消費支出のジニ係数**：1999-2000年、2004-05年、2009-10年についてはJayaraj and Subramanian（2012）の表1、それ以前についてはDrèze and Sen（2002）の表A.6。**7歳以上の人口の識字率**：10年ごとに行われるセンサス（Government of India, 2011bを参照）。1981年の数値についてはアッサム州が対象として含まれておらず、1991年の数値についてはジャンムー・カシミール州が対象として含まれていない。**合計特殊出生率**：1951年と1961年についてはUnited Nations Population Division（2011）、1971年以降については標本登録システムのデータ（Government of India, 2011f, 2012i）。**乳児死亡率**：Government of India（1999, 2011f, 2012g）の表1とGovernment of India（2011f）の3ページ。1951年の推定値は、Dyson（1997）の111～117ページからのものである。**平均寿命**：1970-71年まではGovernment of India（2001b）のS-1ページで示されているセンサスに基づく数値。1980-81年、1990-91年、1993-94年はGovernment of India（1999）で示されている標本登録システムに基づく数値。2004-05年はGovernment of India（2008）の2002～06年についての推定値。2010-11年はGovernment of India（2012j）の2006～10年についての推定値。Drèze and Sen（2002）の統計付録の表A.6も参照。

表 A－5　つづき

	1950-51 年	1960-61 年	1970-71 年
7 歳以上の人口の識字率[e]（%）			
女性	9	15	22
男性	27	40	46
合計特殊出生率	5.9	5.8	5.2
乳児死亡率（出生 1,000 件あたりの死亡数）	≒180	—	129
平均寿命（年）	32.1	41.3	45.6

a 1999－2000 年。
b 2009－10 年。
c 2010 年。
d 全国標本調査の大規模調査にあたる年（1993－94 年と 2004－05 年）を除いて、推定値が得られる最も近い年 2 年分の数値を平均して求めている。
e 1951 年、1961 年、1971 年については、5 歳以上を対象としている。

《注》もともとのデータが暦年で表示されている場合には、ある年の数値はその年のうちに終了する年度に対応するように並べられている（例えば、1991 年の識字率は 1990－91 年の列に対応するように並べられている）。

《出典》**人口**：10 年ごとに行われるセンサスのデータに基づく Government of India（2011b）、41 ページ。**実質 GDP**：Government of India（2013）から算出。**1 人あたり実質国民純生産**：Government of India（2012a）、A－3 ページ。**農業生産指数**：Government of India（2012a）、A－1 ページ。**工業生産指数**：Government of India（2012a）、A－1 ページ。**穀物および豆類の 1 人あたり純利用可能量**：Government of India（2012a, 2013）、A－22 ページ。対象年を中心とする 3 年間の平均値（ただし、1950－51 年と 2010－11 年の数値は、それぞれ 1951 ～ 53 年と 2009 ～ 11 年の平均値）。**総固定資本形成**：Government of India（2013）、A－11 ページ。**貿易数量指数**：Reserve Bank of India（2012）。1999－2000 年を境にして異なる 2 つの時系列をつないでいる。**民間組織部門と公的部門における就業人口**：Government of India（2013）、A－56 ページと Drèze and Sen（2002）の表 A.6（2000 年の数値を 2000－01 年の数値としている）。**中央政府所有の公営企業の労働者**↗

《著者紹介》

アマルティア・セン（Amartya Sen）

1933年、インドのベンガル州シャンティニケタンに生まれる。カルカッタのプレジデンシー・カレッジからケンブリッジ大学のトリニティ・カレッジに進み、1959年に経済学博士号を取得。デリー・スクール・オブ・エコノミクス、オックスフォード大学、ロンドン・スクール・オブ・エコノミクス、ハーバード大学などで教鞭をとり、1998年から2004年にかけて、トリニティ・カレッジの学寮長を務める。1998年には、厚生経済学と社会的選択の理論への多大な貢献によってノーベル経済学賞を受賞。2004年以降、ハーバード大学教授。主な邦訳書に、『福祉の経済学』（岩波書店、1988年）、『貧困と飢饉』（岩波書店、2000年）、『不平等の経済学』（東洋経済新報社、2000年）、『議論好きなインド人』（明石書店、2008年）、『正義のアイデア』（明石書店、2011年）、『アイデンティティと暴力』（勁草書房、2011年）などがある。

ジャン・ドレーズ（Jean Drèze）

1959年、ベルギーに生まれる。イギリスのエセックス大学で学んだのち、インド統計研究所から経済学博士号を取得。ロンドン・スクール・オブ・エコノミクス、デリー・スクール・オブ・エコノミクスなどで教鞭をとり、現在はデリー・スクール・オブ・エコノミクス名誉教授およびラーンチー大学客員教授。インドの貧困、教育、保健医療などの問題に大きな学術的貢献を果たすとともに、社会運動や政策立案にも積極的に関与している。1979年からインドに在住し、2002年にインド国籍を取得。主な著作に、*Hunger and Public Action*, Clarendon Press, 1989（アマルティア・センとの共著）、*India: Development and Participation*, Oxford University Press, 2002（アマルティア・センとの共著）、'Food and Nutrition in India: Facts and Interpretations', *Economic and Political Weekly*, 44 (7), 2009（アンガス・ディートンとの共著）などがある。

《訳者紹介》

湊　一樹（みなと　かずき）

日本貿易振興機構（ジェトロ）アジア経済研究所研究員。主な著作に、「インド州議会選挙における『反現職要因』としての経済変動」(『アジア経済』第52巻第6号、2011年)、「秩序としての混沌——インド研究ノート」(『アジ研ワールド・トレンド』第201～220号、2012～2014年)、'The Burden of Public Inaction: Agrarian Impasse in Growing Bihar', in Yuko Tsujita ed., *Inclusive Growth and Development in India: Challenges for Underdeveloped Regions and the Underclass*, Palgrave Macmillan, 2014などがある。

開発なき成長の限界
——現代インドの貧困・格差・社会的分断

2015年12月15日　初版第1刷発行

著　者　アマルティア・セン
　　　　ジャン・ドレーズ
訳　者　湊　一樹
発行者　石井昭男
発行所　株式会社　明石書店
〒101-0021　東京都千代田区外神田6-9-5
電　話　03(5818)1171
FAX　03(5818)1174
振　替　00100-7-24505
http://www.akashi.co.jp

装　丁　明石書店デザイン室
印刷・製本　モリモト印刷株式会社

（定価はカバーに表示してあります）
ISBN978-4-7503-4281-8